KB247296

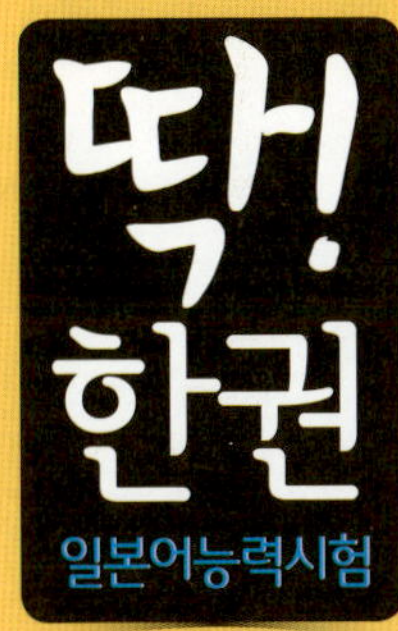

JLPT 단어장

저자 JLPT연구모임
감수 우선희

초판발행	2017년 10월 15일
1판 6쇄	2023년 6월 30일

저자	JLPT연구모임
책임 편집	조은형, 김성은, 오은정, 무라야마 토시오
펴낸이	엄태상
조판	이서영
콘텐츠 제작	김선웅, 장형진
마케팅	이승욱, 왕성석, 노원준, 조성민, 이선민
경영기획	조성근, 최성훈, 김다미, 최수진, 오희연
물류	정종진, 윤덕현, 신승진, 구윤주

펴낸곳	시사일본어사(시사북스)
주소	서울시 종로구 자하문로 300 시사빌딩
주문 및 교재 문의	1588-1582
팩스	0502-989-9592
홈페이지	www.sisabooks.com
이메일	book_japanese@sisadream.com
등록일자	1977년 12월 24일
등록번호	제 300-2014-31호

ISBN 978-89-402-9218-1 14730
     978-89-402-9216-7 14730 (set)

시사일본어사

최신 일본어능력시험을 토대로 언어지식뿐만 아니라 독해·청해 어휘도 함께 분석하여 출제 빈도가 높은 어휘를 수록하였으며, 효율적으로 암기할 수 있도록 테마별로 구성해 놓았습니다.

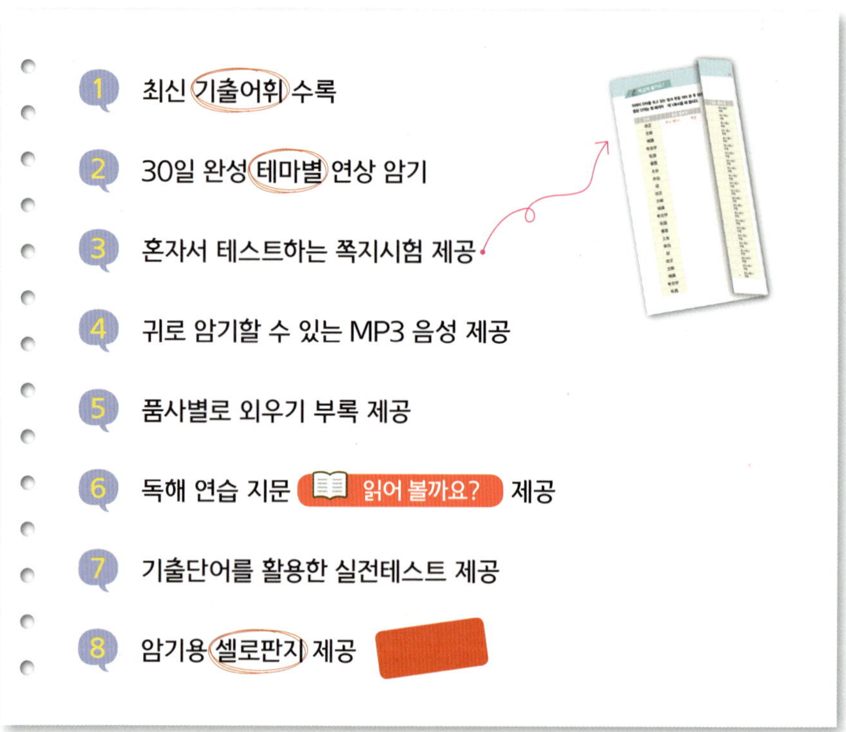

1. 최신 기출어휘 수록

2. 30일 완성 테마별 연상 암기

3. 혼자서 테스트하는 쪽지시험 제공

4. 귀로 암기할 수 있는 MP3 음성 제공

5. 품사별로 외우기 부록 제공

6. 독해 연습 지문 읽어 볼까요? 제공

7. 기출단어를 활용한 실전테스트 제공

8. 암기용 셀로판지 제공

단어 체크

시작하기 전 이미 알고 있는 단어에 체크
해 보고, 암기가 끝난 뒤에 어떤 단어를
알게 되었는지 체크해 봅시다.

테마별 단어

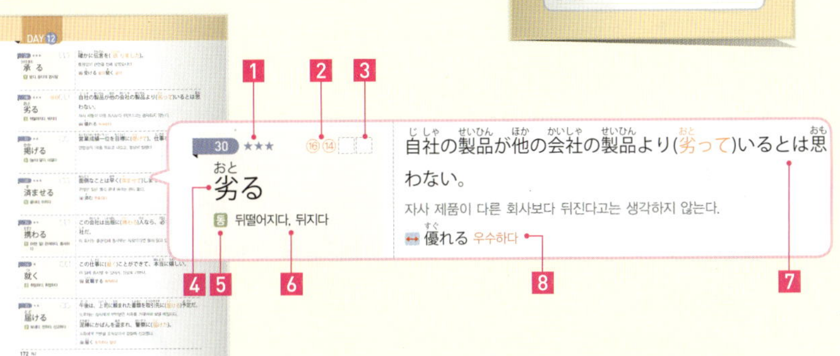

1 중요 어휘   앞으로의 경향을 분석하여, 출제 가능한 어휘의 중요도 순을 ★의 개수로 표시해 두었습니다. 반드시 학습해 둡시다.

2 기출연도   2010년부터 최근까지의 일본어능력시험 기출 어휘를 표시해 두었습니다. 출제된 어휘를 체크하면서 실전 감각을 키워봅시다.

3 체크 박스   암기를 마친 단어에는 체크하면서 확인할 수 있습니다.

4 표제어   급수별 꼭 알아두어야 할 필수 어휘를 30일로 나누어 효율적으로 학습할 수 있도록 하였습니다.

5 품사   문장 구성을 이해하기 위한 품사를 표시해 놓았습니다.

6 의미   다양한 의미를 이해하고, 독해·청해도 대비할 수 있도록 하였습니다.

7 예문   암기력을 높이는 예문입니다. 차근차근 읽어보고 암기용 셀로판지를 이용하여 다시 한번 체크해 봅시다.

8 관련 어휘   단시간에 많은 단어들을 효율적으로 암기할 수 있도록 표제어와 관련된 어휘를 함께 실었습니다.

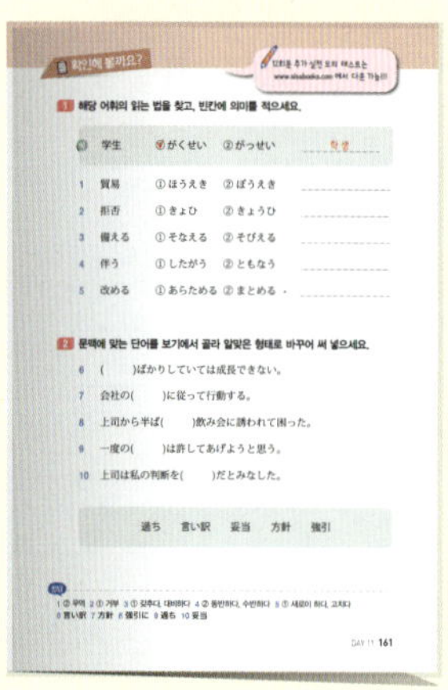

데일리 체크 문제

확인해 볼까요?

그날 그날 학습한 어휘에 대한 간단한
문제를 풀어보며 확인할 수 있습니다.

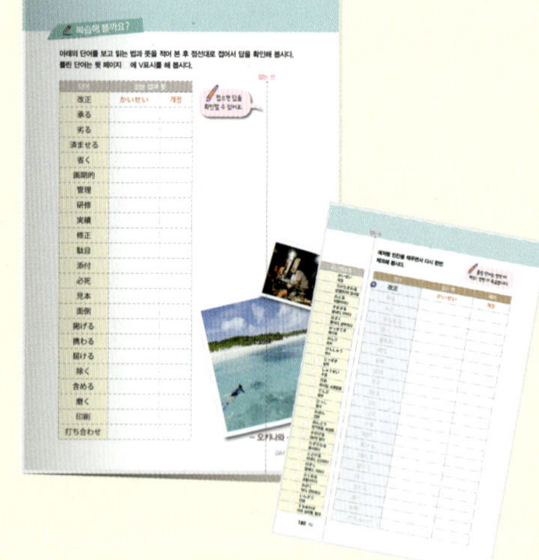

쪽지시험

복습해 볼까요?

출제 빈도가 높은 중요 어휘를 다
시 한번 체크할 수 있도록 하였습
니다.

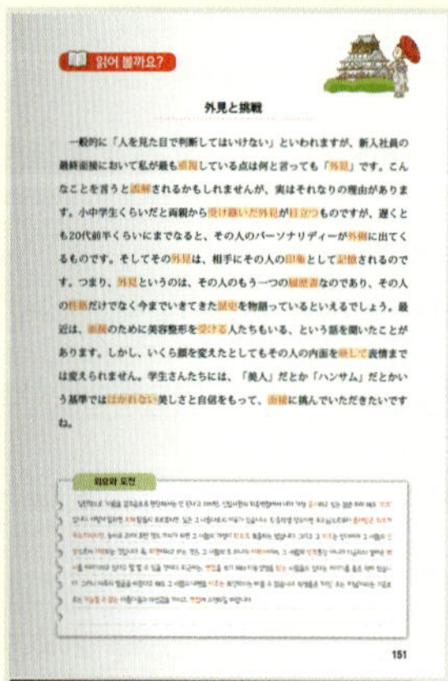

독해

읽어 볼까요?

10일 동안 배운 어휘를 토대로 독해
지문을 읽어 보며 독해 실력까지 점
검할 수 있도록 하였습니다.

부록1 – 품사별 암기

제시 단어를 품사별로 암기할 수
있도록 구성해 놓았습니다.

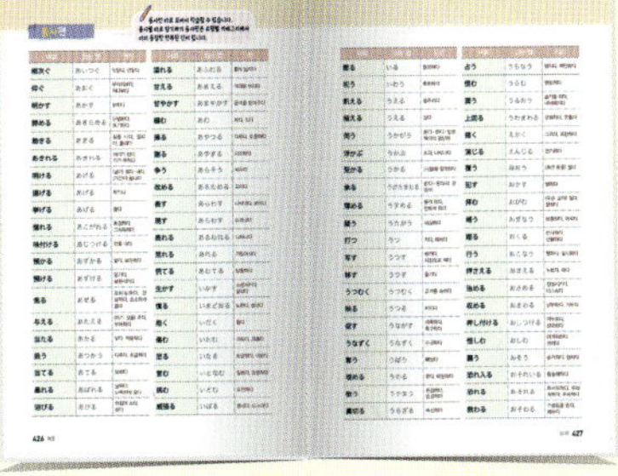

부록2 – 인터넷 공개 실전문제

기출 어휘로 구성된 실전문제 12회분을 무
료로 다운로드 받아, 실전문제를 풀어보며
최종 점검을 할 수 있습니다.

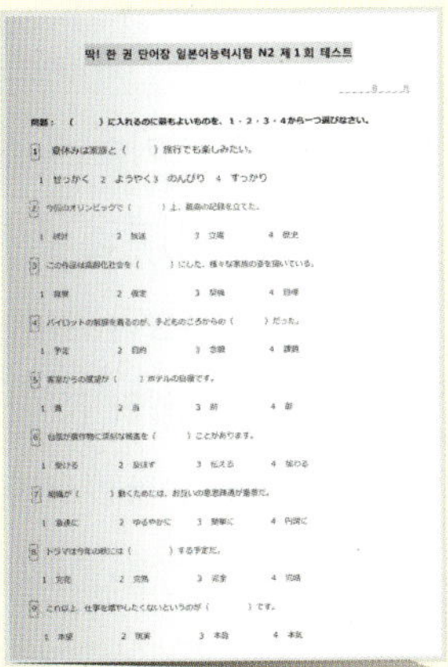

목차

부록

DAY 01

인간 관계

☐ 01 握手	☐ 02 印象	☐ 03 遠慮	☐ 04 大家
☐ 05 干渉	☐ 06 気配り	☐ 07 偶然	☐ 08 軽視
☐ 09 構築	☐ 10 交流	☐ 11 再会	☐ 12 姉妹
☐ 13 重視	☐ 14 世話	☐ 15 尊敬	☐ 16 存在
☐ 17 尊重	☐ 18 弟子	☐ 19 同僚	☐ 20 年寄り
☐ 21 仲直り	☐ 22 仲間	☐ 23 配慮	☐ 24 人目
☐ 25 平等	☐ 26 夫婦	☐ 27 扶養	☐ 28 訪問
☐ 29 味方	☐ 30 迷惑	☐ 31 目上	☐ 32 役目
☐ 33 厄介	☐ 34 離婚	☐ 35 操る	☐ 36 裏切る
☐ 37 贈る	☐ 38 交わす	☐ 39 断る	☐ 40 裂く
☐ 41 察する	☐ 42 誓う	☐ 43 告げる	☐ 44 ぶつける
☐ 45 施す	☐ 46 譲る	☐ 47 偉い	☐ 48 尊い
☐ 49 些細			

01 ★★
あくしゅ
握手
명 する 악수

有名な映画俳優に会ったので、記念に(握手)をしてもらった。

유명한 영화배우를 만났기 때문에, 기념으로 악수를 했다.

02 ★★★
いんしょう
印象
명 인상

父は第一(印象)があまり良くない方だ。

아버지는 첫인상이 별로 좋지 않은 편이다.

03 ★★★
えんりょ
遠慮
명 する 조심함, 사양함, 거리낌

彼は誰にでも(遠慮)をせずに話す。

그는 누구에게라도 거리낌 없이 이야기를 한다.

04
おお や
大家
명 집주인

引っ越しの前に、お世話になった(大家)さんに挨拶した。

이사 전에 신세졌던 집주인에게 인사했다.

05
かんしょう
干渉
명 する 간섭

家族や恋人に(干渉)されたくない。

가족이나 연인에게 간섭받고 싶지 않다.

06
き くば
気配り
명 する 배려

彼は仕事ができるだけでなく、周囲の人々に(気配り)もできる人だ。

그는 일을 잘할 뿐만 아니라 주변 사람들에게 배려도 잘하는 사람이다.

07 ★★★
ぐうぜん
偶然
명 ナ 부 우연히, 뜻밖에

昔の同僚に街で(偶然)出会った。

옛날 동료를 거리에서 우연히 만났다.

≒ たまたま 우연히, 가끔

08 軽視
けいし
명 する 경시

人命を(軽視)してはいけない。

인명을 경시해서는 안 된다.

09 ★ 構築
こうちく
명 する 구축

職場での人間関係の(構築)について悩んでいる。

직장에서의 인간 관계의 구축에 관해서 고민하고 있다.

10 ★ 交流
こうりゅう
명 する 교류

お年寄りとの(交流)を大事にしていきたい。

어르신과의 교류를 소중히 해 나가고 싶다.

11 再会
さいかい
명 する 재회

彼と10年ぶりに偶然(再会)した。

그와 10년만에 우연히 재회했다.

12 姉妹
しまい
명 자매

顔が似ている双子の(姉妹)でも性格は違うものだ。

얼굴이 닮은 쌍둥이 자매라도 성격은 틀린 법이다.

13 重視
じゅうし
명 する 중시

結婚相手は、外見よりも性格を(重視)している。

결혼 상대는 겉모습보다도 성격을 중요시하고 있다.

14 世話
せわ
명 する 보살핌, 도와줌, 폐, 신세

犬の(世話)をするのは私の仕事だ。

개를 보살피는 것은 나의 일이다.

大学の先輩には、本当に(世話)になった。

대학 선배에게는 정말 신세졌다.

---

15 ★★
そんけい
尊敬
명 する 존경

ちち おお がくせい そんけい
父は多くの学生から(尊敬)されている。

아버지는 많은 학생들로부터 존경받고 있다.

うやま
➕ 敬う 존경하다

16
そんざい
存在
명 する 존재

わたし はは いちばん み ぢか そんざい
私にとって母は一番身近な(存在)だ。

나에게 있어서 엄마는 가장 가까운 존재이다.

---

17 ★★★ ⑩
そんちょう
尊重
명 する 존중

おっと わたし い けん そんちょう
夫は私の意見をいつも(尊重)してくれる。

남편은 나의 의견을 늘 존중해 준다.

18
で し
弟子
명 제자

わたし で し あたら みせ だ
私の(弟子)が新しい店を出した。

내 제자가 새 가게를 냈다.

---

19 ★
どうりょう
同僚
명 동료

かのじょ まえ かいしゃ どうりょう
彼女は前の会社の(同僚)です。

그녀는 전 회사의 동료입니다.

20
としょ
年寄り
명 노인, 어르신

わかもの としょ せき ゆず ば めん み
若者が(年寄り)に席を譲る場面をよく見る。

젊은이가 노인에게 자리를 양보하는 장면을 자주 본다.

21
なかなお
仲直り
명 する 화해

しんゆう おおげん か なかなお
親友と大喧嘩をしてやっと(仲直り)をした。

친구와 크게 싸우고 겨우 화해했다.

22 ★
なかま
仲間
명 한패, 동료

(仲間)のおかげで4年間クラブ活動を続けられた。
동료 덕분에 4년 동안 클럽 활동을 계속할 수 있었다.

23 ★
はいりょ
配慮
명 する 배려

最近の若者は、目上の人への(配慮)が足りない。
요즘 젊은이는 윗사람에게의 배려가 부족하다.

24
ひと め
人目
명 남의 눈

彼は自分に自信がないのか、いつも(人目)を気にしている。
그는 자신에게 자신이 없는 것인지 항상 남의 시선을 신경쓰고 있다.

25 ★★
びょうどう
平等
명 ナ 평등

時間は誰にも(平等)だ。
시간은 누구에게나 평등하다.

26 ★★
ふう ふ
夫婦
명 부부

私たち(夫婦)は結婚して10年になる。
우리 부부는 결혼하고 10년이 된다.
≒ 夫妻 부부

27
ふ よう
扶養
명 する 부양

親は子どもが大人になるまで(扶養)すべきだ。
부모는 아이들이 어른이 될 때까지 부양해야 한다.

28
ほうもん
訪問
명 する 방문

プレゼントを持って友達の新居を(訪問)した。
선물을 가지고 친구의 새 집을 방문했다.

29 ★

みかた
味方
명 내 편, 우리 편, 자기 편

親はどんなときでも子どもの(味方)であるべきだ。

부모는 어떤 때라도 아이의 편이어야 한다.

---

30 ★★

めいわく
迷惑
명 ナ する 폐, 귀찮음, 성가심

私のミスのせいで(迷惑)をかけた人たちに謝りたい。

나의 실수 탓에 폐를 끼친 사람들에게 사과하고 싶다.

---

31 ★ ⑯

めうえ
目上
명 나이가 위임, 윗사람

彼は(目上)の人だけではなく、後輩にもしっかり挨拶をする。

그는 윗사람뿐만 아니라 후배에게도 확실히 인사를 한다.

↔ 目下 아랫사람

---

32 ⑱

やくめ
役目
명 임무, 직무

子どもを大事に育てるのが親の(役目)だ。

아이를 소중하게 기르는 것이 부모의 역할이다.

---

33 ★★

やっかい
厄介
명 ナ 귀찮음, 성가심, 번거로움

彼女は親戚全員に迷惑をかけている(厄介)な存在だ。

그녀는 친척 모두에게 폐를 끼치고 있는 성가신 존재이다.

34

りこん
離婚
명 する 이혼

私の両親は5年前に(離婚)して別々に暮らしている。

내 부모님은 5년 전에 이혼해서 따로 살고 있다.

↔ 結婚 결혼

---

35 ★★

あやつ
操る
동 놀리다, 부리다, 다루다, 조종하다

人の心を(操る)ことはできない。

사람의 마음을 조종할 수는 없다.

36 ★ 　　□□

うらぎ
裏切る
동 배신하다

しん　　　　　しんゆう　　わたし　　うらぎ
信じていた親友が私を(裏切った)。

믿고 있던 친구가 나를 배신했다.

37 　　□□

おく
贈る
동 선사하다, 선물하다

ちち　たんじょう び　　　　いわ　　　　　　　　おく
父の誕生日のお祝いにネクタイを(贈った)。

아버지 생일 축하선물로 넥타이를 선물했다.
　おく　　もの
＋ 贈り物 선물

---

38 ★ 　　□□

か
交わす
동 주고받다, 교환하다

さいきん　　かのじょ　　　　ひとこと　　ことば　　か
最近、彼女とは一言も言葉を(交わして)いない。

최근 그녀와는 한마디도 말을 나누고 있지 않다.

39 　　□□

ことわ
断る
동 거절하다

かれ　　　　　　　　　さそ　　　　　　　べつ　　ようじ
彼からデートに誘われたが、別の用事があったため
ことわ
(断った)。

그에게 데이트 신청을 받았지만 다른 볼일이 있어서 거절했다.

40 　　□□

さ
裂く
동 찢다, 떼다

じ けん　　　ふうふ　　なか　　さ
その事件が夫婦の仲を(裂いた)。

그 사건이 부부사이를 벌어지게 했다.

41 　　□□

さっ
察する
동 헤아리다, 살피다

かのじょ　つら　じょうきょう　　さっ
彼女の辛い状況を(察して)、アドバイスをした。

그녀의 괴로운 상황을 살펴서 조언을 했다.

42 　　□□

ちか
誓う
동 맹세하다

かれ　かのじょ　　いっしょうしあわ　　　　　　ちか
彼は彼女を一生幸せにすると(誓った)。

그는 그녀를 평생 행복하게 해 줄 거라고 맹세했다.

43 告げる
동 고하다, 알리다

2年付き合った彼に別れを(告げた)。
2년 사귄 남자친구에게 이별을 고했다.

44 ★ ⑯ ぶつける
동 부딪치다, 부닥뜨리다

夫婦で意見を(ぶつける)こともよくある。
부부끼리 의견을 맞부딪치는 일도 자주 있다.

45 施す
동 베풀다, 시행하다, (장식, 가공) 가하다

親のいない子どもに、医療を(施した)。
부모가 없는 아이에게 의료를 베풀었다.
彼女は顔に薄い化粧を(施した)。
그녀는 얼굴에 옅은 화장을 했다.

46 ★★ ⑰ ⑩ 譲る
동 양보하다, 물려주다, 팔다

電車の中ではお年寄りに席を(譲る)ようにしている。
전철 안에서는 노인에게 자리를 양보하려고 하고 있다.
この机は兄に安く(譲って)もらった。
이 책상은 형에게 싸게 넘겨 받았다.

47 ★ 偉い
イ 훌륭하다, 위대하다, 장하다

朝早く出勤していたら、会社の(偉い)人に顔を覚えてもらえた。
아침 일찍 출근했더니 회사의 높으신 분이 얼굴을 기억해 주었다.

48 尊い
イ 귀중하다, 존귀하다

医者は(尊い)命を守るために働いている。
의사는 존귀한 생명을 지키기 위해 일하고 있다.

49 些細
ナ 사소함

あの二人は(些細)な事で喧嘩ばかりしている。
저 두 사람은 사소한 일로 싸움만 하고 있다.

✏️ 12회분 추가 실전 모의 테스트는
www.sisabooks.com 에서 다운 가능!!!

1 해당 어휘의 읽는 법을 찾고, 빈칸에 의미를 적으세요.

예	学生	✓① がくせい	② がっせい	학생

1	姉妹	① しめい	② しまい	
2	夫婦	① ふうふ	② ふふう	
3	告げる	① つげる	② とげる	
4	譲る	① あやつる	② ゆずる	
5	偉い	① とうとい	② えらい	

2 문맥에 맞는 단어를 보기에서 골라 알맞은 형태로 바꾸어 써 넣으세요.

6　夫は私の意見をいつも（　　　）くれる。

7　親のいない子どもに、医療を（　　　）。

8　昔の同僚に街で（　　　）出会った。

9　彼は（　　　）の人だけではなく、後輩にもしっかり挨拶をする。

10　人の心を（　　　）ことはできない。

ぐうぜん	そんちょう	めうえ	あやつ	ほどこ
偶然	尊重	目上	操る	施す

독해 · 청해 어휘

✦ 介護⑱ かいご	명 する 간호	彼女は自宅で祖母の介護をしている。 그녀는 자택에서 할머니의 병간호를 하고 있다.
価値観 かちかん	명 가치관	価値観の違う人と付き合うのはとても難しい。 가치관이 다른 사람과 어울리는 것은 매우 어렵다.
合致 がっち	명 する 합치, 일치	今日はめずらしく二人の意見が合致した。 오늘은 희한하게도 두 사람의 의견이 일치했다.
境界 きょうかい	명 경계	隣の家との境界に塀を建てた。 이웃집과의 경계에 담을 세웠다.
小言 こごと	명 잔소리	夫は小言が多い。 남편은 잔소리가 많다.
✦ 助言 じょげん	명 する 조언	迷った時はいつも母の助言に助けられた。 망설일 때에는 항상 엄마의 조언에 도움 받았다.
親戚 しんせき	명 친척	いとこの結婚式では、親戚を代表して父が挨拶をした。 사촌 결혼식에는 친척을 대표해서 아버지가 인사했다.
人脈 じんみゃく	명 인맥	学生時代に築いた人脈は、社会人になってからも役に立っている。 학창 시절에 쌓았던 인맥은 사회인이 되고 난 후에도 도움이 되고 있다.
末っ子 すえこ	명 막내	末っ子には甘え上手な人が多いらしい。 막내는 애교를 잘 떠는 사람들이 많은 것 같다.
遭遇 そうぐう	명 する 우연히 만남	山登りをしていたら、熊に遭遇して本当に怖かった。 등산을 하고 있었는데 곰과 맞딱드려서 정말로 무서웠다.
他者 たしゃ	명 타자, 다른사람	他者と比べるより、昨日の自分と比べて更に努力するべきだ。 타인과 비교하는 것보다 어제의 자신과 비교해서 더욱 노력해야 한다.
他人 たにん	명 타인	彼とはもう20年も一緒に働いているので、他人とは思えない。 그와는 이미 20년이나 함께 일하고 있기 때문에 타인이라고는 생각할 수 없다.
便り たより	명 알림, 편지, 소식	便りがないのはいい知らせだという言葉がある。 무소식이 희소식이라는 말이 있다.

地位 ちい	名 지위	社会的地位が高い人に、憧れの気持ちを抱いている。 사회적 지위가 높은 사람에게 동경의 마음을 품고 있다.
仲間はずれ なかま	名 동료들에게 따돌림을 받음	子どもの時、鞄がみんなと違うというだけで仲間はずれにされた。 어렸을 때 가방이 모두와 다르다는 이유만으로 따돌림 당했다.
乳児 にゅうじ	名 유아	幼稚園では乳児の受け入れはしていなかった。 유치원에서는 유아를 받아들이지 않았다.
人間 にんげん	名 인간	野生の動物が、食べ物を得るため人間の住む町に現れている。 야생 동물이 먹이를 얻기 위해서 인간이 사는 마을에 나타나고 있다.
人称 にんしょう	名 인칭	日本語では、私、俺、僕など同じ人称を表す単語がたくさんある。 일본어에서는 私, 俺, 僕 등 같은 인칭을 나타내는 단어가 많이 있다.
結びつき むす	名 연결, 결합, 관계	友人や会社の同僚など、人と人との結びつきを大切にしてきた。 친구나 회사 동료 등 사람과 사람 사이의 관계를 중요시 해왔다.
温もり ぬく	名 온기, 따스함	実家に帰ると、家族の温もりを感じることができる。 본가에 오면 가족의 온기를 느낄 수 있다.
花嫁 はなよめ	名 신부, 새색시	両親に花嫁姿を見せることができて嬉しい。 부모님에게 신부 차림을 보여줄 수 있어서 기쁘다.
人見知り ひとみし	名 낯가림	私は人見知りなので、初めて会う人とはうまく話せない。 나는 낯을 가리기 때문에 처음 만난 사람과는 잘 말할 수 없다.
身振り みぶ	名 몸짓	外国語ができないので、身振り手振りで思いを伝えた。 외국어를 할 수 없어서 몸짓, 손짓으로 생각을 전했다.
役割 やくわり	名 역할	毎朝ごみを捨てるのは父の役割だ。 매일 아침 쓰레기를 버리는 것은 아버지의 역할이다.
優位 ゆうい	名 우위	喧嘩をするといつも兄が優位に立つ。 다툼을 하면 언제나 형이 우위에 선다.
受け継ぐ う つ	動 계승하다	王位は代々子息に受け継がれる。 왕위는 대대로 아들에게 계승된다.
授かる さず	動 내려주시다	彼らは結婚してから5年経って初めて子どもを授かった。 그들은 결혼하고 나서 5년이 지나 첫 아이를 가졌다.

絶える （た）	動 끊어지다	妹 とは意見が合わないので、毎日喧嘩が絶えない。 여동생과는 의견이 맞지 않기 때문에 매일 싸움이 끊이지 않는다.
足る （た）	動 족하다, 만족하다	配慮が足らず、ご迷惑をおかけいたしました。 배려가 부족해서 폐를 끼쳤습니다.
途絶える （とだ）	動 끊어지다, 두절되다	旅に出た友人と連絡が途絶えて心配だ。 여행에 간 친구와 연락이 두절되어서 걱정이다.
馴染む （なじ）	動 친숙해지다	Aさんは転校して来たばかりだが、もうクラスに馴染んでいる。 A 씨는 전학 온 지 얼마 안 되었지만 이미 학급에 친숙해졌다.
引き立てる （ひた）	動 북돋다, 격려하다	新人の頃から私を引き立ててくれた彼女に感謝している。신인 시절부터 나를 격려해 준 그녀에게 감사하고 있다.
☆ 待ち合わせる （まあ）	動 (장소, 시간등을 정해놓고) 만나다, 기다리다	デートの相手とカフェで待ち合わせる。 데이트 상대와 카페에서 만나기로 하다.
見知らぬ （みし）	連 낯선	彼女は本当に優しくて、見知らぬ人にも親切だ。 그녀는 정말로 상냥해서 낯선 사람들에게도 친절하다.
めぐり合う （あ）	動 우연히 만나다	こんなにたくさんの人がいる中でめぐり会えたのは奇跡だ。 이렇게 많은 사람이 있는 가운데 만날 수 있었던 것은 기적이다.
気まずい （き）	イ 서먹서먹하다	昔 の彼女に偶然会って、少し気まずい雰囲気だった。 예전 여자친구와 우연히 만나서 조금 서먹한 분위기였다.
☆ 思いがけない （おも）	イ 뜻밖이다, 의외다	高校の友達と20年ぶりに、思いがけないところで出会った。 고등학교 친구와 20년 만에 생각지도 못한 곳에서 만났다.
運命的 （うんめいてき）	ナ 운명적	彼らは運命的に出会い、結婚した。 그들은 운명적으로 만나서 결혼했다.
☆ 肝心 （かんじん）	ナ 名 중요, 소중	肝心なのは彼の気持ちだ。 중요한 것은 그의 마음이다.
☆ 微妙 （びみょう）	ナ 名 미묘	母は娘の微妙な変化に気づいた。 엄마는 딸의 미묘한 변화를 알아차렸다.
身近 （みぢか）	ナ 名 신변, 친근함, 자기와 관계 가 깊음	先輩が同じ地域の出身だと聞いて、急に身近に感じた。 선배가 같은 지역 출신이라고 듣고서 갑자기 친근하게 느껴졌다.

아래의 단어를 보고 읽는 법과 뜻을 적어 본 후 점선대로 접어서 답을 확인해 봅시다.
틀린 단어는 뒷 페이지 □에 V표시를 해 봅시다.

접는 선

접으면 답을
확인할 수 있어요.

단어	읽는 법과 뜻	
改正	かいせい	개정
遠慮		
偶然		
尊重		
印象		
尊敬		
平等		
夫婦		
迷惑		
厄介		
操る		
譲る		
握手		
構築		
交流		
同僚		
仲間		
配慮		
味方		
目上		
裏切る		
交わす		
偉い		

– 교토 야사카탑 –

예처럼 빈칸을 채우면서 다시 한번 체크해 봅시다.

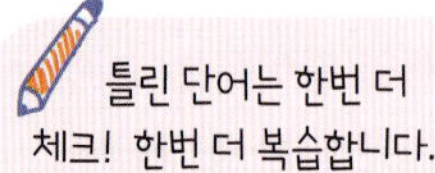

읽는 법과 뜻		한자	읽는 법	의미
☐	かいせい 개정	예 改正	かいせい	개정
☐	えんりょ 조심함, 사양함	遠慮		
☐	ぐうぜん 우연히, 뜻밖에	偶然		
☐	そんちょう 존중	尊重		
☐	いんしょう 인상	印象		
☐	そんけい 존경	尊敬		
☐	びょうどう 평등	平等		
☐	ふうふ 부부	夫婦		
☐	めいわく 폐, 귀찮음	迷惑		
☐	やっかい 귀찮음 번거로움	厄介		
☐	あやつる 조종하다, 놀리다	操る		
☐	ゆずる 양보하다, 물려주다	譲る		
☐	あくしゅ 악수	握手		
☐	こうちく 구축	構築		
☐	こうりゅう 교류	交流		
☐	どうりょう 동료	同僚		
☐	なかま 한패, 동료	仲間		
☐	はいりょ 배려	配慮		
☐	みかた 내편, 우리편	味方		
☐	めうえ 윗사람	目上		
☐	うらぎる 배신하다	裏切る		
☐	かわす 주고받다	交わす		
☐	えらい 위대하다, 장하다	偉い		

DAY 02

알고 있는 단어를 체크해 봅시다.

☐ 01 安易	☐ 02 臆病	☐ 03 温和	☐ 04 活気
☐ 05 純粋	☐ 06 真剣	☐ 07 性格	☐ 08 素朴
☐ 09 中途半端	☐ 10 長所	☐ 11 卑怯	☐ 12 人柄
☐ 13 利口	☐ 14 わがまま	☐ 15 潤う	☐ 16 漂う
☐ 17 黙る	☐ 18 歪む	☐ 19 厚かましい	☐ 20 荒い
☐ 21 幼い	☐ 22 恐ろしい	☐ 23 大人しい	☐ 24 賢い
☐ 25 しつこい	☐ 26 ずうずうしい		☐ 27 そそっかしい
☐ 28 頼もしい	☐ 29 だらしない	☐ 30 つまらない	☐ 31 なれなれしい
☐ 32 鈍い	☐ 33 粘り強い	☐ 34 はなはだしい	☐ 35 柔らかい
☐ 36 大げさ	☐ 37 おおざっぱ	☐ 38 温厚	☐ 39 活発
☐ 40 頑固	☐ 41 頑丈	☐ 42 下品	☐ 43 柔軟
☐ 44 消極的	☐ 45 率直	☐ 46 和やか	☐ 47 朗らか
☐ 48 陽気	☐ 49 のんびり		

01 ★★★ ⑯

あんい
安易

명 ナ 안이, 손쉬움

そんな(安易)な考えは社会では通用しない。

그런 안이한 생각은 사회에서는 통용되지 않는다.

02 ★★ ⑰

おくびょう
臆病

명 ナ 겁이 많음 또는 그런 사람

過去の失敗を思い出すと、(臆病)になってしまう。

과거의 실패를 생각하면 겁쟁이가 되어 버린다.

03

おんわ
温和

명 ナ 온화

彼は(温和)な性格をしている。

그는 온화한 성격이다.

04 ★★ ⑪

かっき
活気

명 활기

この店は、いつも人が多くて(活気)がある。

이 가게는 항상 사람이 많고 활기가 있다.

05 ★★★

じゅんすい
純粋

명 ナ 순수

彼は今の時代には珍しいほど(純粋)な若者だ。

그는 지금 시대에는 드물만큼 순수한 젊은이다.

06 ★★★ ⑬

しんけん
真剣

명 ナ 진지함, 진정임

これは冗談ではなく(真剣)な話です。

이것은 농담이 아니라 진지한 이야기입니다.

07

せいかく
性格

명 성격

(性格)と血液型には、何の関係もない。

성격과 혈액형에는 아무런 관계도 없다.

08 ★
そぼく
素朴
명 ナ 소박

彼女には、都会に住む人が持っていない(素朴)さがある。

그녀에게는 도시에 사는 사람이 가지고 있지 않은 소박함이 있다.

---

09 ★
ちゅうとはんぱ
中途半端
명 ナ 어중간함

彼女はいつも(中途半端)で最後まで何かをしたことがない。

그녀는 항상 어중간하게 해서 마지막까지 무언가를 한 적이 없다.

10
ちょうしょ
長所
명 장점

彼の(長所)は明るくて親切なところだ。

그의 장점은 밝고 친절한 점이다.

↔ 短所 단점

---

11 ★ ⑯
ひきょう
卑怯
명 ナ 비겁

(卑怯)な手を使わずに、いつも正々堂々と勝負したい。

비겁한 방법을 사용하지 않고 항상 정정당당히 승부하고 싶다.

12
ひとがら
人柄
명 인품, 사람됨

お見合い相手は外見より、(人柄)を重視している。

맞선 상대는 겉모습보다, 인품을 중시하고 있다.

---

13 ★★★ ⑱
りこう
利口
명 ナ 영리함, 머리가 좋음

この犬は他の犬に比べて非常に(利口)だ。

이 개는 다른 개에 비해서 아주 영리하다.

---

14 ★★ ⑩
わがまま
명 ナ 제멋대로 굶, 버릇없음

娘は言うことをちっとも聞かず、とても(わがまま)だ。

딸은 전혀 말을 듣지 않고, 아주 제멋대로이다.

15 ★
うるお
潤う
[동] 습기를 띠다, 넉넉해지다, 여유가생기다

この化粧水は肌が(潤う)ことで評判だ。
이 화장수는 피부가 촉촉해지는 걸로 평판이 좋다.

---

16 ★
ただよ
漂う
[동] 떠다니다, 떠돌다

彼女の周りには、暗い雰囲気が(漂って)いた。
그녀의 주변에는 어두운 분위기가 감돌고 있었다.

---

17 ★
だま
黙る
[동] 입을 다물다, 침묵하다

彼女は怒るとすぐに(黙って)しまう。
그녀는 화가 나면 바로 입을 다물어 버린다.

---

18 ★
ゆが
歪む
[동] 삐뚤어지다, 일그러지다

彼は、家庭環境が影響して、性格が(歪んで)しまった。
그는 가정환경의 영향으로 성격이 비뚤어져 버렸다.
＋ 歪める 일그러뜨리다

---

19 ★★
あつ
厚かましい
[イ] 뻔뻔하다

彼女は、人の迷惑を考えない(厚かましい)性格だ。
그녀는 다른 사람에게 민폐인 것을 생각하지 않는 뻔뻔한 성격이다.

20
あら
荒い
[イ] 거칠다, 난폭하다

彼は言葉遣いが少々(荒い)ようだ。
그는 말투가 조금 거친것 같다.

---

21 ★★★
おさな
幼い
[イ] 어리다, 미숙하다, 유치하다

彼の発言には主体性がなく、とても(幼い)。
그의 발언에는 주체성이 없고 매우 유치하다.

22 ★

おそ
恐ろしい
イ 무섭다, 두렵다

最近、(恐ろしい)事件が多い。
최근에 무서운 사건이 많다.

23

おとな
大人しい
イ 얌전하다, 온순하다

うちのペットは、えさをあげたときだけ(大人しい)。
우리집 애완동물은 사료를 줄 때만 얌전하다.

---

24 ★★ ⑰ ⑩

かしこ
賢い
イ 현명하다, 영리하다

彼は学校の成績も良く、とても(賢い)。
그는 학교 성적도 좋고 매우 영리하다.

---

25 ★

しつこい
イ 개운하지 않다, 칙칙하다,
집요하다, 끈덕지다

何度も電話して、(しつこい)と思われたかな。
몇 번이나 전화를 해서 집요하다고 여겨졌을까.
≒ くどい 장황하다, 끈덕지다 ⑱

---

26 ★★

ずうずうしい
イ 뻔뻔하다

彼はいつも飲み会でお金を払わない(ずうずうしい)
やつだ。
그는 언제나 회식에서 돈을 내지 않는 뻔뻔한 사람이다.

---

27 ★★ ⑰

そそっかしい
イ 덜렁대다, 조심성이 없다

彼女はしょっちゅう忘れ物をして本当に(そそっかしい)。
그녀는 늘 물건을 잃어버리고 정말 덜렁댄다.

---

28 ★★ ⑯

たの
頼もしい
イ 믿음직하다, 기대할 만하다

彼は全ての仕事を引き受けていて、とても(頼もしい)。
그는 모든 일을 도맡아 매우 믿음직스럽다.

29 ★★

だらしない

イ 칠칠하지 못하다, 단정치 못하다, 야무지지 못하다

彼は時間に(だらしなくて)、約束時間を守ったことがない。

그는 시간활용을 잘 못해서 약속시간을 지킨 적이 없다.

---

30 ★

つまらない

イ 시시하다, 하찮다, 보잘것 없다

(つまらない)嘘をついて親友を怒らせてしまった。

하찮은 거짓말을 해서 친구를 화나게 하고 말았다.

31

なれなれしい

イ 매우 친숙하다, 허물없다

彼は上司に(なれなれしく)話しかけて注意された。

그는 상사에게 허물없이 말을 걸어서 주의 받았다.

---

32 ★★ ⑱

にぶ
鈍い

イ 둔하다, 무디다

後ろの方で(鈍い)音がした。

뒤 쪽에서 둔한 소리가 났다.

33

ねば づよ
粘り強い

イ 끈기있다

彼はやると決めたことは決して諦めない(粘り強い)性格だ。

그는 한다고 정한 것은 결코 포기하지 않는 끈기있는 성격이다.

---

34 ★★

はなはだしい

イ 매우 심하다, 대단하다

彼女は非常識も(はなはだしい)。

그녀는 몰상식도 이만저만 아니다.

---

35 ★★★

やわ
柔らかい

イ 부드럽다

赤ちゃんの肌はとても(柔らかかった)。

아기의 피부는 매우 부드러웠다.

36 ★★ ⑩ ⑯
大げさ
おお
ナ 과장됨

彼女は小さいことを(大げさ)に話す癖がある。

그녀는 작은 일을 과장되게 이야기하는 버릇이 있다.

37 ★
おおざっぱ
ナ 대략적임, 조잡함, 엉성함

父は神経質だが、母は反対に(おおざっぱ)な性格だ。

아빠는 작은 일에도 하나하나 신경쓰는데, 엄마는 반대로 엉성한 성격이다.

38 ★★★ ⑩
温厚
おんこう
ナ 온후함

彼は何に対しても文句を言ったりせず、(温厚)な人物だった。

그는 무슨일에 대해서도 불만을 말하거나 하지 않는 온후한 인물이었다.

39 ★ ⑯
活発
かっぱつ
ナ 활발함

兄は(活発)で明るい人だ。

형은 활발하고 밝은 사람이다.

40 ★
頑固
がん こ
ナ 완고함

私の父はとても(頑固)で人の意見を聞こうとしない。

우리 아버지는 정말 완고해서 다른 사람의 의견을 들으려고 하지 않는다.

41 ★ ⑮
頑丈
がんじょう
ナ 명 튼튼함

このカメラは(頑丈)で、壊れにくい。

이 카메라는 튼튼해서 잘 고장나지 않는다.

42 ⑯
下品
げ ひん
ナ 명 품위가 없음, 천함

彼はいつも(下品)なことを言うので、嫌われている。

그는 항상 품위가 없는 말을 해서 미움 받고 있다.

43 ★★★ ⑰⑮

じゅうなん
柔軟

ナ 유연

悩んだときは(柔軟)な考え方をした方がいい。

고민이 있을 때는 융통성이 있는 사고방식을 하는 편이 좋다.

---

44 ★★

しょうきょくてき
消極的

ナ 소극적

私の弟はどんなことにも(消極的)な性格だ。

제 남동생은 어떠한 것에도 소극적인 성격이다.

↔ せっきょくてき
積極的 적극적

---

45 ★★★ ⑪

そっちょく
率直

ナ 솔직

お客様の(率直)な意見をお聞かせください。

고객님의 솔직한 의견을 들려주세요.

≒ すなお
素直 순진함, 솔직함

---

46 ★★ ⑱

なご
和やか

ナ 온화함, 부드러움

パーティーは(和やか)な雰囲気だった。

파티는 온화한 분위기였다.

---

47 ★

ほが
朗らか

ナ 명랑함, 쾌청함

(朗らか)な人になってほしくて、太朗と名付けた。

명랑한 사람이 되었으면 해서 타로라고 이름 지었다.

---

48 ★

ようき
陽気

ナ 명 명랑함, 밝고 쾌활함, 기후, 날씨

彼はいつも明るくて、とても(陽気)な人だ。

그는 언제나 밝고 매우 쾌활한 사람이다.

---

49 ★★ ⑯⑩

のんびり

부 する 한가로이, 유유히

父は(のんびり)した性格で、いつも母に小言を言われている。

아버지는 태평스러운 성격으로 늘 엄마에게 잔소리를 듣는다.

1 해당 어휘의 읽는 법을 찾고, 빈칸에 의미를 적으세요.

| 예 | 学生 | ✔ がくせい | ② がっせい | 학생 |

1 活気   ① かっき   ② がっき   __________

2 温厚   ① おんふう   ② おんこう   __________

3 柔軟   ① じゅうなん ② じゅなん   __________

4 朗らか   ① ほがらか   ② なごやか   __________

5 賢い   ① しつこい   ② かしこい   __________

2 문맥에 맞는 단어를 보기에서 골라 알맞은 형태로 바꾸어 써 넣으세요.

6 これは冗談ではなく（　　　）話です。

7 彼女は小さいことを（　　　）話す癖がある。

8 そんな（　　　）考えは社会では通用しない。

9 お客様の（　　　）意見をお聞かせください。

10 （　　　）手を使わずに、いつも正々堂々と勝負したい。

| あん い
安易 | しんけん
真剣 | ひ きょう
卑怯 | おお
大げさ | そっちょく
率直 |

독해 · 청해 어휘

意固地 いこじ	명 ナ 옹고집	彼は意固地になって、その意見に反対し続けた。 그는 고집을 부리면서 그 의견에 계속 반대했다.
☆ 意志 いし	명 의지, 뜻	私の長所は、一度決めたことは変えない意志の強さだ。 내 장점은 한 번 정한 것은 바꾸지 않는 의지의 강인함이다.
意地 いじ	명 고집	意地っ張りな人間は損することが多い。 고집이 센 사람은 손해 보는 경우가 많다.
☆ 偉大 いだい	ナ 위대	私にとって父の存在は偉大だ。 나에게 있어서 아버지의 존재는 위대하다.
寛容 かんよう	명 ナ する 관용	私は寛容な精神を持った人に憧れる。 나는 관용적인 정신을 가진 사람을 동경한다.
☆ 吸収 きゅうしゅう	명 する 흡수	このタオルは水をよく吸収する。 이 타올은 물을 잘 흡수한다.
強力 きょうりょく	명 ナ 강력	敵を倒すためには強力な武器が必要だ。 적을 쓰러뜨리기 위해서는 강력한 무기가 필요하다.
誇張 こちょう	명 する 과장	部長は話を誇張する癖がある。 부장님은 이야기를 과장하는 버릇이 있다.
社交性 しゃこうせい	명 사교성	私は社交性のある人物に憧れている。 나는 사교성이 있는 인물을 동경하고 있다.
☆ 重要 じゅうよう	명 ナ 중요(함)	重要な書類をバスの中に忘れてしまった。 중요한 서류를 버스 안에 두고 내려 버렸다.
崇高 すうこう	명 ナ 숭고	A社の会長は崇高な精神を持っていて、誰からも尊敬されている。 A사의 회장은 숭고한 정신을 지니고 있어서 누구에게도 존경받고 있다.
性質 せいしつ	명 성질	この物質は水に溶ける性質を持っている。 이 물질은 물에 녹는 성질을 가지고 있다.
成熟 せいじゅく	명 する 성숙	この映画の主役は子どもだが、成熟した演技で観客を驚かせた。 이 영화의 주역은 아이이지만 성숙한 연기로 관객을 놀래켰다.
天才 てんさい	명 천재	彼はピアノの天才と呼ばれ、他の人がどんなに努力してもかなわない。 그는 피아노 천재라고 불리워져 다른 사람이 아무리 노력해도 이길 수 없다.

<ruby>早口<rt>はやくち</rt></ruby>	명 말이 빠름	<ruby>彼<rt>かれ</rt></ruby>は<ruby>韓国語<rt>かんこくご</rt></ruby>でも<ruby>英語<rt>えいご</rt></ruby>でもとても<ruby>早口<rt>はやくち</rt></ruby>で<ruby>聞<rt>き</rt></ruby>き<ruby>取<rt>と</rt></ruby>れない。 그는 한국어든 영어든 말이 너무 빨라서 알아 들을 수 없다.
<ruby>非常識<rt>ひじょうしき</rt></ruby>	명 비상식	<ruby>彼<rt>かれ</rt></ruby>は<ruby>礼儀<rt>れいぎ</rt></ruby>もよくわからない<ruby>非常識<rt>ひじょうしき</rt></ruby>な<ruby>人間<rt>にんげん</rt></ruby>だ。 그는 예의도 잘 알지 못하는 비상식적인 인간이다.
<ruby>敏感<rt>びんかん</rt></ruby>	명 ナ 민감	<ruby>私<rt>わたし</rt></ruby>は<ruby>音<rt>おと</rt></ruby>に<ruby>敏感<rt>びんかん</rt></ruby>で、<ruby>寝<rt>ね</rt></ruby>ていても<ruby>小<rt>ちい</rt></ruby>さな<ruby>音<rt>おと</rt></ruby>で<ruby>目<rt>め</rt></ruby>が<ruby>覚<rt>さ</rt></ruby>めてしまう。 나는 소리에 민감해서, 자고 있어도 작은 소리에 깨버린다.
<ruby>偏狭<rt>へんきょう</rt></ruby>	명 ナ 편협, 좁음	<ruby>今<rt>いま</rt></ruby><ruby>考<rt>かんが</rt></ruby>えれば、<ruby>留学前<rt>りゅうがくまえ</rt></ruby>の<ruby>私<rt>わたし</rt></ruby>は<ruby>偏狭<rt>へんきょう</rt></ruby>な<ruby>考<rt>かんが</rt></ruby>え<ruby>方<rt>かた</rt></ruby>をしていたと<ruby>思<rt>おも</rt></ruby>う。 지금 생각하면 유학가기 전 나는 편협한 사고방식을 가지고 있었다고 생각한다.
<ruby>本質<rt>ほんしつ</rt></ruby>	명 본질	<ruby>物事<rt>ものごと</rt></ruby>は<ruby>見<rt>み</rt></ruby>かけに<ruby>騙<rt>だま</rt></ruby>されず、<ruby>本質<rt>ほんしつ</rt></ruby>を<ruby>見抜<rt>みぬ</rt></ruby>く<ruby>必要<rt>ひつよう</rt></ruby>がある。 사물 겉 모습에 속지말고 본질을 간파할 필요가 있다.
<ruby>本音<rt>ほんね</rt></ruby>	명 진심, 본심	<ruby>今日<rt>きょう</rt></ruby>は<ruby>本音<rt>ほんね</rt></ruby>を<ruby>聞<rt>き</rt></ruby>き<ruby>出<rt>だ</rt></ruby>すために<ruby>彼女<rt>かのじょ</rt></ruby>を<ruby>呼<rt>よ</rt></ruby>び<ruby>出<rt>だ</rt></ruby>した。 오늘은 진심을 듣기 위해서 그녀를 불러냈다.
<ruby>未熟<rt>みじゅく</rt></ruby>	명 ナ 미숙	<ruby>妹<rt>いもうと</rt></ruby>はまだ<ruby>考<rt>かんが</rt></ruby>えが<ruby>未熟<rt>みじゅく</rt></ruby>で、<ruby>世<rt>よ</rt></ruby>の<ruby>中<rt>なか</rt></ruby>の<ruby>事<rt>こと</rt></ruby>がわかっていない。 여동생은 아직 생각이 미숙해서 세상사 일들을 알지 못한다.
<ruby>無口<rt>むくち</rt></ruby>	명 ナ 말수가 적음	<ruby>彼<rt>かれ</rt></ruby>はいつもは<ruby>無口<rt>むくち</rt></ruby>な<ruby>人<rt>ひと</rt></ruby>だが、お<ruby>酒<rt>さけ</rt></ruby>を<ruby>飲<rt>の</rt></ruby>むとおしゃべりになる。 그는 평소에는 말수 적은 사람이지만 술을 마시면 수다쟁이가 된다.
<ruby>明朗<rt>めいろう</rt></ruby>	명 ナ 명랑	アナウンサーは、<ruby>明朗<rt>めいろう</rt></ruby>な<ruby>話<rt>はな</rt></ruby>し<ruby>方<rt>かた</rt></ruby>が<ruby>求<rt>もと</rt></ruby>められる。 아나운서는 명랑한 말투가 요구된다.
<ruby>冷淡<rt>れいたん</rt></ruby>	명 ナ 냉담	<ruby>彼<rt>かれ</rt></ruby>は<ruby>仕事<rt>しごと</rt></ruby>に<ruby>興味<rt>きょうみ</rt></ruby>や<ruby>情熱<rt>じょうねつ</rt></ruby>を<ruby>持<rt>も</rt></ruby>たない、とても<ruby>冷淡<rt>れいたん</rt></ruby>な<ruby>人<rt>ひと</rt></ruby>だ。 그는 일에 흥미와 열정을 가지고 있지 않은 매우 냉담한 사람이다.
<ruby>突<rt>つ</rt></ruby>き<ruby>詰<rt>つ</rt></ruby>める	동 끝까지 파고들다	<ruby>彼<rt>かれ</rt></ruby>は<ruby>物事<rt>ものごと</rt></ruby>を<ruby>突<rt>つ</rt></ruby>き<ruby>詰<rt>つ</rt></ruby>めて<ruby>考<rt>かんが</rt></ruby>えるタイプで、<ruby>軽<rt>かる</rt></ruby>く<ruby>考<rt>かんが</rt></ruby>えられない。 그는 모든 일을 골몰히 생각하는 타입으로 가볍게 생각하지 못한다.
<ruby>盛<rt>も</rt></ruby>り<ruby>上<rt>あ</rt></ruby>がる	동 (기세, 흥취 등이) 높아지다	<ruby>今年<rt>ことし</rt></ruby>の<ruby>文化祭<rt>ぶんかさい</rt></ruby>は、<ruby>有名<rt>ゆうめい</rt></ruby>な<ruby>歌手<rt>かしゅ</rt></ruby>が<ruby>来<rt>き</rt></ruby>て<ruby>盛<rt>も</rt></ruby>り<ruby>上<rt>あ</rt></ruby>がった。 올해 문화제는 유명한 가수가 와서 분위기가 달아올랐다.
<ruby>容易<rt>たやす</rt></ruby>い	イ 손쉽다, 용이하다	<ruby>彼<rt>かれ</rt></ruby>にとってこの<ruby>仕事<rt>しごと</rt></ruby>は<ruby>容易<rt>たやす</rt></ruby>いものだった。 그에게 있어서 이 일은 쉬운 것이었다.

厳か（おごそ）	ナ 엄숙함	卒業式は厳かな雰囲気の中で行われた。 졸업식은 엄숙한 분위기 속에서 거행되었다.
強烈（きょうれつ）	ナ 명 강렬	彼は私たちに強烈な印象を与えた。 그는 우리들에게 강렬한 인상을 주었다.
合理的（ごうりてき）	ナ 합리적	彼女は物事を合理的に考えることができる。 그녀는 세상사를 합리적으로 생각할 수 있다.
受動的（じゅどうてき）	ナ 수동적	彼は自分から何も行動しない受動的な人だ。 그는 스스로 아무런 행동도 하지 않는 수동적인 사람이다.
静的（せいてき）	ナ 정적	私の妹はとてもおとなしく、静的な性格だ。 제 여동생은 매우 얌전하고 정적인 성격이다.
単純（たんじゅん）	ナ 명 단순	幼児教育では、幼い頃から単純なお使いをさせるのが良いという。 유아 교육에서는 어릴 때부터 단순한 심부름을 시키는 것이 좋다고 한다.
端的（たんてき）	ナ 단적	あいまいな表現は嫌いなので、端的に言う性格だ。 애매한 표현은 싫어하기 때문에 단적으로 말하는 성격이다.
内向的（ないこうてき）	ナ 내향적	彼は内向的な性格で目立つことはしない。 그는 내향적인 성격으로 눈에 띄는 일은 하지 않는다.
☆ 滑らか（なめ）	ナ 매끈 매끈함, 미끄러움, 거침없음	この生地はとても滑らかで丈夫だ。 이 옷감은 매우 매끄럽고 튼튼하다.
☆ 賑やか（にぎ）	ナ 번화함, 떠들썩함	家族が全員揃うと家が賑やかになる。 가족이 전원 모이면 집이 활기차진다.
本能的（ほんのうてき）	ナ 본능적	人間は本能的に自分を守る性質がある。 인간은 본능적으로 스스로를 지키는 성질이 있다.
☆ 愉快（ゆかい）	ナ 명 유쾌	彼はとても明るくて、愉快な人だ。 그는 매우 밝고 유쾌한 사람이다.
楽天的（らくてんてき）	ナ 낙천적	母は心配性だが、私は楽天的な性格だ。 엄마는 걱정이 많지만 나는 낙천적인 성격이다.
ふんわり	부 두둥실, 푹신히	彼の言葉がふんわりと私の心を包んでくれた。 그의 말이 살포시 나의 마음을 감싸주었다.

아래의 단어를 보고 읽는 법과 뜻을 적어 본 후 점선대로 접어서 답을 확인해 봅시다.
틀린 단어는 뒷 페이지 ☐에 V표시를 해 봅시다.

접는 선

단어	읽는 법과 뜻	
改正	かいせい	개정
純粋		
真剣		
利口		
幼い		
柔らかい		
温厚		
柔軟		
率直		
安易い		
臆病		
活気		
頼もしい		
厚かましい		
賢い		
鈍い		
消極的		
和やか		
活発		
素朴		
漂う		
黙る		
頑固		

– 교토 후시미이나리신사 –

예처럼 빈칸을 채우면서 다시 한번 체크해 봅시다.

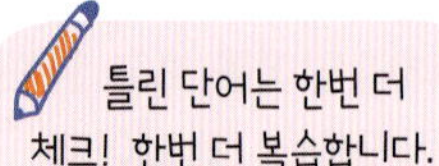

읽는 법과 뜻
☐ かいせい 개정
☐ じゅんすい 순수
☐ しんけん 진지함, 진정임
☐ りこう 영리함
☐ おさない 어리다, 미숙하다
☐ やわらかい 부드럽다
☐ おんこう 온후함
☐ じゅうなん 유연
☐ そっちょく 솔직
☐ たやすい 손쉽다, 용이하다
☐ おくびょう 겁이 많음
☐ かっき 활기
☐ たのもしい 믿음직하다
☐ あつかましい 뻔뻔하다
☐ かしこい 현명하다
☐ にぶい 둔하다, 무디다
☐ しょうきょくてき 소극적
☐ なごやか 온화함, 부드러움
☐ かっぱつ 활발
☐ そぼく 소박
☐ ただよう 떠다니다, 떠돌다
☐ だまる 침묵하다
☐ がんこ 완고함

	한자	읽는 법	의미
예	改正	かいせい	개정
	純粋		
	真剣		
	利口		
	幼い		
	柔らかい		
	温厚		
	柔軟		
	率直		
	容易い		
	臆病		
	活気		
	頼もしい		
	厚かましい		
	賢い		
	鈍い		
	消極的		
	和やか		
	活発		
	素朴		
	漂う		
	黙る		
	頑固		

DAY 03

감정과 태도(1)

☐ 01 覚悟	☐ 02 勝手	☐ 03 感激	☐ 04 感心
☐ 05 気の毒	☐ 06 苦情	☐ 07 決断	☐ 08 後悔
☐ 09 失望	☐ 10 深刻	☐ 11 信頼	☐ 12 沈黙
☐ 13 丁寧	☐ 14 独立	☐ 15 本気	☐ 16 冷静
☐ 17 肯定	☐ 18 恐縮	☐ 19 諦める	☐ 20 あきれる
☐ 21 焦る	☐ 22 謝る	☐ 23 恨む	☐ 24 驚く
☐ 25 狂う	☐ 26 逆らう	☐ 27 ためらう	☐ 28 流す
☐ 29 嘆く	☐ 30 腹立つ	☐ 31 満ちる	☐ 32 飽きる
☐ 33 怪しい	☐ 34 勇ましい	☐ 35 うっとうしい	☐ 36 くだらない
☐ 37 険しい	☐ 38 清々しい	☐ 39 辛い	☐ 40 懐かしい
☐ 41 憎い	☐ 42 ばからしい	☐ 43 物足りない	☐ 44 曖昧
☐ 45 意地悪	☐ 46 気楽	☐ 47 上品	☐ 48 積極的
☐ 49 生意気			

01 ★
かくご
覚悟
명 する 각오

りゅうがく まよ かくご き
留学するか迷っていたが、ついに(覚悟)を決めた。

유학을 할지 망설였지만, 마침내 각오를 했다.

けっしん
≒ 決心 결심

02 ★★　⑰⑩
かって
勝手
명 ナ 제멋대로 굶, 자기 좋을 대로 함

しゅじん わたし いけん き かって き
主人はいつも私の意見を聞かずに(勝手)に決めてしまう。

남편은 언제나 내 의견은 듣지 않고 마음대로 결정해 버린다.

03
かんげき
感激
명 する 감격

ゆめ ぶたい た かんげき
夢だった舞台に立てて(感激)しています。

꿈이었던 무대에 설 수 있어 감격하고 있습니다.

04 ★★★
かんしん
感心
명 する 감심, 감탄함

なに い そうじ はじ むすこ み かんしん
何も言わなくても掃除を始めた息子を見て(感心)した。

아무말 하지 않아도 청소를 시작한 아들을 보고 감탄했다.

05 ★★
き どく
気の毒
명 ナ 가엾음, 딱함

かあ とう どうじ な ほんとう
お母さんとお父さんを同時に亡くしたなんて、本当に
き どく
(気の毒)だ。

어머니와 아버지를 동시에 잃었다니 정말 가엾다.

06 ★★★　⑰
く じょう
苦情
명 불평, 불만, 푸념

いえ なか ひ く じょう はい
家の中でピアノを弾いたら、うるさいと(苦情)が入った。

집 안에서 피아노를 쳤더니, 시끄럽다고 불평이 들어왔다.

もん く ふ へい
≒ 文句 불평, 이의　不平 불평 ⑰

07
けつだん
決断
명 する 결단

ひとり けつだん まえ わたし そうだん
一人で(決断)する前に、私に相談してください。

혼자서 결단하기 전에, 저에게 상담해 주세요.

08 ★★
こうかい
後悔
명 する 후회

この服を買ったことを本当に(後悔)している。

이 옷을 산 것을 정말로 후회하고 있다.

---

09 ★
しつぼう
失望
명 する 실망

憧れていた先輩の裏の姿に(失望)した。

동경했던 선배의 본 모습에 실망했다.

≒ がっかり(と / する)　실망하는 모양, 낙심하다, 맥풀리다

---

10 ★★　⑩
しんこく
深刻
명 ナ 심각함

父の(深刻)な表情を見ると、会社で何かあったようだ。

아버지의 심각한 표정을 보니, 회사에서 무슨 일이 있었던 것 같다.

11
しんらい
信頼
명 する 신뢰

自分以外誰も(信頼)できないのは、悲しいことだ。

자기 이외의 누구도 신뢰할 수 없는 것은 슬픈 일이다.

12
ちんもく
沈黙
명 する 침묵

(沈黙)に耐えられず、どうでもいい話をたくさんした。

침묵을 견디지 못해, 상관없는 이야기를 많이 했다.

---

13 ★
ていねい
丁寧
명 ナ 정중함,
주의 깊고 세심함

商品の交換に行ったら、店員がとても(丁寧)に対応してくれた。

상품을 교환하러 갔더니 점원은 매우 공손하게 대응해 주었다.

---

14 ★
どくりつ
独立
명 する 독립

昨年、会社を辞めて(独立)した。

작년에 회사를 그만두고 독립했다.

15 本気 (ほんき)

明 ナ 본심, 진심

その試合では誰もが(本気)を出していた。

그 시합에서는 누구나가 열의를 내고 있다.

---

16 冷静 (れいせい) ⑫

明 ナ 냉정

(冷静)に考えればわかることです。

냉정하게 생각하면 이해할 수 있는 일입니다.

---

17 ★★ 肯定 (こうてい)

明 する 긍정

彼は友達の問いに(肯定)も否定もしなった。

그는 친구의 물음에 긍정도 부정도 하지 않았다.

↔ 否定 (ひてい) 부정

---

18 ★★★ 恐縮 (きょうしゅく)

明 する 죄송함, 황송함

山田さんには何から何までしてもらって(恐縮)です。

야마다 씨가 다 해주셔서 죄송해요.

---

19 ★★ 諦める (あきら)

동 단념하다, 포기하다

ひざを怪我したから、プロ野球選手になる夢を(諦めた)。

무릎을 다쳤기 때문에 프로야구선수가 되는 꿈을 단념했다.

---

20 ★ あきれる

동 어이가 없다, 기가 막히다

何度も同じミスをする後輩に(あきれて)、何も言えなかった。

몇 번이나 같은 실수를 하는 후배에게 기가 막혀, 아무말도 할 수 없었다.

---

21 ★★ 焦る (あせ) ⑩

동 조바심 하다, 안달하다, 초조하게 굴다

(焦ら)ず、ゆっくり勉強するのもいい。

조급해 하지말고, 느긋하게 공부하는 것도 좋다.

22 ★★

あやま
謝る

동 사과하다, 사죄하다

彼がいくら(謝って)も、許すことはできない。

그가 아무리 사과하더라도, 용서할 수 없다.

23 ★

うら
恨む

동 원망하다

被害者の家族は、犯人を(恨んで)いる。

피해자 가족은 범인을 원망하고 있다.

24 ★★ ⑮

おどろ
驚く

동 놀라다, 경악하다

意外な調査の結果に(驚か)された。

의외의 조사 결과에 놀랐다.

25 ★

くる
狂う

동 미치다, 돌다,
(사물, 기계가) 이상하다

彼は(狂った)ように歌いだした。

그는 미친듯이 노래하기 시작했다.

26 ★★ ⑭

さか
逆らう

동 역행하다, 거스르다, 반항하다

弟は最近、親に(逆らって)ばかりいる。

남동생은 요즘 부모에게 반항만 하고 있다.

≒ 反抗する 반항하다

↔ 従う 따르다

27 ★★

ためらう

동 주저하다, 망설이다

彼女に連絡したいが勇気が出ず、(ためらって)いる。

그녀에게 연락하고 싶지만 용기가 안나 주저하고 있다.

≒ 迷う 헤매다, 망설이다

28

なが
流す

동 흘리다, 흐르게 하다,
없었던 것으로 잊어버리다

多くの人がその映画を見て感動の涙を(流した)。

많은 사람들이 그 영화를 보고 감동의 눈물을 흘렸다.

今までの失敗は水に(流して)、今後に期待しましょう。

지금까지의 실패는 잊고 앞으로를 기대합시다.

29 ★

なげ
嘆く

동 한탄하다, 슬퍼하다, 개탄하다

多くの人が彼の突然の死を(嘆いた)。

많은 사람들이 그의 돌연사를 슬퍼했다.

---

30 ★ ⑭

はら だ
腹立つ

동 화가 나다

ルールを守らない人や迷惑行為を見ると(腹立つ)。

룰을 지키지 않는 사람이나 민폐행위를 보면 화가 난다.

＋ むかつく 화가 치밀다, 메슥거리다 ⑰

---

31 ★

み
満ちる

동 차다, 가득하다

彼は自信に(満ちた)声で説明した。

그는 자신에 찬 목소리로 설명했다.

---

32 ★

あ
飽きる

동 싫증나다, 질리다, 물리다

毎日のようにラーメンを食べていたら、(飽きて)しまった。

매일같이 라면을 먹었더니 질리고 말았다.

---

33 ★★ ⑯

あや
怪しい

イ 수상하다, 이상하다

昨日、家の前に(怪しい)人がいた。

어제, 집 앞에 수상한 사람이 있었다.

---

34 ★

いさ
勇ましい

イ 용감하다, 용맹스럽다

韓国代表選手の(勇ましい)姿に感動した。

한국 국가대표 선수의 용감한 모습에 감동했다.

35

うっとうしい

イ 울적하고 답답하다, 귀찮다, 번거롭다

母に何度も勉強しろと言われて、(うっとうしく)感じた。

엄마가 몇 번이나 공부하라는 소리를 해서 귀찮았다.

36 ★ くだらない

イ 시시하다, 하찮다

子どもの提案を(くだらない)と切り捨てるべきではない。

어린이의 제안을 하찮다고 무시해서는 안된다.

≒ つまらない 시시하다

37 険しい

イ 가파르다, 험하다, 위태롭다, 험악하다

何か問題があったのか、彼女の表情がとても(険しい)。

뭔가 문제가 있었던 것인지 그녀의 표정이 매우 험악하다.

38 清々しい

イ 상쾌하다, 시원하고 개운하다

清潔な部屋を見ると、とても(清々しい)気分になる。

청결한 방을 보면 매우 상쾌한 기분이 된다.

39 ⑬ 辛い

イ 괴롭다, 고통스럽다

彼女は夫が死んでも(辛い)顔を見せなかった。

그녀는 남편이 죽어도 괴로운 얼굴을 보이지 않았다.

≒ 苦しい 괴롭다

40 ★ 懐かしい

イ 그립다, 정답다

高校の同窓会で、(懐かしい)話がたくさん出た。

고등학교 동창회에서 그리운 이야기가 많이 나왔다.

41 ★★ ⑮ 憎い

イ 밉다, 밉살스럽다

会社を潰した社長が(憎い)。

회사를 파산시킨 사장이 밉다.

＋ 憎む 미워하다, 싫어하다, 증오하다

42 ばからしい

イ 터무니없다, 바보스럽다

彼の皮肉を真面目に受け取るのは(ばからしい)。

그의 빈정거림을 진지하게 받아들이는 것은 어리석다.

43 ★ ⑯
もの た
物足りない
イ 뭔가 아쉽다.
어쩐지 섭섭하다

ご飯を食べたが、少し(物足りなかった)のでお菓子を買った。

밥을 먹었지만 조금 부족했기 때문에 과자를 샀다.

---

44 ★★ ⑬⑩
あいまい
曖昧
ナ 名 애매, 분명하지 않음

何を聞いても、彼はいつも(曖昧)な返事しかしない。

무엇을 물어도 그는 언제나 애매한 답변 밖에 하지 않는다.

45
い じ わる
意地悪
ナ 名 심술궂음, 짓궂음

昨日は先輩に(意地悪)なことを言われて気分が悪かった。

어제는 선배에게 짓궂은 말을 들어서 기분이 나빴다.

46
き らく
気楽
ナ 홀가분함, 속 편함

負担に思わないで、(気楽)に考えてください。

부담으로 생각하지 말고, 편하게 생각해 주세요.

≒ のんびり 유유이, 한가로이

47
じょうひん
上品
ナ 名 품위가 있음

(上品)な彼女のしぐさに憧れる人が多い。

품위 있는 그녀의 몸짓을 동경하는 사람이 많다.

---

48 ★★ ⑫
せっきょくてき
積極的
ナ 적극적

新しい場所では(積極的)に自分から話しかけるべきだ。

새로운 장소에서는 적극적으로 자기가 먼저 말을 걸어야 한다.

↔ 消極的 소극적

---

49 ★★
なまいき
生意気
ナ 名 건방짐, 주제넘음

その学生は(生意気)な態度で先輩を怒らせた。

그 학생은 건방진 태도로 선배를 화나게 했다.

12회분 추가 실전모의 테스트는
www.sisabooks.com 에서 다운가능!!!

1 해당 어휘의 읽는 법을 찾고, 빈칸에 의미를 적으세요.

| 예 | 学生 | ✔① がくせい | ② がっせい | 학생 |

1	怪しい	① いさましい	② あやしい	____________
2	冷静	① れいじょう	② れいせい	____________
3	憎い	① にくい	② つらい	____________
4	積極的	① せっきょくてき	② せっきょうてき	____________
5	焦る	① あせる	② あきる	____________

2 문맥에 맞는 단어를 보기에서 골라 알맞은 형태로 바꾸어 써 넣으세요.

6　何を聞いても、彼はいつも（　　　　）返事しかしない。

7　弟は最近、親に（　　　　）ばかりいる。

8　意外な調査の結果に（　　　　）。

9　主人はいつも私の意見を聞かずに（　　　　）決めてしまう。

10　彼女は夫が死んでも（　　　　）顔を見せなかった。

| 驚く | 逆らう | 辛い | 曖昧 | 勝手 |

독해 · 청해 어휘

あいじょう 愛情	명 애정, 사랑	べんとう　つま　あいじょう　つ このお弁当には妻の愛情が詰まっている。 이 도시락에는 아내의 애정이 가득차 있다.
かんじょう 感情	명 감정	わたし　かんじょう　　　　　　ことば　ひょうげん　　　　にがて 私は感情をうまく言葉で表現するのが苦手だ。 나는 감정을 능숙하게 말로 표현 하는 것이 서투르다.
きふく 起伏	명 기복	かのじょ　かんじょう　きふく　はげ 彼女は感情の起伏が激しい。 그녀는 감정 기복이 심하다.
くしん 苦心	명 する 고심	わたし　くしん　　か このレポートは、私が苦心して書いたものだ。 이 레포트는 내가 고심해서 쓴 것이다.
こころえ 心得	명 마음가짐	しけん　う　　まえ　　じゅけん　こころえ　　　　　　　　　め 試験を受ける前に、「受験の心得」にしっかりと目 と お を通した。 시험을 보기 전에 '수험에 대해 알아야 할 사항'을 제대로 훑어봤다.
ざせつ 挫折	명 する 좌절	がっき　なら　はじ　　　　　　　　むずか　　　　　　　　ざせつ 楽器を習い始めたものの、難しくてすぐに挫折し てしまった。 악기를 배우기 시작했지만 어려워서 바로 좌절해 버렸다.
じしゅせい 自主性	명 자주성	わ　しゃ　　　　しゃいん　じしゅせい　そんちょう 我が社では社員の自主性を尊重している。 우리 회사에서는 사원들의 자주성을 존중하고 있다.
じょうしょ・じょうちょ 情緒・情緒	명 정서	ちゅうがくせい　こうこうせい　じょうしょ　ふあんてい 中学生や高校生は情緒が不安定になりやすい。 중학생과 고등학생은 정서가 불안정하게 되기 쉽다.
しんぼう 辛抱	명 する 참고 견딤	ちほう　いどう　　　　　　　　ねんしんぼう　　　　　ほんしゃ　もど 地方に異動になったが、2年辛抱すれば、本社に戻 れる。 지방으로 이동되었지만 2년 인내하면 본사로 돌아갈 수 있다.
ぜんい 善意	명 선의	かれ　ひとびと　ぜんい　むし　　　　じぶんかって　こうどう 彼は人々の善意を無視して、自分勝手に行動した。 그는 사람들의 선의를 무시하고 멋대로 행동했다.
たいだ 怠惰	명 ナ 나태, 게으름	きゅうじつ　　いそが　へいじつ　はんどう　たいだ　せいかつ　おく 休日は、忙しい平日の反動で怠惰な生活を送ってい る。휴일은 바쁜 평일의 반동으로 나태한 생활을 보내고 있다.
たいど 態度	명 태도	かれ　じゅぎょうちゅう　たいど　もんだい　　　　せんせい　ちゅうい　う 彼は授業中の態度に問題があり、先生から注意を受 けた。그는 수업중 태도에 문제가 있어서 선생님께 주의 받았다.
ちょうせん 挑戦	명 する 도전	ちち　ほしゅてき　ひと　　あたら　　　　　　　　ちょうせん　　　　にが 父は保守的な人で、新しいことに挑戦するのは苦 て 手だ。 아버지는 보수적인 사람으로 새로운 것에 도전하는 것은 잘 못한다.

強気 つよき	名 ナ 강경함, 강세	仕事に関しては強気な彼女だが、普段は穏やかだ。 일에 관해서는 강경한 그녀지만 평상시는 온화하다.
熱意 ねつい	名 열의	その政治家の熱意は、今まで政治に関心がなかった若者の心を動かした。 그 정치가의 열의는 지금까지 정치에 관심이 없었던 젊은이들의 마음을 움직였다.
恥 はじ	名 부끄러움, 수치	たくさんの人の前で転んでしまい、恥をかいた。 많은 사람들 앞에서 넘어져서 창피했다.
非難 ひなん	名 する 비난	その会社は、事故後の対応が悪く、社会から非難された。 그 회사는 사고 후의 대응이 나빠서 사회로부터 비난 받았다.
不幸 ふこう	名 ナ 불행	私の友達は誰が見ても不幸な人生を送っている。 내 친구는 누가 봐도 불행한 인생을 보내고 있다.
弁解 べんかい	名 する 변명	彼女に嘘がばれて、必死に弁解した。 여자친구에게 거짓말이 탄로나서 필사적으로 변명했다.
誇り ほこ	名 자랑, 긍지	彼女は名門大学を卒業したことを誇りに思っている。 그녀는 명문대학을 졸업한 것을 자랑스럽게 생각하고 있다.
無茶 むちゃ	名 ナ 터무니없음	そんな無茶なお願いをされても困ります。 그런 터무니 없는 부탁을 하시면 곤란합니다.
明かす あ	動 밝히다	彼女はこれまで守り続けてきた秘密を明かした。 그녀는 그동안 지켜왔던 비밀을 밝혔다.
憤る いきどお	動 노하다, 성내다	幼い子どもが誘拐されたというニュースに人々は憤った。 어린 아이가 유괴되었다는 뉴스에 사람들은 분노했다.
思い立つ おも た	動 결심하다, 마음먹다	私は子どもの時から、思い立ったらすぐ行動するタイプだった。 나는 어릴 때부터 결심한 일은 바로 행동하는 타입이었다.
構う かま	動 상관하다, 관계하다	私に構わないで先に行ってください。 저는 개의치 말고 먼저 가 주세요.
極まる きわ	動 극도에 이르다	感極まって泣いてしまった。 감정이 극에 달아서 울어 버렸다.
投げ出す な だ	動 내던지다	彼女は、仕事を途中で投げ出すような無責任な人じゃない。 그녀는 일을 도중에 내던지는 무책임한 사람이 아니다.

睨む (にらむ)	동 노려보다	仕事中に携帯電話を見ていたら、上司に睨まれた。 일하는 중에 휴대전화를 보고 있었더니 상사가 째려 보았다.
乗り切る (のりきる)	동 극복하다	今日はとても忙しい一日だったが、何とか乗り切った。 오늘은 매우 바쁜 하루였지만 어떻게든 이겨냈다.
秘める (ひめる)	동 숨기다, 감추다, 속에 간직하다	胸に秘めた思いを告白しないまま、卒業の日を迎えた。 가슴에 숨겨두었던 마음을 고백하지 않은채 졸업하는 날을 맞이했다.
振り返る (ふりかえる)	동 (뒤를)돌아보다	前に向かって進むだけではなく、振り返って考えるのも大切だ。 앞을 향해서 나아갈 뿐만 아니라 뒤를 돌아보고 생각하는 것도 중요하다.
惑わす (まどわす)	동 유혹하다, 속이다	大丈夫という友達の言葉に惑わされてはいけない。 괜찮다고 하는 친구의 말에 현혹되서는 안된다.
許す (ゆるす)	동 허가하다, 허락하다	犯人は捕まったが、その罪を許すことはできない。 범인은 붙잡혔지만, 그 죄를 용서할 수는 없다.
詫びる (わびる)	동 사과하다, 사죄하다	今までの失礼を正式に詫びた。 지금까지의 실례를 정식으로 사죄했다.
甘い (あまい)	イ (맛이) 달다, 무르다, 엄하지 않다	このチョコレートはとても甘い。 이 초콜릿은 매우 달다. 校内の試験だと思って甘く見ていた。 교내 시험이라고 생각해 만만하게 봤었다.
堅苦しい (かたくるしい)	イ 매우 엄격하다, 거북하다	今夜は堅苦しい話は抜きにして、楽しみましょう。 오늘 저녁은 거북한 이야기는 빼고 즐깁시다.
好き嫌い (すききらい)	イ 호불호	好き嫌いなく何でも食べることが、子どもには特に重要だ。 가리는 것 없이 뭐든지 먹는 것이 아이들에게는 특히 중요하다.
ばかばかしい	イ 우습다, 어이없다	子どもの頃は、よくばかばかしいいたずらをした。 어렸을 때는 자주 어리석은 장난을 했다.
謙虚 (けんきょ)	ナ 명 겸허	年をとっても謙虚な姿勢を忘れてはいけない。 나이가 들어도 겸허한 자세를 잊어서는 안 된다.
賢明 (けんめい)	ナ 명 현명	台風接近の情報を受け、大会を中止したのは賢明な判断だった。 태풍 접근 정보를 듣고 대회를 중지시킨 것은 현명한 판단이었다.

아래의 단어를 보고 읽는 법과 뜻을 적어 본 후 점선대로 접어서 답을 확인해 봅시다.
틀린 단어는 뒷 페이지 □에 V표시를 해 봅시다.

접는 선

단어	읽는 법과 뜻	
改正	かいせい	개정
感心		
苦情		
恐縮		
勝手		
気の毒		
後悔		
深刻		
冷静		
諦める		
焦る		
謝る		
驚く		
逆らう		
怪しい		
憎い		
曖昧		
積極的		
狂う		
嘆く		
満ちる		
飽きる		
勇ましい		

− 금각사 −

예처럼 빈칸을 채우면서 다시 한번
체크해 봅시다.

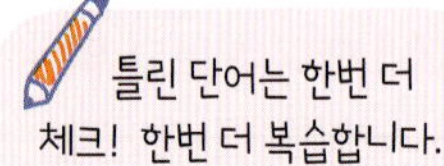

읽는 법과 뜻
かいせい 개정
かんしん 감심, 감탄함
くじょう 불평, 불만
きょうしゅく 죄송함, 황송함
かって 제멋대로 굶
きのどく 가엾음, 딱함
こうかい 후회
しんこく 심각함
れいせい 냉정
あきらめる 단념하다
あせる 초조하게 굴다
あやまる 사과하다
おどろく 놀라다, 경악하다
さからう 거스르다
あやしい 수상하다
にくい 밉살 스럽다
あいまい 애매함
せっきょくてき 적극적
くるう 미치다, 이상하다
なげく 한탄하다
みちる 차다, 가득하다
あきる 싫증나다, 질리다
いさましい 용감하다

한자	읽는 법	의미
（예）改正	かいせい	개정
感心		
苦情		
恐縮		
勝手		
気の毒		
後悔		
深刻		
冷静		
諦める		
焦る		
謝る		
驚く		
逆らう		
怪しい		
憎い		
曖昧		
積極的		
狂う		
嘆く		
満ちる		
飽きる		
勇ましい		

DAY 04

감정과 태도(2)

01 過剰	02 我慢	03 感謝	04 機嫌
05 恐怖	06 緊張	07 愚痴	08 謙遜
09 誤解	10 正直	11 慎重	12 想像
13 抵抗	14 でたらめ	15 皮肉	16 礼儀
17 意欲	18 悲劇	19 意外	20 憧れる
21 与える	22 表す	23 恐れる	24 担ぐ
25 拒む	26 耐える	27 頼る	28 慰める
29 怠ける	30 乱す	31 迎える	32 淡い
33 疑わしい	34 惜しい	35 悔しい	36 心強い
37 騒々しい	38 とんでもない		39 苦い
40 のろい	41 みっともない		42 いいかげん
43 邪魔	44 素直	45 退屈	46 惨め
47 案外	48 ほっと	49 ぼんやり	

01 ★★
かじょう
過剰
명 ナ 과잉

彼は他人の何気ない一言に(過剰)な反応を見せることがある。

그는 다른 사람의 아무 뜻 없는 한 마디에 과잉된 반응을 보이는 경우가 있다.
↔ 不足 부족

02 ★★
が まん
我慢
명 する 참음, 견딤

彼はダイエットのために1か月間お酒を(我慢)している。

그는 다이어트를 위해 한 달간 술을 참고 있다.

03
かんしゃ
感謝
명 する 감사

母の日に、日ごろの(感謝)の気持ちを伝えた。

어머니 날에 평소의 감사의 마음을 전했다.

04 ★
き げん
機嫌
명 기분, 심기

部長は(機嫌)が悪いから話しかけない方がいいですよ。

부장님은 심기가 나쁘니까 말을 걸지 않는 편이 좋습니다.

05 ★★★
きょう ふ
恐怖
명 공포

子どもの頃の(恐怖)は、トラウマになる場合がある。

어릴 적 공포는 트라우마가 되는 경우가 있다.
＋ 怖い 무섭다 ⑱

06 ★★
きんちょう
緊張
명 する 긴장

重要なプレゼンを前にして、(緊張)しています。

중요한 프레젠테이션을 앞두고 긴장하고 있습니다.

07 ★★ ⑫
ぐ ち
愚痴
명 푸념

年のせいか、母は(愚痴)ばかり言うようになった。

나이탓인지 엄마는 푸념만 하게 되었다.

08 謙遜

けんそん
명 **する** 겸손

彼は世界的なピアニストだが、いつも(謙遜)している。

그는 세계적인 피아니스트이지만 항상 겸손하다.

09 ★★ 誤解

ご かい
명 **する** 오해

(誤解)を生むような話し方は避けるべきだ。

오해를 낳을 듯한 말투는 삼가야 한다.

≒ 勘違い 착각

10 ★ 正直

しょうじき
명 **ナ** 정직(함)

私は質問に全部(正直)に答えた。

나는 질문에 전부 정직하게 답했다.

11 ★★ ⑪ 慎重

しんちょう
명 **ナ** 신중(함)

高価な機械なので(慎重)に扱ってください。

비싼 기계이기 때문에 신중하게 다뤄주세요.

12 ★★ 想像

そうぞう
명 **する** 상상

彼が大学教授だとは(想像)もつかなかった。

그가 대학 교수라고는 상상도 못했다.

13 ★★ ⑫ 抵抗

ていこう
명 **する** 저항

彼女は(抵抗)したが誘拐された。

그녀는 저항했지만 유괴당했다.

14 ★ ⑱ でたらめ

명 **ナ** 엉터리, 무책임함

友達に(でたらめ)な噂を流され、裏切られた気分だ。

친구가 터무니없는 소문을 퍼뜨려, 배신당한 기분이다.

15 ★★
ひ にく
皮肉
명 ナ 빈정거림, 얄궂음, 짓궂음

あの上司はいつも(皮肉)ばかりだ。
그 상사는 항상 빈정거리기만 한다.

---

16 ★★★ ⑩
れい ぎ
礼儀
명 예의

あの子は生活態度も良く、(礼儀)正しい。
그 아이는 생활태도도 좋고, 예의 바르다.
≒ 作法 예의, 범절

---

17 ★ ⑬
い よく
意欲
명 의욕

最近、学習(意欲)がなくなり、成績が落ちた。
최근 학습의욕이 없어져서 성적이 떨어졌다.

18
ひ げき
悲劇
명 비극

この国の犯罪率の高さは、貧困が引き起こした(悲劇)と言われている。
이 나라의 범죄율이 높은 것은 빈곤이 일으킨 비극이라고 말해지고 있다.
✚ 悲惨 비참

---

19 ★★ ⑬
い がい
意外
명 ナ 의외, 뜻밖

今回の大雨は(意外)に被害が大きい。
이번 큰비는 의외로 피해가 크다.

---

20 ★
あこが
憧れる
동 동경하다, 그리워하다

私は父に(憧れて)、弁護士になりました。
나는 아버지를 동경해, 변호사가 되었습니다.

---

21 ★ ⑪
あた
与える
동 (자기것을) 주다, 부여하다

彼らの活動は国民に感動を(与えた)。
그들의 활동은 국민에게 감동을 안겨주었다.

22 ★
あらわ
表す
동 나타내다, 보이다

こらえきれず、彼は怒りを(表した)。

참지 못해 그는 분노를 내비쳤다.

＋ 表れる 나타나다

---

23 ★★
おそ
恐れる
동 무서워하다, 두려워하다, 우려하다

田中教授は厳しいので、皆が(恐れ)ている。

다나카 교수는 엄격해서 모두가 무서워한다.

---

24 ★
かつ
担ぐ
동 메다, 지다, 짊어지다

彼は重い荷物も軽々と(担いで)しまう。

그는 무거운 짐도 가볍게 지고 만다.

＋ 担う 메다, (책임 등을) 떠맡다

---

25 ★
こば
拒む
동 거절하다, 거부하다

祖母は老人ホームに入ることを(拒んで)いる。

할머니는 양로원에 들어가는 것을 거부하고 있다.

---

26 ★
た
耐える
동 견디다, 참다

いじめに(耐える)必要はありません。

괴롭힘을 견딜 필요는 없습니다.

---

27 ★ ⑩
たよ
頼る
동 의지하다

いつも(頼って)いた先輩が会社を辞めた。

늘 의지하고 있던 선배가 회사를 그만두었다.

---

28 ★
なぐさ
慰める
동 위로하다, 위안하다

失敗した後輩を(慰め)、勇気づけた。

실패한 후배를 위로하여, 용기를 북돋웠다.

29 ★★
なま
怠ける
동 게으름 피우다

(怠けて)いたら、結果は出ないと上司に怒られた。

게으름 피우고 있으면 결과는 안나온다고 상사에게 혼났다.

---

30 ★ ⑩
みだ
乱す
동 흩뜨리다, 어지럽히다

彼の一言で心を(乱さ)れた。

그의 말 한마디로 마음이 어지러워졌다.

+ 乱れる 흐뜨러지다, 어지러 지다

---

31 ★★ ⑱
むか
迎える
동 맞다, 맞이하다

あの旅館はお客を笑顔で(迎えて)くれる。

그 여관은 손님을 웃는 얼굴로 맞이해준다.

32
あわ
淡い
イ (색, 맛, 향기등) 진하지 않다,
엷다, 희미하다

彼から返事があるかもと、(淡い)期待をしていた。

그로부터 답변이 있을지도 모른다고, 희미한 기대를 하고 있었다.

≒ 薄い 엷다

---

33 ★
うたが
疑わしい
イ 수상하다, 의심스럽다

その医者の診断は(疑わしい)ので、違う病院へ行った。

그 의사의 진단은 의심스러워서 다른 병원에 갔다.

---

34 ★
お
惜しい
イ 아깝다, 애석하다

昨日の試合は一点差で負けてしまって(惜しかった)。

어제 시합은 1점 차로 져버려서 아까웠다.

---

35 ★ ⑭
くや
悔しい
イ 분하다, 억울하다

試合に負けて本当に(悔しい)。

시합에 져서 정말로 분하다.

---

36 ★★ ⑫

こころづよ
心強い

イ 마음 든든하다, 믿음직 스럽다

はは ちか す こころづよ
母が近くに住んでいるので(心強い)。

엄마가 근처에 살고 있어서 마음 든든하다.

---

37 ★★★ ⑭

そうぞう
騒々しい

イ 시끄럽다, 떠들석하다, 어수선하다, 뒤숭숭하다

となり ふうふ けんか そうぞう めいわく
隣の夫婦は喧嘩ばかりして、(騒々しくて)迷惑だ。

옆 집 부부는 싸우기만 하고 시끄러워서 민폐이다.

---

38 ★★

とんでもない

イ 터무니없다, 당치도 않다, 천만에

かれ くび はなし
彼が首になるなんて、(とんでもない)話だ。

그가 해고 당하다니, 당치도 않은 이야기이다.

---

39 ★

にが
苦い

イ (맛이)쓰다, 싫다, 언짢다

くすり にが き
この薬は(苦い)がよく効きそうだ。

이 약은 쓰지만 잘 들을 것 같다.

かれ うそ にが かお
彼は嘘がばれて(苦い)顔をしていた。

그는 거짓말이 탄로나 언짢은 얼굴을 하고 있었다.

---

40 ★

のろい

イ 느리다, 더디다

しごと どうりょう めいわく
仕事が(のろく)いつも同僚に迷惑をかけている。

업무가 느려서 항상 동료에게 폐를 끼치고 있다.

➕ のろのろ 느릿느릿, 꾸물꾸물

---

41 ★

みっともない

イ 보기 싫다, 꼴 사납다

こうはい すがた み
後輩に(みっともない)姿を見せるわけにはいかない。

후배에게 꼴사나운 모습을 보일 수는 없다.

---

42 ★★

いいかげん

ナ 어성함, 무책임함, 엉터리임
연 알맞음, 적당함

かれ たいど どうりょう おこ
彼は(いいかげん)な態度で、同僚を怒らせた。

그는 무책임한 태도로 동료를 화나게 했다.

43 ★ ⑯
じゃま
邪魔
ナ 名 する 방해, 장애

私は彼にとって、(邪魔)な存在だったようだ。

나는 그에게 있어 거추장스러운 존재였던 것 같다.

44 ★★★
す なお
素直
ナ 순진함, 솔직함, 순순함, 순수함

彼は上司のアドバイスを(素直)に受け入れた。

그녀는 상사의 조언을 순순히 받아들였다.

45 ★★
たいくつ
退屈
ナ 名 지루함, 따분함

入院生活は、することがなく(退屈)だ。

입원 생활은 할 일이 없어 지루하다.

46
みじ
惨め
ナ 비참함, 참담함

事故で両親を失って、子どもの頃は(惨め)な生活を送った。

사고로 부모님을 잃어서 어렸을 때는 참혹한 생활을 보냈다.

47 ★★★
あんがい
案外
副 ナ 뜻밖에, 예상 외

このかばんは、物が(案外)たくさん入る。

그 가방은 물건이 의외로 많이 들어간다.

48 ★
ほっと
副 する 한숨짓는 모양(후유), 안도의 한숨

プロジェクトが無事成功し、(ほっと)胸をなでおろした。

프로젝트가 무사히 성공해서 휴우 하고 가슴을 쓸어내렸다.

49 ★ ⑪
ぼんやり
副 する 어렴풋이, 아련히

(ぼんやり)してバスを乗り過ごした。

멍하니 있다 버스에서 내릴 곳을 지나쳤다.

1 해당 어휘의 읽는 법을 찾고, 빈칸에 의미를 적으세요.

예	学生	✔① がくせい	② がっせい	학생

1 頼る   ① たえる   ② たよる   __________

2 過剰   ① かじょう   ② かいん   __________

3 素直   ① そっちょく   ② すなお   __________

4 悔しい   ① くやしい   ② おしい   __________

5 拒む   ① いどむ   ② こばむ   __________

2 문맥에 맞는 단어를 보기에서 골라 알맞은 형태로 바꾸어 써 넣으세요.

6 あの子は生活態度も良く、（　　　　）正しい。

7 （　　　　）してバスを乗り過ごした。

8 部長は（　　　　）が悪いから話しかけない方がいいですよ。

9 このかばんは、物が（　　　　）たくさん入る。

10 年のせいか、母は（　　　　）ばかり言うようになった。

機嫌(きげん)	愚痴(ぐち)	礼儀(れいぎ)	案外(あんがい)	ぼんやり

독해 · 청해 어휘

いっぺん 一変	명 する 일변, 완전히 바뀜	ある時から妻の態度が一変して、関係が悪くなった。 언제부턴가 아내의 태도가 돌변해서 관계가 나빠졌다.
かんどう 感動	명 する 감동	彼女はプレゼントに感動して涙を流した。 그녀는 선물에 감동해서 눈물을 흘렸다.
ぎゃくじょう 逆上	명 する 욱함	彼は逆上して部屋の中で暴れだした。 그는 욱해서 방 안에서 날뛰었다.
こうふん 興奮	명 する 흥분	激しい試合に観客は皆興奮した。 격렬한 시합에 관객은 모두 흥분했다.
こんき 根気	명 끈기	どんな仕事でも続ける根気が必要だ。 어떠한 일이라도 계속하는 끈기가 필요하다.
さんせい 賛成	명 する 찬성	私は彼の意見に賛成だ。 나는 그의 의견에 찬성이다.
しゅうちゃく 執着	명 する 집착	姉はいつまでも過去に執着して前に進めない。 언니는 언제까지나 과거에 집착해 앞으로 나아가지 못한다.
しんきょう 心境	명 심경	前に彼は大学を辞めたいと言っていたが、今は心境が変わったようだ。 전에 그는 대학을 그만두고 싶다고 말했지만 지금은 심경이 변한 것 같다.
せいしん 精神	명 정신	辛いことも多かったが、その分、精神的に強くなった。 괴로운 일도 많았지만 그 만큼 정신적으로 강해졌다.
そくばく 束縛	명 する 속박	彼は恋人を束縛しすぎるため、いつも振られる。 그는 애인을 지나치게 속박하기 때문에 항상 차인다.
ため息	명 한숨	ため息をつくと、幸せが逃げる。 한숨을 쉬면 행복이 달아난다.
つうかん 痛感	명 する 통감	会議当日に、もっと早くから準備しておくべきだったと痛感した。 회의 당일에 좀 더 일찍부터 준비해 두어야 했었다라고 통감했다.
てんか 転化	명 する 전화, 변화, 변환	愛情が憎しみに転化する可能性もある。 애정이 증오로 변할 가능성도 있다.
ばくろ 暴露	명 する 폭로	友達に秘密を暴露されて本当に落ち込んだ。 친구가 비밀을 폭로해서 정말로 침울해졌다.

半減 はんげん	명 する 반감	部長に叱られて、やる気が半減してしまった。 부장님에게 야단 맞고 할 의욕이 반감되어 버렸다.
不機嫌 ふ きげん	명 ナ 불쾌함, 언짢음	彼女は最近仕事がうまくいっていないので常に不機嫌だ。 그녀는 요즘 일이 잘 되지 않기 때문에 늘 심기가 안좋다.
侮辱 ぶじょく	명 する 모욕	他人を侮辱することは許されない行為だ。 다른 사람을 모욕하는 것은 용서할 수 없는 행위다.
偏見 へんけん	명 편견	彼女に対して偏見があったが、話してみたらいい人だった。 그녀에 대해서 편견이 있었지만 이야기해 보았더니 좋은 사람이었다.
前向き まえむ	명 적극적	彼は事業に失敗しても、前向きに自分の夢を追い続けた。 그는 사업에 실패해도 적극적으로 자신의 꿈을 쫓아갔다.
憂鬱 ゆううつ	명 ナ 우울	連休の最終日は、翌日からの仕事のことを考えて憂鬱になる。 연휴 마지막 날은 다음 날부터 할 일을 생각하면 우울해진다.
甘える あま	동 어리광부리다	幼い頃はよく両親に甘えておもちゃを買ってもらったものだ。 어렸을 때는 자주 부모님께 어리광을 부려서 장난감을 받았다.
✼ 威張る いば	동 뽐내다, 으스대다	彼は部長に昇進してからずっと威張っている。 그는 부장으로 승진하고나서 계속 잘난척 하고 있다.
✼ 恐れ入る おそ い	동 황송해하다	恐れ入ります、先ほどお電話いただいた鈴木と申します。 죄송합니다, 조금 전 전화 받았던 스즈키라고 합니다.
✼ 掻く か	동 긁다	彼は恥ずかしそうに自分の頭を掻いた。 그는 부끄러운 듯이 자신의 머리를 긁적거렸다.
✼ 傷つく きず	동 상처입다, 다치다	恋人に振られて、とても傷ついた。 연인에게 차여서 매우 상처 받았다.
好かれる す	동 사랑받다	彼女は明るく、性格もいいので誰からも好かれた。 그녀는 밝고 성격도 좋기 때문에 누구에게나 사랑받았다.
戸惑う と まど	동 당황하다, 망설이다, 갈피를 못 잡다	彼女の態度が急に変わったので、訳がわからず戸惑ってしまった。 그녀의 태도가 갑자기 변했기 때문에 이유를 알 수 없어서 당황해 버렸다.

滲（にじ）む	동 번지다, 스미다	彼女（かのじょ）はうれしさのあまり目（め）に涙（なみだ）を滲（にじ）ませた。 그녀는 기쁜 나머지 눈에 눈물을 글썽였다.
☆ 覗（のぞ）く	동 엿보다	隣（となり）の部屋（へや）から音（おと）が聞（き）こえたので、そっと覗（のぞ）いた。 옆 방에서 소리가 들려서 살짝 엿봤다.
吐（は）き出（だ）す	동 토해 내다	先輩（せんぱい）は溜（た）まっていた不満（ふまん）を吐（は）き出（だ）した。 선배는 쌓였던 불만을 털어놓았다.
ふざける	동 장난치다, 깔보다, 놀리다	ふざけていたら、態度（たいど）が悪（わる）いと怒（おこ）られた。 장난치고 있었더니 태도가 나쁘다고 혼났다.
振舞（ふるま）う	동 행동하다	彼（かれ）はまるで何事（なにごと）もなかったかのように振（ふ）る舞（ま）った。 그는 마치 아무일도 없었던 것처럼 행동했다.
見直（みなお）す	동 다시 보다, 재검토하다	何（なに）もできないと思（おも）っていた兄（あに）が、仕事（しごと）をしている姿（すがた）を見（み）て見直（みなお）した。 아무것도 할 수 없다고 생각했던 형이 일을 하고 있는 모습을 보고 다시 보았다.
☆ 喜（よろこ）ぶ	동 기뻐하다	娘（むすめ）はプレゼントをもらって喜（よろこ）んだ。 딸은 선물을 받고 기뻐했다.
☆ 羨（うらや）ましい	イ 부럽다	私（わたし）は仕事（しごと）がよくできる同期（どうき）を羨（うらや）ましく思（おも）っている。 나는 일 잘하는 동기가 부럽다.
心細（こころぼそ）い	イ 불안하다	一人（ひとり）で夜道（よみち）を歩（ある）いて帰（かえ）るのはとても心細（こころぼそ）い。 혼자서 밤길을 걸어서 돌아가는 것은 매우 불안하다.
☆ たまらない	イ 견딜수 없다, 참을 수 없다	たまらなく好（す）きな韓国（かんこく）の俳優（はいゆう）がいる。 더할 나위 없이 좋아하는 한국 배우가 있다.
☆ めでたい	イ 경사스럽다, 축하할 만하다	彼（かれ）が昇進（しょうしん）するのはとてもめでたいことだ。 그가 승진하는 것은 매우 경사스러운 일이다.
地道（じみち）	ナ 착실함, 견실함	地道（じみち）な努力（どりょく）が成功（せいこう）の秘訣（ひけつ）である。 착실한 노력이 성공의 비결이다.
主観的（しゅかんてき）	ナ 주관적	それは彼（かれ）の主観的（しゅかんてき）な意見（いけん）にすぎない。 그것은 그의 주관적인 의견에 지나지 않는다.
切実（せつじつ）	ナ 절실	私（わたし）にとって就職（しゅうしょく）は切実（せつじつ）な問題（もんだい）だ。 나에게 있어서 취직은 절실한 문제다.
大胆（だいたん）	명 ナ 대담	赤字（あかじ）が続（つづ）いており、大胆（だいたん）な経営改善（けいえいかいぜん）が必要（ひつよう）だ。 적자가 계속되고 있어서 대담한 경영 개선이 필요하다.

복습해 볼까요?

아래의 단어를 보고 읽는 법과 뜻을 적어 본 후 점선대로 접어서 답을 확인해 봅시다.
틀린 단어는 뒷 페이지 □에 V표시를 해 봅시다.

접는 선

단어	읽는 법과 뜻	
改正	かいせい	개정
恐怖		
礼儀		
騒々しい		
素直		
案外		
過剰		
我慢		
緊張		
愚痴		
誤解		
慎重		
想像		
抵抗		
皮肉		
意外		
怠ける		
迎える		
退屈		
正直		
憧れる		
乱す		
拒む		

접으면 답을 확인할 수 있어요.

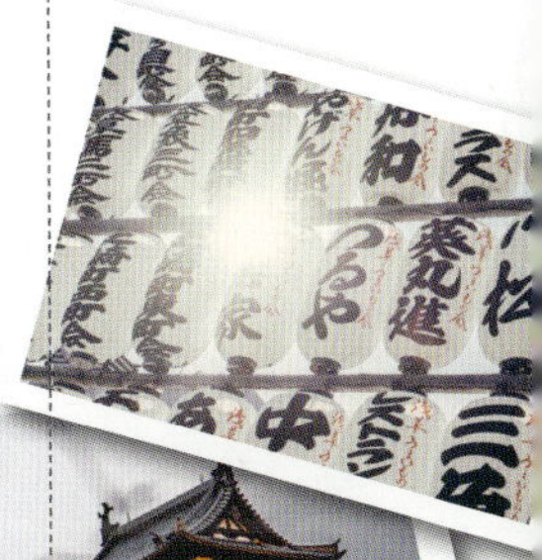

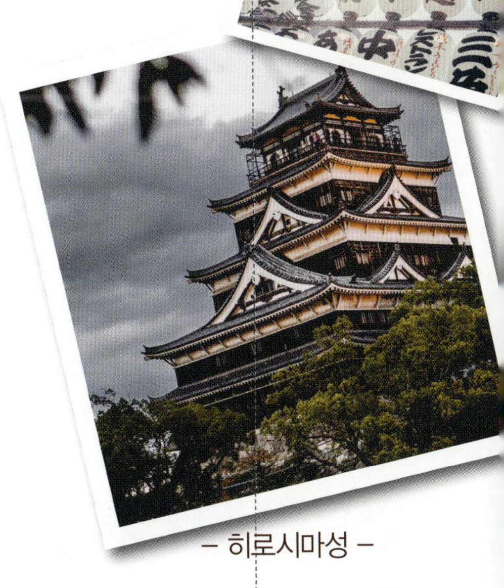

– 히로시마성 –

예처럼 빈칸을 채우면서 다시 한번 체크해 봅시다.

틀린 단어는 한번 더 체크! 한번 더 복습합니다.

읽는 법과 뜻
☐ かいせい 개정
☐ きょうふ 공포
☐ れいぎ 예의
☐ そうぞうしい 떠들석하다
☐ すなお 순진함, 솔직함
☐ あんがい 뜻밖에, 예상외
☐ かじょう 과잉
☐ がまん 참음, 견딤
☐ きんちょう 긴장
☐ ぐち 푸념
☐ ごかい 오해
☐ しんちょう 신중함
☐ そうぞう 상상
☐ ていこう 저항
☐ ひにく 빈정거림, 짓궂음
☐ いがい 의외, 뜻밖
☐ なまける 게으름 피우다
☐ むかえる 맞다, 맞이하다
☐ たいくつ 지루함, 따분함
☐ しょうじき 정직함
☐ あこがれる 동경하다
☐ みだす 흐뜨리다
☐ こばむ 거절하다

한자	읽는 법	의미
(예) 改正	かいせい	개정
恐怖		
礼儀		
騒々しい		
素直		
案外		
過剰		
我慢		
緊張		
愚痴		
誤解		
慎重		
想像		
抵抗		
皮肉		
意外		
怠ける		
迎える		
退屈		
正直		
憧れる		
乱す		
拒む		

모양·디자인과 패션

알고 있는 단어를 체크해 봅시다.

01 大幅	02 外見	03 改造	04 拡大
05 格好	06 生地	07 巨大	08 小柄
09 白髪	10 洗練	11 対照	12 特殊
13 特徴	14 背景	15 派手	16 服装
17 見かけ	18 魅力	19 容姿	20 流行
21 編む	22 映る	23 掛ける	24 欠ける
25 飾る	26 傾く	27 片寄る	28 真似る
29 破れる	30 装う	31 縮む	32 乱れる
33 厚い	34 硬い	35 きつい	36 濃い
37 ふさわしい	38 鮮やか	39 奇妙	40 地味
41 素敵	42 平ら	43 独特	44 華やか
45 相変わらず	46 さらさら	47 そっくり	48 ぶかぶか
49 ぼろぼろ			

01 ★★ ⑭
おおはば
大幅
명 **ナ** 대폭, 큰폭

雨のため、予定が(大幅)に変わってしまった。

비 때문에 예정이 크게 바뀌어 버렸다.

---

02 ★ ⑩
がいけん
外見
명 외견

今の若者は(外見)ばかり気にしているようだ。

지금 젊은이들은 겉모습만 신경쓰는 것 같다.

03
かいぞう
改造
명 **する** 개조

彼は(改造)したバイクに乗っている。

그는 개조한 오토바이를 타고 있다.

---

04 ★★
かくだい
拡大
명 **する** 확대

細かい文字がよく見えるように(拡大)してコピーしてください。

작은 글자가 잘 보이도록 확대해서 복사해 주세요.

---

05 ★★ ⑬
かっこう
格好
명 모습, 모양

その(格好)で山に登るのは危ないと思います。

그 모습으로 산에 오르는 것은 위험하다고 생각합니다.

---

06 ★
きじ
生地
명 직물, 천

この店の服はどれも(生地)がしっかりしている。

이 가게 옷은 어느 것이나 천이 튼튼하다.

---

07 ★
きょだい
巨大
명 **ナ** 거대

サグラダファミリアとはスペインにある(巨大)な聖堂のことだ。

사그라다 파밀리아란 스페인에 있는 거대한 성당을 말한다.

08 ★★ ⑮
こ がら
小柄
명 ナ 몸집이 작음

<ruby>彼<rt>かれ</rt></ruby>は(<ruby>小柄<rt>こ がら</rt></ruby>)な<ruby>女性<rt>じょせい</rt></ruby>が<ruby>好<rt>す</rt></ruby>きなようだ。

그는 몸집이 작은 여성을 좋아하는 듯하다.

09 ★★
しらが
白髪
명 백발, 흰머리

(<ruby>白髪<rt>しらが</rt></ruby>)を<ruby>染<rt>そ</rt></ruby>めるために<ruby>毎月<rt>まいつき</rt></ruby><ruby>美容院<rt>びょういん</rt></ruby>へ<ruby>行<rt>い</rt></ruby>く。

흰머리를 염색하기 위해 매달 미용실에 간다.

10 ★
せんれん
洗練
명 する 세련

この<ruby>店<rt>みせ</rt></ruby>には(<ruby>洗練<rt>せんれん</rt></ruby>)された<ruby>家具<rt>か ぐ</rt></ruby>が<ruby>多<rt>おお</rt></ruby>い。

이 가게에서는 세련된 가구가 많다.

11
たいしょう
対照
명 する 대조

<ruby>測定<rt>そくてい</rt></ruby>の<ruby>結果<rt>けっか</rt></ruby>を<ruby>全国平均<rt>ぜんこくへいきん</rt></ruby>と(<ruby>対照<rt>たいしょう</rt></ruby>)してみる。

측정 결과를 전국 평균과 대조해 본다.

12 ★★
とくしゅ
特殊
명 ナ 특수

この<ruby>主人公<rt>しゅじんこう</rt></ruby>は(<ruby>特殊<rt>とくしゅ</rt></ruby>)なメイクで<ruby>別人<rt>べつじん</rt></ruby>になった。

이 주인공은 특수한 화장으로 딴사람이 되었다.

13 ★★
とくちょう
特徴
명 특징

<ruby>犯人<rt>はんにん</rt></ruby>の(<ruby>特徴<rt>とくちょう</rt></ruby>)は<ruby>大<rt>おお</rt></ruby>きい<ruby>目<rt>め</rt></ruby>である。

범인의 특징은 큰 눈이다.

14
はいけい
背景
명 배경

<ruby>写真<rt>しゃしん</rt></ruby>はきれいに<ruby>撮<rt>と</rt></ruby>れたが、(<ruby>背景<rt>はいけい</rt></ruby>)が<ruby>気<rt>き</rt></ruby>に<ruby>入<rt>い</rt></ruby>らなかった。

사진은 예쁘게 찍혔지만, 배경이 마음에 들지 않았다.

15 ★★
は で
派手
명 ナ 화려함, 야함

パーティーで目立つように(派手)なドレスを着ていくつもりだ。

파티에서 눈에 띄도록 화려한 드레스를 입고 갈 생각이다.

16 ★
ふくそう
服装
명 복장

ここの職場では、どんな(服装)でも構わない。

이 직장에서는 어떤 복장이어도 상관없다.

17 ★★
み
見かけ
명 겉보기, 외관

(見かけ)によらず、よく食べるんですね。

겉보기와는 달리, 잘 먹네요.

18 ★
み りょく
魅力
명 매력

仕事に誇りを持っている人は(魅力)がある。

일에 긍지를 가지고 있는 사람은 매력이 있다.

19 ★★ ⑯
よう し
容姿
명 (여성의) 얼굴 모양이나 자태

人を(容姿)だけで判断してはいけない。

사람을 외모 만으로 판단해서는 안 된다.

20 ★ ⑪
りゅうこう
流行
명 する 유행

この頃、70年代のファッションがまた(流行)しているそうだ。

요즘 70년대의 패션이 다시 유행하고 있다고 한다.

21 ★
あ
編む
동 짜다, 뜨다

セーターを(編んで)、恋人にプレゼントした。

스웨터를 짜서 연인에게 선물을 했다.

22 ★
うつ
映る
동 비치다, 조화되다, 보이다

鏡に(映った)自分の姿を見た。

거울에 비친 자신의 모습을 봤다.

＋ 映す 비추다, 상영하다, 반영하다

---

23 ★
か
掛ける
동 걸다, 늘어뜨리다

彼女はいつも肩に大きなかばんを(掛けて)いた。

그녀는 항상 어깨에 큰 가방을 메고 있었다.

---

24 ★★
か
欠ける
동 깨져 떨어지다, 부족하다, 빠지다

コップを落としたら、ふちが(欠けて)しまった。

컵을 떨어뜨렸더니 가장자리가 깨져 버렸다.

---

25 ★
かざ
飾る
동 장식하다, 꾸미다

部屋の中に孫の写真をたくさん(飾った)。

방 안에 손자 사진을 많이 장식했다.

---

26 ★★★ ⑬
かたむ
傾く
동 기울다

この建物は、床が少し(傾いて)いる気がする。

이 건물은 바닥이 조금 기울어져 있는 느낌이 든다.

÷ 斜め 경사짐, 비스듬함

---

27 ★ ⑫
かた よ
片寄る
동 (한 쪽으로) 기울다, 치우치다

かばんの中に入れておいたら弁当が(片寄って)しまった。

가방 속에 넣어 두었더니 도시락이 한 쪽으로 치우쳐져 버렸다.

28
ま ね
真似る
동 흉내내다, 모방하다

芸能人のファッションを(真似る)人が多い。

연예인의 패션을 따라하는 사람이 많다.

29 ★★ ⑰ ⑭ ⑪

やぶ
破れる

동 찢어지다, 해지다, 깨지다, (승부에) 패배하다

太ってしまったせいで、ついに履いていたジーンズが(破れた)。

살이 쪄버린 탓에 급기야 입고 있던 청바지가 찢어졌다.

---

30 ★★

よそお
装う

동 치장하다, 차려입다, 가장하다

派手に(装って)パーティーに出席した。

화려하게 차려입고 파티에 참석했다.

平静を(装って)いたが、内心緊張していた。

평정을 가장했지만, 내심 긴장하고 있었다.

---

31 ★★★ ⑪ ⑭

ちぢ
縮む

동 줄다, 오그라들다, 작아지다

セーターをそのまま洗濯したら(縮んで)しまった。

스웨터를 그대로 빨았더니 줄어들고 말았다.

---

32 ★★ ⑰ ⑩

みだ
乱れる

동 흐트러지다, 어지러지다

強風で髪が(乱れて)しまった。

강풍으로 머리카락이 흐트러져 버렸다.

---

33 ★

あつ
厚い

イ 두껍다, 두텁다

最近寒いので、生地の(厚い)コートを着る人が多くなってきた。

요즘 추워서 두꺼운 코트를 입은 사람이 많아졌다.

---

34 ★

かた
硬い

イ 단단하다, 견고하다

この椅子は(硬くて)座りにくい。

이 의자는 딱딱해서 앉기 불편하다.

---

35 ★★

きつい

イ 기질이 강하다, 심하다, 고되다, 꼭 끼다, 빡빡하다

このワンピースはSサイズでちょっと(きつい)。

이 원피스는 S사이즈로 조금 낀다.

ゆる
↔ 緩い 느슨하다, 헐렁하다

36 ★ こ 濃い
イ 진하다

（濃い）色を使った広告はインパクトを与える。

진한 색을 사용한 광고는 임팩트를 안겨준다.

⇌ 薄い 옅다

---

37 ★★ ⑩ ふさわしい
イ 어울리다, 걸맞다, 적합하다

その場その場に（ふさわしい）服装というものがある。

그 자리 그 자리에 어울리는 복장이란 것이 있다.

---

38 ★ ⑮ あざ 鮮やか
ナ 선명함, 산뜻함

春になったら（鮮やか）な色の服が着たいです。

봄이 되면 선명한 색의 옷을 입고 싶습니다.

---

39 ★ ⑫ き みょう 奇妙
ナ 기묘, 이상함

その岩は（奇妙）な形をしている。

그 바위는 기묘한 형태를 하고 있다.

---

40 ★ じ み 地味
ナ 수수함, 검소함

佐藤さんはいつも（地味）な服装をしている。

사토 씨는 항상 수수한 복장을 하고 있다.

---

41 ★ す てき 素敵
ナ 매우 근사함, 아주 멋짐

彼女はいつもデザインが（素敵）な洋服を着ている。

그녀는 늘 디자인이 멋진 옷을 입고 있다.

---

42 ★ たい 平ら
ナ 평평함, 납작함

坂道より、（平ら）な道が歩きやすい。

비탈길보다 평평한 길이 걷기 쉽다.

43 ★★ ⑱
どくとく
独特
ナ 독특함

かれ ひと ちが ふくそう この どくとく
彼は人と違う服装を好み、とても(独特)だ。
그는 사람들과 다른 복장을 좋아하고, 매우 독특하다.

44
はな
華やか
ナ 화려함, 화사함, 눈부심

けっこんしき はなよめ はな き
結婚式で花嫁はとても(華やか)なドレスを着ていた。
결혼식에서 신부는 매우 화려한 드레스를 입고 있었다.

45 ★★ ⑪
あい か
相変わらず
부 변함없이

ねん あ かのじょ あい か うつく
10年ぶりに会っても彼女は(相変わらず)美しかった。
10년 만에 만나도 그녀는 변함없이 아름다웠다.

46 ★
さらさら
부 술술, 줄줄, 보송 보송,
보슬보슬

びょういん い かみ け
美容院に行ってから髪の毛が(さらさら)だ。
미용실에 다녀오니 머리카락이 찰랑찰랑하다.

47 ★★
そっくり
부 ナ 전부, 모조리,
꼭 닮은 모양

なか ぬす
かばんの中のものを(そっくり)盗まれた。
가방 안의 것을 몽땅 도둑맞았다.

ろんぶん い ぜん よ
この論文は以前読んだものと(そっくり)だ。
이 논문은 이전에 읽었던 것과 똑같다.

48 ★★ ⑩
あに おお
兄のズボンは大きすぎて(ぶかぶか)だ。
ぶかぶか
부 ナ する 헐렁헐렁
형의 바지는 너무 커서 헐렁헐렁하다.

49
ぼろぼろ
부 ナ 너덜 너덜

ふる ほん れきしてき かち
これは古くて(ぼろぼろ)な本だが、歴史的に価値があ
る。
이것은 낡아서 너덜너덜한 책이지만, 역사적으로 가치가 있다.

1 해당 어휘의 읽는 법을 찾고, 빈칸에 의미를 적으세요.

예	学生	① がくせい ✓	② がっせい	학생

1 破れる ① みだれる ② やぶれる ___________

2 容姿 ① ようし ② よし ___________

3 特殊 ① とくしゅ ② とくしゅう ___________

4 傾く ① かたむく ② みちびく ___________

5 鮮やか ① おだやか ② あざやか ___________

2 문맥에 맞는 단어를 보기에서 골라 알맞은 형태로 바꾸어 써 넣으세요.

6 今の若者は(　　　)ばかり気にしているようだ。

7 セーターをそのまま洗濯したら(　　　)しまった。

8 その(　　　)で山に登るのは危ないと思います。

9 10年ぶりに会っても彼女は(　　　)美しかった。

10 彼は(　　　)女性が好きなようだ。

こ がら	がいけん	かっこう	ちぢ	あい か
小柄	外見	格好	縮む	相変わらず

독해 · 청해 어휘

けんちく 建築	명 건축	こ だい　けんちく　　げんだい　けんちく　　おお　　えいきょう 古代ローマの建築は、現代の建築にも大きな影 響 あた を与えている。 고대 로마 건축은 현대 건축에도 큰 영향을 주고 있다.
こ がた 小型	명 소형	なか　　こ がたけん　か　ひと　おお ペットの中では小型犬を飼う人が多いようだ。 애완동물 중에서는 조그만한 강아지를 기르는 사람이 많은 것 같다.
こ せい 個性	명 개성	こ せい　そんちょう　　　　じゅうよう 個性を尊重することが重要だ。 개성을 존중하는 것이 중요하다.
こだわり	명 구애됨	かのじょ　　　　　　　　　　つよ　　　　　　　　も 彼女はファッションに強いこだわりを持っている。 그녀는 패션에 매우 연연하다.
じつぶつ 実物	명 실물	しゃしん　　じつぶつ そのモデルは写真より実物がもっときれいだ。 그 모델은 사진보다 실물이 좀더 예쁘다.
しんしゅくせい 伸縮性	명 신축성	したぎ　　しんしゅくせい　　よ　　きじ　つか この下着は伸縮性が良い生地を使っている。 이 속옷은 신축성이 좋은 옷감을 사용하고 있다.
そうしょく 装飾	명 する 장식	あした　　　　　　　　　　　　　へや　　そうしょく 明日はパーティーなので部屋の装飾をした。 내일은 파티이기 때문에 방에 장식을 했다.
ついきゅう 追求	명 する 추궁	かぐ　　　　　　　　　　　ついきゅう　　　　　　じつようせい この家具はデザインを追求するあまり、実用性が ひく 低くなってしまった。 이 가구는 디자인을 추구한 나머지 실용성이 떨어져 버렸다.
は きゅう 波及	명 する 파급	ぜんこく　　は きゅう　　　　　わたし　かいしゃ　　どう クールビズは全国に波及して、私の会社にも導 にゅう 入された。 여름철의 간소한 옷차림은 전국에 파급되어서 우리 회사에도 도입 되었다.
へんよう 変容	명 する 변용, 변모	じ だい　なが　　あ　　　　　　まち　ふんいき　へんよう 時代の流れに合わせて、街の雰囲気も変容して いった。 시대 흐름에 맞추어서 거리의 분위기도 변모해 갔다.
ぼうちょう 膨張	명 する 팽창	あか　きいろ　ふく　ふと　　み　　　　　　ぼうちょうしょく 赤や黄色の服は太って見えるので膨張 色という。 빨강이나 노란색 옷은 살쪄 보이기 때문에 팽창색이라고 부른다.
ほんもの 本物	명 진짜	ゆうじん　　みやげ　かばん　ほんもの　　　　　　　　　ひん 友人のお土産の鞄が本物のブランド品なのかわか らない。 친구가 선물로 준 가방이 진짜 명품인지 알 수 없다. にせもの ↔ 偽物 가짜

模型 もけい	명 모형	けんちくよてい たてもの もけい つく 建築予定の建物の模型を作って、プレゼンテーシ ョンをした。 건축 예정인 건물 모형을 만들어서 프리젠테이션을 했다.
おしゃれ	명 ナ 멋부림, 치장, 멋쟁이	きょう ひさ で 今日は久しぶりのデートなので、おしゃれして出 かけることにした。 오늘은 오랜만의 데이트이기 때문에 멋을 내고 외출하기로 했다.
試着 しちゃく	명 する 시착	しちゃく か ズボンは試着してから買うようにしている。 바지는 시착해 보고 나서 사도록 하고 있다.
花柄 はながら	명 꽃무늬	むすめ へや はながら か 娘の部屋のカーテンを花柄に変えた。 딸의 방 커튼을 꽃무늬로 바꾸었다.
☆ 無地 むじ	명 무지, 무늬가 없음	がら かいしゃ き い 柄があるシャツは会社に着て行けないので、いつ むじ えら も無地を選んでいる。 무늬가 있는 셔츠는 회사에 입고 갈 수 없기 때문에 항상 무늬가 없는 것을 고르고 있다.
洋服 ようふく	명 양복	さいきんふと まえ か ようふく き 最近太ってしまって、前に買った洋服が着られない。 요즘 살이 쪄서 전에 샀던 옷을 입을 수 없다.
下着 したぎ	명 속옷	しせい きょうせいよう したぎ か 姿勢をよくするために、矯正用の下着を買った。 자세를 좋게 하기 위해서 보정 속옷을 샀다.
家具 かぐ	명 가구	かぐ いろ そざい とういつかん うちの家具は色も素材もバラバラで、統一感がない。 우리집 가구는 색도, 소재도 제각각이어서 통일감이 없다.
☆ 包装 ほうそう	명 する 포장	きのうか ゆびわ よう ほうそう 昨日買った指輪を、プレゼント用に包装してもらっ た。어제 산 반지를 선물용으로 포장시켰다.
簡略化 かんりゃくか	명 간략화	ちず かんりゃくか いち わ 地図が簡略化されていて位置がよく分からない。 지도가 간략화 되어서 위치를 잘 알 수 없다.
革靴 かわぐつ	명 가죽 구두	ちゃいろ かわぐつ に あ このスーツには茶色の革靴がよく似合う。 이 양복에는 갈색 가죽 구두가 잘 어울린다.
灰色 はいいろ	명 회색, 잿빛	はで いろ きら はいいろ ふく か 派手な色が嫌いで、灰色の服ばかり買ってしまう。 화려한 색이 싫어서, 회색 옷만 사고 만다.
☆ 様子 ようす	명 모습, 모양, 상태	すうねん まち ようす おお へんか ここ数年で町の様子が大きく変化した。 요 수년간 마을의 모습이 크게 변화했다.

<ruby>絡<rt>から</rt></ruby>み<ruby>合<rt>あ</rt></ruby>う	動 서로 얽히다	この<ruby>服<rt>ふく</rt></ruby>は<ruby>脱<rt>ぬ</rt></ruby>ぐ<ruby>時<rt>とき</rt></ruby>、<ruby>糸<rt>いと</rt></ruby>が<ruby>絡<rt>から</rt></ruby>み<ruby>合<rt>あ</rt></ruby>って<ruby>大変<rt>たいへん</rt></ruby>である。 이 옷은 벗을 때 실이 서로 엉켜서 힘들다.
☆ <ruby>組<rt>く</rt></ruby>み<ruby>合<rt>あ</rt></ruby>わせる	動 짜 맞추다, 편성하다	<ruby>新<rt>あたら</rt></ruby>しく<ruby>買<rt>か</rt></ruby>った<ruby>服<rt>ふく</rt></ruby>とお<ruby>気<rt>き</rt></ruby>に<ruby>入<rt>い</rt></ruby>りの<ruby>靴<rt>くつ</rt></ruby>を<ruby>組<rt>く</rt></ruby>み<ruby>合<rt>あ</rt></ruby>わせた。 새로 산 옷과 마음에 드는 구두를 매치했다.
☆ <ruby>染<rt>そ</rt></ruby>める	動 물들이다, 염색하다	<ruby>昨日<rt>きのう</rt></ruby>は<ruby>美容院<rt>びよういん</rt></ruby>へ<ruby>行<rt>い</rt></ruby>って<ruby>髪<rt>かみ</rt></ruby>を<ruby>染<rt>そ</rt></ruby>めた。 어제는 미용실에 가서 머리를 염색했다.
☆ <ruby>包<rt>つつ</rt></ruby>む	動 싸다, 두르다	そのお<ruby>菓子<rt>かし</rt></ruby>はきれいな<ruby>包装紙<rt>ほうそうし</rt></ruby>に<ruby>包<rt>つつ</rt></ruby>まれていた。 그 과자는 예쁜 포장지에 싸여 있다.
☆ <ruby>履<rt>は</rt></ruby>く	動 (구두 등을) 신다	デートでは、<ruby>昨日<rt>きのう</rt></ruby><ruby>買<rt>か</rt></ruby>ったハイヒールを<ruby>履<rt>は</rt></ruby>こうと<ruby>思<rt>おも</rt></ruby>っています。 데이트에서는 어제 산 하이힐을 신으려고 합니다.
<ruby>身構<rt>みがま</rt></ruby>える	動 자세를 취하다, 경계하다	<ruby>道<rt>みち</rt></ruby>で<ruby>悪<rt>わる</rt></ruby>そうな<ruby>男<rt>おとこ</rt></ruby>たちに<ruby>囲<rt>かこ</rt></ruby>まれ、<ruby>恐怖<rt>きょうふ</rt></ruby>を<ruby>感<rt>かん</rt></ruby>じて<ruby>身構<rt>みがま</rt></ruby>えた。 길에서 나빠보이는 남자들에게 둘러싸여서 공포를 느끼고 경계했다.
<ruby>見慣<rt>みな</rt></ruby>れる	動 낯익다	<ruby>彼女<rt>かのじょ</rt></ruby>が<ruby>急<rt>きゅう</rt></ruby>に<ruby>髪<rt>かみ</rt></ruby>を<ruby>切<rt>き</rt></ruby>った<ruby>時<rt>とき</rt></ruby>は<ruby>驚<rt>おどろ</rt></ruby>いたが、<ruby>今<rt>いま</rt></ruby>はもう<ruby>見慣<rt>みな</rt></ruby>れた。 그녀가 갑자기 머리를 잘랐을 때는 놀랐지만, 지금은 이미 낯익다.
<ruby>身<rt>み</rt></ruby>につける	動 몸에 걸치다, 습득하다, 몸에 지니다	<ruby>祖母<rt>そぼ</rt></ruby>からもらった<ruby>時計<rt>とけい</rt></ruby>をいつも<ruby>身<rt>み</rt></ruby>につけている。 할머니께 받은 시계를 항상 차고 있다.
<ruby>好<rt>この</rt></ruby>ましい	イ 마음에 들다, 호감이가다, 바람직하다	その<ruby>行事<rt>ぎょうじ</rt></ruby>にはスーツを<ruby>着<rt>き</rt></ruby>て<ruby>参加<rt>さんか</rt></ruby>するのが<ruby>好<rt>この</rt></ruby>ましい。 그 행사에는 슈트를 입고 참가하는 것이 바람직하다.
<ruby>丸<rt>まる</rt></ruby>い	イ 둥글다, 원만하다	<ruby>最近<rt>さいきん</rt></ruby><ruby>買<rt>か</rt></ruby>った<ruby>眼鏡<rt>めがね</rt></ruby>は、レンズが<ruby>丸<rt>まる</rt></ruby>くて<ruby>小<rt>ちい</rt></ruby>さい。 최근에 산 안경은 렌즈가 둥글고 작다.
みすぼらしい	イ 초라하다	こんなにみすぼらしい<ruby>姿<rt>すがた</rt></ruby>を<ruby>世間<rt>せけん</rt></ruby>にさらすことはできない。 이렇게 초라한 모습을 세상에 드러낼 수는 없다.
☆ ものすごい	イ 대단하다, 굉장하다	<ruby>彼<rt>かれ</rt></ruby>はお<ruby>金持<rt>かねも</rt></ruby>ちで<ruby>家<rt>いえ</rt></ruby>がものすごく<ruby>大<rt>おお</rt></ruby>きい。 그는 부자여서 집이 굉장히 크다.
☆ <ruby>若々<rt>わかわか</rt></ruby>しい	イ 젊디젊다	<ruby>彼女<rt>かのじょ</rt></ruby>は<ruby>肌<rt>はだ</rt></ruby>につやがあるので<ruby>若々<rt>わかわか</rt></ruby>しく<ruby>見<rt>み</rt></ruby>える。 그녀는 피부에 윤기가 있어서 생기발랄하게 보인다.
☆ だぶだぶ	副 する ナ 헐렁헐렁	<ruby>友達<rt>ともだち</rt></ruby>に<ruby>服<rt>ふく</rt></ruby>を<ruby>借<rt>か</rt></ruby>りたが、<ruby>大<rt>おお</rt></ruby>きすぎてだぶだぶだった。 친구에게 옷을 빌렸지만 너무 커서 헐렁헐렁했다.
<ruby>漫然<rt>まんぜん</rt></ruby>	ナ 만연, 멍한 모양	<ruby>彼<rt>かれ</rt></ruby>は<ruby>悩<rt>なや</rt></ruby>み<ruby>事<rt>ごと</rt></ruby>でもあるのか、<ruby>漫然<rt>まんぜん</rt></ruby>と<ruby>周囲<rt>しゅうい</rt></ruby>を<ruby>眺<rt>なが</rt></ruby>めていた。 그는 고민이 있는 것인지 멍하니 주위를 쳐다보고 있었다.

아래의 단어를 보고 읽는 법과 뜻을 적어 본 후 점선대로 접어서 답을 확인해 봅시다.
틀린 단어는 뒷 페이지 ☐ 에 V표시를 해 봅시다.

접는 선

단어	읽는 법과 뜻	
改正	かいせい	개정
傾く		
縮む		
拡大		
格好		
小柄		
白髪		
特殊		
特徴		
派手		
容姿		
欠ける		
破れる		
装う		
乱れる		
きつい		
そっくり		
独特		
相変わらず		
地味		
鮮やか		
大幅		
外見		

접으면 답을
확인할 수 있어요.

– 도쿄 카부키 극장 –

예처럼 빈칸을 채우면서 다시 한번 체크해 봅시다.

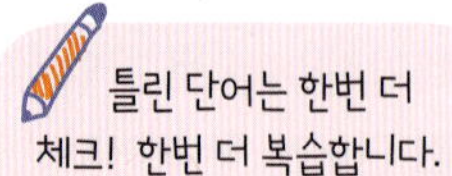

읽는 법과 뜻	
☐	かいせい 개정
☐	かたむく 기울다
☐	ちぢむ 줄다, 오그라들다
☐	かくだい 확대
☐	かっこう 모습, 모양
☐	こがら 몸집이 작음
☐	しらが 백발, 흰머리
☐	とくしゅ 특수
☐	とくちょう 특징
☐	はで 화려함, 야함
☐	ようし 얼굴 모양과 자태
☐	かける 부족하다, 빠지다
☐	やぶれる 찢어지다, 해지다
☐	よそおう 치장하다
☐	みだれる 흐트러지다
☐	きつい 심하다, 고되다
☐	そっくり 전부, 꼭 닮은 모양
☐	どくとく 독특함
☐	あいかわらず 변함없이
☐	じみ 수수함, 검소함
☐	あざやか 선명함, 산뜻함
☐	おおはば 대폭, 큰폭
☐	がいけん 외견, 외모

한자	읽는 법	의미
예 改正	かいせい	개정
傾く		
縮む		
拡大		
格好		
小柄		
白髪		
特殊		
特徴		
派手		
容姿		
欠ける		
破れる		
装う		
乱れる		
きつい		
そっくり		
独特		
相変わらず		
地味		
鮮やか		
大幅		
外見		

DAY 06

가사와 식생활

알고 있는 단어를 체크해 봅시다.

☐ 01 缶詰	☐ 02 牛乳	☐ 03 献立	☐ 04 支度
☐ 05 賞味	☐ 06 清潔	☐ 07 洗剤	☐ 08 掃除
☐ 09 追加	☐ 10 斜め	☐ 11 冷凍	☐ 12 和風
☐ 13 揚げる	☐ 14 薄める	☐ 15 重ねる	☐ 16 噛む
☐ 17 刻む	☐ 18 腐る	☐ 19 焦げる	☐ 20 冷める
☐ 21 注ぐ	☐ 22 炊く	☐ 23 蓄える	☐ 24 足す
☐ 25 畳む	☐ 26 研ぐ	☐ 27 煮る	☐ 28 残る
☐ 29 冷える	☐ 30 拭く	☐ 31 含む	☐ 32 干す
☐ 33 混ぜる	☐ 34 実る	☐ 35 蒸す	☐ 36 盛る
☐ 37 焼く	☐ 38 沸かす	☐ 39 辛い	☐ 40 臭い
☐ 41 細かい	☐ 42 塩辛い	☐ 43 渋い	☐ 44 酸っぱい
☐ 45 生臭い	☐ 46 新鮮	☐ 47 粗末	☐ 48 手軽
☐ 49 しっとり			

01
かんづめ
缶詰
名 통조림

（缶詰<ruby>かんづめ</ruby>）のふたは手<ruby>て</ruby>で開<ruby>あ</ruby>けられないものもある。
통조림 뚜껑은 손으로 열 수 없는 것도 있다.

02 ★
ぎゅうにゅう
牛乳
名 우유

（牛乳<ruby>ぎゅうにゅう</ruby>）を飲<ruby>の</ruby>むと背<ruby>せ</ruby>が高<ruby>たか</ruby>くなるらしい。
우유를 마시면 키가 커진다고 한다.

03 ★★
こんだて
献立
名 식단, 메뉴

毎日<ruby>まいにち</ruby>の（献立<ruby>こんだて</ruby>）を考<ruby>かんが</ruby>えることは、とても大変<ruby>たいへん</ruby>だ。
매일 식단을 생각하는 것은 매우 힘들다.

04 ★★
したく
支度
名 する 준비, 채비

食事<ruby>しょくじ</ruby>の（支度<ruby>したく</ruby>）を済<ruby>す</ruby>ませてから散歩<ruby>さんぽ</ruby>に行<ruby>い</ruby>った。
식사 준비를 마치고 나서 산책하러 갔다.

05 ★★
しょうみ
賞味
名 する 상미, 맛을 음미하며 먹음

食<ruby>た</ruby>べ物<ruby>もの</ruby>を買<ruby>か</ruby>うときは（賞味<ruby>しょうみ</ruby>）期限<ruby>きげん</ruby>を必<ruby>かなら</ruby>ず確認<ruby>かくにん</ruby>している。
먹을 것을 살 때는 유통기한을 반드시 확인하고 있다.

06 ★★★ ⑬
せいけつ
清潔
名 ナ 청결, 깨끗함

彼女<ruby>かのじょ</ruby>は部屋<ruby>へや</ruby>をまめに掃除<ruby>そうじ</ruby>して（清潔<ruby>せいけつ</ruby>）にしている。
그녀는 방을 부지런히 청소해서 청결하게 하고 있다.

07
せんざい
洗剤
名 세제

（洗剤<ruby>せんざい</ruby>）は肌<ruby>はだ</ruby>に負担<ruby>ふたん</ruby>がないものを選<ruby>えら</ruby>んでいる。
세제는 피부에 부담이 없는 것을 고르고 있다.

08 ★★★
そうじ
掃除
명 する 청소

兄はとてもだらしがなく、部屋の(掃除)もしたことがない。

형은 매우 깔끔하지 못해서 방청소도 한 적이 없다.

---

09 ★ ⑫
ついか
追加
명 する 추가

量が足りなかったので、(追加)で注文した。

양이 부족했기 때문에 추가로 주문했다.

---

10 ★
なな
斜め
명 ナ 비스듬함, 경사짐

にんじんは(斜め)に切ってください。

당근은 비스듬히 잘라 주세요.

---

11 ★
れいとう
冷凍
명 する 냉동

カレーを作りすぎたので(冷凍)した。

카레를 너무 많이 만들어서 냉동시켰다.

---

12 ★ ⑮
わふう
和風
명 일본풍

醤油を使った(和風)ソースが人気です。

간장을 사용한 일본풍 소스가 인기입니다.

---

13 ★
あ
揚げる
동 튀기다

ダイエット中なので、油で(揚げた)ものは食べられない。

다이어트 중이므로, 기름으로 튀긴 것은 먹을 수 없다.

---

14 ★★
うす
薄める
동 묽게하다, 연하게 하다

スープの味が濃すぎるので、水を入れて(薄めた)。

스프 맛이 너무 진해서 물을 넣어 연하게 했다.

15 ★

かさ
重ねる

图 겹치다, 포개다

お皿は、食器棚の一番上に(重ねて)しまっておいて。

접시는 식기 선반 맨 위에 겹쳐서 넣어 둬.

16

か
噛む

图 씹다

ガムは食べるものではなく、(噛む)ものだ。

껌은 먹는 것이 아니라 씹는 것이다.

---

17 ★★

きざ
刻む

图 잘게 썰다, 새기다

鍋に入れる前に野菜を(刻んで)ください。

냄비에 넣기 전에 야채를 잘게 썰어 주세요.

---

18 ★

くさ
腐る

图 썩다, 상하다, 부패하다

夏は気温が高いので、食べ物がすぐ(腐る)。

여름은 기온이 높기 때문에, 음식물이 금방 상한다.

---

19 ★★ ⑯

こ
焦げる

图 눋다, 타다

火を消し忘れて、料理が(焦げた)。

불 끄는 것을 잊어서 요리가 타버렸다.

---

20 ★

さ
冷める

图 식다

コーヒーが(冷めて)しまったので、また温めた。

커피가 식어버려서 다시 데웠다.

---

21 ★★

そそ
注ぐ

图 붓다, 따르다, 정신을 쏟다,
집중하다

お茶は湯飲みにゆっくり(注いで)ください。

차는 찻잔에 천천히 따라 주세요.

22 ★

炊く (た)

동 밥을 짓다

週に一度ご飯を(炊い)ている。

일주일에 한 번 밥을 짓고 있다.

23 ★★★ ⑭

蓄える (たくわ)

동 모아두다, 비축하다

万が一の時のために食料を(蓄えている)。

만일의 때를 위해 음식을 비축하고 있다.

24 ★ ⑫

足す (た)

동 더하다, 보태다

スープの味が薄かったので塩を(足して)おいた。

스프 맛이 싱거웠기 때문에 소금을 쳐 두었다.

25 ★★ ⑭

畳む (たた)

동 개다, 개키다

帰宅すると、部屋に洗濯物が(畳んで)置いてあった。

집에 오니, 방에 빨래가 개켜져 있었다.

26 ★

研ぐ (と)

동 (칼 등을) 갈다, 연마하다

料理人は一日の最後に自身の包丁を(研ぐ)。

요리사는 하루의 마지막에 자신의 부엌칼을 간다.

27 ★

煮る (に)

동 삶다, 끓이다, 졸이다

魚は(煮る)より焼いた方がおいしい。

생선은 졸이는 것보다 굽는 것이 맛있다.

28

残る (のこ)

동 남다

作りすぎて、料理がたくさん(残った)。

너무 많이 만들어서, 요리가 많이 남았다.

29 ★
冷える (ひ)
[동] 식다, 차가워지다, 쌀쌀해지다

こんな暑い日はよく(冷えた)ビールが飲みたくなる。
이런 더운 날에는 차가운 맥주가 마시고 싶어진다.

30 ★
拭く (ふ)
[동] 닦다, 훔치다

テーブルの上をきれいに(拭いた)。
테이블 위를 깨끗하게 닦았다.

31 ★★　⑩
含む (ふく)
[동] 포함하다

レモンはビタミンCを多く(含んだ)果物である。
레몬은 비타민C를 많이 함유한 과일이다.
➕ 含める 포함시키다

32 ★★
干す (ほ)
[동] 말리다

私が帰った時、母は洗濯物を(干して)いた。
내가 돌아왔을 때, 엄마는 빨래를 널고 있었다.

33 ★★
混ぜる (ま)
[동] 섞다, 혼합하다

この料理はよく(混ぜて)から食べると、さらにおいしくなる。
이 요리는 잘 섞어서 먹으면 더욱 맛있어진다.

34 ★★
実る (みの)
[동] 열매 맺다, 결실하다, (노력, 보람 등이) 나타나다

今年もイチゴが(実った)ので、ケーキを作った。
올해도 딸기가 열려서, 케이크를 만들었다.
チームの努力が(実って)優勝した。
팀의 노력이 결실을 맺어 우승했다.

35 ★
蒸す (む)
[동] 무덥게 느끼다, 찌다

餃子は焼くより(蒸し)た方がおいしい。
만두는 굽는 것보다 찌는 것이 맛있다.

36 ★

も
盛る

동 쌓아 올리다, (그릇에) 담다

つく　りょう り　　さら　　　　　　　　も
作った料理を皿にたくさん(盛った)。

만든 요리를 접시에 듬뿍 담았다.

37

や
焼く

동 굽다

みせ　さかな　　　　　　　　　　　すみ び　　や
この店の魚はコンロではなく、炭火で(焼いて)いる。

이 가게의 생선은 풍로가 아닌, 숯불로 굽고 있다.

➕ や
焼ける (불) 타다, 구워지다, (햇볕에) 타다, 그을리다

➕ つよ び
強火 강한 불, 센 불 ⑰

---

38 ★★

わ
沸かす

동 끓이다

ひ　　　からだ　あたた　　　　　　ふ ろ　　わ
冷えた体を温めるために風呂を(沸かした)。

찬 몸을 녹이기 위해 목욕물을 데웠다.

➕ わ
沸く (물이) 끓다

---

39 ★★　⑩

から
辛い

イ 맵다, 얼얼하다

い ちょう　ちょう し　　わる　　　　　　　から　　　　　　　た　　　　ほう
胃腸の調子が悪いときは、(辛い)ものは食べない方が
いい。

위장 상태가 안 좋을 때는 매운 것은 먹지 않는 게 좋다.

---

40 ★

くさ
臭い

イ 역한 냄새가 나다, 구리다

なま　　　　　　　　　　　　　　　　　　　くさ
生ごみをそのままにしておいたら(臭く)なってしまっ
た。

음식물 쓰레기를 그대로 두었더니 역한 냄새가 나게 되었다.

---

41 ★★★

こま
細かい

イ 작다, 잘다, 자세하다,
상세하다

や さい　こま　　　き　　　　　ほか　ざいりょう　　ま
野菜を(細かく)切って、他の材料と混ぜてください。

야채를 잘게 썰어서 다른 재료와 섞어 주세요.

じ こ とうじつ　　じょうきょう　　　　　　けいさつ　　こま　　せつめい
事故当日の状況について、警察に(細かく)説明した。

사고당일의 상황에 대해서 경찰에게 자세하게 설명했다.

42

しおから
塩辛い

イ 짜다

ちち　つく　　み そ しる　　　　　　しおから
父が作る味噌汁はいつも(塩辛い)。

아빠가 만든 된장국은 항상 짜다.

43 ★

しぶ
渋い

イ 떫다, 수수하면서 깊이가 있다, (표정이) 떨떠름하다

このお茶は(渋くて)飲めない。
이 차는 떫어서 마실 수 없다.

彼はアナウンサーなので、声が(渋くて)素敵だ。
그는 아나운서여서 목소리가 깊이있고 멋지다.

44

す
酸っぱい

イ 시큼하다, 시다

長く漬けられたキムチは(酸っぱい)。
오래 절여진 김치는 시다.

45

なまぐさ
生臭い

イ 비린내가 나다, 비릿하다

魚を触ったら手が(生臭く)なった。
생선를 만졌더니 손에서 비린내가 났다.

46

しんせん
新鮮

ナ 신선함, 싱싱함

この店はいつでも(新鮮)な魚が食べられる。
이 가게는 언제나 신선한 생선을 먹을 수 있다.

---

47 ★★

そ まつ
粗末

ナ 변변치 못함, 허술함, 함부로함, 소홀히함

食べ物を(粗末)にするべきではない。
음식을 함부로 해서는 안된다.

---

48 ★★ ⑭

て がる
手軽

ナ 간단함, 간편함, 손쉬움

今から出張なので、昼食は(手軽)に食べられるサンドイッチにした。
지금부터 출장이기 때문에 점심은 간단하게 먹을 수 있는 샌드위치로 했다.

49

しっとり

부 する 촉촉하게, 조용하고 차분한 모양

このパンは(しっとり)していておいしい。
이 빵은 촉촉해서 맛있다.

12회분 추가 실전모의테스트는
www.sisabooks.com 에서 다운가능!!!

1 해당 어휘의 읽는 법을 찾고, 빈칸에 의미를 적으세요.

예	学生	☑ がくせい	② がっせい	학생

1	焦げる	① さまたげる	② こげる	
2	清潔	① せいけつ	② せいけい	
3	渋い	① にぶい	② しぶい	
4	追加	① ついか	② つうか	
5	畳む	① たたむ	② つかむ	

2 문맥에 맞는 단어를 보기에서 골라 알맞은 형태로 바꾸어 써 넣으세요.

6 　レモンはビタミンCを多く(　　　)果物である。

7 　食べ物を(　　　)するべきではない。

8 　今から出張なので、昼食は(　　　)に食べられるサンドイッチにした。

9 　毎日の(　　　)を考えることは、とても大変だ。

10 　万が一の時のために食料を(　　　)いる。

こんだて 献立	たくわ 蓄える	ふく 含む	そまつ 粗末	てがる 手軽

정답

1 ② 눋다, 타다　2 ① 청결 깨끗함　3 ② 떫다, 수수하면서 깊이가 있다　4 ① 추가　5 ① 개다, 개키다
6 含んだ　7 粗末に　8 手軽 9 献立 10 蓄えて

독해 · 청해 어휘

あま 甘み	명 단맛	りょうり さとう い 料理に砂糖を入れすぎて、甘みが強くなってしまった。 요리에 설탕을 너무 많이 넣어서 단맛이 강해져 버렸다.
い ど 井戸	명 우물	むかし すいどう い ど みず く 昔は水道ではなく、井戸で水を汲んでいた。 옛날에는 수도가 아니라, 우물로 물을 길었다.
いるい 衣類	명 의류	いるいかんそうき か せんたく らく 衣類乾燥機を買ってから、洗濯がとても楽になった。 의류 건조기를 사고 나서부터 세탁이 매우 편해졌다.
うつわ 器	명 그릇, 용기	にほん でんとうてき うつわ ほんとう こうか 日本の伝統的な器は本当に高価なものばかりだ。 일본의 전통적인 그릇은 정말 고가인 것 뿐이다.
えいよう 栄養	명 영양	えいよう かたよ た びょうき 栄養の偏ったものばかり食べていると病気になりますよ。 영양이 한쪽으로 치우친 것만 먹고 있으면 병에 걸리게 돼요.
か お代わり	명 する 같은 음식 을 다시 더 먹음	うんどう ひ はん か た 運動をした日はいつもご飯をお代わりして食べる。 운동한 날은 언제나 밥을 더 추가해서 먹는다.
かんじょう お勘定(する)	명 する 계산(하다)	かいしゃ の かい じょうし かんじょう 会社の飲み会では、いつも上司がお勘定する。 회사 회식에는 항상 상사가 계산을 한다.
かいほう 解放	명 する 해방	こ おお かのじょ こそだ かい 子どもが大きくなり、彼女は子育てからやっと解 ほう 放された。 아이가 자라서 그녀는 양육으로부터 드디어 해방되었다.
こうぶつ 好物	명 즐기는 음식, 좋아하는 물건	あに あ もの だいこうぶつ 兄は揚げ物が大好物だ。 형은 튀김 종류를 매우 좋아한다.
こくもつ 穀物	명 곡물	そうこ こくもつ ほかん この倉庫には穀物が保管されている。 이 창고에는 곡물이 보관 되어져 있다.
こつ	명 요령	はは てん つく おし 母に天ぷらをうまく作るこつを教えてもらった。 엄마에게 튀김을 잘 만드는 요령을 배웠다.
さいきん 細菌	명 세균	つゆ じき さいきん ふ た もの ちゅうい 梅雨の時期は細菌が増えるので食べ物には注意し なければならない。 장마 시기에는 세균이 증가하기 때문에 음식에 주의해야 한다.
さいばい 栽培	명 する 재배	はは うち はたけ やさい さいばい 母は家の畑で野菜の栽培をしている。 엄마는 우리집 밭에서 야채 재배를 하고 있다.

材料 ざいりょう	명 재료	今日の料理の材料は市場に行って買ってきた。 오늘 요리 재료는 시장에 가서 사 왔다.
試食 ししょく	명 する 시식	新商品は、買う前に試食した方がいい。 신상품은 사기 전에 시식을 하는 것이 좋다.
修繕 しゅうぜん	명 する 수선	家の屋根が壊れたので、修繕することにした。 집 지붕이 부서졌기 때문에 고치기로 했다.
主食 しゅしょく	명 주식	日本人の主食は昔から米である。 일본인의 주식은 옛날부터 쌀이다.
食費 しょくひ	명 식비	我が家は外食が多いので、食費がかかりすぎている。 우리 집은 외식을 자주 하기 때문에 식비가 너무 많이 든다.
食品 しょくひん	명 식품	健康にいい食品を食べるようにしている。 건강에 좋은 식품을 먹도록 하고 있다.
食料品 しょくりょうひん	명 식료품	この建物は食料品の他に衣料品売り場もある。 이 건물은 식료품 외에 의류 매장도 있다.
食器 しょっき	명 식기	これらは全て高級な食器だ。 이것들은 모두 고급 식기다.
✿ 整理 せいり	명 する 정리	引っ越しのために、たんすの整理を始めた。 이사 때문에 옷장 정리를 시작했다.
摂取 せっしゅ	명 する 섭취	食事では不足しがちなビタミンを摂取するために、果物を食べている。 식사로는 부족하기 쉬운 비타민을 섭취하기 위해서 과일을 먹고 있다.
食べ放題 たほうだい	명 뷔페	最近、お好み焼きの食べ放題が人気です。 최근 오코노미야키 뷔페가 인기입니다.
昼食 ちゅうしょく	명 중식, 점심식사	昼食後には、お腹がいっぱいで眠くなってしまう。 점심식사 후에는 배가 불러서 졸린다.
朝食 ちょうしょく	명 조식, 아침식사	朝食はパンとご飯、どちらがいいですか。 조식은 빵과 밥 어느 쪽이 좋으십니까?
✿ 貯蔵 ちょぞう	명 する 저장	この地下室は、昔、食料を貯蔵していた。 이 지하실은 옛날에 식료품을 저장했었다.
✿ 手際 てぎわ	명 솜씨	母は料理が得意で、忙しい朝でも手際よく朝食を準備してくれる。 엄마는 요리를 잘해서 바쁜 아침시간에도 솜씨 좋게 아침밥을 준비해 주신다.

道具	명 도구	ケーキやクッキーを作るための道具を買った。 케이크나 쿠키를 만들기 위한 도구를 샀다.
特製	명 특제	いつも昼は学食で食べているが、今日は母の特製弁当だ。 항상 점심은 학생식당에서 먹지만 오늘은 엄마의 특제 도시락이다.
乳製品	명 유제품	乳製品に含まれるカルシウムには、骨を強くする効果がある。 유제품에 들어있는 칼슘에는 뼈를 강하게하는 효과가 있다.
布団	명 이불	今はベッドだが、子どもの頃は布団で寝ていた。 지금은 침대이지만, 어렸을 때는 이불에서 잤다.
包丁	명 식칼	包丁は料理によって色々な種類がある。 부엌칼은 요리에 따라서 여러가지 종류가 있다.
夕食	명 석식, 저녁식사	実家での夕食は、夜7時と決まっている。 본가에서 저녁식사는 밤 7시로 정해져 있다.
誘惑	명 する 유혹	食べ物の誘惑に負けて、ダイエットに失敗してしまった。 음식의 유혹에 져서 다이어트에 실패해 버렸다.
容器	명 용기	作った料理を容器に入れて、冷蔵庫に保存した。 만든 요리를 용기에 담아서 냉장고에 보관했다.
和食	명 일식	世界中で寿司や、そばなどの和食が人気だ。 전세계에서 스시나 소바 등의 일식이 인기다.
味付ける	동 맛을 내다	健康のことを考えて、料理は薄く味付けるようにしている。 건강을 생각해서 요리는 싱겁게 맛을 내도록 하고 있다.
汲む	동 (물)긷다, 퍼서 담다	川から水を汲んできた。 강에서 물을 길어 왔다.
織る	동 (직물 등을) 짜다	結婚式で祖母が織った着物を着た。 결혼식에서 할머니가 짜서 만든 기모노를 입었다.
敷く	동 깔다, 펴다	うちはベッドではなく布団を敷いて寝ている。 우리집은 침대가 아니라 이불을 깔고 자고 있다.
燃やす	동 (불 등을) 태우다	庭で古い本を燃やした。 마당에서 낡은 책을 태웠다.

아래의 단어를 보고 읽는 법과 뜻을 적어 본 후 점선대로 접어서 답을 확인해 봅시다.
틀린 단어는 뒷 페이지 ☐ 에 V표시를 해 봅시다.

접는 선

단어	읽는 법과 뜻	
改正	かいせい	개정
清潔		
掃除		
蓄える		
細かい		
献立		
支度		
賞味		
薄める		
刻む		
焦げる		
注ぐ		
畳む		
含む		
干す		
混ぜる		
実る		
沸かす		
辛い		
粗末		
手軽		
牛乳		
追加		

− 뵤도인 −

예처럼 빈칸을 채우면서 다시 한번
체크해 봅시다.

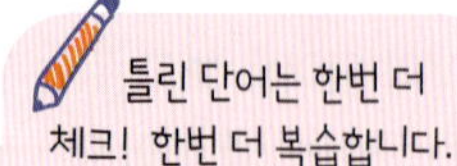

읽는 법과 뜻		한자	읽는 법	의미
かいせい 개정	예	改正	かいせい	개정
せいけつ 청결 깨끗함		清潔		
そうじ 청소		掃除		
たくわえる 비축하다		蓄える		
こまかい 잘다, 상세하다		細かい		
こんだて 식단, 메뉴		献立		
したく 준비, 채비		支度		
しょうみ 음미하며 먹음		賞味		
うすめる 묽게하다		薄める		
きざむ 잘게 썰다, 새기다		刻む		
こげる 눋다, 타다		焦げる		
そそぐ 붓다, 따르다		注ぐ		
たたむ 개다, 개키다		畳む		
ふくむ 포함하다		含む		
ほす 말리다		干す		
まぜる 섞다, 혼합하다		混ぜる		
みのる 열매, 결실을 맺다		実る		
わかす 끓이다		沸かす		
からい 맵다, 얼얼하다		辛い		
そまつ 허술함, 소홀히함		粗末		
てがる 간단		手軽		
ぎゅうにゅう 우유		牛乳		
ついか 추가		追加		

접는 선

DAY 07

일상생활(1)

알고 있는 단어를 체크해 봅시다.

01 一生	02 記憶	03 行列	04 偶数
05 警備	06 故障	07 差し支え	08 芝生
09 地元	10 消耗	11 倉庫	12 抽選
13 手入れ	14 古里	15 自ら	16 屋根
17 勇気	18 予備	19 完了	20 修理
21 場面	22 小包	23 指名	24 預かる
25 抱く	26 祝う	27 拝む	28 飼う
29 叶う	30 築く	31 こぼれる	32 栄える
33 叫ぶ	34 覚める	35 剃る	36 散らかす
37 積む	38 並ぶ	39 塗る	40 昇る
41 挟む	42 響く	43 振り向く	44 掘る
45 認める	46 汚す	47 慌ただしい	48 乏しい
49 やかましい			

01 ★
いっしょう
一生
명 일생, 한평생

(一生)彼と一緒に生活していくつもりだ。
한평생 그와 함께 생활해 갈 생각이다.

---

02 ★ ⑰
きおく
記憶
명 する 기억

誰にでも思い出したくない(記憶)がある。
누구에게라도 떠올리고 싶지 않은 기억이 있다.

---

03 ★★
ぎょうれつ
行列
명 する 행렬, 줄

隣の店はいつも(行列)ができている。
옆 가게는 언제나 행렬이 줄서서 기다리고 있다.

---

04 ★
ぐうすう
偶数
명 우수, 짝수

(偶数)の月にはいつもセールをしている。
짝수 달에는 언제나 세일을 하고 있다.
↔ 奇数 기수, 홀수

---

05 ⑱
けい び
警備
명 する 경비

何かあったらすぐに(警備)室に連絡してください。
무슨일이 있으면 바로 경비실에 연락해 주세요.

---

06 ★★
こ しょう
故障
명 する 고장

洗濯機が(故障)したので、修理を頼んだ。
세탁기가 고장 나서 수리를 의뢰했다.

---

07 ★★
さ つか
差し支え
명 지장, 장애

怪我をしたが幸いなことに日常生活に(差し支え)がない。
다쳤지만 다행스럽게도 일상생활에는 지장이 없다.

08

しば ふ
芝生

명 잔디

(芝生)の管理にはとてもお金がかかる。

잔디 관리에는 돈이 많이 든다.

---

09 ★★ ⑱ ⑪

じ もと
地元

명 그 고장, 지방

私は(地元)の大学に進学した。

나는 우리 지역 대학에 진학했다.

10

しょうもう
消耗

명 する 소모

シャンプーなどの(消耗)品はなくなる前に買いに行く。

샴푸 등의 소모품은 없어지기 전에 사러간다.

---

11 ★

そう こ
倉庫

명 창고

売り場の商品がなくなったら、(倉庫)から持ってきてください。

매장 상품이 소진되면 창고에서 가져와 주세요.

➕ れいぞう こ 冷蔵庫 냉장고 ⑱

---

12 ★ ⑱

ちゅうせん
抽選

명 する 추첨, 제비뽑기

景品は(抽選)で決められる。

경품은 추첨으로 결정된다.

13

て い
手入れ

명 する 손질, 손봄

月に一度は庭の(手入れ)をしなければならない。

한 달에 한 번은 정원 손질을 해야 한다.

14

ふるさと
古里

명 고향

(古里)に住む両親から小包が届いた。

고향에 사는 부모님으로부터 소포가 도착했다.

≒ こ きょう 故郷 고향

15 ★★★ ⑬
みずか
自ら
명 부 스스로, 몸소

兄は(自ら)志願して軍隊へ行った。
형은 스스로 지원하여 군대에 갔다.
≒ 自身 자신

16
や ね
屋根
명 지붕

強い風で家の(屋根)が飛んでしまった。
강한 바람으로 집 지붕이 날아가버렸다.

17 ★
ゆう き
勇気
명 용기

知らない人を助けるのは(勇気)が要ることだ。
모르는 사람을 돕는 것은 용기가 필요한 일이다.

18
よ び
予備
명 예비

万が一に備え、(予備)の鍵を作った。
만일에 대비해 예비 열쇠를 만들었다.

19 ★★ ⑮
かんりょう
完了
명 する 완료

明日の引っ越しの準備が無事、(完了)した。
내일 이사 준비가 무사히 완료되었다.

20 ★
しゅう り
修理
명 する 수리

パソコンの調子が悪いので(修理)を頼むことにした。
컴퓨터 상태가 안좋기 때문에 수리를 부탁하기로 했다.
≒ 直す 고치다

21 ★ ⑫
ば めん
場面
명 장면

私はいつも大事な(場面)で失敗する。
나는 항상 중요한 상황에서 실패한다.

---

22 ★
こ づつみ
小包
[명] 소포

イギリスから(小包)が届いたので開けてみたら、誕生日プレゼントだった。

영국에서 소포가 도착해서 열어 봤더니, 생일 선물이었다.

23
し めい
指名
[명] [する] 지명

美容院では、担当の美容師を(指名)できる。

미용실에서는 담당 미용사를 지명할 수 있다.

---

24 ★★
あず
預かる
[동] 맡다, 보관하다

友人のペットを三日間だけ(預かった)。

친구의 애완동물을 3일간만 맡았다.

➕ 預ける 맡기다, 보관시키다

---

25 ★★
いだ
抱く
[동] 안다, 품다

期待を(抱いて)東京で新生活を始めた。

기대를 안고 도쿄에서 새로운 생활을 시작했다.

---

26 ★★ ⑪
いわ
祝う
[동] 축하하다

週末はレストランを予約して、兄の結婚を家族で(祝った)。

주말은 레스토랑을 예약해서 형의 결혼을 가족들이 축하했다.

---

27 ★
おが
拝む
[동] (두 손 모아) 빌다, 절하다

正月の朝は近くの海岸に初日の出を(拝み)に行った。

설날 아침에는 가까운 해안에 설날 해돋이를 보러 갔다.

---

28 ★
か
飼う
[동] 기르다, 사육하다

実家では小さい犬を(飼って)いる。

본가에서는 작은 개를 기르고 있다.

---

29 ★★ ⑪

かな
叶う

동 이루어지다, 뜻대로 되다

もしも願（ねが）いが(叶（かな）う)ならどんな辛（つら）いことだってする
つもりだ。

만약 소원이 이루어진다면 어떤 괴로운 일이라도 할 생각이다.

---

30 ★★

きず
築く

동 쌓다, 구축하다

温（あたた）かい家庭（かてい）を(築（きず）く)のが私（わたし）の夢（ゆめ）である。

따뜻한 가정을 이루는 것이 나의 꿈이다.

---

31 ★

こぼれる

동 넘쳐흐르다, 흘러내리다

乾杯（かんぱい）したら、ビールが(こぼれて)しまった。

건배를 했더니, 맥주가 넘쳐버렸다.

---

32 ★

さか
栄える

동 번영하다, 번창하다

マンションが増（ふ）えて、少（すこ）しずつ町（まち）が(栄（さか）えて)きた。

맨션이 늘어서, 조금씩 거리가 번창해졌다.

---

33 ★

さけ
叫ぶ

동 외치다, 소리지르다

遠（とお）くで友達（ともだち）が何（なに）か(叫（さけ）んだ)が、よく聞（き）こえなかった。

멀리서 친구가 뭔가 소리쳤는데 잘 들리지 않았다.

---

34 ★

さ
覚める

동 잠이 깨다, 깨닫다, 제 정신
이 들다

雷（かみなり）のひどい音（おと）で目（め）が(覚（さ）めた)。

심한 천둥소리에 잠이 깼다.

＋ 覚（さ）ます 깨우다, 깨우치다

---

35 ★

そ
剃る

동 (수염, 머리 등을) 깎다, 밀다

毎朝（まいあさ）ひげを(剃（そ）る)のは面倒（めんどう）くさい。

매일 아침 수염을 깎는 것은 귀찮다.

---

36 ★★ ⑰ ⑬

散らかす
동 흩뜨리다, 어지르다

犬に部屋の中を(散らかさ)れた。

개가 방 안을 어지럽혔다.

➕ 散らかる 흩어지다

---

37 ★★ ⑬

積む
동 쌓다, 싣다, 거듭하다

トラックに荷物を(積んだ)。

트럭에 짐을 실었다.

彼は日本で料理の経験を(積んだ)。

그는 일본에서 요리 경험을 쌓았다.

➕ 積もる 쌓이다, 모이다

---

38 ★

並ぶ
동 줄을 서다, 늘어서다

人気の店に入るため、20分も列に(並んだ)。

인기 있는 가게에 들어가기 위해 20분이나 줄을 섰다.

➕ 並べる 줄을 세우다, 늘어놓다

---

39 ★

塗る
동 칠하다, 바르다

さっきペンキを(塗った)ばかりなので座らないで
ください。

방금 막 페인트를 칠했으니까 앉지 마세요.

40

昇る
동 오르다, 올라가다

早く起きて、日が(昇る)のを見た。

일찍 일어나서 해가 뜨는 것을 봤다.

---

41 ★★

挟む
동 끼우다, 사이에 두다

ドアに指を(挟んで)しまい今もまだ痛む。

문에 손가락이 끼어서 지금도 아직 아프다.

---

42 ★★

響く
동 울리다, 울려 퍼지다

彼の歌声が部屋中に(響いた)。

그의 노랫소리가 방 안에 울려 퍼졌다.

43 ★★ ⑮

振り向く
ふむ

동 (뒤) 돌아보다

誰かに呼ばれたような気がして(振り向いた)。
누군가가 부른 것 같아서 뒤돌아봤다.

---

44 ★

掘る
ほ

동 파다, 캐다

地面を(掘って)、その中にタイムカプセルを埋めた。
땅을 파서 그 안에 타임캡슐을 묻었다.

---

45 ★★

認める
みと

동 인정하다

彼らは付き合っていることを(認めた)。
그들은 사귀고 있는 것을 인정했다.

---

46 ★

汚す
よご

동 더럽히다

昨日買ったばかりのシャツを(汚して)しまった。
어제 막 산 셔츠를 더럽히고 말았다.

+ 汚れる 더러워지다

---

47 ★★ ⑬

慌ただしい
あわ

イ 분주하다, 황망하다

海外旅行の準備に追われて(慌ただしく)一日が過ぎた。
해외여행 준비에 쫓겨 분주하게 하루가 지났다.

≒ 忙しい 바쁘다

---

48 ★★★ ⑮ ⑫

乏しい
とぼ

イ 부족하다, 모자라다

まだ経験が(乏しい)ので、その仕事ができるかどうか不安だ。
아직 경험이 부족해서 그 일을 할 수 있을지 어떨지 불안하다.

---

49 ★★ ⑭

やかましい

イ 시끄럽다, 떠들썩하다, 성가시다, 번거롭다

隣人の声が(やかましく)て眠れない。
이웃 사람 목소리가 시끄러워서 잘 수가 없다.

✏️ 12회분 추가 실전모의 테스트는
www.sisabooks.com 에서 다운가능!!!

1 해당 어휘의 음독을 찾고, 빈칸에 의미를 적으세요.

예	学生	☑ がくせい	② がっせい	학 생

1 修理　　　① しゅうり　　② しゅり　　________________

2 地元　　　① ちもと　　　②じもと　　________________

3 乏しい　　① とぼしい　　② まずしい　　________________

4 祝う　　　① いわう　　　② かなう　　________________

5 積む　　　① つむ　　　　② くむ　　________________

2 문맥에 맞는 단어를 보기에서 골라 알맞은 형태로 바꾸어 써 넣으세요.

6 誰かに呼ばれたような気がして(　　　)。

7 犬に部屋の中を(　　　)。

8 兄は(　　　)志願して軍隊へ行った。

9 隣人の声が(　　　)眠れない。

10 もしも願いが(　　　)ならどんな辛いことだってするつもりだ。

自ら（みずか）	叶う（かな）	振り向く（ふ・む）	散らかす（ち）	やかましい

독해 · 청해 어휘

居心地 (いごこち)	명 어떤 자리에서 느끼는 기분	今の職場はまだ慣れていないので、居心地が悪い。 지금 직장은 아직 익숙해지지 않았기 때문에 불편하다.
確保⑰ (かくほ)	명 する 확보	もしもの時に備えて座席を多めに確保しておいた方がいい。 만일의 경우에 대비해서 좌석을 많이 확보해 두는 편이 좋다.
記念 (きねん)	명 する 기념	両親の結婚記念日には何かプレゼントを贈るつもりだ。 부모님의 결혼 기념일에는 무언가 선물을 보낼 작정이다.
苦労 (くろう)	명 する 고생	両親には苦労をかけたので、これからは親孝行したい。 부모님에게는 고생을 끼쳤기 때문에 이제부터는 효도하고 싶다.
高層 (こうそう)	명 고층	友人は高層マンションの42階に住んでいる。 친구는 고층 맨션의 42층에 살고 있다.
雑音 (ざつおん)	명 잡음, 소음	周りの雑音がうるさくて、電話の声が聞き取れない。 주변 잡음이 시끄러워서 전화 목소리가 들리지 않는다.
遮断 (しゃだん)	명 する 차단	厚いカーテンで太陽の光が遮断されて部屋が暗い。 두꺼운 커텐으로 햇빛이 차단되어서 방이 어둡다.
順序 (じゅんじょ)	명 순서	銀行では、手続きの順序が分かりやすく書いてあった。 은행에서는 이용 절차 순서가 알기 쉽게 쓰여져 있었다.
✿ **条件** (じょうけん)	명 조건	真面目で正直な人であることが結婚の条件だ。 성실하고 정직한 사람이 결혼 조건이다.
✿ **処分** (しょぶん)	명 する 처분	必要のない物が、なかなか処分できない。 필요없는 물건을 좀처럼 처분할 수 없다.
真珠 (しんじゅ)	명 진주	母の誕生日には真珠のネックレスをプレゼントするつもりだ。 엄마 생일에는 진주 목걸이를 선물할 생각이다.
✿ **水滴** (すいてき)	명 물방울	ガラスのコップに水滴がついている。 유리 컵에 물방울이 맺혀 있다.
✿ **正確** (せいかく)	명 ナ 정확	その店には一度行ったことがあるが、正確な位置はよくわからない。 그 가게에는 한 번 간 적이 있지만 정확한 위치는 잘 알지 못한다.

前提 ぜんてい	명 전제	お見合いで知り合った人と、結婚を前提に付き合うことになった。 맞선으로 알게 된 사람과 결혼을 전제로 사귀게 되었다.
増大 ぞうだい	명 する 증대	夏はエアコンの使用とともに電気の消費量が増大する。 여름은 에어컨 사용과 함께 전기 소비량이 증대한다.
単身 たんしん	명 단신	16歳で単身アメリカに留学したので、一人暮らしはもう10年目だ。 16살에 단신으로 미국에 유학갔기 때문에 혼자 생활하는 것은 벌써 10년째다.
定義 ていぎ	명 する 정의	人の気持ちというものは、定義することができない曖昧なものだ。 사람의 마음이라는 것은 정의할 수 없는 애매한 것이다.
☆ 手袋 てぶくろ	명 장갑	彼氏に手袋を編んでプレゼントした。 남자친구에게 장갑을 떠서 선물했다.
中身 なかみ	명 내용물, 알맹이	さっきもらったプレゼントの中身が気になる。 방금 받았던 선물 내용물이 신경 쓰인다.
日課 にっか ⑱	명 일과	犬の散歩が私の日課だ。 강아지 산책이 나의 일과이다.
農業 のうぎょう	명 농업	農業は田舎でお年寄りがするもの、というイメージがある。 농업은 시골에서 어르신들이 하는 것이라는 이미지가 있다.
破棄 はき	명 する 파기	事情があって、婚約を破棄した。 사정이 있어서 약혼을 파기했다.
判子 はんこ	명 도장	銀行で口座を作るときは判子が必要だ。 은행에서 계좌를 만들 때는 도장이 필요하다.
不可欠 ふかけつ	명 ナ 불가결	学生時代の話をする上で不可欠なのは、当時の彼女の存在だ。 학생시절 이야기를 하는데 있어서 불가결한 것은 당시의 여자친구의 존재다.
無難 ぶなん	명 ナ 무난	よく知らない人なので無難な贈り物を準備した。 잘 알지 못하는 사람이기 때문에 무난한 선물을 준비했다.
平素 へいそ	명 평소	平素利用しているバスの路線が変更になった。 평소 이용하는 버스 노선이 변경되었다.
身の回り みのまわり	명 신변	私はどんなに年をとっても、身の回りのことは自分でしたい。 나는 아무리 나이를 먹어도 신변의 일들은 스스로 하고 싶다.

단어	품사 / 뜻	예문
めいぶつ 名物	명 명물, 유명한 것	地方には、それぞれの名物がある。 지방에는 각각의 명물이 있다.
ものごと 物事	명 사물, 일	自己分析のために、自分に関わる物事をノートに書き出した。 자기 분석을 위해서 자신과 관계된 일을 노트에 뽑아 썼다.
☆ ゆらい 由来	명 する 유래	母にこの町の名前の由来を聞いてみた。 어머니에게 이 동네 이름의 유래를 물어보았다.
りょうりつ 両立	명 する 양립	彼女は仕事の後に大学院に通い、仕事と勉強を両立している。 그녀는 일을 마친 후에 대학원에 다니며 일과 공부를 양립하고 있다.
い か 入れ替える	동 교체하다, 갈아 넣다	買った商品をプレゼント用の袋に入れ替えた。 구입한 상품을 선물용 봉투에 바꿔 넣었다.
お 押さえる	동 누르다, 대다	風が吹いたので、帽子を手で押さえた。 바람이 불어서 모자를 손으로 눌렀다.
かた 語る	동 말하다, 이야기하다	祖母はよく昔話を語ってくれました。 할머니는 자주 옛날 이야기를 해 주었습니다.
こしか 腰掛ける	동 걸터앉다	疲れたので公園のベンチに腰掛けて休んだ。 피곤했기 때문에 공원 벤치에 걸터앉아서 쉬었다.
☆ せっ 接する	동 접하다	私の周囲には子どもがいないので、どう接していいのかわからない。 내 주위에는 아이가 없기 때문에 어떻게 접하면 좋을지 모른다.
☆ と 閉じる	동 닫히다	布団に入って目を閉じる時が一番幸せだ。 이불에 들어가서 눈을 감을 때가 가장 행복하다.
☆ まも 守る	동 지키다, 막다	彼は恋人との約束を守って、1年間たばこを一度も吸っていない。 그는 연인과의 약속을 지켜, 1년 동안 담배를 한 번도 피우지 않았다.
むす 結びつける	동 연결시키다	人の相談に乗るときは、自分の経験と結びつけて助言するようにする。 타인의 상담을 들어줄 때는 자신의 경험과 연결시켜서 조언하도록 한다.
☆ かいてき 快適	ナ 명 쾌적함	新しく引っ越した家は設備が充実していて非常に快適だ。 새로 이사한 집은 설비가 고루 갖추어져 있어서 매우 쾌적하다.

복습해 볼까요?

아래의 단어를 보고 읽는 법과 뜻을 적어 본 후 점선대로 접어서 답을 확인해 봅시다.
틀린 단어는 뒷 페이지 □에 V표시를 해 봅시다.

접는 선

단어	읽는 법과 뜻	
改正	かいせい	개정
自ら		
乏しい		
行列		
故障		
差し支え		
地元		
完了		
預かる		
抱く		
祝う		
叶う		
築く		
散らかす		
積む		
挟む		
響く		
振り向く		
認める		
慌ただしい		
記憶		
勇気		
飼う		

접으면 답을 확인할 수 있어요.

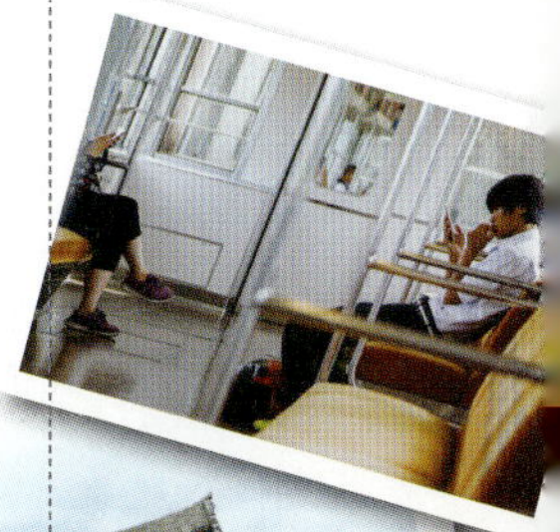

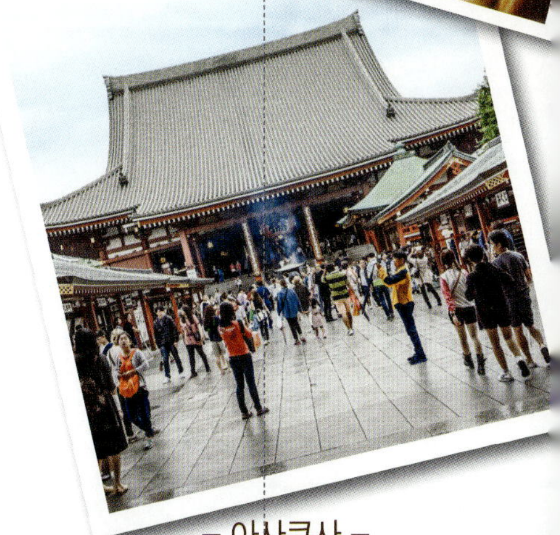

– 아사쿠사 –

예처럼 빈칸을 채우면서 다시 한번 체크해 봅시다.

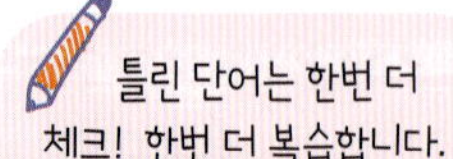

읽는 법과 뜻		한자	읽는 법	의미
☐	かいせい 개정	예 改正	かいせい	개정
☐	みずから 스스로, 몸소	自ら		
☐	とぼしい 부족하다	乏しい		
☐	ぎょうれつ 행렬, 줄	行列		
☐	こしょう 고장	故障		
☐	さしつかえ 지장, 장애	差し支え		
☐	じもと 그 고장, 지방	地元		
☐	かんりょう 완료	完了		
☐	あずかる 맡다, 보관하다	預かる		
☐	いだく 품다	抱く		
☐	いわう 축하하다	祝う		
☐	かなう 이루어 지다	叶う		
☐	きずく 쌓다, 구축하다	築く		
☐	ちらかす 흩뜨리다, 어지르다	散らかす		
☐	つむ 쌓다, 거듭하다	積む		
☐	はさむ 끼우다	挟む		
☐	ひびく 울리다, 울려퍼지다	響く		
☐	ふりむく (뒤)돌아보다	振り向く		
☐	みとめる 인정하다	認める		
☐	あわただしい 분주하다	慌ただしい		
☐	きおく 기억	記憶		
☐	ゆうき 용기	勇気		
☐	かう 기르다, 사육하다	飼う		

DAY 08

일상생활(2)

☐ 01 換気	☐ 02 起床	☐ 03 結婚	☐ 04 口調
☐ 05 気配	☐ 06 作業	☐ 07 錯覚	☐ 08 始末
☐ 09 招待	☐ 10 省略	☐ 11 大工	☐ 12 停電
☐ 13 封筒	☐ 14 平凡	☐ 15 目印	☐ 16 唯一
☐ 17 予想	☐ 18 移転	☐ 19 幸運	☐ 20 専念
☐ 21 日用品	☐ 22 口実	☐ 23 溢れる	☐ 24 至る
☐ 25 埋める	☐ 26 訪れる	☐ 27 抱える	☐ 28 乾く
☐ 29 くっつける	☐ 30 こらえる	☐ 31 探る	☐ 32 誘う
☐ 33 責める	☐ 34 逸れる	☐ 35 努める	☐ 36 撫でる
☐ 37 握る	☐ 38 伸ばす	☐ 39 掃く	☐ 40 跳ねる
☐ 41 踏む	☐ 42 吠える	☐ 43 招く	☐ 44 戻す
☐ 45 寄る	☐ 46 仕方がない	☐ 47 鋭い	☐ 48 等しい
☐ 49 煩わしい			

---

01 □□
かんき
換気
[명] [する] 환기

湿気が気になるなら、(換気)をした方がいいですよ。

습기가 신경 쓰인다면 환기를 하는 편이 좋아요.

---

02 □□
き しょう
起床
[명] [する] 기상

特別なことがなければ、(起床)時間は午前6時だ。

특별한 일이 없으면 기상 시간은 오전 6시이다.

---

03 ★ ⑯□□
けっこん
結婚
[명] [する] 결혼

この頃は国際(結婚)をするカップルが増えている。

요즘은 국제결혼을 하는 커플이 늘고 있다.

---

04 ★ □□
く ちょう
口調
[명] 어조, 말투

祖母はいつもゆっくりした(口調)で話す。

할머니는 언제나 느긋한 어조로 말한다.

---

05 ★★ □□
け はい
気配
[명] 기척, 기미, 기색, 낌새

人の(気配)を感じて後ろを振り返ったが、誰もいなかった。

사람의 기척을 느끼고 뒤를 돌아보았지만 아무도 없었다.

---

06 ★★ □□
さ ぎょう
作業
[명] [する] 작업

単純な(作業)は眠くなる。

단순한 작업은 졸리게 된다.

---

07 ★ □□
さっかく
錯覚
[명] [する] 착각

なんだか今日が日曜日のような(錯覚)に陥った。

왠지 오늘이 일요일인 듯한 착각에 빠졌다.

---

08 ★★

始末 しまつ

명 する (나쁜) 결과, 형편, 처리

ペットのふんの(始末)は飼い主の責任です。

애완동물의 대변 처리는 기르는 사람의 책임입니다.

彼女は引っ越しを手伝うどころか、じゃまする(始末)だった。 그녀는 이사를 돕기는커녕 방해만 하는 꼴이었다.

09 ★★ ⑬

招待 しょうたい

명 する 초대

友人の誕生日パーティーに(招待)された。

친구의 생일파티에 초대 받았다.

10 ★★★ ⑮

省略 しょうりゃく

명 する 생략

長い挨拶は(省略)して早くご飯を食べましょう。

긴 인사는 생략하고 빨리 밥을 먹읍시다.

11 ★

大工 だいく

명 목수, 목수 일

将来は(大工)になって、自分の家を建てたい。

장래에는 목수가 되서 내 집을 짓고 싶다.

12

停電 ていでん

명 する 정전

急に(停電)したので、ろうそくに火をつけた。

갑자기 정전이 돼서, 양초에 불을 붙였다.

13 ★

封筒 ふうとう

명 봉투

宛名は(封筒)の中央に大きく書いてください。

수신인명은 봉투 중앙에 크게 써 주세요.

14 ★

平凡 へいぼん

명 ナ 평범

何の刺激もない(平凡)な毎日だ。

아무 자극도 없는 평범한 하루하루다.

15 ★
めじるし
目印
명 안표, 표지, 표시

近くに(目印)になりそうなものはありますか。
근처에 표시가 될 만한 것은 있습니까?

16 ★★
ゆいいつ
唯一
명 유일

ここは、この村(唯一)の総合病院だ。
여기는 이 마을 유일한 종합 병원이다.

17
よそう
予想
명 する 예상

彼の(予想)は、ほとんど外れてしまった。
그의 예상은 거의 빗나가 버렸다.

18
いてん
移転
명 する 이전

会社が、二つ先の駅に(移転)することになった。
회사가 두 정거장 앞 역으로 이전하기로 되었다.
＋ 移動 이동

19
こううん
幸運
명 ナ 행운

(幸運)なことに、宝くじに当たった。
운좋게도 복권에 당첨되었다.
＋ 幸福 행복

20 ★ ⑬
せんねん
専念
명 する 전념

彼女は今、結婚して家事に(専念)している。
그녀는 지금 결혼해서 가사에 전념하고 있다.

21
にちようひん
日用品
명 일용품

月に一度、(日用品)を買うために車でスーパーへ行く。
한 달에 한 번 일용품을 사기 위해 차로 슈퍼에 간다.
↔ 不用品 불용품

---

22 ★
こうじつ
口実
몡 구실, 핑계

残業を(口実)に約束をキャンセルした。
야근을 핑계로 약속을 취소했다.

---

23 ★
あふ
溢れる
통 흘러 넘치다

蛇口を閉めるのを忘れてしまい、お風呂のお湯が(溢れた)。
수도꼭지를 잠그는 것을 잊어버려, 목욕물이 흘러 넘쳤다.
≒ こぼれる 흘러 나오다

---

24 ★ ⑫
いた
至る
통 도달하다, 이르다, 되다

多くの人が助けてくれたおかげで今に(至った)。
많은 사람들이 도와준 덕분에 지금에 이르렀다.

---

25 ★
う
埋める
통 묻다, 매장하다

小学生の時、校庭の端にタイムカプセルを(埋めた)。
초등학생 때, 운동장 가장자리에 타임캡슐을 묻었다.

---

26 ★★ ⑫
おとず
訪れる
통 방문하다, 찾아오다

20年ぶりに母校を(訪れた)。
20년 만에 모교를 방문했다.

---

27 ★★ ⑰
かか
抱える
통 안다, 껴안다, 끼다

重い荷物を(抱えた)人がいたので、運ぶのを手伝ってあげた。
무거운 짐을 안은 사람이 있어서, 옮기는 것을 도와줬다.
≒ 抱く 안다, 품다

---

28 ★★
かわ
乾く
통 마르다, 건조하다

洗濯物が(乾いたら)畳んでおいてください。
빨래가 마르면 개어 두세요.
+ 渇く 목이 마르다, 갈증나다

---

29 くっつける
동 붙이다, 달라 붙게 하다

割れたカップをボンドで(くっつけた)。
깨진 컵을 본드로 붙였다.

➕ くっつく 들러 붙다, 달라 붙다

---

30 ★★ こらえる
동 (고통을) 참다 견디다
(감정을) 억제하다, 참다

電車の中で、笑いを(こらえる)のが大変だった。
전철 안에서 웃음을 참는 것이 힘들었다.

---

31 ★ 探る さぐ
동 더듬다, 찾다, 살피다

彼はポケットを(探って)お金を取り出した。
그는 주머니를 뒤져 돈을 꺼냈다.

➕ 探す さが 찾다 (손에 넣고 싶은것 보고 싶은것을 찾는 경우)
　 捜す さが 찾다 (안 보이게 된 것을 찾는 경우)

---

32 ★★ 誘う さそ
동 권하다, 권유하다, 자아내다

先輩をデートに(誘った)が断られた。
선배에게 데이트 신청을 했지만 거절당했다.

---

33 ★★ 責める せ
동 꾸짖다, 책하다

兄の大切なカメラを壊してしまい、(責めら)れた。
형이 아끼던 카메라를 고장 내 버려서 타박받았다.

➕ 攻める せ 공격하다

---

34 ★ 逸れる そ
동 빗나가다, 벗어나다

話が(逸れ)たが、結局やればできるということだ。
이야기가 벗어났지만 결국 하면 된다는 것이다.

➕ 逸らす そ (딴 데로) 돌리다, 빗나가게 하다

---

35 ★★ 努める つと
동 노력하다, 힘쓰다

出来るだけ体を動かすように(努めて)います。
가능한 한 몸을 움직이도록 노력하고 있습니다.

➕ 務める つと (임무를) 맡다

---

36 ★
な
撫でる
동 쓰다듬다, 어루만지다

ペットの頭を(撫で)たり、えさを食べさせた。

애완동물의 머리를 쓰다듬거나, 먹이를 주었다.

---

37 ★★　⑰
にぎ
握る
동 쥐다, 잡다

女の子は父親の手をずっと(握って)いた。

여자 아이는 아버지의 손을 계속 잡고 있었다.

---

38 ★
の
伸ばす
동 늘이다, 길게 기르다

大きなベッドで足を(伸ばして)寝る。

큰 침대에서 다리를 뻗고 자다.

➕ の 伸びる 자라다, 늘다, 성장하다

---

39 ★★
は
掃く
동 쓸다, 비질하다

掃除機を使わずに、ほうきで(掃いた)。

청소기를 사용하지 않고 빗자루로 쓸었다.

---

40 ★
は
跳ねる
동 뛰다, 뛰어오르다, 튀다

うさぎがぴょんぴょん(跳ねる)姿がとてもかわいい。

토끼가 깡충깡충 뛰는 모습이 매우 귀엽다.

≒ と 跳ぶ 뛰다, 도약하다

---

41 ★★
ふ
踏む
동 밟다, 디디다

地下鉄で隣の人に足を(踏ま)れてとても痛かった。

지하철에서 옆 사람에게 발을 밟혀 매우 아팠다.

---

42 ★★　⑯
ほ
吠える
동 (개, 맹수 등이) 짖다, 으르렁거리다

うちの犬は、他の犬を見るとよく(吠える)。

우리 개는 다른 개를 보면 잘 짖는다.

43 ★★ ⑯ ☐☐

まね
招く

[동] 손짓하여 부르다, 초대하다
초래하다

家を建てたので友達を家に(招いた)。

집을 지었기 때문에 친구를 집에 초대했다.

彼の曖昧な態度が誤解を(招いた)。

그의 애매한 태도가 오해를 초래했다.

44 ⑭ ☐☐

もど
戻す

[동] 돌려주다, 되돌리다

物を使ったら元にあった場所に(戻し)なさい。

물건을 사용했으면 원래 있던 곳에 돌려 놓으렴.

45 ★ ☐☐

よ
寄る

[동] 들르다, 다가서다, 접근하다

コンビニに(寄って)から友達の家に行った。

편의점에 들르고 나서 친구 집에 갔다.

≒ 立ち寄る 들르다

46 ★ ⑯ ☐☐

し かた
仕方がない

[イ] 하는 수 없다

もう決まったことに文句を言っても(仕方がない)。

이미 정해진 것에 불평을 해도 하는 수 없다.

≒ しょうがない 어쩔 수 없다

47 ★★ ⑮ ☐☐

するど
鋭い

[イ] 날카롭다, 예리하다

このペンの先は(鋭い)のでキャップが必要だ。

이 펜의 끝은 날카로워서 뚜껑이 필요하다.

先輩の(鋭い)質問に驚いた。

선배의 예리한 질문에 놀랐다.

48 ★★ ☐☐

ひと
等しい

[イ] 같다, 동일하다

あっても使わないのであれば、ないに(等しい)。

있어도 쓰지 않는다면 없는 것과 같다.

49 ★★ ☐☐

わずら
煩わしい

[イ] 번거롭다, 귀찮다

(煩わしい)手続きが面倒で、母に頼んだ。

번거로운 절차가 귀찮아서, 어머니에게 부탁했다.

1 해당 어휘의 읽는 법을 찾고, 빈칸에 의미를 적으세요.

| 예 | 学生 | ✔ がくせい | ② がっせい | 학 생 |

1	誘う	① きそう	② さそう	__________
2	省略	① しょうりゃく	② しょりゃく	__________
3	等しい	① ひとしい	② したしい	__________
4	責める	① ほめる	② せめる	__________
5	努める	① つとめる	② こめる	__________

2 문맥에 맞는 단어를 보기에서 골라 알맞은 형태로 바꾸어 써 넣으세요.

6 （　　　　）手続きが面倒で、母に頼んだ。

7 彼女は今、結婚して家事に（　　　　）している。

8 このペンの先は（　　　　）のでキャップが必要だ。

9 話が（　　　　）が、結局やればできるということだ。

10 もう決まったことに文句を言っても（　　　　）。

| 専念 | 仕方がない | 逸れる | 鋭い | 煩わしい |

 **정답**

1 ② 권하다, 권유하다　2 ① 생략　3 ① 같다, 동일하다　4 ② 꾸짖다, 책하다　5 ① 노력하다, 힘쓰다
6 煩わしい　7 専念　8 鋭い　9 逸れた　10 仕方がない

독해 · 청해 어휘

おうとう 応答	명 する 응답	ドアをノックしてみたが応答がなかった。 문을 노크해 보았지만 응답이 없었다.
かつどう 活動	명 する 활동	週末を利用して、ボランティア活動をしている。 주말을 이용해서 봉사 활동을 하고 있다.
きょうぐう 境遇	명 경우, 처지	シンデレラは不幸な境遇のもと生活をしていた。 신데렐라는 불행한 처지 아래서 생활하고 있었다.
げんかん 玄関	명 현관	うちの玄関は狭くて、靴が少ししか置けない。 우리집 현관은 좁아서 신발을 조금 밖에 놓을 수 없다.
こ そだ 子育て	명 육아	子育ては想像以上に大変なものだ。 육아는 상상 이상으로 힘든 것이다.
さん か 参加	명 する 참가	今日のパーティーには、用事があって参加できない。 오늘 파티에는 일이 있어서 참가할 수 없다.
しゅとく 取得	명 する 취득	運転免許を取得して、もう20年になる。 운전면허를 취득하고서 이미 20년이 되었다.
しょうがい 生涯	명 생애	彼女は幸せな生涯を送った。 그녀는 행복한 생애를 보냈다.
じょうだん 冗談	명 농담	彼女はいつも冗談を言って皆を笑わせる。 그녀는 항상 농담을 해서 모두를 웃게 만든다.
しょみん 庶民	명 서민	私は高級レストランより、庶民的な食堂の方が好きだ。 나는 고급 레스토랑보다 서민적인 식당 쪽을 좋아한다.
しんちく 新築	명 する 신축	私は建築家になって両親に新築の家をプレゼントしたい。 나는 건축가가 되어서 부모님께 신축 한 집을 선물하고 싶다.
す 住まい	명 주거	結婚後の住まいを探しているが、まだいい物件が見つからない。 결혼 후의 주거를 찾고 있지만 아직 좋은 집을 찾지 못 했다.
せいちょう 成長	명 する 성장	子どもの成長の早さには、いつも驚かされる。 아이의 빠른 성장에는 항상 놀란다.
そうおん 騒音	명 소음	工事現場から出る騒音が地域で問題になっている。 공사현장에서 나는 소음이 지역에서 문제가 되고 있다.

宅配便 (たくはいびん)	명 택배	宅配便を受け取るために一度家に戻った。 택배를 받기 위해 일단 집으로 돌아왔다.
積み重ねる (つみかさねる)	동 쌓다	いつか独立することを目標に知識と経験を積み重ねてきた。 언젠가 독립하는 것을 목표로 지식과 경험을 쌓아왔다.
定着 (ていちゃく)	명 する 정착	彼女はあの店のモデルとして、すっかり定着した。 그녀는 그 가게의 모델로서 완전히 정착했다.
電球 (でんきゅう)	명 전구	部屋の電球が切れたので交換した。 방 전구가 나가서 갈아 끼웠다.
日常 (にちじょう)	명 일상	彼女は運動して、朝食を食べて出勤するのが日常だ。 그녀는 운동을 하고 조식을 먹고 출근하는 것이 일상이다.
寝つき (ねつき)	명 잠듦	娘は寝つきが悪いので、毎晩娘が寝るまで隣で横になっている。 딸은 잠을 잘 자지 못하기 때문에 매일 밤 딸이 잘 때까지 옆에서 누워 있는다.
農耕 (のうこう)	명 농경	寒冷で降水量が少ないため、この土地は農耕に適さない。 한랭하고 강수량이 적기 때문에, 이 땅은 농경에 적합하지 않다.
肌着 (はだぎ)	명 내의, 내복	最近は、冬は暖かくて夏は涼しい肌着を販売している。 요즘은 겨울엔 따뜻하고 여름엔 시원한 내복을 판매하고 있다.
必需 (ひつじゅ)	명 필수	現代人にとって、携帯電話は必需品だ。 현대인에게 있어서 휴대전화는 필수품이다.
普段 (ふだん)	부 보통	これは、普段なかなか食べられない高級料理だ。 이것은 평상시 좀처럼 먹을 수 없는 고급요리다.
平静 (へいせい)	명 ナ 평정	祭りが終わり、町は平静を取り戻した。 축제가 끝난 마을은 평정을 되찾았다.
間取り (まどり)	명 방 배치	不動産屋で間取りを確認したが、希望に合う部屋がなかった。 부동산에서 방배치를 확인했지만 희망하는 방이 없었다.
群れ (むれ)	명 무리	船の上から魚の群れをレーダーで探す。 배 위에서 물고기 떼를 레이더로 찾는다.

燃えるごみ （も）	名 타는 쓰레기	ごみの分別をしたら、ほとんどが紙などの燃える ごみだった。 쓰레기 분리수거를 했더니 대부분이 종이 등 타는 쓰레기였다.
物まね （もの）	名 する 흉내	短い人生を、誰かの物まねをして過ごすのはもっ たいない。 짧은 인생을 누군가의 흉내를 내면서 보내는 것은 아깝다.
横取り （よこど）	名 する 가로챔	弟は姉におもちゃを横取りされて泣いてしまった。 남동생은 누나에게 장난감을 빼앗겨서 울어버렸다.
理屈 （りくつ）	名 도리, 이치	私の彼氏はいつも理屈ばかり言って、つまらない。 내 남자친구는 항상 논리만 내세워서 말하니까 재미없다.
✦ 占う （うらな）	動 점치다, 예언하다	占い師に今年の運勢を占ってもらった。 점쟁이가 올해 운세를 점쳐 주었다.
✦ 顧みる （かえり）	動 돌아보다, 회고하다	時には過去を顧みることも重要である。 때로는 과거를 돌아보는 것도 중요하다.
切り替える （き か）	動 바꾸다, 전환하다	試合に負けて悔しいが、気持ちを切り替えて、 明日は勝とう。 시합에 져서 분하지만 기분을 전환해서 내일은 이기자.
すれ違う （ちが）	動 스치듯 지나가다	さっきすれ違った人は私と同じ眼鏡をかけていた。 방금 스쳐 지나갔던 사람은 나와 똑같은 안경을 쓰고 있었다.
✦ 訪ねる （たず）	動 방문하다, 찾아오다	夜遅くに知らない人が訪ねて来た。 밤 늦게 모르는 사람이 찾아왔다.
連れる （つ）	動 데리다, 동반하다	この建物に動物を連れて来てはいけない。 이 건물에 동물을 데리고 와서는 안 된다.
鳴る （な）	動 소리가 나다, 울리다	玄関のチャイムが何度も鳴っている。 현관 초인종이 몇 번이나 울리고 있다.
見渡す （み わた）	動 멀리까지 보다, 조망하다	窓の外を見渡すと、大きな湖が見えた。 창 밖을 바라다보니, 큰 호수가 보였다.
✦ 薄暗い （うすぐら）	イ 조금 어둡다, 어둑하다	その部屋は窓が小さくて、昼でも薄暗い。 그 방은 창문이 작아서 낮에도 조금 어둡다.
普遍的 （ふ へんてき）	ナ 보편적	地球上の生物には、共通した普遍的な性質がある。 지구상의 생물에게는 공통으로 보편적인 성질이 있다.

복습해 볼까요?

아래의 단어를 보고 읽는 법과 뜻을 적어 본 후 점선대로 접어서 답을 확인해 봅시다.
틀린 단어는 뒷 페이지 □에 V표시를 해 봅시다.

접는 선

접으면 답을 확인할 수 있어요.

단어	읽는 법과 뜻	
改正	かいせい	개정
省略		
気配		
作業		
始末		
招待		
唯一		
訪れる		
抱える		
乾く		
誘う		
責める		
努める		
握る		
掃く		
踏む		
招く		
鋭い		
等しい		
煩わしい		
結婚		
口調		
平凡		

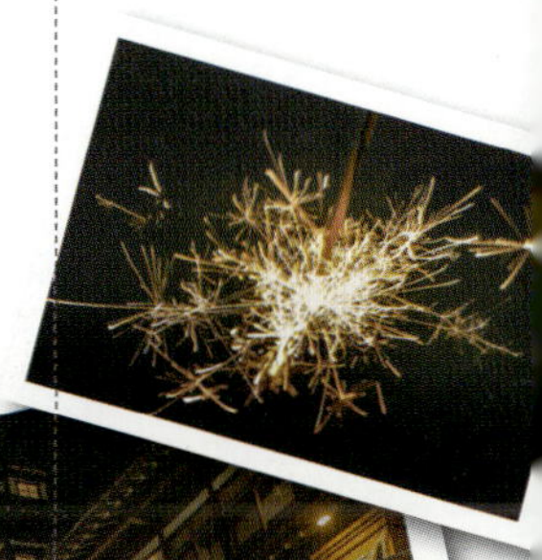

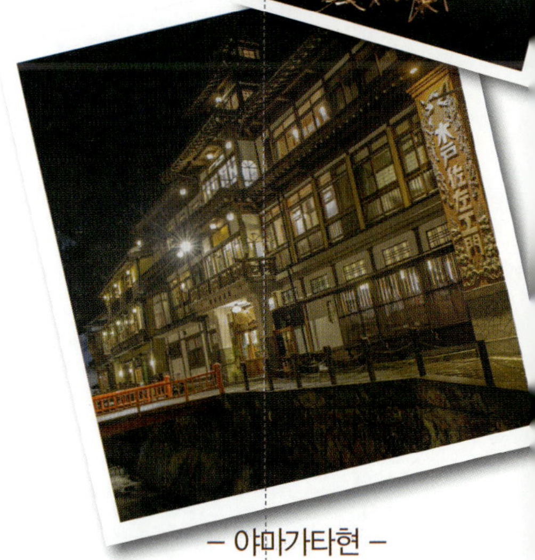

– 야마가타현 –

예처럼 빈칸을 채우면서 다시 한번 체크해 봅시다.

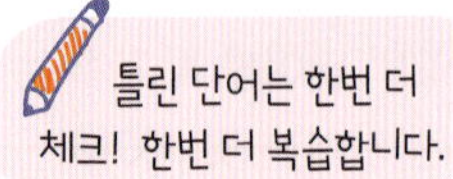

읽는 법과 뜻		한자	읽는 법	의미
☐ かいせい 개정	예	改正	かいせい	개정
☐ しょうりゃく 생략		省略		
☐ けはい 기미, 기색, 낌새		気配		
☐ さぎょう 작업		作業		
☐ しまつ (나쁜) 결과, 형편		始末		
☐ しょうたい 초대		招待		
☐ ゆいいつ 유일		唯一		
☐ おとずれる 방문하다		訪れる		
☐ かかえる 껴안다, 끼다		抱える		
☐ かわく 마르다, 건조하다		乾く		
☐ さそう 권하다, 자아내다		誘う		
☐ せめる 꾸짖다, 책하다		責める		
☐ つとめる 노력하다, 힘쓰다		努める		
☐ にぎる 쥐다, 잡다		握る		
☐ はく 쓸다, 비질하다		掃く		
☐ ふむ 밟다, 디디다		踏む		
☐ まねく 초대하다, 초래하다		招く		
☐ するどい 날카롭다, 예리하다		鋭い		
☐ ひとしい 같다, 동일하다		等しい		
☐ わずらわしい 번거롭다, 귀찮다		煩わしい		
☐ けっこん 결혼		結婚		
☐ くちょう 어조, 말투		口調		
☐ へいぼん 평범		平凡		

DAY 09

학교생활과 교육(1)

01 暗記	02 有無	03 観察	04 機会
05 疑問	06 行儀	07 工夫	08 結果
09 言語	10 講堂	11 作法	12 自己
13 失敗	14 自慢	15 清掃	16 徹夜
17 討論	18 努力	19 能力	20 比較
21 防災	22 夢中	23 ものさし	24 幼児
25 希望	26 参照	27 知識	28 継続
29 甘やかす	30 伺う	31 うつむく	32 欠かす
33 気付く	34 削る	35 込める	36 さぼる
37 確かめる	38 整える	39 悩む	40 述べる
41 貼る	42 褒める	43 導く	44 目立つ
45 危 うい	46 詳しい	47 情けない	48 盛ん
49 苦手			

01 ★
あんき
暗記
名 する 암기

学生時代は、試験前日にあわてて英単語を(暗記)したものだ。

학창시절에는 시험 전날 급하게 영어단어를 암기했었다.

---

02 ★★
う む
有無
名 유무

この講座は資格の(有無)に関わらず申し込める。

이 강좌는 자격의 유무에 관계없이 신청할 수 있다.

---

03 ★★
かんさつ
観察
名 する 관찰

子どもの頃、花を(観察)して日記を書いた。

어렸을 때 꽃을 관찰해서 일기를 썼다.

≒ 観測 관측

---

04 ★★
き かい
機会
名 기회

全員に発表の(機会)が与えられる。

전원에게 발표의 기회가 주어진다.

---

05 ★★
ぎ もん
疑問
名 의문

研究結果に(疑問)を持つ学者が多い。

연구결과에 의문을 가진 학자가 많다.

---

06 ★★
ぎょう ぎ
行儀
名 예의범절

食事中に歩き回って、(行儀)が悪い子どもだ。

식사 중에 걸어다니고 예의범절이 나쁜 아이다.

---

07 ★★
く ふう
工夫
名 する 궁리, 고안

覚え方を(工夫)すれば、単語を早く覚えられる。

외우는 방법을 궁리하면 단어를 빨리 외울 수 있다.

---

08 ★★
けっか
結果
[명] 결과

しけんの(けっか)はらいしゅう出るそうです。
試験の(結果)は来週出るそうです。
시험 결과는 다음 주 나온다고 합니다.

09
げん ご
言語
[명] 언어

4か国語を話せる教授は(言語)の専門家だ。
4개 국어를 말할 수 있는 교수님은 언어 전문가다.

10 ★★
こうどう
講堂
[명] 강당

教授のセミナーは大(講堂)で行われることになった。
교수님의 세미나는 대강당에서 실시하게 되었다.

11 ★★
さ ほう
作法
[명] 예의범절, 예절

幼い頃から食事の(作法)を学ばせるべきだ。
어릴 때부터 식사예절을 배워야만 한다.

12 ★
じ こ
自己
[명] 자기

新しいクラスになると、いつも(自己)紹介をする。
새로운 반이 되면 항상 자기소개를 한다.

13
しっぱい
失敗
[명] [する] 실패

(失敗)は成功のもとだと言われている。
실패는 성공의 어머니라고 한다.

14 ★★★
じ まん
自慢
[명] [する] 자랑

息子が一流大学に入学したことが彼の(自慢)だ。
아들이 일류대학에 입학한 것이 그의 자랑이다.

15 ★ 清掃
せいそう
명 する 청소

今日は私が教室の(清掃)当番だ。
오늘은 내가 교실 청소 당번이다.

16 ★ 徹夜
てつや
명 する 철야

明日がレポートの提出期限なので、(徹夜)するつもりだ。
내일이 리포트 제출 기한이어서 밤을 샐 생각이다.

17 ★★ 討論 ⑰⑪
とうろん
명 する 토론

今日の授業では環境問題について(討論)をした。
오늘 수업에서는 환경 문제에 대해 토론을 했다.

18 ★★ 努力
どりょく
명 する 노력

天才も(努力)しなければ、成功できない。
천재도 노력하지 않으면 성공할 수 없다.

19 ★★ 能力
のうりょく
명 능력

私は英語の(能力)が生かせる仕事を探しています。
저는 영어 능력을 살릴 수 있는 일을 찾고 있습니다.
≒ 才能 재능

20 ★★ 比較
ひかく
명 する 비교

日本と韓国の文化を(比較)する。
일본과 한국의 문화를 비교하다.

21 ★★ 防災 ⑩
ぼうさい
명 방재

私の学校は一年に二回、(防災)訓練を行う。
우리 학교는 1년에 두 번, 재난 방재 훈련을 실시한다.

22 ★★ ⑫
夢中
명 **ナ** 열중함, 몰두함

若者たちには何か(夢中)になれることを見つけてほしい。

젊은이들은 무엇인가 열중할 수 있는 것을 찾길 바란다.

23
ものさし
명 자, (평가의)기준

線の長さを(ものさし)で測った。

선의 길이를 자로 쟀다.

24 ★★
幼児
명 유아

英語の学習は(幼児)期が適している。

영어 학습은 유아기가 적절하다.

25
希望
명 희망

彼は海外への留学を(希望)している。

그는 해외로의 유학을 희망하고 있다.

+ 望む 바라다

26 ★ ⑯
参照
명 **する** 참조

関連資料を(参照)しながら、論文を読んだ。

관련 자료를 참조하면서 논문을 읽었다.

27
知識
명 지식

実習に参加して(知識)が深まった。

실습에 참가해서 지식이 풍부해졌다.

+ 知恵 지혜

28 ★ ⑭
継続
명 **する** 계속

何事も諦めずに(継続)することが重要である。

어떤 일이든 포기하지 않고 계속하는 것이 중요하다.

29 ★ ⑮
あま
甘やかす
동 응석을 받아주다

さいきん、こ あま おや おお
最近、子どもを(甘やかす)親が多い。
요즘에는 아이의 응석을 받아주는 부모가 많다.

30 ★★
うかが
伺う
동 '묻다, 듣다, 방문하다'의 겸양

あした せんせい けんきゅうしつ うかが
明日、先生の研究室に(伺って)もよろしいでしょうか。
내일, 선생님 연구실에 찾아뵈어도 되겠습니까?
≒ 訪ねる 방문하다 尋ねる 묻다

31 ★ ⑱ ⑪
うつむく
동 고개를 숙이다

ごうかくしゃ なか じぶん なまえ
合格者の中に、自分の名前がなくて(うつむいた)。
합격자 안에 자기 이름이 없어 고개를 숙였다.
≒ 下を向く 내려다보다 ⑱

32 ★ ⑱
か
欠かす
동 빠뜨리다, 빼다

はっぴょうかい いちにち か れん
ピアノの発表会のために、一日も(欠かす)ことなく練
しゅう
習した。
피아노 발표회를 위해서 하루도 빠짐없이 연습했다.

33 ★
き づ
気付く
동 깨닫다, 눈치채다, 알아차리다

しょるい き いそ しゅうせい
書類のミスに(気づき)、急いで修正した。
서류에 실수가 있었다는 것을 깨닫고 서둘러서 수정했다.

34 ★★ ⑬
けず
削る
동 깎다, 삭감하다, 삭제하다

し けん けず えんぴつ しよう
試験では(削った)鉛筆を使用してください。
시험에서는 깎은 연필을 사용해 주세요.

35
こ
込める
동 속에 넣다, (마음을) 담다, 기울이다

せんせい かんしゃ き も こ おく
先生に感謝の気持ちを(込めて)プレゼントを贈った。
선생님에게 감사의 마음을 담아 선물을 했다.

36 ★

さぼる
동 게으름을 피우다,
(수업을) 빼 먹다

今日は、学校を(さぼって)友達と遊びに行った。

오늘은 학교를 빼먹고 친구와 놀러 갔다.

37 ★

確かめる
동 확인하다

解答用紙に名前を書いたか(確かめて)から出して
ください。

답안지에 이름을 썼는지 확인하고서 제출해 주세요.

38 ★★

整える
동 가지런하게 하다,
정돈(정비)하다

実験室の備品を(整えて)おいた。

실험실의 비품을 정돈해 두었다.

➕ 整う 정돈(정비)되다, 갖추어지다

39 ★

悩む
동 고민하다, 병에 시달리다

大学を卒業したら、どうするか(悩んで)いる。

대학을 졸업하면 어떻게 할지 고민하고 있다.

昨日はひどい頭痛に(悩ま)されて仕事どころでは
なかった。 어제는 심한 두통에 시달려 일할 상황이 아니었다.

40

述べる
동 말하다, 진술하다

彼は学会で自分の意見を(述べた)。

그는 학회에서 자신의 의견을 말했다.

41 ★

貼る
동 바르다, 붙이다

掲示板に休講のお知らせが(貼ら)れている。

게시판에 휴강 안내가 붙어 있다.

42 ★

褒める
동 칭찬하다

私はテストで満点を取り、先生に(褒めら)れた。

나는 시험에서 만점을 받아서 선생님에게 칭찬받았다.

43 ★★ ⑫

みちび
導く

[동] 안내하다, 이끌다, 유도하다

正しい道へと(導く)には、多くの経験と知識が必要だ。

올바른 길로 이끄는 데에는 많은 경험과 지식이 필요하다.

---

44 ★

め だ
目立つ

[동] 눈에 띄다, 두드러 지다

彼女は学生時代から(目立つ)存在だった。

그녀는 학생 때부터 눈에 띄는 존재였다.

↔ 地味 수수함

---

45 ★

あや
危うい

[イ] 위태롭다, 아슬아슬하다, 위험하다

このままでは大学合格は(危うい)と言われて心配になった。

이대로는 대학 합격이 위태롭다는 이야기를 들어서 걱정이 되었다.

---

46 ★★ ⑭

くわ
詳しい

[イ] 자세하다, 상세하다

彼は電車について(詳しく)説明した。

그는 전철에 대해서 자세하게 설명했다.

---

47 ★

なさ
情けない

[イ] 한심하다, 딱하다, 몰인정하다

自分の成績が(情けなくて)誰にも言えない。

자신의 성적이 한심해서 누구에게도 말할 수 없다.

---

48 ★

さか
盛ん

[ナ] 번성함, 왕성함, 성함, 빈번함

この高校はクラブ活動が(盛ん)なことで有名だ。

이 고등학교는 클럽활동이 왕성한 것으로 유명하다.

この時期は雨が(盛ん)に降る。

이 시기는 비가 자주 내린다.

---

49 ★

にが て
苦手

[ナ][명] 다루기 벅찬 상대, 서투름, 잘하지 못함

(苦手)な科目を克服するために努力している。

못하는 과목을 극복하기 위해 노력하고 있다.

↔ 得意 잘함

✏️ 12회분 추가 실전모의테스트는
www.sisabooks.com 에서 다운가능!!!

1 해당 어휘의 읽는 법을 찾고, 빈칸에 의미를 적으세요.

예	学生	✔① がくせい	② がっせい	학생
1	防災	① ほうさい	② ぼうさい	
2	作法	① さほう	② さくほう	
3	継続	① けいそく	② けいぞく	
4	削る	① そる	② けずる	
5	討論	① とうろん	② とろん	

2 문맥에 맞는 단어를 보기에서 골라 알맞은 형태로 바꾸어 써 넣으세요.

6　若者たちには何か(　　　)なれることを見つけてほしい。

7　食事中に歩き回って、(　　　)が悪い子どもだ。

8　正しい道へと(　　　)には、多くの経験と知識が必要だ。

9　自分の成績が(　　　)誰にも言えない。

10　最近、子どもを(　　　)親が多い。

ぎょうぎ 行儀	むちゅう 夢中	あま 甘やかす	みちび 導く	なさ 情けない

정답

1 ② 방재　2 ① 예의 범절　3 ② 계속　4 ② 깎다, 삭감하다　5 ① 토론
6 夢中に　7 行儀　8 導く　9 情けなくて　10 甘やかす

독해 · 청해 어휘

甲斐 （かい）	명 보람, 효과	一生懸命努力した甲斐があって大学に合格した。 열심히 노력한 보람이 있어서 대학에 합격했다.
課題 （かだい）	명 과제	英語の課題は来週月曜日までに提出しなければならない。 영어 과제는 다음 주 월요일까지 제출하지 않으면 안 된다.
課程 （かてい）	명 과정	この仕事は、修士課程修了程度の専門知識が必要である。 이 일에는 석사 과정 수료 정도의 전문지식이 필요하다.
願書 （がんしょ）	명 원서	入学願書の締め切りは明日の16時までだ。 입학원서 마감은 내일 16시까지다.
記述 （きじゅつ）	명 する 기술	レポートに事実をありのまま記述する。 레포트에 사실을 있는 그대로 기술한다.
強調 （きょうちょう）	명 する 강조	先生は注意するべき部分を繰り返し強調した。 선생님이 주의해야 할 부분을 반복해서 강조했다.
教養 （きょうよう）	명 교양	大学に進学して様々な教養を身につけたい。 대학에 진학해서 여러 가지 교양을 몸에 익히고 싶다.
敬具 （けいぐ）	명 경구, 편지 맺음말	手紙の最後は敬具で締めなければならない。 편지 끝에는 맺음말로 마무리해야 한다.
合格 （ごうかく）	명 する 합격 (하다)	この試験で合格できる人は全体の20%未満だ。 이 시험에서 합격할 수 있는 사람은 전체의 20% 미만이다.
参考 （さんこう）	명 참고	履修科目を決める際は、先輩の意見を参考にした。 이수 과목을 결정할 때는 선배의 의견을 참고로 했다.
集団 （しゅうだん）	명 집단	私は集団行動が苦手である。 나는 집단 행동을 잘 못한다.
塾 （じゅく）	명 학원	子どもたちは色々な塾に通って忙しい毎日を送っている。 아이들은 여러 학원에 다니며 바쁜 매일을 보내고 있다.
受講 （じゅこう）	명 する 수강	大学で経済学の講義を受講している。 대학에서 경제학 강의를 수강하고 있다.
順位 （じゅんい）	명 순위	テストの点数が良かったので、学年成績の順位も上がった。 시험 점수가 좋았기 때문에 학년 성적 순위도 올랐다.

奨学金 しょうがくきん	名 장학금	成績優秀者には奨学金が出るので、皆よく勉強している。 성적우수자에게는 장학금이 나오기 때문에 모두 열심히 공부하고 있다.
資料 しりょう	名 자료	図書館で発表のための資料を集めた。 도서관에서 발표를 위한 자료를 모았다.
心理学 しんりがく	名 심리학	彼女の専攻は心理学で、今はカウンセラーの仕事をしている。 그녀의 전공은 심리학으로 지금은 카운셀러 일을 하고 있다.
推薦書 すいせんしょ	名 추천서	上司の推薦書のおかげで、希望する部署に配属された。 상사의 추천서 덕분에 희망하는 부서에 배속되었다.
頭脳 ずのう	名 두뇌	彼のような優秀な頭脳を持っていれば、どんな大学も簡単に入れる。 그와 같은 우수한 두뇌를 가지고 있으면 어떠한 대학도 간단히 들어갈 수 있다.
説得 せっとく	名 する 설득	反対する両親を説得して、留学することを許してもらった。 반대하는 부모님을 설득해서 유학가는 것을 허락 받았다.
先輩 せんぱい	名 선배	田中先輩は、後輩たちからとても人気がある。 다나카 선배는 후배들로부터 매우 인기가 있다.
相談 そうだん	名 する 상담, 의논	悩みを親に相談できず、友達に打ち明けた。 고민을 부모님에게 의논할 수 없어서 친구에게 털어 놓았다.
単位 たんい	名 학점	卒業するためには、あと12単位必要だ。 졸업하기 위해서는 앞으로 12학점이 필요하다.
忠告 ちゅうこく	名 する 충고	あんなに忠告したのに、彼はそれを聞かずに失敗した。 그렇게 충고했는데도 그는 그것을 듣지 않아서 실수했다.
通訳 つうやく	名 する 통역	通訳になるため留学して2年経ったが、まだまだ勉強が必要だ。 통역사가 되기 위해서 유학와서 2년이 지났지만, 아직 공부가 더 필요하다.
哲学 てつがく	名 철학	彼は大学で哲学を専攻していて、色々な学者の本を読む。 그는 대학에서 철학을 전공하고 있어서 다양한 학자의 책을 읽는다.

てんけい 典型	명 전형	いくつものアルバイトをしながら<ruby>大学<rt>だいがく</rt></ruby>に<ruby>通<rt>かよ</rt></ruby>う<ruby>彼<rt>かれ</rt></ruby>は、<ruby>苦学生<rt>くがくせい</rt></ruby>の<ruby>典型<rt>てんけい</rt></ruby>だ。 몇 개의 아르바이트를 하면서 대학에 다니는 그는 고학생의 전형이다.
としごろ 年頃	명 알맞은 나이	10<ruby>代<rt>だい</rt></ruby>というのは、<ruby>悩<rt>なや</rt></ruby>みの<ruby>多<rt>おお</rt></ruby>い<ruby>年頃<rt>としごろ</rt></ruby>だ。 십대는 고민이 많을 나이다.
ならいごと 習い事	명 배우는 일	これから<ruby>生<rt>う</rt></ruby>まれてくる<ruby>子<rt>こ</rt></ruby>どもには、<ruby>色々<rt>いろいろ</rt></ruby>な<ruby>習い事<rt>ならいごと</rt></ruby>をさせたい。 앞으로 태어날 아이에게는 여러가지를 배우게 하고 싶다.
☆ ねっちゅう 熱中	명 する 열중	<ruby>高校生<rt>こうこうせい</rt></ruby>の<ruby>時<rt>とき</rt></ruby>、サッカーに<ruby>熱中<rt>ねっちゅう</rt></ruby>して<ruby>勉強<rt>べんきょう</rt></ruby>をしなかった。 고등학생 때 축구에 열중해서 공부를 하지 않았다.
ふごう 符号	명 부호	<ruby>数字<rt>すうじ</rt></ruby>にマイナスの<ruby>符号<rt>ふごう</rt></ruby>をつける。 숫자에 마이너스 부호를 붙인다.
ぶんるい 分類	명 する 분류	<ruby>図書館<rt>としょかん</rt></ruby>で<ruby>本<rt>ほん</rt></ruby>を<ruby>分類<rt>ぶんるい</rt></ruby>するアルバイトをしている。 도서관에서 책을 분류하는 아르바이트를 하고 있다.
もうしこみしょ 申込書	명 신청서	<ruby>修学旅行<rt>しゅうがくりょこう</rt></ruby>の<ruby>申込書<rt>もうしこみしょ</rt></ruby>には<ruby>保護者<rt>ほごしゃ</rt></ruby>のサインが<ruby>必要<rt>ひつよう</rt></ruby>だ。 수학여행 신청서에는 보호자 사인이 필요하다.
ようし 用紙	명 용지	コピー<ruby>用紙<rt>ようし</rt></ruby>を<ruby>節約<rt>せつやく</rt></ruby>するために、<ruby>両面印刷<rt>りょうめんいんさつ</rt></ruby>にした。 복사 용지를 절약하기 위해서 양면 인쇄로 했다.
☆ りかい 理解	명 する 이해	<ruby>教科書<rt>きょうかしょ</rt></ruby>の<ruby>問題<rt>もんだい</rt></ruby>が<ruby>理解<rt>りかい</rt></ruby>できなくて、<ruby>先生<rt>せんせい</rt></ruby>に<ruby>質問<rt>しつもん</rt></ruby>した。 교과서의 문제가 이해가 되지 않아서 선생님께 질문했다.
れきし 歴史	명 역사	<ruby>自分<rt>じぶん</rt></ruby>の<ruby>国<rt>くに</rt></ruby>の<ruby>歴史<rt>れきし</rt></ruby>を<ruby>知<rt>し</rt></ruby>らないということは<ruby>恥<rt>は</rt></ruby>ずかしいことだ。 자기 나라의 역사를 잘 모른다는 것은 부끄러운 일이다.
ろんり 論理	명 논리	<ruby>学校<rt>がっこう</rt></ruby>で<ruby>論理<rt>ろんり</rt></ruby>は<ruby>習<rt>なら</rt></ruby>ったが、<ruby>実際現場<rt>じっさいげんば</rt></ruby>に<ruby>行<rt>い</rt></ruby>くと<ruby>何<rt>なに</rt></ruby>もできなかった。 학교에서 논리를 배웠지만, 실제 현장에 가면 아무것도 할 수 없었다.
☆ さ 下がる	동 내려가다, 떨어지다	<ruby>友達<rt>ともだち</rt></ruby>と<ruby>遊<rt>あそ</rt></ruby>んでばかりいたら、<ruby>成績<rt>せいせき</rt></ruby>が<ruby>下<rt>さ</rt></ruby>がってしまった。 친구와 놀기만 했더니 성적이 떨어져 버렸다.
なりたつ 成り立つ	동 성립되다, 이루어지다	<ruby>学校<rt>がっこう</rt></ruby>は<ruby>学生<rt>がくせい</rt></ruby>と<ruby>教員<rt>きょういん</rt></ruby>がいて<ruby>初<rt>はじ</rt></ruby>めて<ruby>成<rt>な</rt></ruby>り<ruby>立<rt>た</rt></ruby>つ。 학교는 학생과 교원이 있어야 비로소 성립된다.
はばひろい 幅広い	イ 폭넓다	<ruby>彼<rt>かれ</rt></ruby>は<ruby>幅広<rt>はばひろ</rt></ruby>い<ruby>知識<rt>ちしき</rt></ruby>を<ruby>持<rt>も</rt></ruby>っており、<ruby>雑学王<rt>ざつがくおう</rt></ruby>と<ruby>呼<rt>よ</rt></ruby>ばれている。 그는 폭넓은 지식을 가지고 있어서 잡학왕이라고 불리고 있다.

아래의 단어를 보고 읽는 법과 뜻을 적어 본 후 점선대로 접어서 답을 확인해 봅시다.
틀린 단어는 뒷 페이지 ☐에 V표시를 해 봅시다.

접는 선

단어	읽는 법과 뜻	
改正	かいせい	개정
自慢		
有無		
観察		
機会		
疑問		
行儀		
工夫		
結果		
講堂		
作法		
討論		
努力		
能力		
比較		
防災		
夢中		
幼児		
伺う		
削る		
整える		
導く		
詳しい		

접으면 답을
확인할 수 있어요.

– 교토 가모미오야신사 –

예처럼 빈칸을 채우면서 다시 한번 체크해 봅시다.

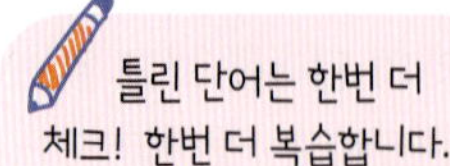

읽는 법과 뜻

- かいせい / 개정
- じまん / 자랑
- うむ / 유무
- かんさつ / 관찰
- きかい / 기회
- ぎもん / 의문
- ぎょうぎ / 예의범절
- くふう / 궁리, 고안
- けっか / 결과
- こうどう / 강당
- さほう / 예의범절, 예절
- とうろん / 토론
- どりょく / 노력
- のうりょく / 능력
- ひかく / 비교
- ぼうさい / 방재
- むちゅう / 열중함, 몰두함
- ようじ / 유아
- うかがう / 묻(듣)다, 방문하다의 겸양
- けずる / 깎다, 삭감하다
- ととのえる / 정돈(정비)하다
- みちびく / 안내하다, 이끌다
- くわしい / 자세하다, 상세하다

	한자	읽는 법	의미
예	改正	かいせい	개정
	自慢		
	有無		
	観察		
	機会		
	疑問		
	行儀		
	工夫		
	結果		
	講堂		
	作法		
	討論		
	努力		
	能力		
	比較		
	防災		
	夢中		
	幼児		
	伺う		
	削る		
	整える		
	導く		
	詳しい		

학교생활과 교육(2)

알고 있는 단어를 체크해 봅시다.

☐ 01 委員	☐ 02 貸し出し	☐ 03 勧誘	☐ 04 期限
☐ 05 休講	☐ 06 教授	☐ 07 経済	☐ 08 研究
☐ 09 講義	☐ 10 採点	☐ 11 試験	☐ 12 持参
☐ 13 指導	☐ 14 消防	☐ 15 直角	☐ 16 答案
☐ 17 特色	☐ 18 納得	☐ 19 反省	☐ 20 返却
☐ 21 補足	☐ 22 面積	☐ 23 模範	☐ 24 要領
☐ 25 行事	☐ 26 水準	☐ 27 得手	☐ 28 欠点
☐ 29 生かす	☐ 30 写す	☐ 31 教わる	☐ 32 囲む
☐ 33 組む	☐ 34 超える	☐ 35 定める	☐ 36 妨げる
☐ 37 解く	☐ 38 殴る	☐ 39 狙う	☐ 40 まとめる
☐ 41 目指す	☐ 42 用いる	☐ 43 汚い	☐ 44 騒がしい
☐ 45 具体的	☐ 46 重大	☐ 47 まあまあ	☐ 48 はきはき
☐ 49 ひっそり			

01 ★
い いん
委員
명 위원

姉は三年連続で学級(委員)に選ばれた。
언니는 3년 연속으로 학급위원으로 뽑혔다.

02
か だ
貸し出し
명 する 대출

図書館では資料の(貸し出し)はしていない。
도서관에서는 자료의 대출은 하고 있지 않다.
↔ 借り入れ 차입

03 ★★ ⑬
かんゆう
勧誘
명 する 권유

入学式で新入生をサークルに(勧誘)した。
입학식에서 신입생을 서클에 권유했다.

04
き げん
期限
명 기한

レポート提出の(期限)を守らないで怒られた。
레포트 제출기한을 지키지 않아 야단 맞았다.

05 ★
きゅうこう
休講
명 する 휴강

教授が出張のため(休講)になった。
교수님이 출장이기 때문에 휴강이 되었다.

06 ★
きょうじゅ
教授
명 교수

(教授)になるためには、いくつかの条件がある。
교수가 되기 위해서는 몇 가지 조건이 있다.

07 ★★
けいざい
経済
명 경제

私は大学で(経済)学を専攻いたしました。
저는 대학에서 경제학을 전공했습니다.

08
けんきゅう
研究
명 する 연구

わたし だいがく しんりがく けんきゅう
私は大学で心理学の(研究)をしている。

나는 대학에서 심리학을 연구하고 있다.

09 ★★★ ⑬
こうぎ
講義
명 する 강의

かれ こうぎ にんき
彼の(講義)はとても人気がある。

그의 강의는 매우 인기가 있다.

10
さいてん
採点
명 する 채점

せんせい こんど しけん さいてん きじゅん き
先生に今度の試験の(採点)基準について聞いた。

선생님에게 이번 시험의 채점기준에 대해 물어봤다.

11 ★
しけん
試験
명 시험

あした しけん いちねん べんきょう がんば
明日の(試験)のために一年かけて勉強してきた。頑張らなくては！

내일 시험을 위해 1년을 들여 공부해 왔다. 분발해야지.

12 ★★
じさん
持参
명 する 지참

とうじつ ちゅうしょく じさん い
当日の昼食は、(持参)するよう言われた。

당일 점심은 지참하라고 들었다.

13 ★
しどう
指導
명 する 지도

きょうじゅ しどう ろんぶん か あ
教授の(指導)のおかげで論文を書き上げることができた。

교수님 지도 덕분에 논문을 다 쓸 수 있었다.

14
しょうぼう
消防
명 소방

かれ ゆめ しょうぼう し おお ひと いのち たす
彼の夢は(消防)士になって多くの人の命を助けることだ。

그의 꿈은 소방사가 되어 많은 사람의 생명을 구하는 것이다.

15 ★
ちょっかく
直角
명 직각

その二つの道は(直角)に交わっている。
그 두 개의 길은 직각으로 교차하고 있다.

16 ★
とうあん
答案
명 답안

先生から(答案)用紙を受け取った。
선생님으로부터 답안지를 받았다.

17 ★★ ⑮
とくしょく
特色
명 특색

受験生に学校の(特色)をアピールした方がいい。
수험생에게 학교의 특색을 어필하는 것이 좋다.

18
なっとく
納得
명 する 납득

彼女は試験の結果に(納得)ができなかった。
그녀는 시험 결과에 납득할 수 없었다.

19 ★★★ ⑯
はんせい
反省
명 する 반성

深く(反省)しているようなので、今回は大目に見ます。
깊게 반성하고 있는 것 같으니, 이번에는 봐 주겠습니다.

20 ★★ ⑫
へんきゃく
返却
명 する 반각, 반환, 반납

2週間以内に(返却)してください。
2주일 이내에 반납해 주세요.

21 ★★ ⑬
ほそく
補足
명 する 보족, 보충하여 채움

会議で部下の説明に(補足)をする。
회의에서 부하의 설명에 보충을 한다.

22 ★
めんせき
面積
명 면적

数学では、図形の(面積)に関する問題が出る。

수학에서는 도형의 면적에 관한 문제가 나온다.

23 ★★ ⑬
も はん
模範
명 모범

彼女は後輩たちの(模範)になっている。

그녀는 후배들의 모범이 되고 있다.

24 ★
ようりょう
要領
명 요령

彼は(要領)が悪く、単語がなかなか覚えられない。

그는 요령이 나빠서 단어를 좀처럼 외우지 못한다.

25 ★★ ⑮
ぎょうじ
行事
명 행사

学校(行事)には、ぜひ参加するべきである。

학교 행사에는 꼭 참가해야만 한다.

26 ★ ⑯
すいじゅん
水準
명 수준

私の能力は、大学が求める(水準)に満たなかった。

나의 능력은 대학이 원하는 수준에 미치치 못했다.

27 ★
えて
得手
명 가장 능한 일, 재주, 특기

誰にでも(得手)不得手があるものだ。

누구라도 잘하는 것, 못하는 것이 있는 것이다.
≒ 得意 특기

28
けってん
欠点
명 결점

他人の(欠点)を責めてはいけない。

타인의 결점을 비난해서는 안 된다.
≒ 短所 단점

29 ★★
生かす
い

동 소생시키다, 살리다, 활용하다, 특성을 발휘하다

この町にいては、彼の才能を(生かす)ことができない。
이 마을에 있다가는 그의 재능을 살릴 수는 없다.

30 ★
写す
うつ

동 베끼다, 사진으로 찍다

新聞の記事を(写して)、論文を書く練習をしている。
신문 기사를 베껴서 논문을 쓰는 연습을 하고 있다.

31 ★
教わる
おそ

동 가르침을 받다, 배우다

週末は、私が日本語を(教わった)先生に会うつもりだ。
주말에는 내가 일본어를 배운 선생님을 만날 생각이다.
≒ 学ぶ 배우다

32 ★★ ⑮
囲む
かこ

동 둘러싸다, 에워싸다

正しい答えを丸で(囲んで)ください。
올바른 정답에 동그라미 표시를 해주세요.

33 ★
組む
く

동 끼다, 꼬다, 짝이 되다, 조직하다, 구성하다

新しいコンビを(組む)ことにした。
새로운 짝을 짓기로 했다.

34 ★
超える
こ

동 넘다, 넘어서다, 초과하다

誰も彼の成績を(超える)ことはできないだろう。
누구도 그의 성적을 넘을 수는 없을 것이다.

35 ★★
定める
さだ

동 정하다, 결정하다

制服を着ることは、校則で(定めら)れている。
교복을 입는 것은 교칙으로 정해져 있다.

36 ★
さまた
妨げる
동 방해하다, 저해하다

えいご　はつおん　くせ　　にほんご　　はつおん　　さまた
英語の発音の癖が、日本語の発音を(妨げ)ている。

영어 발음의 버릇이 일본어 발음을 방해하고 있다.

---

37 ★
と
解く
동 풀다, 뜯다

もんだい　　むずか　　　　　　　　　　　　と
この問題は難しすぎてどうやっても(解け)ない。

이 문제는 너무 어려워서 아무리 해도 못 푼다.

38
なぐ
殴る
동 때리다, 치다

ちゅうがくじだい　　たんにん　　せんせい　　なぐ
中学時代、担任の先生に(殴ら)れたことがある。

중학교 때, 담임 선생님에게 맞은 적이 있다.

---

39 ★★
ねら
狙う
동 겨누다, 노리다, 겨냥하다

こんど　　しけん　　　　　ごうかく　　ねら
今度の試験ではN1合格を(狙って)いる。

이번 시험에서는 N1 합격을 노리고 있다.

---

40 ★★
まとめる
동 한데 모으다, 합치다

しけん　　しゅつだい　　　　　　　　　　さんこうしょ　にんき
試験の出題ポイントを(まとめた)参考書が人気だ。

시험의 출제 포인트를 정리한 참고서가 인기다.

---

41 ★★
め　ざ
目指す
동 목표로 하다, 노리다

だいがくごうかく　　め　ざ　　　　　ねんかんがんば
大学合格を(目指して)3年間頑張ってきました。

대학 합격을 목표로 하여 3년간 노력해 왔습니다.

---

42 ★
もち
用いる
동 쓰다, 사용하다

じゅぎょう　　　　　みぢか　　ざいりょう　もち　　　じっけん　　おこな
授業では、身近な材料を(用いて)実験を行った。

수업에서는 일상의 재료를 사용해서 실험을 시행했다.

---

43 ★ ⑭
きたな
汚い
[イ] 더럽다. 지저분하다

彼が書く字は(汚くて)誰も読めない。
かれ か じ きたな だれ よ

그가 쓰는 글자는 지저분해서 아무도 읽을 수 없다.

---

44 ★★★
さわ
騒がしい
[イ] 시끄럽다, 소란스럽다

ここは自習室にも関わらず、とても(騒がしい)。
じ しゅうしつ かか さわ

여기는 자습실인데도 불구하고 매우 시끄럽다.

---

45 ★
ぐ たいてき
具体的
[ナ] 구체적

この本は説明が(具体的)でわかりやすい。
ほん せつめい ぐ たいてき

이 책은 설명이 구체적이어서 이해하기 쉽다.
ちゅうしょうてき
↔ 抽象的 추상적

---

46 ★
じゅうだい
重大
[ナ] 중대함

(重大)な決定の前には相談するべきだ。
じゅうだい けってい まえ そうだん

중대한 결정 전에는 상담을 해야 한다.
しんこく
≒ 深刻 심각

---

47 ★
まあまあ
[ナ] 그런대로, 그럭저럭

今回の試験結果は、(まあまあ)だった。
こんかい し けんけっか

이번 시험 결과는 그럭저럭이었다.

---

48 ★
はきはき
[부] [する] (말, 동작 등이) 시원
시원, 또렷또렷

スピーチは大きな声で、(はきはき)話さなければなら
おお こえ はな
ない。

스피치는 큰 목소리로 시원시원하게 말해야 한다.

49
ひっそり
[부] 조용히, 고요히

放課後の教室は(ひっそり)として静かだった。
ほう か ご きょうしつ しず

방과 후의 교실은 쥐 죽은 듯이 조용했다.

---

1 해당 어휘의 읽는 법을 찾고, 빈칸에 의미를 적으세요.

예	学生	✔ がくせい	② がっせい	학생

1 返却 　① へんかく　② へんきゃく ___________

2 行事 　① こうじ　　② ぎょうじ ___________

3 勧誘 　① かんゆう　② かんゆ ___________

4 囲む 　① かこむ　　② へこむ ___________

5 模範 　① もはん　　② もうはん ___________

2 문맥에 맞는 단어를 보기에서 골라 알맞은 형태로 바꾸어 써 넣으세요.

6 会議で部下の説明に(　　　)をする。

7 受験生に学校の(　　　)をアピールした方がいい。

8 英語の発音の癖が、日本語の発音を(　　　)いる。

9 大学合格を(　　　)3年間頑張ってきました。

10 深く(　　　)しているようなので、今回は大目に見ます。

とくしょく 特色	はんせい 反省	ほ そく 補足	さまた 妨げる	め ざ 目指す

독해 · 청해 어휘

かくど 角度	명 각도	角度を変えて考えれば違ったアイディアが出てくるだろう。 각도를 바꾸어서 생각하면 다른 아이디어가 나올 것이다.
がっきまつ 学期末	명 학기말	中間試験より、学期末の試験がもっと大変だ。 중간 시험보다 학기말 시험이 더 힘들다.
☆ かんげいかい 歓迎会	명 환영회	毎年4月には新入生の歓迎会をしています。 매년 4월에는 신입생 환영회를 하고 있습니다.
かんれん 関連	명 する 관련	論文を書くため、関連する資料を集めた。 논문을 쓰기 위해서 관련된 자료를 모았다.
☆ きたい 期待	명 する 기대	彼ほどの学歴ならば、将来が期待できるだろう。 그의 학력이라면 장래를 기대할 수 있을 것이다.
きょうつう 共通	명 する 공통	今回の試験は、共通の問題と選択問題がある。 이번 시험은 공통의 문제와 선택 문제가 있다.
きょよう 許容	명 する 허용	彼の失礼な態度は私の許容範囲を超えている。 그의 멋대로인 태도는 나의 허용 범위를 넘었다.
こうど 高度	명 ナ 고도	大学院では、より高度な研究ができる。 대학원에서는 보다 고도의 연구가 가능하다.
ごげん 語源	명 어원	語源を調べれば、その言葉を深く理解できる。 어원을 조사하면 그 단어를 깊게 이해할 수 있다.
さんこうしょ 参考書	명 참고서	授業では教科書だけでなく、参考書も必要だ。 수업에서는 교과서 뿐 아니라 참고서도 필요하다.
☆ しゅうりょう 修了	명 する 수료	大学院の課程をすべて修了した。 대학원 과정을 모두 수료했다.
じゅけん 受験	명 する 수험	学校の勉強より、受験勉強を優先させることはよくない。 학교 공부보다 수험 공부를 우선시 하는 것은 좋지 않다.
しゅどうけん 主導権	명 주도권	グループの中では彼が主導権を握っている。 그룹 안에서는 그가 주도권을 쥐고 있다.
☆ しょうがい 障害	명 장애	強い意志があれば、どんな障害でも乗り越えられる。 강한 의지가 있으면 어떠한 장애라도 극복할 수 있다.
じょうぎ 定規	명 규준, 자	布に定規を当てて、長さを測った。 천에 자를 대서 길이를 쟀다.

しんどう 振動	名 する 진동	けいたいでん わ しんどう おと かいぎしつ ひび 携帯電話が振動する音が会議室に響いていた。 휴대전화가 진동하는 소리가 회의실에 울리고 있었다.
しんろ 進路	名 진로	こうこうそつぎょうご しんろ だいがくしんがく おも 高校卒業後の進路は大学進学だけだと思っていた。 고등학교 졸업 후 진로는 대학 진학뿐이라고 생각했었다.
すうがく 数学	名 수학	こうこうせい とき すうがく す りけい だいがく すす 高校生の時は数学が好きで、理系の大学に進んだ。 고등학교 때는 수학을 좋아해서 이과계 대학에 진학했다.
✦ せいいっぱい 精一杯	名 副 힘껏, 최대한으로	いま わたし せいいっぱい しごと これが今の私にできる精一杯の仕事だ。 이것이 지금 내가 할 수 있는 최선의 일이다.
✦ せんたくし 選択肢	名 선택지	しけん せんたくし てきとう えら ほう この試験は4つの選択肢から、適当なものを選ぶ方 しき 式だ。 이 시험은 4개의 선택지에서 적당한 것을 고르는 방식이다.
せんばつ 選抜	名 する 선발	まいとし がくりょくしけん じっし じょうい にん せんばつ 毎年、学力試験を実施して上位30人が選抜クラ えら スに選ばれる。 매년 학력 시험을 실시해서 상위 30명이 선발 학급으로 뽑힌다.
そうふ 送付	名 する 송부	だいいちしぼう だいがく じむきょく がんしょ そうふ 第一志望の大学の事務局に願書を送付した。 제1지망 대학의 사무국에 원서를 송부했다.
だんらく 段落	名 단락	さくぶん かだい まえ だんらく なが 作文の課題をしているが、前の段落からの流れが か うまく書けない。 작문 과제를 하고 있는데 앞 단락부터의 연결이 잘 안 된다.
ちょっかん 直感	名 する 직감	じぶん ちょっかん しん すこ がんば 自分の直感を信じて、もう少し頑張ることにした。 자신의 직감을 믿고 조금 더 힘내기로 했다.
てきおう 適応	名 する 적응	かのじょ じょうきょう てきおう つよ 彼女はどんな状況にも適応できるのが強みだ。 그녀는 어떠한 상황에도 적응할 수 있는 것이 강점이다.
てってい 徹底	名 する 철저	ちち てってい こ えいご まな 父は徹底して子どもに英語を学ばせた。 아버지는 철저하게 아이에게 영어를 배우게 했다.
とくぎ 特技	名 특기	わたし とくぎ はやくちことば こ ころ 私の特技は早口言葉で、子どもの頃はアナウンサ ーになりたかった。 제 특기는 잰말놀이로 어렸을 때는 아나운서가 되고 싶었다.
とっか 特化	名 する 특화	むすこ びじゅつだいがく にゅうし とっか よびこう かよ 息子は美術大学の入試に特化した予備校に通って いる。 아들은 미술대학 입시에 특화된 입시 학원에 다니고 있다.
な ゆ 成り行き	名 되어가는 형편, 추세	な ゆ まか じぶん めざ ほうこう 成り行きに任せていては、自分の目指す方向には すす 進めない。 추세에 맡겨서는 자신이 목표로 하는 방향으로는 진행될 수 없다.

ひょうか 評価	名 する 평가	がくせい じゅぎょう ひょうか と く はじ 学生に授業の評価をしてもらう取り組みを始めた。 학생들에게 수업 평가를 받는 제도를 시작했다.
ぶんけい 文系	名 문과계	いま ぶんけい しゅうしょく むずか じだい い 今は、文系では就職が難しい時代と言われている。 지금은 문과계로는 취직이 어려운 시대라고 말해지고 있다.
めいれい 命令	名 する 명령	せんぱい めいれい おも いくら先輩の命令でも、してはいけないことだと思 った。 아무리 선배의 명령이라도 해서는 안되는 것이라고 생각했다.
も さく 模索	名 する 모색	わたし じ ぶん しょうらい ゆめ も さく だいがくせい 私も自分の将来や夢について模索している大学生 ひとり の一人だ。 나도 자신의 장래나 꿈에 관해서 모색하고 있는 대학생 중 한명이다.
よ はく 余白	名 여백	じゅぎょうちゅう せんせい ことば よはく 授業中、先生の言葉をプリントの余白にメモした。 수업 중, 선생님의 말을 프린트 여백에 메모했다.
り けい 理系	名 이과계	り けい がくせい だいがくいん しんがく ひと おお 理系の学生は、大学院に進学する人が多い。 이과계 학생은 대학원에 진학하는 사람이 많다.
りゅうがく 留学	名 する 유학	わたし りゅうがく けつい こくさいてき にんげん 私が留学を決意したのは、国際的な人間になりた いからだ。 내가 유학을 결심한 것은 국제적인 인간이 되고 싶어서이다.
ろんぶん 論文	名 논문	だいがくじだい わたし か ろんぶん せんもんし の 大学時代、私の書いた論文が、専門誌に載ったこ とがある。 대학시절 내가 쓴 논문이 전문지에 실린 적이 있다.
う 受かる	動 (시험 등에) 합격 하다	めんせつ う いわ きょう かぞく しょくじ よ 面接に受かったお祝いに、今日は家族で食事の予 てい 定だ。 면접에 합격한 축하로 오늘은 가족과 식사할 예정이다.
か なお 書き直す	動 다시 쓰다	こうせい もんだい きかくしょ か なお い 構成に問題があり、企画書を書き直すように言わ れた。 구성에 문제가 있어서 기획서를 다시 쓰라는 말을 들었다.
しょう 称する	動 칭하다	がくせいじだい べんきょうかい しょう しゅうまつ の かい 学生時代、勉強会と称して週末、飲み会をして いた。 학창시절, 공부회라고 칭하고 주말 회식을 했었다.
ほんかくてき 本格的	ナ 본격적	じゅけんべんきょう ほんかくてき はじ こうこう ねん とき 受験勉強を本格的に始めたのは、高校2年の時だ った。 수험공부를 본격적으로 시작했던 것은 고교 2학년 때였다.
ばくぜん 漠然	ナ 막연	わたし ばくぜん 私にはまだ漠然としたビジョンしかありません。 저에게는 아직 막연한 비전밖에 없습니다.

복습해 볼까요?

아래의 단어를 보고 읽는 법과 뜻을 적어 본 후 점선대로 접어서 답을 확인해 봅시다.
틀린 단어는 뒷 페이지 □에 V표시를 해 봅시다.

접는 선

접으면 답을 확인할 수 있어요.

단어	읽는 법과 뜻	
改正	かいせい	개정
講義		
反省		
騒がしい		
勧誘		
経済		
持参		
特色		
返却		
補足		
模範		
行事		
生かす		
囲む		
定める		
狙う		
まとめる		
目指す		
委員		
休講		
教授		
試験		
指導		

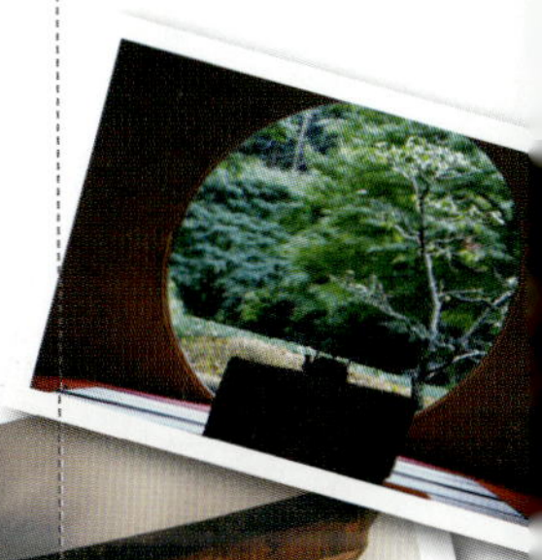

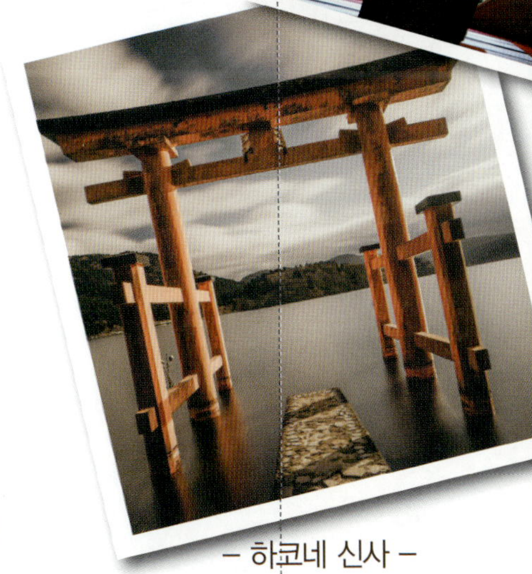

– 하코네 신사 –

예처럼 빈칸을 채우면서 다시 한번 체크해 봅시다.

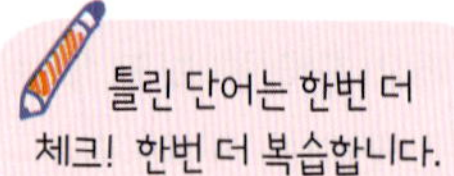

읽는 법과 뜻
☐ かいせい 개정
☐ こうぎ 강의
☐ はんせい 반성
☐ さわがしい 시끄럽다
☐ かんゆう 권유
☐ けいざい 경제
☐ じさん 지참
☐ とくしょく 특색
☐ へんきゃく 빌린 것을 반환함
☐ ほそく 보충하여 채움
☐ もはん 모범
☐ ぎょうじ 행사
☐ いかす 살리다, 발휘하다
☐ かこむ 둘러싸다, 에워싸다
☐ さだめる 정하다, 결정하다
☐ ねらう 겨누다, 겨냥하다
☐ まとめる 한데 모으다
☐ めざす 목표로 하다
☐ いいん 위원
☐ きゅうこう 휴강
☐ きょうじゅ 교수
☐ しけん 시험
☐ しどう 지도

한자	읽는 법	의미
（예） 改正	かいせい	개정
講義		
反省		
騒がしい		
勧誘		
経済		
持参		
特色		
返却		
補足		
模範		
行事		
生かす		
囲む		
定める		
狙う		
まとめる		
目指す		
委員		
休講		
教授		
試験		
指導		

外見と挑戦

　一般的に「人を見た目で判断してはいけない」といわれますが、新入社員の最終面接において私が最も重視している点は何と言っても「外見」です。こんなことを言うと誤解されるかもしれませんが、実はそれなりの理由があります。小中学生くらいだと両親から受け継いだ外見が目立つものですが、遅くとも20代前半くらいにまでなると、その人のパーソナリディーが外側に出てくるものです。そしてその外見は、相手にその人の印象として記憶されるのです。つまり、外見というのは、その人のもう一つの履歴書なのであり、その人の性格だけでなく今までいきてきた歴史を物語っているといえるでしょう。最近は、面接のために美容整形を受ける人たちもいる、という話を聞いたことがあります。しかし、いくら顔を変えたとしてもその人の内面を映している表情までは変えられません。学生さんたちには、「美人」だとか「ハンサム」だとかいう基準でははかれない美しさと自信をもって、面接に挑んでいただきたいですね。

외모와 도전

　일반적으로 '사람을 겉모습으로 판단해서는 안 된다'고 하지만, 신입사원의 최종면접에서 내가 가장 중시하고 있는 점은 뭐라 해도 '외모'입니다. 이렇게 말하면 오해 받을지 모르겠지만, 실은 그 나름대로의 이유가 있습니다. 초·중학생 정도이면 부모님으로부터 물려받은 외모가 두드러지지만, 늦어도 20대 초반 정도 까지가 되면 그 사람의 개성이 밖으로 표출되는 법입니다. 그리고 그 외모는 상대에게 그 사람의 인상으로서 기억되는 것입니다. 즉, 외견이라고 하는 것은, 그 사람의 또 하나의 이력서이며, 그 사람의 성격뿐만 아니라 지금까지 살아온 역사를 이야기하고 있다고 말 할 수 있을 것이다. 최근에는, 면접을 보기 위해 미용성형을 받는 사람들도 있다는 이야기를 들은 적이 있습니다. 그러나 아무리 얼굴을 바꾼다고 해도 그 사람의 내면을 비추는 표정까지는 바꿀 수 없습니다. 학생들은 '미인' 또는 '미남'이라는 기준으로는 가늠할 수 없는 아름다움과 자신감을 가지고, 면접에 도전하길 바랍니다.

MEMO

DAY 11

☐ 01 過ち	☐ 02 言い訳	☐ 03 歓迎	☐ 04 拒否
☐ 05 規律	☐ 06 計画	☐ 07 欠陥	☐ 08 採用
☐ 09 指示	☐ 10 指摘	☐ 11 就職	☐ 12 承認
☐ 13 素人	☐ 14 人事	☐ 15 推測	☐ 16 妥当
☐ 17 中途	☐ 18 提案	☐ 19 手数	☐ 20 手配
☐ 21 伝言	☐ 22 添削	☐ 23 転職	☐ 24 年齢
☐ 25 負担	☐ 26 貿易	☐ 27 方針	☐ 28 募集
☐ 29 名刺	☐ 30 利害	☐ 31 改める	☐ 32 うなずく
☐ 33 志す	☐ 34 従う	☐ 35 ずれる	☐ 36 備える
☐ 37 継ぐ	☐ 38 務める	☐ 39 伴う	☐ 40 取り組む
☐ 41 逃す	☐ 42 励ます	☐ 43 果たす	☐ 44 雇う
☐ 45 敗れる	☐ 46 辞める	☐ 47 望ましい	☐ 48 強引
☐ 49 的確			

---

01 ★ ⑫
あやま
過ち
`명` 실수

一度の(過ち)は許してあげようと思う。

한 번의 실수는 용서해주어야겠다고 생각한다.

---

02 ★ ⑭
い わけ
言い訳
`명` `する` 변명, 해명

(言い訳)ばかりしていては成長できない。

변명만 해서는 성장할 수 없다.

---

03 ★★
かんげい
歓迎
`명` `する` 환영

新人の(歓迎)会で、たくさんお酒を飲んだ。

신입 환영회에서 술을 많이 마셨다.

---

04 ★★ ⑮
きょ ひ
拒否
`명` `する` 거부

A社はB社からの提案を(拒否)した。

A사는 B사로부터의 제안을 거부했다.

---

05 ★
き りつ
規律
`명` 규율

社会に出た以上、(規律)は守らなければならない。

사회에 나온 이상 규율은 지켜야 한다.

---

06 ★ ⑪
けいかく
計画
`명` `する` 계획

私の(計画)では3年後に会社を辞める予定です。

내 계획으로는 3년 후에 회사를 그만 둘 예정입니다.

➕ きかく
企画 기획 ⑱

---

07 ★★
けっかん
欠陥
`명` 결함

当社の製品の部品に(欠陥)が発見された。

당사의 제품의 부품에서 결함이 발견되었다.

≒ けつじょ
欠如 결여

---

08 ★
さいよう
採用
명 する 채용

彼はついに50社目で(採用)された。

그는 마침내 50사째에 채용되었다.

---

09 ★
しじ
指示
명 する 지시

上司が(指示)した通りにしたが失敗した。

상사가 지시한 대로 했지만 실패했다.

---

10 ★★ ⑮
してき
指摘
명 する 지적

この企画の問題点を上司から(指摘)された。

이 기획의 문제점을 상사로부터 지적받았다.

11
しゅうしょく
就職
명 する 취직

大学時代、(就職)のために企業説明会に何度も行った。

대학시절에 취직하기 위해서 기업설명회에 몇 번이나 갔다.

≒ 就く 취직하다

12
しょうにん
承認
명 する 승인

このプロジェクトを実現するには社長の(承認)が必要だ。

이 프로젝트를 실현하기 위해서는 사장님의 승인이 필요하다.

---

13 ★★
しろうと
素人
명 아마추어, 비전문가

それは(素人)が思いつくようなアイデアだ。

그것은 아마추어가 생각할 것 같은 아이디어.

↔ 玄人 프로, 전문가

---

14 ★
じんじ
人事
명 인사

来月末には(人事)異動があるようだ。

다음 달 말에는 인사이동이 있는 것 같다.

15 ★★ すいそく 推測
명 する 추측

(推測)だけで物事を判断するのは危険だ。

추측만으로 일을 판단하는 것은 위험하다.

16 ★★ ⑭ だ とう 妥当
명 ナ 타당

上司は私の判断を(妥当)だとみなした。

상사는 나의 판단을 타당하다고 보았다.

≒ 適切 적절함

17 ★ ちゅう と 中途
명 중도

その会社は(中途)採用の募集をしている。

그 회사는 중도 채용 모집을 하고 있다.

18 ★ ていあん 提案
명 する 제안

Aくんの(提案)が意外性があっていいと評価された。

A군의 제안이 의외성이 있어 좋다고 평가되었다.

19 ★★ て すう 手数
명 수고, 애씀, 귀찮음, 폐

お(手数)をおかけして申し訳ありません。

수고를 끼쳐 죄송합니다.

20 ★ て はい 手配
명 する 수배, 준비, 채비

社長が5時に到着するとの連絡を受けて、車を(手配)した。

사장님이 4시에 도착한다는 연락을 받고, 자동차를 준비했다.

21 ★ でんごん 伝言
명 する 전언

部長が会議を欠席するという(伝言)を預かった。

부장님이 회의를 결석한다는 전언을 부탁받았다.

22 ★★

てんさく
添削
명 する 첨삭

就職活動中は、先輩に履歴書の(添削)をお願いした。

취직활동 중엔 선배에게 이력서 첨삭을 부탁했다.

23

てんしょく
転職
명 する 이직

最近の若者は同じ会社で長く働くより、(転職)を繰り返す傾向がある。

최근 젊은이들은 같은 회사에서 오랫동안 일하는 것보다 이직을 반복하는 경향이 있다.

24

ねんれい
年齢
명 연령

我が社は(年齢)ではなく、人間性を重視しています。

우리 회사는 연령이 아닌, 인간성을 중시하고 있습니다.

25 ★

ふたん
負担
명 する 부담

大きな仕事を任されて(負担)に感じる。

큰 일을 맡아 부담을 느낀다.

26 ★★ ⑭

ぼうえき
貿易
명 する 무역

得意な英語を生かして、(貿易)会社に入社した。

특기인 영어를 살려서 무역회사에 입사했다.

27 ★★ ⑪

ほうしん
方針
명 방침

会社の(方針)に従って行動する。

회사의 방침에 따라 행동한다.

28 ★★

ぼしゅう
募集
명 する 모집

その店では短期のアルバイトを(募集)している。

그 가게에서는 단기 아르바이트를 모집하고 있다.

29

めい し
名刺

명 명함

取引先の方から(名刺)をもらったら、すぐに名前を覚えるようにしている。

거래처 분으로부터 명함을 받으면 바로 이름을 외우도록 하고 있다.

---

30 ★

り がい
利害

명 이해

彼はいつも個人的な(利害)は考えずに行動する。

그는 언제나 개인적인 이해는 생각하지 않고 행동한다.

➕ 有利 유리 ⑰

---

31 ★★ ⑬

あらた
改める

동 새로이 하다, 고치다

会社のマニュアルを(改める)必要がある。

회사 매뉴얼을 고칠 필요가 있다.

---

32 ★

うなずく

동 수긍하다, 고개를 끄덕이다

上司は(うなずきながら)、部下の報告を聞いた。

상사는 고개를 끄덕이면서 부하의 보고를 들었다.

---

33 ★★

こころざ
志す

동 뜻을 세우다, 두다

20年前、作家を(志して)実家を離れた。

20년 전, 작가를 지망해서 본가를 떠났다.

---

34 ★★ ⑰

したが
従う

동 따르다, 뒤따르다

社員は会社のルールに(従わ)なければならない。

사원은 회사규칙에 따라야 한다.

---

35 ★

ずれる

동 미끄러져 움직이다, (기준, 표준에서) 조금 벗어나다

彼の発言はいつもどこかポイントが(ずれて)いる。

그의 발언은 항상 어딘가 포인트가 어긋나 있다.

---

36 ★★★ ⑩

そな
備える
동 갖추다, 구비하다, 대비하다

明日の面接に(備えて)練習をする。

내일 면접에 대비해서 연습을 한다.

---

37 ★

つ
継ぐ
동 잇다, 계승하다

将来は父の跡を(継いで)医者になるつもりだ。

장래에는 아버지의 뒤를 이어 의사가 될 생각이다.

➕ 乗り継ぐ 갈아타고 가다 ⑱

---

38 ★★

つと
務める
동 소임을 맡다, 역할을 하다

今回、リーダーを(務める)ことになった田中と申します。

이번에 리더를 맡게 된 다나카라고 합니다.

---

39 ★★ ⑯

ともな
伴う
동 동반하다, 수반하다

課長はいつも部下を(伴って)出張する。

과장님은 항상 부하를 동반하여 출장간다.

40

と   く
取り組む
동 맞붙다

新人の山田君は、仕事に(取り組む)姿勢を上司に褒められた。

신입 야마다 군은 일에 몰두하는 자세에 대해 상사에게 칭찬 받았다.

---

41 ★

のが
逃す
동 놓아주다, 놓치다

せっかくのチャンスを(逃して)しまった。

모처럼의 찬스를 놓치고 말았다.

➕ 逃れる 도주하다, 달아나다, 벗어나다

---

42 ★★

はげ
励ます
동 격려하다

仕事でミスして落ち込んでいる後輩を(励ました)。

업무 실수로 풀이 죽어 있는 후배를 격려했다.

➕ 励む 힘쓰다, 노력하다

43 ★★ ⑬

は
果たす

동 (의무, 역할등을) 다하다, 완수하다

彼は目的を(果たす)ためなら、どんなことでもする男だ。

그는 목적을 이루기 위해서라면, 어떤 일이라도 할 남자이다.

---

44 ★

やと
雇う

동 고용하다

その会社は外国人労働者を多く(雇って)いる。

그 회사는 외국인 노동자를 많이 고용하고 있다.

---

45 ★

やぶ
敗れる

동 패하다

A社は激しい価格競争でライバル会社に(敗れて)しまった。

A사는 격심한 가격 경쟁에서 라이벌 회사에게 지고 말았다.

---

46 ★★

や
辞める

동 사직하다, 그만두다

昇進が難しく会社を(辞めた)。

승진이 어려워 회사를 그만두었다.

---

47 ★

のぞ
望ましい

イ 바람직하다

会議には全員出席するのが(望ましい)。

회의에는 전원 출석하는 것이 바람직하다.

---

48 ★★★

ごういん
強引

ナ 억지로함

上司から半ば(強引)に飲み会に誘われて困った。

상사로부터 반 강제로 회식에 권유받아 난처했다.

49

てきかく
的確

ナ 명 적확, 정확함

上司の(的確)な注意にいつも助けられている。

상사의 정확한 주의에 항상 도움받고 있다.

12회분 추가 실전 모의 테스트는
www.sisabooks.com 에서 다운 가능!!!

1 해당 어휘의 읽는 법을 찾고, 빈칸에 의미를 적으세요.

| 예 | 学生 | ① がくせい | ② がっせい | 학생 |

1	貿易	① ほうえき	② ぼうえき	
2	拒否	① きょひ	② きょうひ	
3	備える	① そなえる	② そびえる	
4	伴う	① したがう	② ともなう	
5	改める	① あらためる	② まとめる	

2 문맥에 맞는 단어를 보기에서 골라 알맞은 형태로 바꾸어 써 넣으세요.

6 （　　　　）ばかりしていては成長できない。

7 会社の（　　　　）に従って行動する。

8 上司から半ば（　　　　）飲み会に誘われて困った。

9 一度の（　　　　）は許してあげようと思う。

10 上司は私の判断を（　　　　）だとみなした。

| 過ち | 言い訳 | 妥当 | 方針 | 強引 |

독해 · 청해 어휘

後回し あとまわ	명 뒤로 미룸, 뒷전	会議の準備のせいで、自分の仕事は全て後回しになった。 회의 준비때문에 자신의 일은 전부 뒷전이 되어버렸다.
育成 いくせい	명 する 육성	彼は会社の新人育成に貢献してくれている。 그는 회사의 신입 육성에 공헌해 주고 있다.
意思 いし	명 의사	彼の退職の意思は固い。 그의 퇴직 의사는 확고하다.
大手 おおて	명 큰 규모의 회사	娘は社員が6000人にも及ぶ大手の銀行に就職した。 딸은 사원이 6000명에 달하는 큰 은행에 취직했다.
介入 かいにゅう	명 する 개입	今回の事件はA社の介入が噂されている。 이번 사건은 A사가 개입했다고 소문이 나고 있다.
係員 かかりいん	명 담당자	非常時は、係員の指示に従って避難してください。 비상시에는 담당자의 지시에 따라서 피난해 주세요.
過言 かごん	명 과언	原因は彼にあるといっても過言ではない。 원인은 그에게 있다라고 해도 과언이 아니다.
肩書き かたが	명 직함	彼女の肩書きは部長だが、部長以上の仕事をしている。 그녀의 직함은 부장이지만 부장 이상의 일을 하고 있다.
糧 かて	명 양식, 활동의 근원	この努力が成功への糧になると信じている。 이 노력이 성공의 밑거름이 된다고 믿고 있다.
規定 きてい	명 する 규정	社員は皆、会社の規定に従わなければならない。 사원은 모두 회사 규정에 따르지 않으면 안 된다.
業績 ぎょうせき	명 업적	彼は今までの業績が認められて課長になった。 그는 지금까지의 업적이 인정되어서 과장이 되었다.
競争 きょうそう	명 する 경쟁	A社との競争に勝つため、新商品の開発が始まった。 A사와의 경쟁에서 이기기 위해서 신상품 개발이 시작되었다.
交渉 こうしょう	명 する 교섭	彼の交渉力は、他のどんな社員より優れている。 그의 교섭력은 다른 어떠한 사원들보다 우수하다.
口論 こうろん	명 する 말다툼, 언쟁	会議では激しい口論が繰り広げられた。 회의에서는 격심한 언쟁이 벌어졌다.
顧客 こきゃく	명 고객	顧客情報の管理は徹底しなければならない。 고객정보 관리는 철저히 해야 한다.

混同 こんどう	名 する 혼동	仕事と私生活を混同してはならない。 일과 사생활을 혼동해서는 안 된다.
根本 こんぽん	名 근본	根本的なことから、もう一度話し合いましょう。 근본적인 것부터 다시 한 번 이야기 합시다.
資格 しかく	名 자격	就職するためには資格を取った方が有利だ。 취직하기 위해서는 자격증을 따는 것이 유리하다.
自覚 じかく	名 する 자각	彼はまだ自分が社会人だということを自覚できていない。 그는 아직 자신이 사회인이라는 것을 자각하지 못한다.
実務 じつむ	名 실무	その職に就くためには実務経験が必要だ。 그 직업에 취직하기 위해서는 실무 경험이 필요하다.
志望動機 しぼうどうき	名 지망동기	履歴書に志望動機と自己PRを書いて、提出した。 이력서에 지망동기와 자기PR을 써서 제출했다.
常識 じょうしき	名 상식	就職試験では、一般的な常識を問うものが多かった。 취직 시험에서는 일반적 상식을 묻는 것이 많았다.
昇進 しょうしん	名 する 승진	彼は30歳の若さで部長に昇進した。 그는 30세로 젊은데 부장으로 승진했다.
序列 じょれつ	名 서열, 차례	私の会社は、未だに実力よりも年齢で序列をつけている。 우리 회사는 아직도 실력보다도 연령으로 서열을 매기고 있다.
成功 せいこう	名 する 성공	ビジネスで成功したければ、努力が必要だ。 비즈니스로 성공하고 싶다면 노력이 필요하다.
双方 そうほう	名 쌍방	取引先との会議では、双方の意見がはっきり分かれた。 거래처와의 회의에서는 쌍방의 의견이 확실히 나뉘어졌다.
損得 そんとく	名 손득, 손실과 이득	損得だけを考えて行動してはいけない。 손실과 이득만을 생각해서 행동해서는 안 된다.
段階 だんかい	名 단계	その取引先との契約は今の段階では難しい。 그 거래처와의 계약은 지금 단계에서는 어렵다.
通知 つうち	名 する 통지	番号を通知しない電話には出ないようにしている。 번호를 통지하지 않은 전화는 받지 않도록 하고 있다.

適性 てきせい	명 적성	就職試験の際、職業の適性をはかる試験を受けた。 취직시험 때, 직업의 적성을 측정하는 시험을 봤다.
独占 どくせん	명 する 독점	A社が創業するまで、食品業界では長期間C社の独占が続いていた。 A사가 창업할 때까지 식품 업계는 장기간 C사의 독점이 계속 되었다.
認識 にんしき	명 する 인식	社長は今回の問題の重要性を認識しはじめた。 사장님은 이번 문제의 중요성을 인식하기 시작했다.
排除 はいじょ	명 する 배제	今回の計画に邪魔になりそうな者は徹底的に排除した。 이번 계획에 방해될 것 같은 사람은 철저히 배제했다.
複数 ふくすう	명 복수	複数のことを一度にやろうとしたら失敗した。 복수의 일을 한번에 하려고 했더니 실패했다.
見習い みなら	명 견습, 수습	料理人になるために、まずは店の見習いから始めた。 요리사가 되기 위해서 우선은 가게의 견습부터 시작했다.
面接 めんせつ	명 する 면접	企業の最終面接は、社長と二人で1時間話すというものだった。 기업의 최종면접은 사장과 둘이서 1시간 대화하는 것이었다.
理念 りねん	명 이념	この会社の経営理念に共感して、入社を決めた。 이 회사의 경영이념에 공감하여 입사를 정했다.
履歴書 りれきしょ	명 이력서	最近は就職するために、毎日履歴書を書いている。 요즘은 취직하기 위해서 매일 이력서를 쓰고 있다.
請う こ	동 바라다, 원하다, 청하다	新入社員が先輩に教えを請う。 신입사원이 선배에게 가르침을 청한다.
即する そく	동 입각하다	昇進は、会社の規則に即して面接と実績で決まる。 승진은 회사 규칙에 입각해서 면접과 실적으로 정해진다.
踏み出す ふ だ	동 전진하다, 발을 내딛다	彼は転職して、新たな人生を踏み出した。 그는 이직해서 새로운 인생을 시작했다.
満たす み	동 채우다, 충족시키다	募集の条件を満たす応募者は一人も現れなかった。 모집 조건을 채우는 응모자는 한 명도 나타나지 않았다.

복습해 볼까요?

아래의 단어를 보고 읽는 법과 뜻을 적어 본 후 점선대로 접어서 답을 확인해 봅시다.
틀린 단어는 뒷 페이지 □에 V표시를 해 봅시다.

접는 선

접으면 답을 확인할 수 있어요.

단어	읽는 법과 뜻	
改正	かいせい	개정
備える		
強引		
歓迎		
拒否		
欠陥		
指摘		
素人		
推測		
妥当		
手数		
添削		
貿易		
方針		
募集		
改める		
志す		
従う		
務める		
伴う		
励ます		
果たす		
辞める		

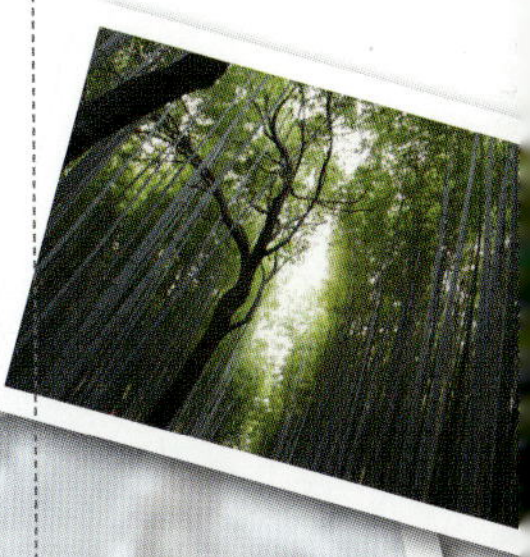

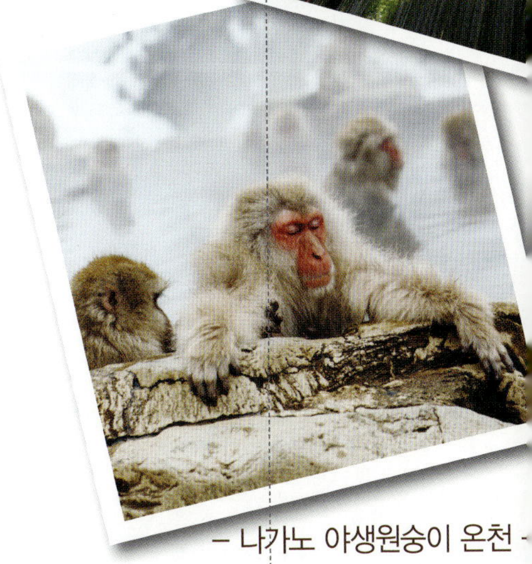

– 나가노 야생원숭이 온천 –

예처럼 빈칸을 채우면서 다시 한번
체크해 봅시다.

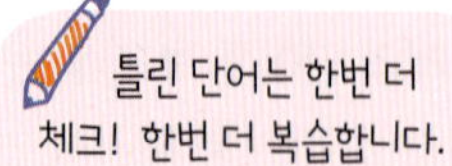

읽는 법과 뜻	한자	읽는 법	의미
かいせい 개정	(예) 改正	かいせい	개정
そなえる 갖추다, 대비하다	備える		
ごういん 억지로함	強引		
かんげい 환영	歓迎		
きょひ 거부	拒否		
けっかん 결함	欠陥		
してき 지적	指摘		
しろうと 아마추어	素人		
すいそく 추측	推測		
だとう 타당	妥当		
てすう 수고, 귀찮음, 폐	手数		
てんさく 첨삭	添削		
ぼうえき 무역	貿易		
ほうしん 방침	方針		
ぼしゅう 모집	募集		
あらためる 고치다	改める		
こころざす 뜻을 세우다	志す		
したがう 따르다	従う		
つとめる 소임을 맡다	務める		
ともなう 동반하다	伴う		
はげます 격려하다	励ます		
はたす 다하다, 완수하다	果たす		
やめる 사직하다	辞める		

DAY 12

사회생활(2) -업무와 환경-

☐ 01 印刷	☐ 02 打ち合わせ	☐ 03 応対	☐ 04 管理
☐ 05 共同	☐ 06 協力	☐ 07 経営	☐ 08 契約
☐ 09 見解	☐ 10 原稿	☐ 11 研修	☐ 12 検討
☐ 13 実施	☐ 14 実績	☐ 15 修正	☐ 16 主催
☐ 17 出世	☐ 18 承知	☐ 19 職人	☐ 20 整備
☐ 21 添付	☐ 22 日程	☐ 23 一息	☐ 24 報告
☐ 25 翻訳	☐ 26 見積書	☐ 27 見本	☐ 28 輸送
☐ 29 承る	☐ 30 劣る	☐ 31 掲げる	☐ 32 済ませる
☐ 33 携わる	☐ 34 就く	☐ 35 届ける	☐ 36 除く
☐ 37 省く	☐ 38 含める	☐ 39 参る	☐ 40 任せる
☐ 41 賄う	☐ 42 磨く	☐ 43 設ける	☐ 44 画期的
☐ 45 過密	☐ 46 詳細	☐ 47 駄目	☐ 48 必死
☐ 49 面倒			

01 ★
いんさつ
印刷
[名] [する] 인쇄

しょるいを10部ずつ(印刷)した。
서류를 10부 씩 인쇄했다.

02 ★
うあ
打ち合わせ
[名] 미리 상의함, 협의

新番組の(打ち合わせ)が行われる。
새 프로그램의 협의가 진행된다.

03
おうたい
応対
[名] [する] 응대

あの会社はアフターサービスの(応対)がとてもいい。
그 회사는 애프터 서비스의 응대가 매우 좋다.

04 ★★
かんり
管理
[名] [する] 관리

このホームページは現在、私が(管理)している。
이 홈페이지는 현재 내가 관리하고 있다.

05
きょうどう
共同
[名] 공동

このトイレは二つの会社が(共同)で使っている。
이 화장실은 두 개의 회사가 공동으로 사용하고 있다.

06 ★
きょうりょく
協力
[名] [する] 협력

関連会社から(協力)を依頼された。
관련 회사로부터 협력을 의뢰받았다.

07
けいえい
経営
[名] [する] 경영

この会社は(経営)がうまくいっていないようだ。
이 회사는 경영이 잘 되지 않는 것 같다.

08 ★
けいやく
契約
명 する 계약

(契約)が成立したお祝いに飲み会をした。

계약이 성립한 축하로 회식을 했다.

09 ★
けんかい
見解
명 견해

我が社の(見解)を申し上げます。

저희 회사의 견해를 말씀드리겠습니다.

10 ★
げんこう
原稿
명 원고

今週末が(原稿)の締め切りで時間がない。

이번 주말이 원고 마감이어서 시간이 없다.

11 ★★
けんしゅう
研修
명 する 연수

入社してから3か月間は(研修)期間である。

입사하고나서 3개월 간은 연수기간이다.

12 ★
けんとう
検討
명 する 검토

再度ご(検討)をよろしくお願いいたします。

다시 한 번 재차 검토를 잘 부탁드립니다.

➕ さいど **再度** 재차, 다시 한 번 ⑱

13 ★
じっし
実施
명 する 실시

イベントを(実施)するための場所を予約した。

이벤트를 실시하기 위한 장소를 예약했다.

🟰 じっこう **実行** 실행

14 ★★
じっせき
実績
명 실적

この商品は、去年の販売(実績)が一位だった。

이 상품은 작년 판매실적 1위였다.

15 ★★
しゅうせい
修正
[명] [する] 수정

会議の日程が変更になったので、手帳の予定を(修正)した。

회의 일정이 변경되었기 때문에 수첩의 예정을 수정했다.

≒ 直す 고치다

16
しゅさい
主催
[명] [する] 주최

昨夜は会社(主催)のパーティーに参加した。

어젯밤은 회사 주최 파티에 참가했다.

17 ★
しゅっせ
出世
[명] [する] 출세

(出世)するためには一生懸命仕事をしなければならない。

출세하기 위해서는 열심히 일을 해야한다.

18
しょうち
承知
[명] [する] 승낙

経費が足りないことは十分(承知)している。

경비가 부족한 것은 충분히 알고 있다.

19
しょくにん
職人
[명] 장인

彼の仕事ぶりは(職人)並だ。

그가 일하는 모습은 장인 급이다.

＋ 働き手 (유능한) 일꾼 ⑱

20
せいび
整備
[명] [する] 정비

父は(整備)士として働いている。

아버지는 정비사로서 일하고 있다.

21 ★★
てんぷ
添付
[명] [する] 첨부

メールに資料を(添付)して、取引先に送った。

메일에 자료를 첨부하여 거래처에 보냈다.

＋ 添える 첨부하다, 곁들이다

22 ★
にってい
日程
명 일정

出張の(日程)を確認して、飛行機を予約した。
출장의 일정을 확인하고, 비행기를 예약했다.

23 ★
ひといき
一息
명 잠깐 쉼, 한숨 돌림

朝から会議が続いていたので、(一息)つきたい。
아침부터 회의가 계속되고 있었기 때문에, 한숨 돌리고 싶다.

24
ほうこく
報告
명 する 보고

この研修は、終了後に(報告)書を提出することになっている。
이 연수는 종료 후에 보고서를 제출하게 되어 있다.

25
ほんやく
翻訳
명 する 번역

英語の本を(翻訳)する仕事がしたい。
영어 책을 번역하는 일을 하고 싶다.

26 ★
み つもりしょ
見積書
명 견적서

修理にかかる金額が気になって、(見積書)を依頼した。
수리에 드는 금액이 신경쓰여서 견적서를 의뢰했다.

27 ★★
み ほん
見本
명 견본

(見本)を見ながら作成してください。
견본을 보면서 작성해 주세요.
≒ サンプル 샘플

28 ★
ゆ そう
輸送
명 する 수송

(輸送)にかかるコストを考えると、値上げが必要だ。
수송에 드는 비용을 생각하면 가격 인상이 필요하다.

---

29 ★★★

うけたまわ
承る

동 받다, 듣다의 겸사말

たし　　　でんごん　　うけたまわ
確かに伝言を(承 りました)。

틀림없이 전언을 전해 받았습니다.

≒ 受ける 받다　聞く 듣다

---

30 ★★★　⑯⑭

おと
劣る

동 뒤떨어지다, 뒤지다

じしゃ　せいひん　ほか　かいしゃ　せいひん　　おと　　　　　　　　おも
自社の製品が他の会社の製品より(劣って)いるとは思わない。

자사 제품이 다른 회사보다 뒤진다고는 생각하지 않는다.

↔ 優れる 우수하다

---

31 ★★

かか
掲げる

동 (높이) 달다, 내걸다

えいぎょうせいせきいちい　　もくひょう　　かか　　　しごと　　がんば
営業成績一位を目標に(掲げて)、仕事を頑張った。

영업성적 1위를 목표로 내걸고, 열심히 일했다.

---

32 ★★★

す
済ませる

동 끝내다, 마치다

めんどう　　　　　はや　す　　　　　　　　　　　ほう
面倒なことは早く(済ませて)しまった方がいい。

귀찮은 일은 빨리 끝내 버리는 편이 좋다.

＋ 済む 완료되다

---

33 ★★

たずさ
携わる

동 (어떤 일) 관여하다,
종사하다

かいしゃ　しゅっぱん　たずさ　　ひと　　かなら　し
この会社は出版に(携わる)人なら、必ず知っている
かいしゃ
会社だ。

이 회사는 출판업에 종사하는 사람이라면 필시 알고 있는 회사이다.

---

34 ★

つ
就く

동 취임하다, 취업하다

しごと　　つ　　　　　　　　　　ほんとう　うれ
この仕事に(就く)ことができて、本当に嬉しい。

이 일에 종사할 수 있어서, 정말로 기쁘다.

しゅうしょく
≒ 就職する 취직하다

---

35 ★★

とど
届ける

동 보내다, 전하다, 신고하다

ごご　　　　じょうし　たの　　　しょるい　とりひきさき　とど　　よてい
午後は、上司に頼まれた書類を取引先に(届ける)予定だ。

오후에는 상사에게 부탁받은 서류를 거래처에 보낼 예정이다.

どろぼう　　　　　　　　ぬす　　けいさつ　とど
泥棒にかばんを盗まれ、警察に(届けた)。

도둑에게 가방을 도둑맞아서 경찰에 신고했다.

とど
＋ 届く 도착하다, 닿다

---

36 ★★ ⑭ □□

のぞ
除く

동 없애다, 치우다, 제거하다, 빼다

しゅっ か まえ　　 ふ りょうひん　　のぞ
出荷前に不良品は(除かれる)。

출하 전에 불량품은 제외된다.

---

37 ★★★ ⑱ ⑰ □□

はぶ
省く

동 줄이다, 덜다, 생략하다

かのじょ　　　　 くわ　　　 せつめい　　 はぶ　　　　 もんだい
彼女には詳しい説明を(省いて)も問題ない。

그녀에게는 자세한 설명을 생략해도 문제없다.

---

38 ★★ ⑮ □□

ふく
含める

동 포함시키다, 포함하다

きょう　　 かい ぎ　　 わたし　　 ふく　　　　 にん　さん か　　　　 よ てい
今日の会議は私を(含めて)10人が参加する予定だ。

오늘 회의는 나를 포함하여 10명이 참가할 예정이다.

＋ 含む 포함하다

---

39 ★ □□

まい
参る

동 '가다·오다'의 겸양
참배하다, 성묘하다

あした ご ご　 じ　　　　　　　　 まい
明日午後2時にそちらへ(参ります)。

내일 오후 2시에 그쪽으로 가겠습니다.

---

40 □□

まか
任せる

동 맡기다

た なか　　　　　 し ごと　　 まか
田中さんに仕事を(任せる)と、いつもうまくいく。

다나카 씨에게 일을 맡기면 늘 잘 된다.

---

41 ★ □□

まかな
賄う

동 (한정된 돈, 물자등) 일을 처리하다, 대주다, 조달하다

しゅっちょう　　　　　　 ひ よう　　 かいしゃ　　 まかな
出張にかかる費用は会社が(賄って)くれる。

출장에 드는 비용은 회사가 조달해 준다.

---

42 ★ □□

みが
磨く

동 닦다, 갈다,
(학문, 기술을) 연마하다

かいてんまえ　　 そう じ　　 まど　 みが
開店前の掃除で窓を(磨く)。

개점 전의 청소로 창문을 닦다.

43 ★

もう
設ける

동 마련하다, 설치하다

かいしゃ しゃいん うんどう しせつ もう
会社で社員が運動できる施設を(設けた)。

회사에서 사원이 운동할 수 있는 시설을 설치했다.

---

44 ★★

かっ き てき
画期的

ナ 획기적

かれ ていあん かっき てき
彼の提案はいつも(画期的)だ。

그의 제안은 언제나 획기적이다.

---

45 ★ ⑪

か みつ
過密

명 ナ 과밀

かれ か みつ たお
彼は(過密)なスケジュールのために倒れてしまった。

그는 꽉 짜인 스케줄 때문에 쓰러지고 말았다.

46

しょうさい
詳細

명 ナ 상세함

しょうさい し
(詳細)はメールでお知らせいたします。

상세한 것은 메일로 알려 드리겠습니다.

---

47 ★★

だ め
駄目

명 ナ 허사임, 소용없음

だ め いち ど じょう し き
(駄目)かもしれないが、一度上司に聞いてみよう。

소용없을지 모르지만 한 번 상사에게 물어 보자.

---

48 ★★ ⑪

ひっ し
必死

명 ナ 필사

かれ し き お ひっ し し ごと
彼は締め切りに追われて(必死)に仕事をしている。

그는 마감 날짜에 쫓겨 필사적으로 일을 하고 있다.

---

49 ★★

めんどう
面倒

명 ナ 번거로움, 귀찮음,
돌봄, 보살핌

めんどう ねが
(面倒)なことをお願いしてすみません。

성가신 일을 부탁 드려서 죄송합니다.

わたし ときどき めい めんどう み
私は時々、姪の(面倒)を見ている。

나는 때때로 조카를 돌보고 있다.

めんどう
➕ 面倒くさい 몹시 귀찮다, 성가시다

1 해당 어휘의 읽는 법을 찾고, 빈칸에 의미를 적으세요.

예	学生	☑ がくせい	② がっせい	학생

1	輸送	① ゆそう	② ゆうそう	__________
2	整備	① せいび	② せうび	__________
3	除く	① たたく	② のぞく	__________
4	含める	① ひそめる	② ふくめる	__________
5	劣る	① おとる	② けずる	__________

2 문맥에 맞는 단어를 보기에서 골라 알맞은 형태로 바꾸어 써 넣으세요.

6　彼は締め切りに追われて(　　　)仕事をしている。

7　この会社は出版に(　　　)人なら、必ず知っている会社だ。

8　我が社の(　　　)を申し上げます。

9　会社で社員が運動できる施設を(　　　)。

10　出張にかかる費用は会社が(　　　)くれる。

見解 けんかい	必死 ひっし	携わる たずさ	賄う まかな	設ける もう

독해 · 청해 어휘

かいふう 開封	명 する 개봉	とど しょるい かいふう なか み かくにん 届いた書類を開封して中身を確認した。 도착한 서류를 개봉해서 내용을 확인했다.
かん ご 看護	명 する 간호	い ぜん かん ご し ごと きょう み かん ご し 以前から看護の仕事に興味があり、看護師になっ た。 이전부터 간호일에 흥미가 있어서 간호사가 되었다.
き ぎょう 企業	명 기업	いっぱん き ぎょう はたら ひとびと おこな 一般企業で働く人々にアンケートを行った。 일반기업에서 일하는 사람들에게 앙케이트를 실시했다.
き しゃ 貴社	명 귀사	き しゃ はってん いの もう あ 貴社のますますのご発展をお祈り申し上げます。 귀사가 더욱 더 발전하시기를 기원합니다.
きんゆう 金融	명 금융	かのじょ きんゆう き かん はたら 彼女は金融機関で働いている。 그녀는 금융기관에서 일하고 있다.
く ぎ 区切り	명 단락, 일의 매듭	し ごと く ぎ きゅうけい 仕事がひと区切りついたら、ちょっと休憩しまし ょう。 일이 일단락 지어지면 잠깐 쉽시다.
けっそく 結束	명 する 결속	こん かい けっそく つよ 今回のプロジェクトで、チームの結束が強まっ た。 이번 프로젝트로 팀의 결속이 강해졌다.
こうりつ 効率	명 효율	し ごと こうりつ あ さいしんがた 仕事の効率を上げるために、最新型のコンピュー どうにゅう ターを導入した。 일의 효율을 올리기 위해서 최신형 컴퓨터를 도입했다.
こうりょ 考慮	명 する 고려	いま し ごと こうりょ しゃいん 今までの仕事ぶりを考慮して、社員にボーナスを だ 出した。 지금까지의 일의 성과를 고려해서 사원들에게 보너스를 지불했다.
こころ 試み	명 시험, 시도	こんかいせいこう かいしゃ あたら 今回成功したプロジェクトは会社にとって新しい こころ 試みだった。 이번에 성공한 프로젝트는 회사에 있어서 새로운 시도였다.
さいてき 最適	명 ナ 최적	し ごと かれ まか さいてき この仕事は彼に任せるのが最適だ。 이 일은 그에게 맡기는 것이 최적이다.
じ じょう 事情	명 사정	かれ か てい じ じょう かんが の かい こ 彼の家庭の事情を考えれば、飲み会に来ないのも し かた 仕方がない。 그의 가정 사정을 생각하면 회식에 오지 않은 것도 어쩔 수 없다.
し てん 支店	명 지점	わたし あね ぎんこう おおさか し てん はたら 私の姉は○○銀行の大阪支店で働いている。 우리 언니는 ○○은행 오사카 지점에서 일하고 있다.

情熱 じょうねつ	名 정열	彼は仕事にも趣味にも情熱を注ぐ熱い人間だ。 그는 일에도 취미에도 정열을 쏟는 열정적인 인간이다.
職場 しょくば	名 직장	彼は、職場では絶対に個人的な話をしない。 그는 직장에서는 절대 개인적인 이야기를 하지 않는다.
相応 そうおう	名 ナ 상응	仕事に相応な給料をもらわなければならない。 일에 상응한 월급을 받아야 한다.
創造 そうぞう	名 する 창조	常に新しいものを創造し続けることを企業目標としています。 항상 새로운 것을 창조하는 것을 기업 목표로 하고 있습니다.
創立 そうりつ	名 する 창립	この会社は創立30年になる。 이 회사는 창립 30년이 된다.
退職 たいしょく	名 する 퇴직	今日は結婚に伴い退職する後輩の最後の出勤日だった。 오늘은 결혼과 함께 퇴직하는 후배의 마지막 출근일이었다.
体制 たいせい	名 체제	この病院は、医師2名、看護師6名の体制で営業している。 이 병원은 의사 2명, 간호사 6명의 체제로 영업하고 있다.
✰ 担当 たんとう	名 する 담당	新入社員の採用を担当する。 신입사원의 채용을 담당한다.
通勤 つうきん	名 する 통근	会社が移転したので、毎日2時間かけて通勤している。 회사가 이전했기 때문에 매일 2시간 걸려서 통근하고 있다.
通常 つうじょう	名 통상	商品の展示会が終わったら、通常業務にもどる。 상품 전시회가 끝나면 통상 업무로 돌아간다.
提案書 ていあんしょ	名 제안서	新規事業の提案書を上司の机の上に置いた。 신규사업 제안서를 상사의 책상 위에 놓아두었다.
提出 ていしゅつ	名 する 제출	締め切りの前日に上司に企画書を提出した。 마감 전날 상사에게 기획서를 제출했다.
転勤 てんきん	名 する 전근	父の仕事は転勤が多く、私もその度に転校した。 아버지의 일은 전근이 많아서 나도 그 때마다 전학했다.
取引先 とりひきさき	名 거래처	今日は取引先の部長との会議がある。 오늘은 거래처 부장님과 회의가 있다.
✰ 任務 にんむ	名 임무	この仕事は任務を確実に実行する能力が求められる。 이 일은 임무를 확실히 실행할 능력이 요구된다.

のうひん 納品	名 する 납품	きのう のうひん 昨日納品した商品が間違っていたと店舗から連絡があった。 어제 납품한 상품이 잘못되었었다고 점포에서 연락이 왔다.
はいけん 拝見	名 する 삼가 봄	いただいた書類は一通り拝見いたしました。 받은 서류는 대충 훑어 보았습니다.
はいたつ 配達	名 する 배달	以前配達のバイトをしていたので、この辺りの地理に詳しい。 전에 배달 아르바이트를 했었기 때문에 이 근처 지리에는 밝다.
ひしょ 秘書	名 비서	スケジュール管理は全て秘書に任せてある。 스케줄 관리는 모두 비서에게 맡기고 있다.
ふにん 赴任	名 する 부임	新しく赴任する学校は、実は私の母校だ。 새롭게 부임할 학교는 실은 내 모교다.
へんしゅう 編集	名 する 편집	彼は出版社で雑誌を編集している。 그는 출판사에서 잡지를 편집하고 있다.
めいよ 名誉	名 ナ 명예	父はお金にも名誉にも関心がないようだ。 아버지는 돈에도 명예에도 관심이 없는 것 같다.
やくいん 役員	名 임원, 간부	母は学校の役員を任されて、いつも忙しい。 엄마는 학교 임원을 맡아서 항상 바쁘다.
やりがい	名 하는 보람	仕事は給料も大事だが、やりがいがないと続けられない。 일은 월급도 중요하지만 보람이 없으면 계속할 수 없다.
りょうしょう 了承	名 する 승낙, 납득, 양해	今回の企画は役員会で了承され、明日から開始する。 이번 기획은 임원회의 승낙을 받아 내일부터 개시한다.
う つ 受け付ける	動 접수하다	コールセンターでは、お客様からの苦情を受け付けています。 콜센터에서는 손님으로부터의 불만을 접수하고 있습니다.
えんかつ 円滑	ナ 원활	会議は目立った問題も起きず、円滑に進められた。 회의는 눈에 띄는 문제도 일어나지 않고 원활하게 진행되었다.
きゃっかんてき 客観的	ナ 객관적	彼は会議で客観的な意見を述べた。 그는 회의에서 객관적인 의견을 말했다.
たいとう 対等	ナ 名 대등	今日の会議では上司と部下が対等な立場で議論を行った。 오늘 회의에서는 상사와 부하가 대등한 입장으로 토론을 했다.

아래의 단어를 보고 읽는 법과 뜻을 적어 본 후 점선대로 접어서 답을 확인해 봅시다.
틀린 단어는 뒷 페이지 ☐에 V표시를 해 봅시다.

접는 선

단어	읽는 법과 뜻	
改正	かいせい	개정
承る		
劣る		
済ませる		
省く		
画期的		
管理		
研修		
実績		
修正		
駄目		
添付		
必死		
見本		
面倒		
掲げる		
携わる		
届ける		
除く		
含める		
磨く		
印刷		
打ち合わせ		

− 오키나와 −

예처럼 빈칸을 채우면서 다시 한번
체크해 봅시다.

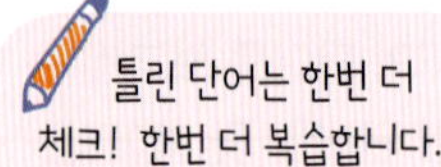

읽는 법과 뜻	한자	읽는 법	의미
☐ かいせい / 개정	예 改正	かいせい	개정
☐ うけたまわる / 받(듣)다의 겸사말	承る		
☐ おとる / 뒤떨어지다	劣る		
☐ すませる / 끝내다, 마치다	済ませる		
☐ はぶく / 줄이다, 생략하다	省く		
☐ かっきてき / 획기적	画期的		
☐ かんり / 관리	管理		
☐ けんしゅう / 연수	研修		
☐ じっせき / 실적	実績		
☐ しゅうせい / 수정	修正		
☐ だめ / 허사임, 소용없음	駄目		
☐ てんぷ / 첨부	添付		
☐ ひっし / 필사	必死		
☐ みほん / 견본	見本		
☐ めんどう / 번거로움, 보살핌	面倒		
☐ かかげる / (높이) 달다	掲げる		
☐ たずさわる / 종사하다	携わる		
☐ とどける / 보내다, 신고하다	届ける		
☐ のぞく / 없애다, 거하다	除く		
☐ ふくめる / 포함시키다	含める		
☐ みがく / 닦다, 연마하다	磨く		
☐ いんさつ / 인쇄	印刷		
☐ うちあわせ / 미리 상의함, 협의	打ち合わせ		

DAY 13

정보 통신과 매스컴

☐ 01 意図	☐ 02 映像	☐ 03 各々	☐ 04 解釈
☐ 05 書留	☐ 06 経験	☐ 07 警告	☐ 08 掲載
☐ 09 掲示	☐ 10 傑作	☐ 11 検索	☐ 12 講演
☐ 13 好奇心	☐ 14 広告	☐ 15 好評	☐ 16 削除
☐ 17 司会	☐ 18 事故	☐ 19 取材	☐ 20 出版
☐ 21 情報	☐ 22 宣伝	☐ 23 相違	☐ 24 中継
☐ 25 著者	☐ 26 訂正	☐ 27 伝達	☐ 28 投書
☐ 29 反応	☐ 30 日付	☐ 31 評判	☐ 32 評論
☐ 33 分布	☐ 34 報道	☐ 35 見出し	☐ 36 要素
☐ 37 繋がる	☐ 38 出来上がる	☐ 39 延ばす	☐ 40 脅かす
☐ 41 及ぼす	☐ 42 隠す	☐ 43 覆す	☐ 44 生じる
☐ 45 刷る	☐ 46 載せる	☐ 47 報じる	☐ 48 基づく
☐ 49 略する			

01 ★★
いと
意図
명 する 의도

この本が何を(意図)するのかよく分からない。

이 책이 무엇을 의도하는지를 잘 모르겠다.

02 ★★
えいぞう
映像
명 영상

宇宙から撮影した地球の(映像)に感動した。

우주에서 촬영한 지구 영상에 감동했다.

03 ★★
おのおの
各々
명 각각, 각자

参加者が(各々)の感想を話した。

참가자가 각자의 감상을 이야기했다.

04 ★★
かいしゃく
解釈
명 する 해석

同じ話でも人によって(解釈)が異なる。

같은 이야기라도 사람에 따라서 해석이 다르다.

05 ★★
かきとめ
書留
명 등기

重要な書類なので、(書留)で送ることにした。

중요한 서류이기 때문에 등기로 보내기로 했다.

06 ★★
けいけん
経験
명 する 경험

この作品は筆者の(経験)をもとに描かれている。

이 작품은 필자의 경험을 근거로 쓰여져 있다.

07
けいこく
警告
명 する 경고

警察が、夜間の外出は危険だと(警告)した。

경찰이 야간외출은 위험하다고 경고했다.

08 ★
けいさい
掲載
명 する 게재

今日の新聞に彼の書いた記事が(掲載)されている。
오늘 신문에 그가 쓴 기사가 게재되어 있다.

09 ★★ ⑬
けいじ
掲示
명 する 게시

その情報についてはすでに(掲示)されている。
그 정보에 대해서는 이미 게시되어 있다.

10
けっさく
傑作
명 ナ 걸작

この本は、彼の作品の中で最高(傑作)だ。
이 책은 그의 작품 중에서 최고 걸작이다.

11 ★★
けんさく
検索
명 する 검색

インターネットで気になるニュースを(検索)する。
인터넷으로 신경쓰이는 뉴스를 검색한다.

12
こうえん
講演
명 する 강연

有名な投資家の(講演)会を聞いて、株に興味がわいた。
유명한 투자가의 강연회를 듣고 주식에 흥미가 생겼다.

13 ★★
こうきしん
好奇心
명 호기심

この番組は、子どもの(好奇心)を満たすいい内容だ。
이 프로그램은 어린이의 호기심을 충족시키는 좋은 내용이다.
≒ 興味 きょうみ 흥미

14 ★
こうこく
広告
명 する 광고

新商品の(広告)を雑誌に掲載した。
신상품 광고를 잡지에 게재했다.
≒ 宣伝 せんでん 선전

15 ★★
こうひょう
好評
명 ナ 호평

こんかい　　　　　　　　いがい　　こうひょう
今回のイベントは意外に(好評)だった。

이번 이벤트는 의외로 호평이었다.

16 ★★　⑫
さくじょ
削除
명 する 삭제

げいのうじん　しゃしん　　　　　　　　　　　　　　の
芸能人の写真をインターネットに載せたところ、すぐに
さくじょ
(削除)された。

연예인 사진을 인터넷에 올렸더니 바로 삭제되었다.

17 ★★
しかい
司会
명 する 사회

かれ　　しかい　　ばんぐみ　　　　　　み　　　　おもしろ
彼が(司会)の番組は、いつ見ても面白い。

그가 사회를 보는 프로그램은 언제 봐도 재미있다.

18
じこ
事故
명 사고

じこ　げんば　　　　ちゅうけい
テレビでは、(事故)現場から中継していた。

텔레비전에서는 사고현장에서 중계하고 있었다.

19 ★★　⑩
しゅざい
取材
명 する 취재

ゆうめい　や きゅうせんしゅ　　　　　　しゅざい　おこな
有名な野球選手にテレビの(取材)を行う。

유명한 야구 선수에게 텔레비전 취재를 하다.

20 ★★
しゅっぱん
出版
명 する 출판

ぶんがく　きょうみ　　　　　　　しょうらい　しゅっぱん しゃ しゅうしょく
文学に興味があるので、将来は(出版)社に就職したい。

문학에 흥미가 있어 장래에는 출판사에 취직하고 싶다.

21 ★
じょうほう
情報
명 정보

あたら　　じょうほう　にゅうしゅ　　　　　　　　しゅざい い
新しい(情報)を入手するために、取材に行った。

새로운 정보를 손에 넣기 위해서 취재하러 갔다.

22 ★
せんでん
宣伝
명 する 선전

映画の前に流れる(宣伝)はとても長い。
영화 전에 흘러나오는 선전은 매우 길다.

23 ★★ ⑮
そう い
相違
명 상이, 서로 다름

その記事の内容は事実と(相違)があるようだ。
그 기사의 내용은 사실과 차이가 있는 것 같다.

24 ★ ⑬
ちゅうけい
中継
명 する 중계

この番組は全国(中継)されている。
이 방송은 전국 중계되고 있다.
＋ 送信元 송신원 ⑱

25
ちょしゃ
著者
명 저자

この本の(著者)に実際に会ってみたい。
이 책의 저자를 실제로 만나고 싶다.

26 ★★ ⑭
ていせい
訂正
명 する 정정

レポートの間違いを(訂正)して、再提出した。
리포트 오류를 정정해서 다시 제출했다.

27 ★
でんたつ
伝達
명 する 전달

言葉は意思を(伝達)するための道具である。
말은 의사를 전달하기 위한 도구이다.

28
とうしょ
投書
명 する 투서

政治番組にはたくさんの(投書)が寄せられる。
정치 방송에는 많은 투서가 온다.

29 反応 はんのう
명 する 반응

そのニュースを聞いた彼の(反応)が少し変だった。

그 뉴스를 들은 그의 반응이 조금 이상했다.

30 ★ 日付 ひづけ
명 날짜

メールや手紙に(日付)を書くのは当たり前のことだ。

메일이나 편지에 날짜를 적는 것은 당연한 일이다.

31 ★★ 評判 ひょうばん
명 평판, 소문남, 유명함

あのレストランは(評判)も良く、いつも賑わっている。

그 레스토랑은 평판도 좋고 항상 붐빈다.

32 評論 ひょうろん
명 する 평론

政治を(評論)するためには、政治家や政党に詳しくなければならない。

정치를 평론하기 위해서는 정치가와 정당을 자세히 알아야 한다.

33 ★★ 分布 ぶんぷ
명 する 분포

この店に来るお客さんの年齢の(分布)を調査した。

이 가게에 오는 손님의 연령 분포를 조사했다.

34 報道 ほうどう
명 する 보도

テレビでは、朝から同じ事件についての(報道)ばかりしている。

텔레비전에서는 아침부터 같은 사건에 대한 보도만 하고 있다.

35 ★★ 見出し みだし
명 표제, 표제어

忙しくても新聞の(見出し)だけはチェックするようにしている。

바빠도 신문의 표제만은 체크하려고 하고 있다.

36
要素
よう そ
명 요소

この本には、経営者として成功する(要素)がたくさん詰まっている。

이 책에는 경영자로서 성공하는 요소가 가득차 있다.

≒ 成分 성분

37
繋がる
つな
동 이어지다, 연결되다

インターネットが(繋がら)なくて、仕事ができなかった。

인터넷이 연결되지 않아서 일을 할 수가 없었다.

38 ★★★
出来上がる
で き あ
동 완성되다

来月のイベントのポスターが(出来上がった)。

다음 달 이벤트 포스터가 완성되었다.

39
延ばす
の
동 연장하다

野球中継は放送時間を(延ばして)放送した。

야구 중계는 방송 시간을 연장해서 방송했다.

40 ★
脅かす
おびや
동 위협하다, 협박하다

言論の自由を(脅かす)ものを許してはならない。

언론의 자유를 위협하는 것을 용서해서는 안 된다.

41 ★
及ぼす
およ
동 미치게하다, 끼치다

このテレビ番組は青少年に悪影響を(及ぼす)可能性がある。

이 텔레비전 방송은 청소년에게 나쁜 영향을 끼칠 가능성이 있다.

＋ 及ぶ 달하다, 이르다, 미치다

42 ★★★ ⑬
隠す
かく
동 숨기다

野球場のカメラが客席を映したので、顔を(隠した)。

야구장의 카메라가 객석을 비쳤기 때문에 얼굴을 숨겼다.

＋ 隠れる 숨다

---

43 ★

くつがえ
覆す

통 뒤엎다

今_{いま}までの常識_{じょうしき}を(覆_{くつがえ}す)事実_{じじつ}が発見_{はっけん}された。

지금까지의 상식을 뒤엎는 사실이 발견되었다.

---

44 ★ ⑯

しょう
生じる

통 생기다, 발생하다

登録情報_{とうろくじょうほう}に変更_{へんこう}が(生_{しょう}じた)場合_{ばあい}には、変更届_{へんこうとどけ}を出_だしてください。

등록정보에 변경이 생겼을 경우에는 변경 신청서를 내 주세요.

---

45 ★

す
刷る

통 인쇄하다, 박다

印刷会社_{いんさつがいしゃ}に依頼_{いらい}して資料_{しりょう}を500部_ぶ(刷_すった)。

인쇄회사에 의뢰해서 자료를 500부 인쇄했다.

---

46 ★

の
載せる

통 (글 등) 싣다, 게재하다, 위에 놓다, 얹다

二人_{ふたり}の交際記事_{こうさいきじ}を雑誌_{ざっし}に(載_のせた)。

두 사람의 교제 기사를 잡지에 실었다.

+ 載_のる 위에 놓이다 얹히다, (신문 등) 실리다

47

ほう
報じる

통 갚다, 보답하다, 알리다

その事件_{じけん}はニュースで大_{おお}きく(報_{ほう}じられた)。

그 사건은 뉴스로 크게 보도되었다.

---

48 ★

もと
基づく

통 의거하다, 근거하다

彼_{かれ}は企業家_{きぎょうか}として自分_{じぶん}の経験_{けいけん}に(基_{もと}づいて)講演_{こうえん}を行_{おこな}った。

그는 기업가로서 자신의 경험에 근거해서 강연을 했다.

---

49 ★★ ⑫

りゃく
略する

통 생략하다

「コンビニ」はコンビニエンスストアを(略_{りゃく}した)言葉_{ことば}だ。

'コンビニ'는 convenience store를 줄인 말이다.

확인해 볼까요?

1 해당 어휘의 읽는 법을 찾고, 빈칸에 의미를 적으세요.

예	学生	☑ がくせい　② がっせい	학 생

1　削除　　① さくじょう　② さくじょ　　______________

2　脅かす　① おびやかす　② あまやかす　______________

3　警告　　① けいこく　　② けいこう　　______________

4　評判　　① へいはん　　② ひょうばん　______________

5　隠す　　① かくす　　　② くずす　　　______________

2 문맥에 맞는 단어를 보기에서 골라 알맞은 형태로 바꾸어 써 넣으세요.

6　その情報についてはすでに(　　　)されている。

7　その記事の内容は事実と(　　　)があるようだ。

8　登録情報に変更が(　　　)場合には、変更届を出してください。

9　有名な野球選手にテレビの(　　　)を行う。

10　重要な書類なので、(　　　)で送ることにした。

書留（かきとめ）　掲示（けいじ）　取材（しゅざい）　相違（そうい）　生じる（しょう）

정답

1 ② 삭제　2 ① 위협하다, 협박하다　3 ① 경고　4 ② 평판　5 ① 숨기다
6 掲示　7 相違　8 生じた　9 取材　10 書留

독해 · 청해 어휘

あて な 宛名	명 수신인명	<ruby>宛名<rt>あてな</rt></ruby>はこちらに<ruby>記入<rt>きにゅう</rt></ruby>してください。 수신인명은 여기에 적어 주세요.
お こ 折り込み	명 부록이나 광고를 끼워넣음	<ruby>新聞<rt>しんぶん</rt></ruby>の<ruby>折り込み<rt>おこ</rt></ruby>に<ruby>新商品<rt>しんしょうひん</rt></ruby>の<ruby>広告<rt>こうこく</rt></ruby>を<ruby>出<rt>だ</rt></ruby>すつもりだ。 신문 삽입 광고지에 신상품 광고를 낼 예정이다.
かつ じ 活字	명 활자	<ruby>若<rt>わか</rt></ruby>い<ruby>人<rt>ひと</rt></ruby>たちの<ruby>活字<rt>かつじ</rt></ruby>を<ruby>読<rt>よ</rt></ruby>む<ruby>機会<rt>きかい</rt></ruby>が<ruby>徐々<rt>じょじょ</rt></ruby>に<ruby>減<rt>へ</rt></ruby>ってきている。 젊은 사람들의 활자를 읽는 기회가 점점 줄고 있다.
き じ 記事	명 기사	この<ruby>事故<rt>じこ</rt></ruby>は、なぜか<ruby>記事<rt>きじ</rt></ruby>にならなかった。 이 사고는 왠지 기사로 실리지 않았다.
こ ども む 子供向け	명 어린이용	<ruby>外国語<rt>がいこくご</rt></ruby>の<ruby>勉強<rt>べんきょう</rt></ruby>のために、<ruby>子共向<rt>こどもむ</rt></ruby>けの<ruby>番組<rt>ばんぐみ</rt></ruby>をたくさん<ruby>見<rt>み</rt></ruby>た。 외국어 공부를 위해서 어린이용 방송을 많이 봤다.
さしだしにん 差出人	명 발송인	<ruby>手紙<rt>てがみ</rt></ruby>が<ruby>届<rt>とど</rt></ruby>かなかった<ruby>時<rt>とき</rt></ruby>のために<ruby>差出人<rt>さしだしにん</rt></ruby>と<ruby>住所<rt>じゅうしょ</rt></ruby>を<ruby>書<rt>か</rt></ruby>いておこう。 편지가 도착하지 않았을 때를 위해서 발송인과 주소를 써 두자.
さっとう 殺到	명 する 쇄도	その<ruby>募集<rt>ぼしゅう</rt></ruby>には<ruby>希望者<rt>きぼうしゃ</rt></ruby>が<ruby>殺到<rt>さっとう</rt></ruby>した。 그 모집에는 희망자가 쇄도했다.
じ じつ 事実	명 사실	その<ruby>記事<rt>きじ</rt></ruby>には、<ruby>事実<rt>じじつ</rt></ruby>とは<ruby>異<rt>こと</rt></ruby>なる<ruby>事<rt>こと</rt></ruby>が<ruby>書<rt>か</rt></ruby>かれていた。 그 기사에는 사실과는 다른 것이 쓰여 있었다.
じったい 実態	명 실태	A<ruby>社<rt>しゃ</rt></ruby>の<ruby>経営<rt>けいえい</rt></ruby>の<ruby>実態<rt>じったい</rt></ruby>について<ruby>詳<rt>くわ</rt></ruby>しく<ruby>調査<rt>ちょうさ</rt></ruby>した。 A사의 경영 실태에 관해서 자세하게 조사했다.
じゅしん 受信	명 する 수신	パソコンの<ruby>調子<rt>ちょうし</rt></ruby>が<ruby>悪<rt>わる</rt></ruby>くて、メールが<ruby>受信<rt>じゅしん</rt></ruby>できなかった。 컴퓨터 상태가 안 좋아서 메일을 수신할 수 없었다.
しょうきょ 消去	명 する 소거	データを<ruby>確認<rt>かくにん</rt></ruby>したら、すぐに<ruby>消去<rt>しょうきょ</rt></ruby>してください。 데이터를 확인했다면 바로 소거해 주세요.
しょうせつ 小説	명 소설	<ruby>本<rt>ほん</rt></ruby>が<ruby>大好<rt>だいす</rt></ruby>きな<ruby>彼<rt>かれ</rt></ruby>は、<ruby>将来<rt>しょうらい</rt></ruby><ruby>小説家<rt>しょうせつか</rt></ruby>になりたいと<ruby>言<rt>い</rt></ruby>った。 책을 매우 좋아하는 그는 장래에 소설가가 되고 싶다고 말했다.
しょせき 書籍	명 서적	<ruby>最近<rt>さいきん</rt></ruby><ruby>話題<rt>わだい</rt></ruby>の<ruby>書籍<rt>しょせき</rt></ruby>をインターネットで<ruby>購入<rt>こうにゅう</rt></ruby>した。 요즘 화제의 서적을 인터넷에서 구입했다.

しょもつ **書物**	명 책, 도서	はくぶつかん 博物館では、昔 書かれた書物がきれいに保存され ていた。 박물관에서는 옛날에 쓰여진 서적이 깨끗하게 보존되어 있었다.
すいたい **衰退**	명 する 쇠퇴	インターネットの普及により、新聞業界の衰退が 心配されている。 인터넷의 보급에 따라 신문업계의 쇠퇴가 걱정되고 있다.
たいけん **体験**	명 する 체험	夏には怖い体験について話すテレビ番組が多い。 여름에는 무서운 체험에 관해서 이야기하는 방송 프로그램이 많다.
ていしょう **提唱**	명 する 제창	この学者は「聞くだけ」という新たな英語の学習法 を提唱した。 이 학자는 '들을 뿐'이라는 새로운 영어 학습법을 제창했다.
てんかい **展開**	명 する 전개	このドラマはとても面白くて、今後のストーリー 展開が楽しみだ。 이 드라마는 매우 재미있어서 앞으로 스토리 전개가 기대된다.
にゅうりょく **入力**	명 する 입력	検索画面に本の名前を入力して、参考書を探し た。검색 화면에 책 이름을 입력해서 참고서를 찾았다.
はいけい **拝啓**	명 편지 첫머리에 씀	父への初めての手紙には「拝啓、父上様」と書くこ とにした。 아버지께 쓸 첫 편지에는 '삼가아뢰웁니다, 아버지'라고 쓰기로 했다.
はいふ **配布**	명 する 배부	町でチラシを配布して寄付を集めた。 마을에서 전단지를 배포해서 기부를 모집했다.
はいれつ **配列**	명 する 배열	この複雑な数字の配列がプログラミングの基本 だ。이 복잡한 숫자 배열이 프로그래밍의 기본이다.
はつばい **発売**	명 する 발매	多くの人が新しいゲームの発売を首を長くして待 っている。 많은 사람들이 새로운 게임 발매를 애타게 기다리고 있다.
はんらん **氾濫**	명 する 범람	情報が氾濫していて、何が真実なのかわからな い。정보가 범람하고 있어서 무엇이 진실인지 알 수 없다.
ひっしゃ **筆者**	명 필자	最後まで読んだら筆者の伝えたいことが理解でき ますよ。 마지막까지 읽었다면 필자가 전하고 싶은 것을 이해할 수 있을 거 에요.

ぼうだい 膨大	名 ナ 방대	膨大な資料の中から必要なものを選んだ。 방대한 자료 중에서 필요한 것을 골랐다.
ほんばん 本番	名 본 방송	本番までに準備しなければならない事がたくさんある。 본 방송까지 준비하지 않으면 안되는 일이 많이 있다.
よ て 読み手	名 읽는 이	この作家は、読み手に意見を強く主張するタイプだ。 이 작가는 독자에게 의견을 강하게 주장하는 타입이다.
りよう 利用	名 する 이용	何か調べたい時は、図書館よりインターネットを利用している。 뭔가 알아보고 싶을 때는 도서관보다 인터넷을 이용하고 있다.
あいはん 相反する	動 상반되다, 서로 일치하지 않다	その記事には事実と相反する内容が書かれている。 그 기사에는 사실과 일치하지 않는 내용이 쓰여져 있다.
い か 言い換える	動 바꿔 말하다	専門用語を易しい言葉に言い換えて、よく分かるように説明した。 전문 용어를 쉬운 말로 바꾸어서 잘 알 수 있도록 설명했다.
か あ 書き上げる	動 다 쓰다	作家はたった一日で原稿を全て書き上げた。 작가는 단 하루만에 원고를 모두 썼다.
さが だ 探し出す	動 알아내다	必要な情報を探し出すにはインターネットが非常に便利だ。 필요한 정보를 알아내기 위해서는 인터넷이 매우 편리하다.
で き あ 出来上がる	動 완성되다	来月のイベントのポスターが出来上がった。 다음 달 이벤트 포스터가 완성되었다.
の 延ばす	動 연장하다	野球中継は放送時間を延ばして放送した。 야구 중계는 방송 시간을 연장해서 방송했다.
み だ 見出す	動 보기 시작하다	週末は、一度テレビを見出すと一日中見続けてしまうことが多い。 주말은 한 번 텔레비전을 보기 시작하면 하루 종일 계속 봐버릴 때가 많다.

복습해 볼까요?

아래의 단어를 보고 읽는 법과 뜻을 적어 본 후 점선대로 접어서 답을 확인해 봅시다.
틀린 단어는 뒷 페이지 □에 V표시를 해 봅시다.

접는 선

단어	읽는 법과 뜻	
改正	かいせい	개정
出来上がる		
隠す		
意図		
映像		
各々		
解釈		
書留		
経験		
掲示		
検索		
好奇心		
好評		
削除		
司会		
取材		
出版		
相違		
訂正		
評判		
分布		
見出し		
略する		

접으면 답을 확인할 수 있어요.

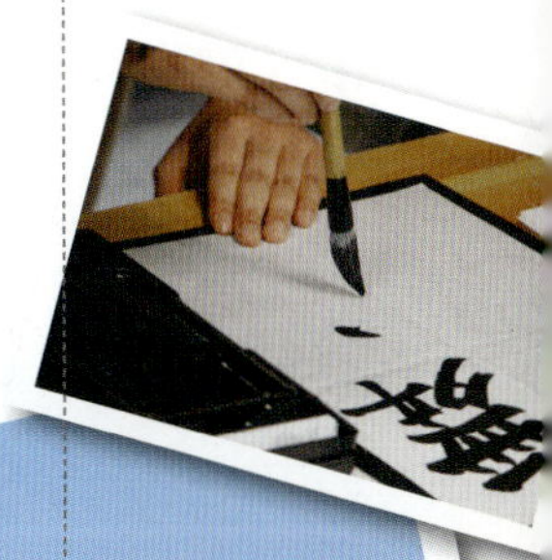

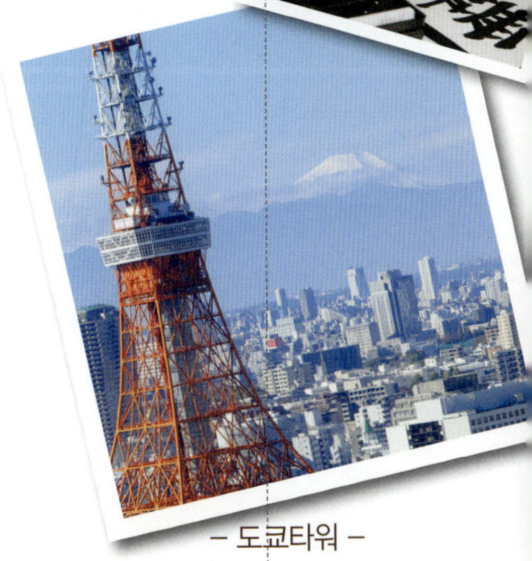

– 도쿄타워 –

예처럼 빈칸을 채우면서 다시 한번 체크해 봅시다.

틀린 단어는 한번 더 체크! 한번 더 복습합니다.

읽는 법과 뜻
☐ かいせい 개정
☐ できあがる 완성되다
☐ かくす 숨기다
☐ いと 의도
☐ えいぞう 영상
☐ おのおの 각각, 각자
☐ かいしゃく 해석
☐ かきとめ 등기
☐ けいけん 경험
☐ けいじ 게시
☐ けんさく 검색
☐ こうきしん 호기심
☐ こうひょう 호평
☐ さくじょ 삭제
☐ しかい 사회
☐ しゅざい 취재
☐ しゅっぱん 출판
☐ そうい 상위, 서로다름
☐ ていせい 정정
☐ ひょうばん 평판
☐ ぶんぷ 분포
☐ みだし 표제, 표제어
☐ りゃくする 생략하다

한자	읽는 법	의미
예　改正	かいせい	개정
出来上がる		
隠す		
意図		
映像		
各々		
解釈		
書留		
経験		
掲示		
検索		
好奇心		
好評		
削除		
司会		
取材		
出版		
相違		
訂正		
評判		
分布		
見出し		
略する		

DAY 14

과학과 기술

☐ 01 圧縮	☐ 02 宇宙	☐ 03 開拓	☐ 04 科学
☐ 05 拡張	☐ 06 加工	☐ 07 下降	☐ 08 仮設
☐ 09 技術	☐ 10 機能	☐ 11 携帯	☐ 12 現象
☐ 13 仕掛け	☐ 14 実験	☐ 15 充電	☐ 16 蒸気
☐ 17 焦点	☐ 18 処理	☐ 19 浸透	☐ 20 信念
☐ 21 進歩	☐ 22 世紀	☐ 23 制御	☐ 24 性能
☐ 25 設備	☐ 26 操作	☐ 27 創作	☐ 28 調査
☐ 29 調節	☐ 30 手順	☐ 31 電子	☐ 32 電波
☐ 33 導入	☐ 34 発射	☐ 35 破裂	☐ 36 普及
☐ 37 物質	☐ 38 変換	☐ 39 摩擦	☐ 40 冷房
☐ 41 組み込む	☐ 42 優れる	☐ 43 試す	☐ 44 通じる
☐ 45 作り上げる	☐ 46 革新的	☐ 47 明白	☐ 48 優秀
☐ 49 溶かす			

01 ★
あっしゅく
圧縮
명 する 압축

データを(圧縮)ファイルにして送った。
데이터를 압축파일로 해서 보냈다.

02 ★
う ちゅう
宇宙
명 우주

100年前は、人が(宇宙)に行くなんて夢にも思わなかっただろう。
100년 전에는 사람이 우주에 간다니 꿈에도 몰랐을 것이다.

03
かいたく
開拓
명 する 개척

(開拓)を進めて、この町に高速道路を作りたい。
개척을 진척시켜서 이 마을에 고속도로를 만들고 싶다.

04 ★★★
か がく
科学
명 과학

私は小さい頃から(科学)の分野に興味があった。
나는 어렸을 때부터 과학 분야에 흥미가 있었다.

05 ★★
かくちょう
拡張
명 する 확장

この町の発展には道路の(拡張)が必要だ。
이 마을의 발전에는 도로 확장이 필요하다.

06 ★
か こう
加工
명 する 가공

牛乳は様々な製品に(加工)される。
우유는 여러가지 제품으로 가공된다.

07
か こう
下降
명 する 하강

飛行機は、気圧の影響で急に(下降)する場合がある。
비행기는 기압의 영향으로 갑자기 하강하는 경우가 있다.

08 仮設 (かせつ)
명 する 가설

地震で被害にあった人々は今、(仮設)住宅に住んでいるそうだ。

지진으로 피해가 있었던 사람들은 지금 가설주택에 살고 있다고 한다.

09 ★★ 技術 (ぎじゅつ) ⑱
명 기술

写真の撮影には高度な(技術)が必要だ。

사진촬영에는 고도의 기술이 필요하다.

≒ テクニック 테크닉, 기술

10 ★ 機能 (きのう) ⑪
명 する 기능

この商品には様々な便利(機能)がある。

이 상품에는 다양한 편의 기능이 있다.

11 ★ 携帯 (けいたい)
명 휴대

ここ数年で(携帯)電話の普及率が上がった。

최근 수년간에 휴대전화의 보급률이 올랐다.

12 ★★ 現象 (げんしょう)
명 현상

その夜、そこでは不思議な(現象)がたくさん起こった。

그날 저녁 그곳에서는 불가사의한 현상이 많이 일어났다.

13 ★ 仕掛け (しか)
명 장치, 조작, 설비, 규모

ねずみがレバーを押すと、えさが出てくる(仕掛け)になっている。

쥐가 레버를 누르면 먹이가 나오는 구조로 되어있다.

14 実験 (じっけん)
명 する 실험

その化学(実験)は失敗に終わった。

그 화학 실험은 실패로 끝났다.

15
じゅうでん
充電
명 する 충전

(充電)が完了するまでには2時間程かかる。

충전이 완료될 때까지는 2시간 정도 걸린다.

16
じょう き
蒸気
명 증기

この列車は(蒸気)の力だけで動く。

이 열차는 증기의 힘만으로 움직인다.

17
しょうてん
焦点
명 초점

このカメラは(焦点)を合わせにくい。

이 카메라는 초점을 맞추기 어렵다.

18 ★
しょ り
処理
명 する 처리

生ごみは熱(処理)されている。

음식물 쓰레기는 열처리 되고 있다.

≒ 片付ける 정리하다

19 ★
しんとう
浸透
명 する 침투

このパックは、水分が肌によく(浸透)すると評判だ。

이 팩은 수분이 피부에 잘 침투되는 것으로 평판이 좋다.

20
しんねん
信念
명 신념

この研究には教授の強い(信念)が感じられる。

이 연구에는 교수의 강한 신념이 느껴진다.

21 ★★
しん ぽ
進歩
명 する 진보

医療の技術は日々(進歩)している。

의료 기술은 날로 진보하고 있다.

22 ★★
せい き
世紀
명 세기

20(世紀)以降の文明の発達は素晴らしい。

20세기 이후의 문명 발달은 훌륭하다.

23
せいぎょ
制御
명 する 제어

パソコンには自動(制御)システムという機能がある。

컴퓨터에는 자동제어시스템이라는 기능이 있다.

24
せいのう
性能
명 성능

この機械の(性能)は素晴らしいが、私には複雑すぎて使えない。

이 기계의 성능은 대단하지만 나에게는 너무 복잡해서 사용할 수 없다.

25
せつ び
設備
명 する 설비

この建物は(設備)が悪くて不便だ。

이 건물은 설비가 좋지 않아서 불편하다.

---

26 ★★
そう さ
操作
명 する 조작

この機械の(操作)は複雑なので、一人では扱えない。

이 기계의 조작은 복잡해서 혼자서는 다루지 못한다.

≒ 動かす 움직이게 하다

27
そうさく
創作
명 する 창작

何かを(創作)するには、知識と経験が必要だ。

무언가를 창작하기 위해서는 지식과 경험이 필요하다.

---

28 ★
ちょう さ
調査
명 する 조사

宇宙に関する大規模な(調査)が行われる。

우주에 관한 대규모의 조사가 진행된다.

29 ★★ ⑪
ちょうせつ
調節
명 する 조절

この頃は温度を自動的に(調節)してくれるエアコンがある。

요즘은 온도를 자동적으로 조절해 주는 에어컨이 있다.

≒ 調整 조정

---

30 ★
て じゅん
手順
명 순서, 절차

(手順)通りに作れば絶対に失敗しない。

순서대로 만들면 절대로 실패하지 않는다.

31
でん し
電子
명 전자

以前、(電子)部品を作る工場で働いていました。

이전에 전자 부품을 만드는 공장에서 일했었습니다.

---

32 ★
でん ぱ
電波
명 전파

このビルの地下は(電波)が入らないので不便だ。

이 빌딩의 지하는 전파가 들어오지 않아서 불편하다.

---

33 ★ ⑭
どうにゅう
導入
명 する 도입

明日から新しい機械を(導入)する。

내일부터 새로운 기계를 도입한다.

34
はっしゃ
発射
명 する 발사

ミサイルを(発射)する準備が完了した。

미사일을 발사할 준비가 완료되었다.

35
は れつ
破裂
명 する 파열

風船を膨らませすぎて(破裂)させてしまった。

풍선을 너무 부풀려서 터져 버렸다.

36 ★★★ ⑯ ⑩
ふ きゅう
普及
명 する 보급

近年、ほとんどの家庭にインターネットが(普及)している。

근래, 대부분의 가정에 인터넷이 보급되어 있다.

≒ 広がる 넓어지다, 퍼지다

37
ぶっしつ
物質
명 물질

今日の化学の授業では、熱と(物質)の関係について学んだ。

오늘 화학 수업에서는 열과 물질의 관계에 대해서 배웠다.

---

38 ★
へんかん
変換
명 する 변환

このパソコンは(変換)機能に優れている。

이 컴퓨터는 변환기능이 훌륭하다.

---

39 ★
ま さつ
摩擦
명 する 마찰

車のタイヤは(摩擦)に強い構造だ。

차의 타이어는 마찰에 강한 구조이다.

---

40 ★
れいぼう
冷房
명 する 냉방

(冷房)の設定温度を28度にした。

냉방의 설정 온도를 28℃로 했다.

↔ 暖房 난방

41
く こ
組み込む
동 짜넣다

新しい商品には新機能が(組み込まれて)いる。

새 상품에는 새로운 기능이 넣어져 있다.

---

42 ★★
すぐ
優れる
동 뛰어나다, 우수하다

近頃は、機能性に(優れた)携帯がよく売れているそうだ。

요즘은 기능성이 뛰어난 휴대전화가 잘 팔리고 있다고 한다.

43 ★★

ため
試す

동 시도하다, 시험하다

新しい機械を(試して)みたが、とても良かった。

새로운 기계를 시험해 봤는데 매우 좋았다.

---

44 ★ ⑩

つう
通じる

동 통하다, 연결되다

電波障害のために電話が3時間(通じなかった)。

전파장애 때문에 전화가 3시간 동안 연결되지 않았다.

---

45 ★

つく あ
作り上げる

동 만들어 내다

彼の家は短期間で(作り上げた)にも関わらず、立派な一軒家だった。

그의 집은 단기간에 만들어 냈는데도 불구하고 훌륭한 단독주택이었다.

➕ 作り出す 만들기 시작하다

46

かくしんてき
革新的

ナ 혁신적

彼が発明した技術はとても(革新的)なものだった。

그가 발명한 기술은 매우 혁신적인 것이었다.

47

めいはく
明白

ナ 명 명백

今回の研究で、この物質の必要性が(明白)になった。

이번 연구로 이 물질의 필요성이 명백하게 되었다.

---

48 ★★ ⑪

ゆうしゅう
優秀

ナ 명 우수

彼は(優秀)な技術者として有名だ。

그는 우수한 기술자로서 유명하다.

---

49 ★

と
溶かす

동 녹이다

この作品は鉄を(溶かして)作ったものだ。

이 작품은 철을 녹여서 만든 것이다.

➕ 溶ける 녹다

---

1 해당 어휘의 읽는 법을 찾고, 빈칸에 의미를 적으세요.

예	学生	☑①がくせい	②がっせい	학생

1 焦点　　①しょてん　②しょうてん　__________

2 処理　　①しょり　　②しょうり　　__________

3 加工　　①かくう　　②かこう　　　__________

4 調節　　①ちょうせい　②ちょうせつ　__________

5 優れる　①すぐれる　②あこがれる　__________

2 문맥에 맞는 단어를 보기에서 골라 알맞은 형태로 바꾸어 써 넣으세요.

6 この商品には様々な便利(　　　)がある。

7 彼は(　　　)な技術者として有名だ。

8 データを(　　　)ファイルにして送った。

9 近年、ほとんどの家庭にインターネットが(　　　)している。

10 (　　　)通りに作れば絶対に失敗しない。

あっしゅく	き のう	ゆうしゅう	て じゅん	ふ きゅう
圧縮	機能	優秀	手順	普及

정답

1 ② 초점　**2** ① 처리　**3** ② 가공　**4** ② 조절　**5** ① 뛰어나다, 우수하다

6 機能　**7** 優秀　**8** 圧縮　**9** 普及　**10** 手順

독해 · 청해 어휘

おうよう 応用	名 する 응용	この原理を応用すれば新しい発明ができるかもしれない。 이 원리를 응용하면 새로운 발명이 가능할지도 모른다.
かいろ 回路	名 회로	あの事故は、電気回路の故障が原因だったそうだ。 저 사고는 전기회로 고장이 원인이었다고 한다.
かせき 化石	名 화석	恐竜の化石が発見されてニュースになっている。 공룡 화석이 발견되어서 화제가 되고 있다.
けいせい 形成	名 する 형성	彼は宇宙がどのように形成されたかを研究している。 그는 우주가 어떤 식으로 형성되었는지를 연구하고 있다.
げんり 原理	名 원리	彼は科学原理を研究している。 그는 과학 원리를 연구하고 있다.
さいしんがた 最新型	名 최신형	最新型の携帯電話が欲しいが、価格が高すぎる。 최신형 휴대전화를 갖고 싶지만 가격이 너무 비싸다.
しこう 思考	名 する 사고	ロボットは自ら思考する能力を持たない。 로보트는 스스로 사고하는 능력을 가지지 않는다.
じっしょう 実証	名 する 실증	科学は様々なことを実証してくれる。 과학은 다양한 것을 증명해 준다.
しゅつげん 出現	名 する 출현	パソコンの出現によって、人々の生活がますます便利になった。 컴퓨터 출현에 의해서 사람들의 생활이 더욱 더 편리하게 되었다.
しんか 進化	名 する 진화	携帯電話の機能は年々進化している。 휴대전화의 기능은 해마다 진화하고 있다.
じんるい 人類	名 인류	人類はこれからも成長を続けていくだろう。 인류는 앞으로도 성장을 계속해 갈 것이다.
たいきゅうせい 耐久性	名 내구성	この建物は、地震の後に建てられた耐久性の高い建築物だ。 이 건물은 지진 후에 만들어진 내구성의 높은 건축물이다.
はつめい 発明	名 する 발명	ワットは蒸気機関を発明した偉大な人物である。 와트는 증기기관을 발명한 위대한 인물이다.
じどうてき 自動的	ナ 자동적	料金は自動的に銀行口座から引き落とされるそうだ。 요금은 자동적으로 은행 계좌로부터 납부되어진다고 한다.

아래의 단어를 보고 읽는 법과 뜻을 적어 본 후 점선대로 접어서 답을 확인해 봅시다.
틀린 단어는 뒷 페이지 ☐ 에 V표시를 해 봅시다.

접는 선

단어	읽는 법과 뜻	
改正	かいせい	개정
普及		
拡張		
技術		
現象		
進歩		
世紀		
操作		
調節		
優れる		
試す		
優秀		
圧縮		
宇宙		
加工		
機能		
携帯		
処理		
浸透		
調査		
手順		
導入		
変換		

접으면 답을
확인할 수 있어요.

– 도쿄 디즈니랜드 –

예처럼 빈칸을 채우면서 다시 한번
체크해 봅시다.

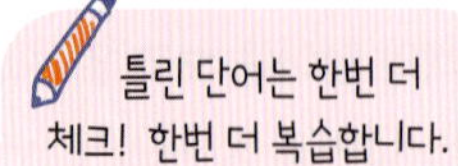

읽는 법과 뜻		한자	읽는 법	의미
かいせい 개정	예	改正	かいせい	개정
ふきゅう 보급		普及		
かくちょう 확장		拡張		
ぎじゅつ 기술		技術		
げんしょう 현상		現象		
しんぽ 진보		進歩		
せいき 세기		世紀		
そうさ 조작		操作		
ちょうせつ 조절		調節		
すぐれる 우수하다		優れる		
ためす 시도하다		試す		
ゆうしゅう 우수		優秀		
あっしゅく 압축		圧縮		
うちゅう 우주		宇宙		
かこう 가공		加工		
きのう 기능		機能		
けいたい 휴대		携帯		
しょり 처리		処理		
しんとう 침투		浸透		
ちょうさ 조사		調査		
てじゅん 순서, 절차		手順		
どうにゅう 도입		導入		
へんかん 변환		変換		

DAY 15

사건·사고와 대처

01 一瞬	02 違反	03 依頼	04 解決
05 改善	06 火事	07 犠牲	08 供給
09 禁物	10 強盗	11 幸い	12 刺激
13 衝突	14 侵入	15 責任	16 捜査
17 装置	18 続出	19 措置	20 盗難
21 逃亡	22 発生	23 破片	24 犯罪
25 人質	26 分析	27 防犯	28 誘導
29 行方	30 要求	31 用心	32 余計
33 相次ぐ	34 暴れる	35 現す	36 慌てる
37 疑う	38 訴える	39 奪う	40 崩れる
41 壊す	42 図る	43 塞ぐ	44 漏れる
45 揺れる	46 紛らわしい	47 物騒	48 容易
49 乱暴			

01 ★
いっしゅん
一瞬
명 부 일순, 순간

その事故は(一瞬)の出来事だった。
그 사고는 한 순간에 일어난 일이었다.

02 ★★
い はん
違反
명 する 위반

先月、父はスピード(違反)をして捕まった。
지난 달 아버지는 속도 위반으로 붙잡혔다.

03 ★★
い らい
依頼
명 する 의뢰

(依頼)を受けて、3年前の事故の再調査をしている。
의뢰를 받고 3년 전 사고를 재조사하고 있다.

04
かいけつ
解決
명 する 해결

問題を(解決)するためには、時間が必要だ。
문제를 해결하기 위해서는 시간이 필요하다.
➕ 解約 해약 ⑱

05 ★★ ⑪
かいぜん
改善
명 する 개선

問題になった商品を(改善)した。
문제가 된 상품을 개선했다.

06 ★
か じ
火事
명 화재, 불

韓国の地方で大きな(火事)が起こった。
한국의 지방에서 큰 화재가 일어났다.
➕ 燃える (불)타다

07 ★
ぎ せい
犠牲
명 희생

昨夜の列車事故で多くの(犠牲)者が出た。
어제 저녁 열차 사고로 많은 희생자가 나왔다.

08 ★
きょうきゅう
供給
명 する 공급

<ruby>各自治体<rt>かくじちたい</rt></ruby>では、<ruby>災害時<rt>さいがいじ</rt></ruby>に(<ruby>供給<rt>きょうきゅう</rt></ruby>)する<ruby>物資<rt>ぶっし</rt></ruby>を<ruby>管理<rt>かんり</rt></ruby>している。

각 자치단체에서는 재해 시에 공급할 물자를 관리하고 있다.

↔ 需要<rt>じゅよう</rt> 수요

09 ★★
きんもつ
禁物
명 금물

<ruby>何事<rt>なにごと</rt></ruby>も<ruby>油断<rt>ゆだん</rt></ruby>は(<ruby>禁物<rt>きんもつ</rt></ruby>)です。

어떤 일이라도 방심은 금물입니다.

10 ★★
ごうとう
強盗
명 강도

<ruby>彼女<rt>かのじょ</rt></ruby>は<ruby>旅行先<rt>りょこうさき</rt></ruby>で(<ruby>強盗<rt>ごうとう</rt></ruby>)の<ruby>被害<rt>ひがい</rt></ruby>にあった。

그녀는 여행지에서 강도에게 피해를 당했다.

11 ★★
さいわ
幸い
명 ナ 부 행복, 다행임, 운좋음, 다행히

あんな<ruby>大<rt>おお</rt></ruby>きい<ruby>事故<rt>じこ</rt></ruby>で<ruby>怪我<rt>けが</rt></ruby>がなかったのは<ruby>不幸中<rt>ふこうちゅう</rt></ruby>の(<ruby>幸<rt>さいわ</rt></ruby>い)だ。

그런 큰 사고에서 다치지 않은 것은 불행 중 다행이다.

12
しげき
刺激
명 する 자극

このホラー<ruby>映画<rt>えいが</rt></ruby>は、<ruby>子<rt>こ</rt></ruby>どもには(<ruby>刺激<rt>しげき</rt></ruby>)が<ruby>強<rt>つよ</rt></ruby>すぎる。

이 공포영화는 아이에게는 자극이 너무 강하다.

13 ★★ ⑯
しょうとつ
衝突
명 する 충돌

<ruby>意見<rt>いけん</rt></ruby>の(<ruby>衝突<rt>しょうとつ</rt></ruby>)を<ruby>避<rt>さ</rt></ruby>けていては、いい<ruby>話<rt>はな</rt></ruby>し<ruby>合<rt>あ</rt></ruby>いはできない。

의견 충돌을 피해서는 좋은 의논은 할 수 없다.

14 ★
しんにゅう
侵入
명 する 침입

ニュースによると、<ruby>昨日<rt>きのう</rt></ruby>の<ruby>夜<rt>よる</rt></ruby>、<ruby>誰<rt>だれ</rt></ruby>かがあのビルに(<ruby>侵入<rt>しんにゅう</rt></ruby>)したそうだ。

뉴스에 의하면 어제밤 누군가가 저 빌딩에 침입했다고 한다.

15 ★★
せきにん
責任
명 책임

もんだいの(責任)をとって社長は会社を辞めた。
문제의 책임을 지고 사장은 회사를 그만뒀다.

---

16 ★
そう さ
捜査
명 する 수사

刑事の(捜査)で犯人が特定できた。
형사의 수사로 범인을 특정할 수 있었다.

---

17 ⑫
そう ち
装置
명 장치

火事のために安全(装置)が作動した。
화재 때문에 안전 장치가 작동했다.

---

18 ⑱ ⑩
ぞくしゅつ
続出
명 する 속출

ここ最近、盗難の被害が(続出)しているので気をつけてください。
요 근래 도난 피해가 속출하고 있으니까 조심하세요.

---

19 ★★
そ ち
措置
명 する 조치

緊急事態のマニュアルを見て、適切に(措置)した。
긴급 사태의 매뉴얼을 보고 적절하게 조치했다.

---

20 ★
とうなん
盗難
명 도난

海外旅行では(盗難)にあわないよう気をつけなければならない。
해외 여행에서는 도난을 당하지 않도록 주의해야 한다.
➕ 盗む 훔치다

---

21 ★ ⑬
とうぼう
逃亡
명 する 도망

その事件の犯人は長い(逃亡)生活の末、ついに捕まった。
그 사건의 범인은 오랜 도망 생활 끝에, 결국 붙잡혔다.
➕ 逃げる 도망치다, 달아나다

22 ★★
はっせい
発生
명 する 발생

事件が(発生)後、すぐに犯人が見つかった。
사건 발생 후, 바로 범인이 발견됐다.

23 ★★ ⑱ ⑫
は へん
破片
명 파편

割れたガラスの(破片)はとても小さいので注意しなければならない。
깨진 유리 파편은 매우 작아서 주의해야 한다.

24 ★
はんざい
犯罪
명 범죄

青少年の(犯罪)を取り締まる。
청소년 범죄를 단속한다.
➕ 犯人 범인 犯す 범하다

25
ひとじち
人質
명 인질

今回の事件で10人が(人質)に取られている。
이번 사건으로 10명이 인질로 잡혀있다.

26 ★★ ⑪
ぶんせき
分析
명 する 분석

事故が起こった原因を(分析)し、今後に備える必要がある。
사고가 일어난 원인을 분석해서 앞으로를 대비할 필요가 있다.

27 ★ ⑰
ぼうはん
防犯
명 방범

犯人の顔が(防犯)カメラに映っていた。
범인의 얼굴이 방범 카메라에 찍혀 있었다.
➕ 防止 방지

28
ゆうどう
誘導
명 する 유도

火事の際は生徒を安全な場所に(誘導)することになっている。
화재 시에는 학생을 안전한 장소로 유도하게 되어 있다.
➕ 誘拐 유괴

29 ★★ ⑮
ゆくえ
行方
명 행방

警察が犯人の(行方)を追っている。

경찰이 범인의 행방을 쫓고 있다.

＋ 行き先 행선지

---

30 ★★ ⑪
ようきゅう
要求
명 する 요구

犯人は私たちに3億円のお金を(要求)した。

범인은 우리에게 3억엔의 돈을 요구했다.

---

31 ★★★ ⑱
ようじん
用心
명 する 조심함, 경계함

火事にならないよう(用心)している。

화재가 일어나지 않도록 주의하고 있다.

≒ 気をつける 조심하다

---

32 ★★
よけい
余計
명 ナ 쓸데 없음, 부질없음

私たちはいつも(余計)な一言が原因で喧嘩をする。

우리는 늘 쓸데없는 한마디가 원인이 되어 싸움을 한다.

---

33 ★ ⑪
あいつ
相次ぐ
동 잇달다, 연달다

この会社の製品は故障が(相次いで)いる。

이 회사 제품은 고장이 잇따르고 있다.

---

34 ★★
あば
暴れる
동 날뛰다, 난폭하게 굴다

酔っ払った客が店で(暴れた)ので警察を呼んだ。

술 취한 손님이 가게에서 난폭하게 굴어 경찰을 불렀다.

35
あらわ
現す
동 드러내다

犯人はもう一度犯行現場に姿を(現す)はずだ。

범인은 다시 한번 범행 현장에 모습을 나타낼 것이다.

≒ 表す 나타내다

---

36 ★★ ⑱
慌てる (あわてる)
동 당황하다, 허둥거리다

地震の時は(慌てず)落ち着いて行動することが重要だ。

지진 때는 당황하지 않고 침착하게 행동하는 것이 중요하다.

➕ じたばたしても 허둥지둥해도, 바둥거려도 ⑯

37 ★★
疑う (うたがう)
동 의심하다

彼女は警察から犯人だと(疑われて)いる。

그녀는 경찰에게 범인이라고 의심받고 있다.

38 ★
訴える (うったえる)
동 소송하다, 호소하다

子どもが夜中にお腹が痛いと(訴えた)。

아이가 한밤중에 배가 아프다고 호소했다.

39 ★
奪う (うばう)
동 빼앗다

地下鉄で大事なかばんを(奪われた)。

지하철에서 중요한 가방을 빼앗겼다.

40 ★
崩れる (くずれる)
동 붕괴하다, 무너지다, 허물어 지다

地震で多くのビルが(崩れた)。

지진으로 많은 빌딩이 붕괴되었다.

➕ 崩す (くずす) 무너뜨리다, 허물어 뜨리다

41 ★★
壊す (こわす)
동 부수다, 고장내다, 깨뜨리다

車をぶつけて店の看板を(壊して)しまった。

차를 들이받아서 가게 간판을 부수고 말았다.

➕ 壊れる (こわれる) 깨지다, 부서지다, 고장나다

42 ★
図る (はかる)
동 꾀하다, 도모하다

警察が事件の早期解決を(図る)ように努力している。

경찰이 사건의 조기 해결을 도모하도록 노력하고 있다.

➕ 計る (はかる) (무게를) 달다, (길이를) 재다

43 ★★ ⑫	こう じ　　みち　　　ふさ 工事で道が(塞がれて)いる。 공사로 인해 길이 막혀있다.
ふさ **塞ぐ** [동] 막다, 틀어막다, 닫다	

44 ★	ひ みつ　　　も 秘密が(漏れない)ようにセキュリティーが強化された。 비밀이 누설되지 않도록 보안이 강화되었다. [+] も 漏らす 새게하다, 누설하다, 표정을 드러내다
も **漏れる** [동] 새다, 누설되다, 누락되다	

45 ★	じ しん　　じ めん　　はげ　　　ゆ 地震で地面が激しく(揺れた)。 지진으로 지면이 세차게 흔들렸다.
ゆ **揺れる** [동] 흔들리다, 요동하다	

46	まぎ　　　　　　たん ご　　おお　　　　おぼ　　　　　たいへん (紛らわしい)単語が多くて覚えるのが大変だ。 헷갈리기 쉬운 단어가 많아서 외우는 것이 힘들다. [+] まぎ 紛れる 헷갈리다, 혼동되다
まぎ **紛らわしい** [동] 헷갈리기 쉽다	

47 ★★	こ　　　　　　おや　　ころ　　　ぶっそう　　　よ　　なか 子どもが親を殺す、(物騒)な世の中になってしまった。 자식이 부모를 죽이는 뒤숭숭한 세상이 되어 버렸다. [≒] あぶ 危ない 위험하다
ぶっそう **物騒** [ナ] 위험한 느낌이 드는 모양	

48 ★★	こう つう じ こ　　　ぼう し　　　　　よう い 交通事故を防止するのは(容易)ではない。 교통사고를 방지하는 것은 쉽지 않다.
よう い **容易** [ナ] 용이, 손쉬움	

49 ★★	き かい　　　　らんぼう　　　あつか　　　こわ 機械を(乱暴)に扱って壊してしまった。 기계를 난폭하게 다뤄서 고장내고 말았다. [↔] ていねい 丁寧 친절함, 정중함
らんぼう **乱暴** [ナ] [명] [する] 난폭, 거침, 터무니없음	

1 해당 어휘의 읽는 법을 찾고, 빈칸에 의미를 적으세요.

예	学生	✔ がくせい	② がっせい	학생

1　用心　　① ようしん　② ようじん　______________

2　改善　　① かいぜん　② かいせん　______________

3　疑う　　① うたがう　② あつかう　______________

4　人質　　① ひとじつ　② ひとじち　______________

5　漏れる　① ぬれる　② もれる　______________

2 문맥에 맞는 단어를 보기에서 골라 알맞은 형태로 바꾸어 써 넣으세요.

6　事故が起こった原因を(　　　　)し、今後に備える必要がある。

7　警察が事件の早期解決を(　　　　)ように努力している。

8　その事件の犯人は長い(　　　　)生活の末、ついに捕まった。

9　(　　　　)単語が多くて覚えるのが大変だ。

10　意見の(　　　　)を避けていては、いい話し合いはできない。

しょうとつ	とうぼう	ぶんせき	はか	まぎ
衝突	逃亡	分析	図る	紛らわしい

1 ② 조심함, 경계함　2 ① 개선　3 ① 의심하다　4 ② 인질　5 ② 누설되다, 누락되다
6 分析　7 図る　8 逃亡　9 紛らわしい　10 衝突

독해 · 청해 어휘

いとぐち 糸口	명 실마리, 단서	じ けん いちねん た かいけつ いとぐち み 事件から一年経つが、解決の糸口はまだ見つかっていない。 사건 이후로 1년이 지났지만, 해결의 실마리는 아직 발견되지 않고 있다.
か さい 火災	명 화재	きのう か さい お おおさわ 昨日、あのビルで火災が起きて大騒ぎになったそうだ。 어제 저 빌딩에서 화재가 일어나서 대소동이 일어났다고 한다.
か しつ 過失	명 과실	けいさつ こんかい じ けん かいしゃがわ か しつ 警察によると、今回の事件では会社側に過失があったそうだ。 경찰에 의하면 이번 사건에서는 회사측에 과실이 있었다고 한다.
✧ かんちが 勘違い	명 する 착각, 오해	わたし かれ どくしん かんちが 私は彼は独身だと勘違いしていた。 나는 그가 독신이라고 착각하고 있었다.
✧ き けん 危険	명 ナ 위험	ひ こう き なか き けん もの も こ 飛行機の中に危険な物を持ち込んではいけない。 비행기 안에 위험한 물건을 반입해서는 안 된다.
✧ きゅうじょ 救助	명 する 구조	かれ じ こ でんしゃ なか さい ご きゅうじょ 彼は事故にあった電車の中から最後に救助された。 그는 사고가 난 전철 안에서 마지막으로 구조 되었다.
ぎ わく 疑惑	명 의혹	かれ ぎ わく は ついに彼の疑惑が晴れた。 마침내 그의 의혹이 풀렸다.
✧ こころ あ 心当たり	명 마음 짚이는 데, 짐작가는 데	わたし じ けん はんにん こころ あ 私は、その事件の犯人に心当たりがある。 나는 그 사건의 범인으로 짐작 가는 데가 있다.
こっせつ 骨折	명 する 골절	あし こっせつ かいしゃ いっしゅうかんやす 足を骨折したため、会社を一週間休んだ。 다리가 부러졌기 때문에 회사를 일주일간 쉬었다.
こんきょ 根拠	명 근거	なに こんきょ い 何を根拠にそんなことが言えるんですか。 무엇을 근거로 그런 말을 할 수 있습니까.
さいがい 災害	명 재해	じ しん さいがい そな ぼうさい よう い 地震などの災害に備えて、防災グッズを用意した。 지진 등의 재해에 대비해서 방재용품을 준비했다.
さいげん 再現	명 する 재현	じ こ じょうきょう さいげん 事故の状況を再現した。 사고의 상황을 재현했다.
さっ ち 察知	명 する 헤아려 앎	しんにゅうしゃ さっ ち な このアラームは侵入者を察知すると鳴るようになっている。 이 알람은 침입자를 알아차리면 울리도록 되어 있다.
じ たい 事態	명 사태	だいじ しん お まち きんきゅう じ たい 大地震が起こり、町は緊急事態となった。 큰 지진이 일어나 마을은 긴급 사태가 되었다.

じょうきょう 状況	명 상황	げんば つ しだい じょうきょう おし 現場に着き次第、状況を教えてください。 현장에 도착하는 대로 즉시 상황을 알려주세요.
しょうこ 証拠	명 증거	かれ はんにん しょうこ み 彼が犯人だという証拠が見つかった。 그가 범인이라는 증거가 발견되었다.
しんそう 真相	명 진상	じけん しんそう いま わ あの事件の真相は未だに分からないままだ。 그 사건의 진상은 아직도 밝혀지지 않은 채이다.
せいぞん 生存	명 する 생존	ひこうき じこ あと じょうきゃく せいぞん かくにん さぎょう 飛行機事故の後、乗客の生存を確認する作業が つづ 続いた。 비행기 사고 후, 승객의 생존을 확인하는 작업이 계속되었다.
せんにゅう 潜入	명 する 잠입	がいしゃ こうじょう せんにゅう しっぱい ライバル会社の工場に潜入しようとしたが失敗し た。 라이벌 회사의 공장에 잠입하려고 했지만 실패했다.
そうなん 遭難	명 する 조난	やま みち まよ そうなん 山で道に迷って、遭難するところだった。 산에서 길을 헤매서 조난할 뻔했다.
たいしょ 対処	명 する 대처	こんなん じたい たいしょ 困難な事態にでもすぐ対処できるようにしておき なさい。 곤란한 사태에서도 바로 대처할 수 있도록 해두어라.
だんてい 断定	명 する 단정	そうさちゅう だんてい かれ はんにん まだ捜査中なので断定はできないが、彼が犯人か もしれない。 아직 수사 중이기 때문에 단정은 할 수 없지만 그가 범인일지도 모른다.
て 手がかり	명 단서	はんにん つづ て え ふたた げんば む 犯人へ続く手がかりを得るため、再び現場に向か った。 범인 단서를 얻기 위해 또 다시 현장으로 향했다.
てちが 手違い	명 착오	みせ てちが ちゅうもん しょうひん とど 店の手違いで注文していない商品が届いた。 가게의 착오로 주문하지 않은 상품이 도착했다.
はあく 把握	명 する 파악	もんだいてん はあく かいけつあん かんが まず問題点を把握してから解決案を考えるべき だ。 우선 문제점을 파악하고 나서 해결안을 생각해야 한다.
ひがい 被害	명 피해	せんじつお じしん ひがい しんこく 先日起きた地震の被害は深刻である。 얼마 전에 일어난 지진 피해는 심각하다.
ふしん 不審	명 ナ 의심스러움	がっこう かえ ふしん じんぶつ み けいさつ 学校の帰りに不審な人物を見かけたので、警察に つうほう 通報した。 학교 귀가 길에 의심스러운 인물을 봤기 때문에 경찰에게 통보했다.
ふんしつ 紛失	명 する 분실	さいふ ふんしつ がいしゃ れんらく 財布を紛失したので、すぐにカード会社に連絡し た。 지갑을 분실했기 때문에 바로 카드회사에 연락했다.

暴力 (ぼうりょく)	명 폭력	高校時代は、話し合いではなく、何でも暴力で解決した。 고등학생 때는 서로 이야기하는 것이 아니라 뭐든 폭력으로 해결했었다.
誤る (あやま)	동 실수하다, 틀리다	地下鉄の中で誤って隣の人の足を踏んでしまった。 지하철 안에서 실수해 옆 사람의 발을 밟아 버렸다.
負う (お)	동 (짐등)지다, 업다 (책임등) 지다	チームの成績が上がらず、監督が全ての責任を負って辞任した。 팀의 성적이 오르지 않아서 감독이 모든 책임을 지고 사임했다.
陥る (おちい)	동 빠지다, 빠져 들다	突然の火事で、みんながパニックに陥った。 갑작스런 화재로 모두가 패닉에 빠졌다.
こぼす	동 엎지르다	コップを倒して水をこぼしてしまった。 컵을 쓰러뜨려 물을 엎지르고 말았다.
転ぶ (ころ)	동 구르다, 넘어지다	凍った道で滑って転んでしまい、腰を痛めてしまった。 빙판길에 미끄러져 넘어져서 허리를 다치고 말았다.
捜す (さが)	동 찾다	母親は迷子になった子どもを必死に捜していた。 어머니는 미아가 된 아이를 필사적으로 찾고 있었다.
だます	동 속이다	人をだましてお金を取るのは詐欺だ。 사람을 속여 돈을 뺏는 것은 사기이다.
捕まる (つか)	동 잡히다, 붙잡히다	長い間逃げていた犯人がようやく捕まった。 오랫동안 도망쳤던 범인이 드디어 붙잡혔다.
捕らえる (と)	동 잡다	犯人を捕らえる瞬間が監視カメラに映っていた。 범인을 체포하는 순간이 감시 카메라에 찍혀 있었다.
引き起こす (ひ お)	동 일으키다	この事件を引き起こした犯人は精神的に問題があったらしい。 이 사건을 일으켰던 범인은 정신적으로 문제가 있었던 것 같다.
放る (ほう)	동 내던지다, 내버려 두다	初心者はわからないことも多いので放っておいてはいけない。 초심자는 모르는 것도 많으니까 내버려두어서는 안된다.
あらゆる	연 온갖, 모든	事件解決のため、過去のあらゆる資料を集めた。 사건 해결을 위해 과거의 모든 자료를 모았다.

아래의 단어를 보고 읽는 법과 뜻을 적어 본 후 점선대로 접어서 답을 확인해 봅시다.
틀린 단어는 뒷 페이지 ☐ 에 V표시를 해 봅시다.

접는 선

단어	읽는 법과 뜻	
改正	かいせい	개정
用心		
違反		
依頼		
改善		
禁物		
強盗		
幸い		
衝突		
責任		
措置		
発生		
破片		
分析		
行方		
要求		
余計		
乱暴		
暴れる		
慌てる		
疑う		
壊す		
塞ぐ		

– 오다이바 후지테레비 –

예처럼 빈칸을 채우면서 다시 한번
체크해 봅시다.

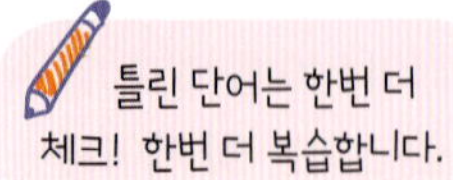

읽는 법과 뜻		한자	읽는 법	의미
	かいせい 개정	예 改正	かいせい	개정
	ようじん 조심함, 경계함	用心		
	いはん 위반	違反		
	いらい 의뢰	依頼		
	かいぜん 개선	改善		
	きんもつ 금물	禁物		
	ごうとう 강도	強盗		
	さいわい 다행, 운좋음	幸い		
	しょうとつ 충돌	衝突		
	せきにん 책임	責任		
	そち 조치	措置		
	はっせい 발생	発生		
	はへん 파편	破片		
	ぶんせき 분석	分析		
	ゆくえ 행방	行方		
	ようきゅう 요구	要求		
	よけい 쓸데 없음	余計		
	らんぼう 난폭	乱暴		
	あばれる 난폭하게 굴다	暴れる		
	あわてる 당황하다	慌てる		
	うたがう 의심하다	疑う		
	こわす 부수다, 고장내다	壊す		
	ふさぐ 막다, 틀어막다	塞ぐ		

DAY 16

경제생활과 경제산업(1)

☐ 01 赤字	☐ 02 営業	☐ 03 価格	☐ 04 貨物
☐ 05 規格	☐ 06 漁業	☐ 07 金庫	☐ 08 黒字
☐ 09 経費	☐ 10 限定	☐ 11 交換	☐ 12 購入
☐ 13 財産	☐ 14 削減	☐ 15 支給	☐ 16 品物
☐ 17 収穫	☐ 18 手段	☐ 19 寿命	☐ 20 順調
☐ 21 証明	☐ 22 請求	☐ 23 製作	☐ 24 節約
☐ 25 送料	☐ 26 対応	☐ 27 超過	☐ 28 提供
☐ 29 値段	☐ 30 売買	☐ 31 表示	☐ 32 不況
☐ 33 返品	☐ 34 補助	☐ 35 目安	☐ 36 催し
☐ 37 輸出	☐ 38 利益	☐ 39 領収	☐ 40 割引
☐ 41 営む	☐ 42 稼ぐ	☐ 43 配る	☐ 44 支払う
☐ 45 潰れる	☐ 46 凹む	☐ 47 養う	☐ 48 贅沢
☐ 49 いくぶん			

01 ★
あか じ
赤字
名 적자

この数年は経営(赤字)が続いている。
최근 몇 년은 경영적자가 계속되고 있다.

02
えいぎょう
営業
名 する 영업

コンビニは24時間年中無休で(営業)している。
편의점은 24시간 연중무휴로 영업하고 있다.

03 ★
か かく
価格
名 가격

住宅の(価格)が上がっている。
주택 가격이 오르고 있다.

04
か もつ
貨物
名 화물

初めて(貨物)の専用列車を見た。
화물 전용열차를 처음 봤다.

05
き かく
規格
名 규격

大量生産するには一定の(規格)を決める必要がある。
대량 생산하기 위해서는 일정한 규격을 정할 필요가 있다.

06 ★
ぎょぎょう
漁業
名 어업

魚をとるために海で3か月過ごす、(漁業)は大変だ。
물고기를 잡기 위해 바다에서 3개월을 보내는 어업은 힘들다.

07 ★
きん こ
金庫
名 금고

銀行の(金庫)の中にはすごい金額の現金が入っている。
은행 금고 속에는 엄청난 금액의 현금이 들어있다.

08
くろ じ
黒字
명 흑자

この店は、開店当初から(黒字)が続いている。

이 가게는 개점 당초부터 흑자가 계속되고 있다.

---

09 ★
けい ひ
経費
명 경비

彼は会社の(経費)を個人的に使い、会社を首になった。

그는 회사의 경비를 개인적으로 사용해서 회사에서 해고되었다.
➕ 総額 총액 ⑱

10
げんてい
限定
명 する 한정

今回のセールは会員(限定)で安くなるそうです。

이번 세일은 회원한정으로 싸게 살 수 있다고 합니다.

---

11 ★
こうかん
交換
명 する 교환

間違えて買った商品を、店で(交換)してもらった。

잘못 산 상품을 가게에서 교환 받았다.

---

12 ★
こうにゅう
購入
명 する 구입

この家は30年ローンで(購入)した。

이 집은 30년 대출로 구입했다.

13
ざいさん
財産
명 재산

家族の間で祖父の(財産)をめぐる争いが起こった。

가족들 사이에서 할아버지의 재산을 둘러싼 싸움이 일어났다.

---

14 ★
さくげん
削減
명 する 삭감

今年から、チームの予算が(削減)された。

올해부터 팀 예산이 삭감되었다.

---

15 ★ ⑪

しきゅう
支給

명 する 지급

こうつうひ　　　　　しきゅう　　　　　　　　　　　　　　　さが　　　　むずか
交通費が(支給)されるアルバイトを探すのは難しい。

교통비가 지급되는 아르바이트를 찾는 것은 어렵다.

16

しなもの
品物

명 물건, 물품, 상품

ちゅうもん　　　　　しなもの　　　と　　い
注文していた(品物)を取りに行った。

주문했던 상품을 찾으러 갔다.

---

17 ★★★ ⑯⑫

しゅうかく
収穫

명 する 수확

のうか　　いちねん　なか　　しゅうかく　　じき　　いちばんいそが
農家は一年の中で(収穫)の時期が一番忙しい。

농가는 일년 중에서 수확 시기가 가장 바쁘다.

18

しゅだん
手段

명 수단

かれ　じぶん　　りえき　　　　　　しゅだん　えら
彼は自分の利益のためには(手段)を選ばない。

그는 자신의 이익을 위해서는 수단을 가리지 않는다.

　　ほうほう
≒ 方法 방법

---

19 ★

じゅみょう
寿命

명 수명

けいざいせいちょう　　　　こくみん　へいきん　じゅみょう　なが
経済成長によって国民の平均(寿命)が長くなった。

경제 성장에 따라 국민의 평균수명이 길어졌다.

---

20 ★★★ ⑯⑮

じゅんちょう
順調

명 ナ 순조로움

ちかごろけいき　　よ　　　　　　　　　　かいしゃ　　　じゅんちょう
近頃景気が良くて、うちの会社も(順調)だ。

최근 경기가 좋아서 우리 회사도 순조롭다.

21

しょうめい
証明

명 する 증명

けいさつ　そうさ　　　　かれ　はんにん　　　しょうめい　　　　　なに
警察の捜査では彼が犯人だと(証明)するものは何も
で
出てこなかった。

경찰 수사에서는 그가 범인이라고 증명하는 것은 아무것도 나오지 않았다.

22
せいきゅう
請求
명 する 청구

先月のクレジットカードの(請求)が来て、その金額に驚いた。

지난 달의 신용카드 청구가 왔는데, 그 금액에 놀랐다.

---

23 ★
せいさく
製作
명 する (상품 등을) 제작

この会社では舞台衣装を(製作)している。

이 회사에서는 무대의상을 제작하고 있다.

➕ 制作 (예술품 등을) 제작

---

24 ★★ ⑰
せつやく
節約
명 する 절약

結婚に向けて、貯金をするために(節約)を始めた。

결혼에 대비하여 저금을 하기 위해 절약을 시작했다.

25
そうりょう
送料
명 송료, 우송·운송의 요금

日本に荷物を送るのに、航空便は(送料)が高いので船便にした。

일본에 짐을 보내는데 항공편은 송료가 비싸기 때문에 배편으로 보냈다.

26
たいおう
対応
명 する 대응

この製品は海外の電圧にも(対応)している。

이 제품은 해외의 전압에도 대응하고 있다.

27
ちょうか
超過
명 する 초과

飛行機に乗る時、荷物が多すぎて(超過)料金を支払った。

비행기를 탈 때 짐이 너무 많아서 초과 요금을 지불했다.

---

28 ★ ⑯
ていきょう
提供
명 する 제공

あのホテルでは一流のサービスが(提供)される。

그 호텔에서는 일류 서비스가 제공된다.

29 ★

値段 (ねだん)
명 가격

店員に指輪の(値段)を聞いた。
점원에게 반지의 가격을 물었다.

30 ★

売買 (ばいばい)
명 する 매매

土地の(売買)で必要な書類を揃える。
토지 매매에서 필요한 서류를 갖추다.

31

表示 (ひょうじ)
명 する 표시

(表示)価格より全商品が50%オフです。
표시 가격보다 전상품이 50% 할인입니다.

32 ★

不況 (ふきょう)
명 불황

(不況)のせいで彼は会社をクビになった。
불황 탓에 그는 회사에서 해고되었다.

33

返品 (へんぴん)
명 する 반품

(返品)は商品購入から3週間以内だ。
반품은 상품 구입 후 3주 이내이다.

34

補助 (ほじょ)
명 する 보조

この家の家賃の3割は会社が(補助)してくれている。
이 집의 집세의 30%는 회사에서 보조해주고 있다.

35 ★

目安 (めやす)
명 표준, 기준, 목표

結婚式の費用の(目安)を教えてください。
결혼식 비용의 기준을 알려주세요.
≒ 見当 (けんとう) 어림, 짐작, 예상

36 ★★ ⑯
もよお
催し
명 행사, 회합

デパートでは梅雨に向けた商品の(催し)をしていた。

백화점에서는 장마 대비 상품의 행사를 하고 있었다.

≒ 行事 행사

---

37 ★
ゆ しゅつ
輸出
명 する 수출

円高の影響で(輸出)が減っている。

엔고(엔화 강세)의 영향으로 수출이 줄고 있다.

↔ 輸入 수입

---

38 ★ ⑪
り えき
利益
명 이익

(利益)を上げるには、もう少し様子を見なければなら

ないだろう。

이익을 올리려면 조금 더 상황을 지켜봐야 할 것이다.

---

39 ★★ ⑰
りょうしゅう
領収
명 する 영수

ここには、料金を(領収)した担当者がサインする。

여기에는 요금을 영수한 담당자가 사인한다.

＋ 精算 정산 ⑱

---

40 ★★
わりびき
割引
명 する 할인

自分の会社の商品を買うときは(割引)が受けられる。

자기 회사 상품을 살 때는 할인을 받을 수 있다.

＋ 割引券 할인권

---

41 ★
いとな
営む
동 영위하다, 일하다, 경영하다

兄は、ドイツで寿司屋を(営んで)います。

형은 독일에서 초밥집을 경영하고 있습니다.

---

42 ★
かせ
稼ぐ
동 부지런히 일해 벌다,
(점수, 시간 등을) 벌다, 따다

お金を(稼いで)、将来、自分のお店を開きたい。

돈을 벌어서 장래에 내 가게를 열고 싶다.

43 配る (くば)
동 나누어주다, 배부하다

駅前にはティッシュを(配って)いる人がたくさんいる。
역 앞에는 티슈를 나누어 주는 사람이 많이 있다.

44 支払う (しはら)
동 지불하다

毎月税金を(支払わ)なければならない。
매월 세금을 지불해야 한다.

45 ★ 潰れる (つぶ)
동 찌부러지다, 부서지다, 파산하다

上に置いた荷物が重くて、下の箱が(潰れて)しまった。
위에 둔 짐이 무거워서 밑의 상자가 찌그러져 버렸다.

最近は本が売れないので、町の本屋が(潰れて)しまった。
요즘은 책이 팔리지 않아서 동네 책방이 망해버렸다.

46 凹む (へこ)
동 움푹 들어가다, 꺼지다

車で事故にあって、車体が(凹んだ)。
차로 사고를 당해 차체가 우그러들었다.

47 ★ ⑱ 養う (やしな)
동 양육하다, 기르다, 부양하다

友人は朝から夜中まで休まずに働いて家族を(養って)いる。
친구는 아침부터 밤까지 쉬지 않고 일하여 가족을 부양하고 있다.

48 ★★ ⑬ 贅沢 (ぜいたく)
명 ナ する 사치, 사치스러움

彼は高級車に乗ってとても(贅沢)な暮らしをしている。
그는 고급차를 타고 매우 사치스러운 생활을 하고 있다.

49 ★ いくぶん
부 명 얼마간, 조금, 약간

財産の(いくぶん)かをユニセフに寄付した。
재산에서 일부를 유니세프에 기부했다.

12회분 추가 실전 모의 테스트는
www.sisabooks.com 에서 다운 가능!!!

1 해당 어휘의 읽는 법을 찾고, 빈칸에 의미를 적으세요.

예	学生	✓① がくせい	② がっせい	학생

1	削減	① さっげん	② さくげん	_____________
2	稼ぐ	① かせぐ	② ふさぐ	_____________
3	貨物	① かもつ	② かぶつ	_____________
4	規格	① きっかく	② きかく	_____________
5	養う	① やしなう	② ととのう	_____________

2 문맥에 맞는 단어를 보기에서 골라 알맞은 형태로 바꾸어 써 넣으세요.

6　彼は高級車に乗ってとても(　　　)暮らしをしている。

7　近頃景気が良くて、うちの会社も(　　　)。

8　結婚式の費用の(　　　)を教えてください。

9　(　　　)を上げるには、もう少し様子を見なければならないだろう。

10　あのホテルでは一流のサービスが(　　　)される。

じゅんちょう	ぜいたく	ていきょう	めやす	りえき
順調	贅沢	提供	目安	利益

독해 · 청해 어휘

売_うり手_て	명 판매자	今回_{こんかい}の取引_{とりひき}は売_うり手_てに優位_{ゆうい}に進_{すす}んだ。 이번 거래는 판매자에게 유리하게 진행되었다.
売_うり場_ば	명 파는 곳, 판매장	ほとんどのデパートでは地下_{ちか}に食品_{しょくひん}売_うり場_ばがある。 대부분의 백화점에서는 지하에 식품매장이 있다.
上向_{うわむ}き	명 물가의 오름세	今年_{ことし}に入_{はい}って景気_{けいき}が上向_{うわむ}きになってきた。 올해 들어서 경기가 상승해 가고 있다.
お買_かい上_あげ	명 구입, 구입의 높임말	お買_かい上_あげ金額_{きんがく}に応_{おう}じてプレゼントを差_さし上_あげます。 구입하신 금액에 따라 선물을 드립니다.
お買_かい得_{どく}	명 싸게 사서 득을 봄	先週_{せんしゅう}デパートではセールをしていて、全商品_{ぜんしょうひん}がお買_かい得_{どく}だった。 지난 주 백화점에서는 세일을 해서 모든 상품이 저렴했다.
おまけ	명 덤	この雑誌_{ざっし}はいつもおまけが付_ついているので人気_{にんき}だ。 이 잡지는 항상 부록이 달려 있어서 인기다.
獲得_{かくとく}	명 する 획득	ゴルフの大会_{たいかい}で賞金_{しょうきん}を獲得_{かくとく}した。 골프대회에서 상금을 획득했다.
学割_{がくわり}	명 학생할인	通学定期券_{つうがくていきけん}を買_かう時_{とき}は学割_{がくわり}で安_{やす}く買_かえる。 통학 정기권을 살 때는 학생할인으로 싸게 살 수 있다.
駆_かけ引_ひき	명 する 흥정	仕事_{しごと}において、時_{とき}には相手_{あいて}との駆_かけ引_ひきも重要_{じゅうよう}である。 일에 있어서 때로는 상대와의 흥정도 중요하다.
工業化_{こうぎょうか}	명 공업화	工業化_{こうぎょうか}が進_{すす}めば、経済発展_{けいざいはってん}が可能_{かのう}だ。 공업화가 진행되면 경제발전이 가능하다.
産業_{さんぎょう}	명 산업	農業_{のうぎょう}や工業_{こうぎょう}などの産業_{さんぎょう}が発展_{はってん}すれば国_{くに}が豊_{ゆた}かになる。 농업이나 공업 등의 산업이 발전하면 국가가 풍요롭게 된다.
資本_{しほん}	명 자본	今_{いま}までの貯金_{ちょきん}を資本_{しほん}に、会社_{かいしゃ}を立_たち上_あげた。 지금까지의 저금을 자본으로 회사를 세웠다.
進呈_{しんてい}	명 する 진상, 증정	新製品_{しんせいひん}のサンプルを無料_{むりょう}進呈_{しんてい}した。 신제품의 샘플을 무료 증정했다.
世間知_{せけんし}らず	명 ナ 세상 물정에 어두움	彼女_{かのじょ}はもう30代_{だい}だが、社会人経験_{しゃかいじんけいけん}もなく、世間知_{せけんし}らずだ。 그녀는 이미 30대이지만 사회인 경험도 없어서 세상 물정에 어둡다.

そうてい 想定	명 する 상정	株の損失が想定した以上の金額に膨らんでしまった。 주식 손실이 생각하지 못했던 금액으로 늘어나 버렸다.
そくしん 促進	명 する 촉진	ビールの販売を促進するため、イベントを企画している。 맥주 판매를 촉진하기 위해 이벤트를 기획하고 있다.
ただ	명 공짜, 무료	この雑誌はただで配っているものだ。 이 잡지는 무료로 나눠주고 있는 것이다.
たっせい 達成	명 する 달성	営業部は2年連続で目標金額を達成し、社内で表彰された。 영업부는 2년 연속으로 목표 금액을 달성해서 사내에서 표창 받았다.
ちゅうこひん 中古品	명 중고품	最近は中古品をリサイクルショップへ持ち込む人が多い。 요즘은 중고품을 중고품 가게에 가져가는 사람이 많다.
つうちょう 通帳	명 통장	外国に住むなら、まず通帳を作った方がいい。 외국에 살려면 우선 통장을 만드는 것이 좋다.
ていか 定価	명 정가	セールで買ったテレビの定価を聞いて驚いた。 세일해서 산 텔레비전의 정가를 듣고 놀랐다.
とうけい 統計	명 통계	競馬はただのギャンブルではなく、統計の要素もある。 경마는 단지 도박이 아닌 통계의 요소도 있다.
とっぱ 突破	명 する 돌파	株価は上値抵抗線を突破した。 주가는 상한가 저항선을 돌파했다.
ふごう 富豪	명 부호	彼の夢は世界一の富豪になることだ。 그의 꿈은 세계 제일의 부호가 되는 것이다.
ふっこう 復興	명 する 부흥	震災からの復興にはまだ時間がかかりそうだ。 진재로부터의 부흥에는 아직 시간이 걸릴 것 같다.
ふりこみ 振り込み	명 する 납입	家賃の振り込みをうっかり忘れて、大家さんから電話があった。 집세 납입을 깜빡해서 집주인에게 전화가 왔다.
ほうしゅう 報酬	명 보수	彼は大きな仕事を無事に終えて、たくさんの報酬を手に入れた。 그는 큰 일을 무사히 끝내고 많은 보수를 손에 넣었다.

補助金 ほじょきん	명 보조금	近所のマラソン大会のメダルは町内会の補助金で買ったものだ。 근처 마라톤 대회 메달은 반상회의 보조금으로 산 것이다.
身分証明書 みぶんしょうめいしょ	명 신분증	居酒屋で、店員に「身分証明書を見せてください」と言われた。 선술집에서 점원이 "신분증을 보여주세요"라고 했다.
予算 よさん	명 예산	来年度の予算について、何度も会議を繰り返した。 내년도 예산에 대해서 몇 번이나 회의를 거듭했다.
来店 らいてん	명 する 내점	あの店は、来店するお客さんに最高の料理を提供する。 저 가게는 내점하는 손님에게 최고의 요리를 제공한다.
領収書 りょうしゅうしょ	명 영수증	会社の備品を買う時は、必ず領収書をもらわなければならない。 회사 비품을 살 때는 반드시 영수증을 받아야 한다.
生み出す う だ	동 낳다, 새로 만들어내다	あの商品は会社に巨大な利益を生み出した。 저 상품은 회사에 거대한 이익을 낳았다.
売り切れる う き	동 다팔리다, 매진되다	新商品は好評で、すぐに売り切れてしまった。 신상품은 호평이어서 바로 품절되어 버렸다.
買い換える か か	동 새로 사서 바꾸다	この洗濯機は10年使ったからそろそろ買い換えたい。 이 세탁기는 10년 사용했기 때문에 슬슬 바꾸고 싶다.
積み重なる つ かさ	동 겹쳐지다	借金が積み重なって、ついに破産した。 빚이 쌓여서 마침내 파산했다.
好調⑰ こうちょう	ナ 명 호조, 순조로움	今月はスポーツ用品が好調な売り上げを記録した。 이번 달은 스포츠 용품이 순조롭게 매상을 기록했다.
合法的 ごうほうてき	ナ 합법적	テレビで税金を合法的に節約する方法を紹介していた。 텔레비전에서 세금을 합법적으로 절약하는 방법을 소개하고 있었다.
様々 さまざま	ナ 다양함	この商品は様々な年代の人に人気があるそうだ。 이 상품은 다양한 연령의 사람들에게 인기가 있다고 한다.
莫大 ばくだい	ナ 막대함	彼は一代で莫大な資産を築いた。 그는 한평생 막대한 자산을 쌓았다.

복습해 볼까요?

아래의 단어를 보고 읽는 법과 뜻을 적어 본 후 점선대로 접어서 답을 확인해 봅시다.
틀린 단어는 뒷 페이지 □에 V표시를 해 봅시다.

접는 선

접으면 답을 확인할 수 있어요.

단어	읽는 법과 뜻	
改正	かいせい	개정
収穫		
順調		
贅沢		
節約		
催し		
領収		
赤字		
価格		
漁業		
金庫		
経費		
交換		
削減		
支給		
寿命		
製作		
提供		
値段		
売買		
不況		
目安		
輸出		

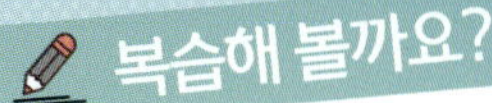

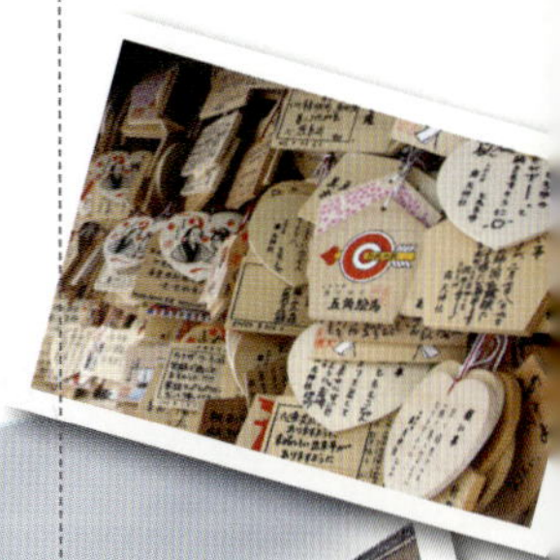

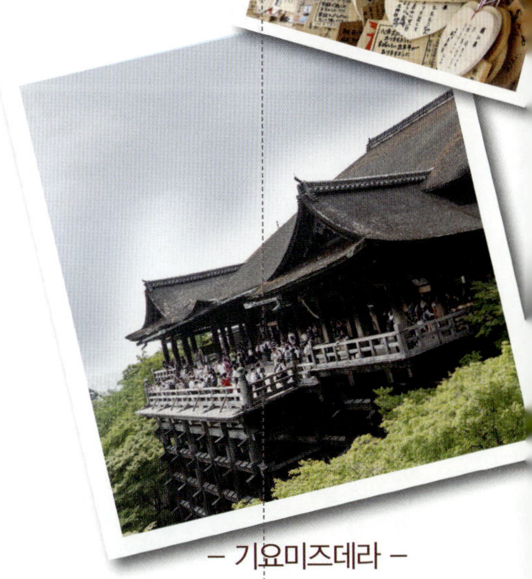

– 기요미즈데라 –

예처럼 빈칸을 채우면서 다시 한번
체크해 봅시다.

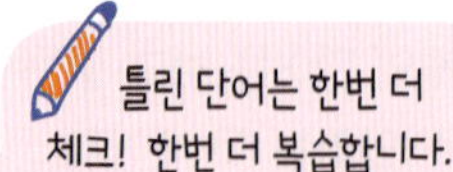

읽는 법과 뜻
かいせい 개정
しゅうかく 수확
じゅんちょう 순조로움
ぜいたく 사치, 사치스러움
せつやく 절약
もよおし 행사, 회합
りょうしゅう 영수
あかじ 적자
かかく 가격
ぎょぎょう 어업
きんこ 금고
けいひ 경비
こうかん 교환
さくげん 삭감
しきゅう 지급
じゅみょう 수명
せいさく (상품 등) 제작
ていきょう 제공
ねだん 가격
ばいばい 매매
ふきょう 불황
めやす 표준, 기준, 목표
ゆしゅつ 수출

한자	읽는 법	의미
예 改正	かいせい	개정
収穫		
順調		
贅沢		
節約		
催し		
領収		
赤字		
価格		
漁業		
金庫		
経費		
交換		
削減		
支給		
寿命		
製作		
提供		
値段		
売買		
不況		
目安		
輸出		

DAY 17

경제생활과 경제산업(2)

알고 있는 단어를 체크해 봅시다.

☐ 01 安価	☐ 02 売り上げ	☐ 03 応募	☐ 04 加入
☐ 05 還元	☐ 06 危機	☐ 07 金額	☐ 08 均衡
☐ 09 景気	☐ 10 けち	☐ 11 限度	☐ 12 口座
☐ 13 小銭	☐ 14 催促	☐ 15 残高	☐ 16 実績
☐ 17 借金	☐ 18 充実	☐ 19 出費	☐ 20 主力
☐ 21 所有	☐ 22 税込み	☐ 23 製造	☐ 24 製品
☐ 25 送金	☐ 26 損失	☐ 27 代金	☐ 28 貯金
☐ 29 手数料	☐ 30 値上がり	☐ 31 値引き	☐ 32 発展
☐ 33 貧困	☐ 34 物価	☐ 35 返済	☐ 36 豊富
☐ 37 保証	☐ 38 目標	☐ 39 家賃	☐ 40 余裕
☐ 41 利子	☐ 42 上回る	☐ 43 異なる	☐ 44 耕す
☐ 45 取り寄せる	☐ 46 もたらす	☐ 47 貧しい	☐ 48 手ごろ
☐ 49 大まか			

01 ★ あんか 安価
명 ナ 염가, 싼값

消費者からは(安価)で信頼できるサービスが求められ
ている。

소비자들은 싸고 신뢰할 수 있는 서비스를 원하고 있다.

02 うあ 売り上げ
명 매상, 매출

店の(売り上げ)が先月と比べて倍に伸びた。

가게 매출이 지난 달과 비교해 배로 늘었다.

03 おうぼ 応募
명 する 응모

主役は二千人の(応募)者の中から選ばれた。

주역은 2천명의 응모자 중에서 선발되었다.

04 かにゅう 加入
명 する 가입

インターネットに(加入)したら商品券がもらえた。

인터넷에 가입했더니 상품권을 받았다.

05 ★ かんげん 還元
명 する 환원

利益を社員に(還元)する方法の一つがボーナスだ。

이익을 사원에게 환원하는 방법의 하나가 보너스이다.

06 ★ きき 危機
명 위기

社員の力で倒産の(危機)を乗り越えた。

사원의 힘으로 도산위기를 극복했다.

07 きんがく 金額
명 금액

今日の会議で商品の(金額)が決まる。

오늘 회의에서 상품 금액이 정해진다.

08 ★
きんこう
均衡
명 する 균형

けいざい きんこう たも わたし しごと
経済の(均衡)を保つのが私たちの仕事だ。

경제 균형을 유지하는 것이 우리들의 일이다.

09 ★
けいき
景気
명 경기

さいきん けいき わる しゅうまつ いえ す ひと ふ
最近、(景気)が悪くて週末も家で過ごす人が増えて
いる。

요즘 경기가 나빠서 주말도 집에서 보내는 사람이 늘고 있다.

10
けち
명 ナ 인색함 또는 그런 사람, 구두쇠

わたし せつやく か
私は節約家なだけで、(けち)ではない。

나는 절약가일 뿐, 구두쇠는 아니다.

11
げんど
限度
명 한도

か もの げんど がく こ
買い物をしすぎてクレジットカードの(限度)額を超えて
しまった。

쇼핑을 너무 많이 해서 신용카드의 한도액을 초과해 버렸다.

12
こうざ
口座
명 계좌

はじ とき ぎんこう こうざ つく
アルバイトを始めた時に、銀行で(口座)を作った。

아르바이트를 시작했을 때에 은행에서 계좌를 만들었다.

13 ★
こぜに
小銭
명 잔돈

こぜに おお さいふ おも
(小銭)が多くて財布が重い。

잔돈이 많아서 지갑이 무겁다.

14 ★★ ⑬
さいそく
催促
명 する 재촉

か かね かえ さいそく
借りたお金を返していなかったため、(催促)された。

빌린 돈을 갚지 않아, 재촉 당했다.

15 ★★
ざんだか
残高
명 잔고

きゅうりょう び　　ぎんこう　　い　　ざんだか　　かくにん
給料日は銀行に行って(残高)を確認する。
급여일은 은행에 가서 잔고를 확인한다.

16 ★
じっせき
実績
명 실적

しょうひん　　きょねん　　はんばい　じっせき　いち い
この商品は去年の販売(実績)一位である。
이 상품은 작년 판매 실적 1위다.

17 ★
しゃっきん
借金
명 する 차금, 빚

かれ　　じ ぎょう　　しっぱい　　しゃっきん　　くる
彼は事業に失敗して、(借金)に苦しんでいる。
그는 사업에 실패해서 빚으로 고생하고 있다.

18 ★
じゅうじつ
充実
명 する 충실

う　ば　ひろ　しょうひん　じゅうじつ
このスーパーは売り場が広く商品が(充実)している。
이 슈퍼는 매장이 넓고 상품이 고루 갖추어져 있다.

19
しゅっ ぴ
出費
명 する 지출

こんげつ　　けっこんしき　　かさ　　しゅっぴ　　おお
今月は結婚式が重なって(出費)が多い。
이번달은 결혼식이 많아서 지출이 많다.

20
しゅりょく
主力
명 주력

かいしゃ　　しゅりょく　しょうひん
これがこの会社の(主力)商品となっている。
이것이 이 회사의 주력 상품이다.

21 ★
しょゆう
所有
명 する 소유

かいしゃ　　しょゆう　　　　　　　　しゅくはくし せつ　　けんしゅう
会社が(所有)している宿泊施設で研修することになった。
회사가 소유하고 있는 숙박시설에서 연수하기로 되었다.

22

ぜいこ
税込み

명 세금 포함

てんない　か かくひょうじ　すべ　ぜいこ　　きんがく
店内の価格表示は全て(税込み)の金額です。

점내의 가격표시는 전부 세금 포함 금액입니다.

---

23 ★　　⑯

せいぞう
製造

명 する 제조

かれ　じっか　こうじょう　くつ　せいぞう
彼の実家は工場で、靴の(製造)をしているらしい。

그의 본가는 공장에서 구두 제조를 하는 것 같다.

24

せいひん
製品

명 제품

きょうてんじ　せいひん　すべ　ことし
今日展示した(製品)は、全て今年のデザインだ。

오늘 전시한 제품은 모두 올해의 디자인이다.

しょうひん
≒ 商品 상품

25

そうきん
送金

명 する 송금

ふるさとに暮らす母に生活費を(送金)している。

고향에 사는 엄마에게 생활비를 송금하고 있다.

26

そんしつ
損失

명 する 손실

ともだち　すす　かぶ　か　おお　そんしつ
友達に勧められて株を買ったが、大きな(損失)となって
しまった。

친구에게 추천 받아서 주식을 샀지만 커다란 손실이 돼 버렸다.

27

だいきん
代金

명 대금

しょうひん　だいきん　ぎんこう　ふ　こ
商品の(代金)は銀行に振り込むことになっている。

상품의 대금은 은행에 이체하기로 되어 있다.

28

ちょきん
貯金

명 する 저금

まんいち　そな　ちょきん
万一のときに備え、(貯金)をしている。

만일의 경우에 대비해 저금을 하고 있다.

た
＋ 貯める 돈을 모으다

29

手数料
てすうりょう

명 수수료

週末、銀行のATMで取引をすると(手数料)がかかる。

주말에 은행 ATM에서 거래를 하면 수수료가 든다.

30

値上がり
ね あ

명 する 값이 오름

来月から店の商品が全て(値上がり)するらしい。

다음 달부터 가게 상품이 전부 가격이 오르는 것 같다.

31

値引き
ね び

명 する 값을 깎음, 싸게 함

賞味期限が近い商品は20%(値引き)することにした。

유통기한이 가까운 상품은 20%할인하기로 했다.

32

発展
はってん

명 する 발전

経済が(発展)すれば、国は豊かになるはずだ。

경제가 발전하면 나라는 풍족하게 될 것이다.

---

33 ★

貧困
ひんこん

명 빈곤

(貧困)の村では子どもは立派な労働力であり、学校に通うのが難しい。

빈곤한 마을에서는 아이들은 훌륭한 노동력이어서 학교에 다니는 것은 어렵다.

34

物価
ぶっか

명 물가

10年前と比べると、かなり(物価)が上がった。

10년 전과 비교하면 물가가 꽤 올랐다.

---

35 ★★

返済
へんさい

명 する 변제, 변상

借金を全て(返済)するのに10年かかった。

빚을 전부 갚는 데에 10년 걸렸다.

➕ 返金 돈을 돌려줌
へんきん

36 ★★★ ⑰ ⑪
ほう ふ
豊富
명 ナ 풍부(함)

デパートは商品が(豊富)で品質もすばらしい。

백화점은 상품이 풍부하고 품질도 훌륭하다.

---

37 ★ ⑯
ほ しょう
保証
명 する 보증

この商品は5年間の品質が(保証)されている。

이 상품은 5년간의 품질이 보증된다.

---

38 ★★
もくひょう
目標
명 목표

今年も利益(目標)を達成し、ほっとしている。

올해도 이익 목표를 달성해서 한숨 놓았다.

---

39 ★★
や ちん
家賃
명 집세

(家賃)は毎月25日に払うことになっている。

집세는 매월 25일에 내는 걸로 되어 있다.

---

40 ★★
よ ゆう
余裕
명 ナ 여유

いくら節約をしても車を買う(余裕)はない。

아무리 절약을 해도 차를 살 여유는 없다.

41
り し
利子
명 이자

銀行の(利子)は年々下がっており、顧客の獲得が難しくなっている。

은행 이자는 매년 떨어지고 있어서 고객 획득이 어려워지고 있다.

42
うわまわ
上回る
동 상회하다, 웃돌다

昨年を(上回る)営業成績で、社内はいいムードだ。

작년을 웃도는 영업성적으로 사내는 좋은 분위기이다.
↔ 下回る 밑돌다

43 ★★ ⑭

こと
異なる

동 다르다, 상이하다

携帯は機能によって価格も(異なる)。

핸드폰은 기능에 따라 가격도 다르다.

---

44 ★

たがや
耕す

동 갈다, 경작하다, 일구다

畑を(耕す)仕事には一日も休みがない。

밭을 가는 일에는 하루도 쉬는 날이 없다.

---

45 ★★

と　　よ
取り寄せる

동 주문해서 가져오게 하다

直接買いに行けないものは、インターネットで(取り寄せて)いる。

직접 사러 갈 수 없는 것은 인터넷으로 주문하고 있다.

46

もたらす

동 초래하다

オリンピック開催が(もたらす)利益は数兆円規模だという。

올림픽 개최가 가져오는 이익은 수조엔 규모라고 한다.

---

47 ★★

まず
貧しい

イ 가난하다

母は子どもの頃、(貧しい)家庭で育ったそうだ。

어머니는 어렸을 때, 가난한 가정에서 자랐다고 한다.

---

48 ★

て
手ごろ

ナ 알맞음, 적합함

通信販売は(手ごろ)な値段で、いろんな商品が買える。

통신판매는 적당한 가격으로, 다양한 상품을 살 수 있다.

49

おお
大まか

ナ 대략적임, 대충, 대범함

旅行先を決める前に費用を(大まか)に計算してみた。

여행지를 정하기 전에 비용을 대충 계산해 봤다.

1 해당 어휘의 읽는 법을 찾고, 빈칸에 의미를 적으세요.

| 예 | 学生 | ☑ がくせい | ② がっせい | 학생 |

1　催促　　① さっそく　　② さいそく　　______________

2　豊富　　① ほうふ　　② ほふう　　______________

3　均衡　　① きんとう　　② きんこう　　______________

4　貯金　　① ちょきん　　② ちょうきん　　______________

5　保証　　① ほしょう　　② ほしょ　　______________

2 문맥에 맞는 단어를 보기에서 골라 알맞은 형태로 바꾸어 써 넣으세요.

6　賞味期限が近い商品は20％(　　　　)することにした。

7　オリンピック開催が(　　　　)利益は数兆円規模だという。

8　母は子どもの頃、(　　　　)家庭で育ったそうだ。

9　私は節約家なだけで、(　　　　)ではない。

10　直接買いに行けないものは、インターネットで(　　　　)いる。

| けち | 値引き | 取り寄せる | もたらす | 貧しい |

기출단어 확인하기

어휘	읽는 법	의미
圧勝 ⑰	あっしょう	압승
腕 ⑮	うで	팔
会見 ⑭	かいけん	회견
肩 ⑫	かた	어깨
願望 ⑯	がんぼう	원망(소원)
景色 ⑩	けしき	경치, 풍경
硬貨 ⑯	こうか	경화 (금속 화폐)
講師 ⑮	こうし	강사
交代 ⑫	こうたい	교대
合同 ⑫	ごうどう	합동
作成 ⑮	さくせい	작성
上昇 ⑩	じょうしょう	상승
接続 ⑭	せつぞく	접속
相互 ⑩	そうご	상호
損害 ⑮	そんがい	손해
体格 ⑭	たいかく	체격
強み ⑪	つよみ	강점
伝統 ⑩	でんとう	전통
隣 ⑩	となり	옆
針 ⑫	はり	바늘
批判 ⑭	ひはん	비판

어휘	읽는 법	의미
批評 ⑯	ひひょう	비평
比例 ⑬	ひれい	비례
密閉 ⑰	みっぺい	밀폐
幼稚 ⑭	ようち	유치
用途 ⑮	ようと	용도
争う ⑮	あらそう	싸우다
傷む ⑭	いたむ	아프다, 괴롭다
思いつく ⑮	おもいつく	생각이 떠오르다
暮らす ⑩	くらす	살다
悔やむ ⑰	くやむ	후회하다
さびる ⑯ ⑰		녹슬다
絞る ⑰	しぼる	(쥐어)짜다, 좁히다
尽きる ⑩	つきる	(이야기가) 끊기다
つぶす ⑮		부수다, (시간을) 때우다
面する ⑮	めんする	인접하다, 마주하다
拾う ⑭	ひろう	줍다, 습득하다
かすか ⑬		희미함, 어렴풋함
簡潔 ⑯	かんけつ	간결함
湿っぽい ⑭	しめっぽい	축축하다, 눅눅하다
たくましい ⑮		씩씩하다

아래의 단어를 보고 읽는 법과 뜻을 적어 본 후 점선대로 접어서 답을 확인해 봅시다.
틀린 단어는 뒷 페이지 ☐ 에 V표시를 해 봅시다.

접는 선

단어	읽는 법과 뜻	
改正	かいせい	개정
豊富		
催促		
残高		
返済		
目標		
家賃		
異なる		
取り寄せる		
貧しい		
安価		
還元		
危機		
均衡		
景気		
小銭		
実績		
借金		
充実		
所有		
製造		
貧困		
保証		

− 도쿄대학교 −

예처럼 빈칸을 채우면서 다시 한번 체크해 봅시다.

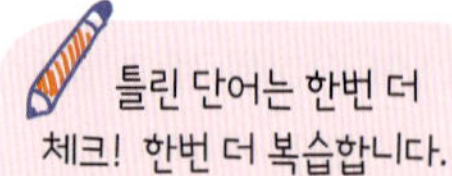

읽는 법과 뜻		한자	읽는 법	의미
☐	かいせい 개정	예 改正	かいせい	개정
☐	ほうふ 풍부함	豊富		
☐	さいそく 재촉	催促		
☐	ざんだか 잔고	残高		
☐	へんさい 변제	返済		
☐	もくひょう 목표	目標		
☐	やちん 집세	家賃		
☐	ことなる 다르다, 상이하다	異なる		
☐	とりよせる 주문해 들여오다	取り寄せる		
☐	まずしい 가난하다	貧しい		
☐	あんか 염가, 싼값	安価		
☐	かんげん 환원	還元		
☐	きき 위기	危機		
☐	きんこう 균형	均衡		
☐	けいき 경기	景気		
☐	こぜに 잔돈	小銭		
☐	じっせき 실적	実績		
☐	しゃっきん 차금, 빚	借金		
☐	じゅうじつ 충실	充実		
☐	しょゆう 소유	所有		
☐	せいぞう 제조	製造		
☐	ひんこん 빈곤	貧困		
☐	ほしょう 보증	保証		

정치·법률·사회문제(1)

☐ 01 意識	☐ 02 開催	☐ 03 環境	☐ 04 規模
☐ 05 許可	☐ 06 議論	☐ 07 規範	☐ 08 減少
☐ 09 権利	☐ 10 公共	☐ 11 更新	☐ 12 混乱
☐ 13 差別	☐ 14 資源	☐ 15 思想	☐ 16 収入
☐ 17 衝撃	☐ 18 署名	☐ 19 税金	☐ 20 制度
☐ 21 政府	☐ 22 世間	☐ 23 阻止	☐ 24 待遇
☐ 25 大臣	☐ 26 立場	☐ 27 徴収	☐ 28 統一
☐ 29 登録	☐ 30 廃止	☐ 31 反映	☐ 32 福祉
☐ 33 分別	☐ 34 法律	☐ 35 発足	☐ 36 名字
☐ 37 無駄	☐ 38 予測	☐ 39 理想	☐ 40 要る
☐ 41 治める	☐ 42 偏る	☐ 43 襲う	☐ 44 試みる
☐ 45 切り捨てる	☐ 46 救う	☐ 47 揃う	☐ 48 償う
☐ 49 厳重			

01 ★
いしき
意識
명 する 의식

(意識)を変えれば、行動も変わってくるはずだ。
의식을 바꾸면 행동도 바뀔 것이다.

---

02 ★★ ⑩
かいさい
開催
명 する 개최

このシンポジウムは2年に一度(開催)される。
이 심포지움은 2년에 한 번 개최된다.

---

03 ★★★
かんきょう
環境
명 환경

その国では経済発展に伴い、(環境)問題が深刻になってきている。
그 나라에서는 경제 발전에 따른 환경문제가 심각해지고 있다.

---

04 ★ ⑩
きぼ
規模
명 규모

街の中心部で行われているデモの(規模)が大きくなっている。
거리 중심부에서 행해지고 있는 데모의 규모가 커지고 있다.

---

05 ★
きょか
許可
명 する 허가

施設を利用するには、事前に(許可)が必要です。
시설을 이용하려면 사전에 허가가 필요합니다.

---

06 ★
ぎろん
議論
명 する 논의, 의론, 논쟁

意味のない(議論)を続けても、時間の無駄だ。
의미없는 논쟁을 계속해도 시간 낭비다.
➕ 論争 논쟁 ⑰

---

07 ★
きはん
規範
명 규범

社会の行動(規範)には従わなければならない。
사회의 행동 규범에 따라야 한다.

08 ★ ⑮
げんしょう
減少
명 する 감소

労働人口の(減少)が深刻になっている。
ろうどうじんこう / げんしょう / しんこく

노동 인구 감소가 심각해 지고 있다.

09
けんり
権利
명 권리

日本では 18 歳になると選挙で投票する(権利)が与えられる。
にほん / じゅうはっさい / せんきょ / とうひょう / けんり / あた

일본에서는 18살이 되면 선거에서 투표하는 권리가 주어진다.

10
こうきょう
公共
명 공공

駅などの(公共)施設は禁煙だ。
えき / こうきょう / しせつ / きんえん

역 등의 공공시설은 금연이다.

11 ★★★
こうしん
更新
명 する 갱신

運転免許は5年に一度(更新)しなければならない。
うんてんめんきょ / ねん / いちど / こうしん

운전면허는 5년에 한 번 갱신해야 한다.

12 ★★★ ⑮
こんらん
混乱
명 する 혼란

彼の発言がみんなの(混乱)を招いた。
かれ / はつげん / こんらん / まね

그의 발언이 모두의 혼란을 초래했다.

13 ★
さべつ
差別
명 する 차별

男女(差別)の激しい職場で働いている。
だんじょ / さべつ / はげ / しょくば / はたら

남녀 차별이 심한 직장에서 일하고 있다.
≒ 区別 구별
くべつ

14
しげん
資源
명 자원

(資源)を使いすぎると後で後悔するだろう。
しげん / つか / あと / こうかい

자원을 너무 많이 사용하면 나중에 후회할 것이다.

15
し そう
思想
명 사상

しそう じゆう けんぽう まも
(思想)の自由は憲法により守られている。
사상의 자유는 헌법에 의해 지켜지고 있다.

16
しゅうにゅう
収入
명 수입

てんしょく しゅうにゅう あんてい
転職をして(収入)が安定した。
전직을 하고서 수입이 안정되었다.
し しゅつ
↔ 支出 지출

17 ★
しょうげき
衝撃
명 충격

じけん ぜんせかい おお しょうげき あた
あの事件は全世界に大きな(衝撃)を与えた。
그 사건은 전세계에 커다란 충격을 주었다.

18 ★
しょめい
署名
명 する 서명

ないよう かくにん しょめい
内容をしっかりと確認せずに(署名)をしてはいけない。
내용을 확실히 확인하지 않고 서명을 해서는 안된다.

19 ★
ぜいきん
税金
명 세금

ぜいきん おさ こくみん ぎ む
(税金)を納めるのが国民の義務である。
세금을 납부하는 것이 국민의 의무이다.

20 ★
せい ど
制度
명 제도

だいがくせい とき がっこう りゅうがく せい ど りょう
大学生の時、学校の留学(制度)を利用してアメリカ
りゅうがく
留学した。
대학생 때 학교의 유학 제도를 이용해서 미국 유학을 갔다.

21
せい ふ
政府
명 정부

こんかい じ こ せい ふ たいおう しつぼう
今回の事故への(政府)の対応には失望した。
이번 사고에 대한 정부의 대응에는 실망했다.

22 ★★ ⑪
せけん
世間
명 세간, 세상

近頃、政治家に対する(世間)の目が厳しくなっている。

요즘 정치가에 대한 세간의 눈이 냉엄해지고 있다.

23 ★
そ し
阻止
명 する 저지

税関では偽ブランド品の輸入を(阻止)するため、検査を強化した。

세관에서는 가짜 브랜드 제품의 수입을 저지하기 위해서 검사를 강화했다.

24
たいぐう
待遇
명 대우

労働者たちは(待遇)の改善を求めてストライキを起こした。

노동자들은 대우 개선을 요구해 파업을 일으켰다.

25 ★
だいじん
大臣
명 대신, 장관

総理(大臣)は国会議員の中から選ばれる。

총리 대신은 국회의원 중에서 선출된다.

26 ★
たち ば
立場
명 입장

自分の(立場)より、まず相手の(立場)を考えるようにしましょう。

자신의 입장보다 우선 상대의 입장을 생각하도록 합시다.

27
ちょうしゅう
徴収
명 する 징수

法律に違反した場合は、罰金が(徴収)されるそうだ。

법률에 위반한 경우는 벌금이 징수되어진다고 한다.

28
とういつ
統一
명 する 통일

グループの意見を(統一)させるために話し合いを行った。

그룹의 의견을 통일시키기 위해서 대화를 했다.

➕ **けいとう** 系統 계통 ⑱

29 ★ ⑪
とうろく
登録
명 する 등록

IDを(登録)した人だけご覧になることができます。
ID를 등록한 사람만 보실 수 있습니다.

30 ★★ ⑫
はいし
廃止
명 する 폐지

消費税の(廃止)は、多くの国民が望んでいることだ。
소비세 폐지는 많은 국민들이 바라고 있는 것이다.

31 ★ ⑪
はんえい
反映
명 する 반영

少数の意見も(反映)しなければならない。
소수의 의견도 반영해야 한다.

32 ★★ ⑰⑪
ふくし
福祉
명 복지

政府は高齢化社会に備えて、(福祉)制度の充実を図っている。
정부는 고령화 사회에 대비해서 복지제도 확충을 도모하고 있다.

33
ぶんべつ
分別
명 する 분별

ごみは(分別)して捨てなければならない。
쓰레기는 분리해서 버려야 한다.

34
ほうりつ
法律
명 법률

私たち国民は(法律)を守らなければならない。
우리 국민은 법률을 지켜야 한다.

35 ★★
ほっそく
発足
명 する 발족, 출발

この委員会が(発足)したのは、2002年だった。
이 위원회가 시작된 것은 2002년이었다.

36 名字
みょうじ
명 성

日本人女性は、結婚すると(名字)が変わる場合が多い。

일본인 여성은 결혼하면 성이 바뀌는 경우가 많다.

37 ★★ 無駄
むだ
명 ナ 쓸데없음, 헛됨

今更何を言っても(無駄)だ。

이제 와서 무슨 말을 해도 소용없다.

38 ★ ⑮ 予測
よそく
명 する 예측

今後、政治がどうなるかは(予測)がつかない。

앞으로 정치가 어떻게 될지는 예측할 수 없다.

39 ★ 理想
りそう
명 이상

政治には、(理想)と現実のバランスが重要だ。

정치에는 이상과 현실의 균형이 중요하다.

40 ★ 要る
い
동 필요하다

車を運転するには運転免許証が(要る)。

차를 운전하려면 운전면허증이 필요하다.

41 ★ 治める
おさ
동 (감정, 소란을) 진정시키다, 다스리다

昔、国を(治める)人のことを王と呼んだ。

옛날에 나라를 다스리는 사람을 왕이라 불렀다.
+ 収める・納める 넣다, 간수하다, 납부하다, 납품하다
修める 닦다, 수양하다, 익히다

42 ★★★ 偏る
かたよ
동 (한쪽으로) 기울다, 치우치다

彼の意見は(偏って)いて賛成できない。

그의 의견은 일방적으로 치우쳐서 찬성할 수 없다.

43 ★
おそ
襲う
동 습격하다, 덮치다

きのう　えきまえ　ぎんこう　ごうとう　おそ
昨日、駅前の銀行が強盗に(襲われた)そうだ。
어제 역 앞에 있는 은행이 강도에게 습격당했다고 한다.

---

44 ★
こころ
試みる
동 시도해 보다, 시험해 보다

ていこう　こころ　　　　けっきょくう　い
抵抗を(試みた)が、結局受け入れることになった。
저항을 시도했지만 결국 받아들이게 되었다.

45
き　　す
切り捨てる
동 잘라 버리다

しゃかいてき　よわ　もの　き　す
社会的に弱い者を(切り捨てて)はいけない。
사회적으로 약한 자들을 무시해서는 안 된다.

---

46 ★★　⑰
すく
救う
동 구하다, 구조하다

き　ふ　きん　　おお　　まず　　こ　　すく
その寄付金で多くの貧しい子どもが(救われた)。
그 기부금으로 많은 가난한 어린이가 구조되었다.

---

47 ★★★　⑬
そろ
揃う
동 갖추어지다,
빠짐 없이 모이다

しょるい　そろ　　　　　　　　　　　　しんせい　い
書類が(揃った)ので、パスポートの申請に行った。
서류가 갖추어져서 여권신청하러 갔다.
そろ
＋ 揃える 고루 갖추다, 맞추다 ,일치시키다

---

48 ★★
つぐな
償う
동 배상하다, 보상하다

けい　む　しょ　　はい　　　　　　　つみ　つぐな
刑務所に入るだけでは罪を(償う)ことはできない。
형무소에 들어가는 것만으로는 죄를 갚을 수는 없다.

---

49 ★★★
げんじゅう
厳重
ナ 엄중

あんぜん　　　　　くうこう　　げんじゅう　けんさ　おこな
安全のために空港では(厳重)な検査を行っている。
안전을 위해 공항에서는 엄중한 검사를 실시하고 있다.
きび
≒ 厳しい 엄격하다

✏️ 12회분 추가 실전 모의 테스트는
www.sisabooks.com 에서 다운 가능!!!

1 해당 어휘의 읽는 법을 찾고, 빈칸에 의미를 적으세요.

예	学生	✓① がくせい	② がっせい	학생
1	福祉	① ふくじ	② ふくし	________
2	開催	① かいさい	② かいさつ	________
3	救う	① そろう	② すくう	________
4	規模	① きぼ	② きぼう	________
5	廃止	① はいじ	② はいし	________

2 문맥에 맞는 단어를 보기에서 골라 알맞은 형태로 바꾸어 써 넣으세요.

6 昔、国を(　　　)人のことを王と呼んだ。

7 抵抗を(　　　)が、結局受け入れることになった。

8 彼の意見は(　　　)いて賛成できない。

9 刑務所に入るだけでは罪を(　　　)ことはできない。

10 書類が(　　　)ので、パスポートの申請に行った。

かたよ 偏る	おさ 治める	こころ 試みる	そろ 揃う	つぐな 償う

독해 · 청해 어휘

あと お 後押し	명 する 후원	どうりょう あと お あたら さん 同僚の後押しもあって、新しいプロジェクトに参 か 加することになった。 동료의 후원도 있고 해서 새로운 프로젝트에 참가하게 되었다.
い こう 意向	명 의향	ぜんいん い こう き むずか 全員の意向を聞くことは難しい。 모두의 의향을 듣는 것은 어렵다.
い そん い ぞん 依存・依存	명 する 의존	に ほん せきゆ かいがい ゆ にゅう い そん 日本は石油を海外からの輸入に依存している。 일본은 석유를 해외로부터 수입에 의존하고 있다.
い みん 移民	명 する 이민	さいきん い みん ひと ふ つづ 最近、移民する人が増え続けている。 최근 이민가는 사람들이 계속 증가하고 있다.
お あ 折り合い	명 타협, 매듭	ふたり なが あいだはな あ お あ 二人は長い間話し合って、ついに折り合いをつけた。 두 사람은 오랜 시간 대화를 해서 마침내 타협을 지었다.
か ぬし 飼い主	명 기르는 사람	たい せきにん すべ か ぬし ペットに対する責任は全て飼い主にある。 애완 동물에 대한 책임은 모두 기르는 사람에게 있다.
かくさん 拡散	명 する 확산	お せん たい きちゅう かくさん しんこく もんだい 汚染ガスが大気中に拡散して深刻な問題になって いる。 오염된 가스가 대기중에 확산되어서 심각한 문제가 되고 있다.
かくしん 核心	명 핵심	かれ もんだい かくしん ふ しつもん 彼は問題の核心に触れる質問をした。 그는 문제의 핵심에 근접한 질문을 했다.
かくめい 革命	명 혁명	お さんぎょうかくめい ひとびと せいかつ さまざま イギリスで起こった産業革命は人々の生活に様々 えいきょう あた な影響を与えた。 영국에서 일어났던 산업혁명은 사람들의 생활에 여러가지 영향을 주었다.
かんてん 観点	명 관점	ひと ちが かんてん も あ まえ 人それぞれ違った観点を持っているのは当たり前 のことである。 사람들 각각 다른 관점을 가지고 있는 것은 당연한 일이다.
き ほん 基本	명 기본	けんぽう き ほんてきじんけん まも 憲法によって基本的人権は守られなければならない。 헌법에 따라서 기본적 인권은 지켜지지 않으면 안 된다.
きゅうさい 救済	명 する 구제	さいがい ひ がいしゃ はや きゅうさい その災害の被害者を早く救済するべきである。 그 재해의 피해자를 빨리 구제해야만 한다.
きょう ぎ 協議	명 する 협의	こくさいかい ぎ きょう ぎ かさ 国際会議では、いくつもの協議が重ねられた。 국제회의에서는 몇 개의 협의가 반복되었다.

協調 きょうちょう	名 する 협조	社会で生きるためには他人との協調性が必要である。 사회에서 살아가기 위해서는 타인과의 협조성이 필요하다.
軽減 けいげん	名 する 경감	新しい法律は、消費者の負担を軽減させるものになった。 새로운 법률은 소비자의 부담을 경감시키는 것이 되었다.
決意 けつい	名 する 결의, 결심	彼はついに会社を辞める決意をした。 그는 마침내 회사를 그만두기로 결심했다.
原子力 げんしりょく	名 원자력	日本は発電を原子力に頼っている。 일본은 발전을 원자력에 의존하고 있다.
行為 こうい	名 행위	ここで迷惑行為を行った者は罰せられます。 이 곳에서 민폐 행위를 행한 자는 처벌 받습니다.
個人 こじん	名 개인	福祉を充実させることには個人的に賛成だ。 복지를 충실하게 하는 것은 개인적으로 찬성이다.
孤立 こりつ	名 する 고립	彼女はグループの中で一人孤立していた。 그녀는 그룹 안에서 혼자 고립되었다.
実現 じつげん	名 する 실현	平和な社会の実現のために何ができるのか考えてみよう。 평화로운 사회의 실현을 위해서 무엇을 할 수 있는가 생각해 보자.
実体 じったい	名 실체	その会社は実体のない幽霊会社だ。 그 회사는 실체없는 유령회사다.
趣旨 しゅし	名 취지	会議の趣旨をより明確にするべきだ。 회의의 취지를 보다 명확하게 해야만 한다.
出産 しゅっさん	名 する 출산	日本では出産率が低下している。 일본에서는 출산률이 저하되고 있다.
少数 しょうすう	名 소수	話し合いでは少数の意見も尊重しなければならない。 대화에서는 소수의 의견도 존중하지 않으면 안 된다.
指令 しれい	名 する 지령	軍の指令を受けて、武器の開発を始めた。 군의 지령을 받고 무기 개발을 시작했다.
推進 すいしん	名 する 추진	温暖化防止のために環境保護を推進している。 온난화 방지를 위해서 환경보호를 추진하고 있다.
選挙 せんきょ	名 する 선거	彼は選挙に勝って新しい市長となった。 그는 선거에 이겨서 새로운 시장이 되었다.

<ruby>増加<rt>ぞう か</rt></ruby>	名 する 증가	<ruby>人口<rt>じんこう</rt></ruby><ruby>増加<rt>ぞう か</rt></ruby>に<ruby>伴<rt>ともな</rt></ruby>い、<ruby>公害<rt>こうがい</rt></ruby>が<ruby>深刻<rt>しんこく</rt></ruby>になっている。 인구증가와 함께 공해가 심각해 지고 있다.
<ruby>大衆<rt>たいしゅう</rt></ruby>	名 대중	<ruby>彼<rt>かれ</rt></ruby>の<ruby>言葉<rt>こと ば</rt></ruby>は<ruby>大衆<rt>たいしゅう</rt></ruby>の<ruby>心<rt>こころ</rt></ruby>を<ruby>動<rt>うご</rt></ruby>かした。 그의 말은 대중의 마음을 움직였다.
<ruby>地帯<rt>ち たい</rt></ruby>	名 지대	<ruby>農村<rt>のうそん</rt></ruby><ruby>地帯<rt>ち たい</rt></ruby>では<ruby>若者<rt>わかもの</rt></ruby>が<ruby>都市<rt>と し</rt></ruby>に<ruby>出<rt>で</rt></ruby>て<ruby>行<rt>い</rt></ruby>ってしまうことが<ruby>深刻<rt>しんこく</rt></ruby>な<ruby>問題<rt>もんだい</rt></ruby>だ。 농촌 지대에서는 젊은이들이 도시로 나가버리는 일이 심각한 문제다.
<ruby>統治権<rt>とう ち けん</rt></ruby>	名 통치권	<ruby>国家<rt>こっ か</rt></ruby>は<ruby>統治権<rt>とう ち けん</rt></ruby>を<ruby>主張<rt>しゅちょう</rt></ruby>し、<ruby>国民<rt>こくみん</rt></ruby>に<ruby>自国<rt>じ こく</rt></ruby>の<ruby>教育<rt>きょういく</rt></ruby>を<ruby>受<rt>う</rt></ruby>けさせた。 국가는 통치권을 주장해서 국민에게 자국의 교육을 받게 했다.
<ruby>偽物<rt>にせもの</rt></ruby>	名 가짜	ブランド<ruby>品<rt>ひん</rt></ruby>の<ruby>偽物<rt>にせもの</rt></ruby>を<ruby>売買<rt>ばいばい</rt></ruby>することは<ruby>違法<rt>い ほう</rt></ruby>だ。 명품의 가짜를 매매하는것은 위법이다.
<ruby>発言<rt>はつげん</rt></ruby>	名 する 발언	その<ruby>会議<rt>かい ぎ</rt></ruby>では<ruby>発言<rt>はつげん</rt></ruby>した<ruby>内容<rt>ないよう</rt></ruby>が<ruby>全<rt>すべ</rt></ruby>て<ruby>記録<rt>き ろく</rt></ruby>される。 그 회의에서는 발언한 내용이 모두 기록된다.
<ruby>反対<rt>はんたい</rt></ruby>	名 する 반대	<ruby>太陽<rt>たいよう</rt></ruby>の<ruby>光<rt>ひかり</rt></ruby>がビルに<ruby>反射<rt>はんしゃ</rt></ruby>して、とても<ruby>眩<rt>まぶ</rt></ruby>しかった。 태양 빛이 빌딩에 반사되어서 매우 눈부셨다.
<ruby>引<rt>ひ</rt></ruby>き<ruby>合<rt>あ</rt></ruby>い	名 인용함	<ruby>会議<rt>かい ぎ</rt></ruby>では、<ruby>前例<rt>ぜんれい</rt></ruby>を<ruby>引<rt>ひ</rt></ruby>き<ruby>合<rt>あ</rt></ruby>いに<ruby>出<rt>だ</rt></ruby>して<ruby>説得力<rt>せっとくりょく</rt></ruby>のある<ruby>発表<rt>はっぴょう</rt></ruby>をした。 회의에서는 전례를 인용하면서 설득력 있는 발표를 했다.
<ruby>不正<rt>ふ せい</rt></ruby>	名 ナ 부정	<ruby>試験中<rt>し けんちゅう</rt></ruby>に<ruby>不正<rt>ふ せい</rt></ruby><ruby>行為<rt>こうい</rt></ruby>をした<ruby>者<rt>もの</rt></ruby>は<ruby>不合格<rt>ふごうかく</rt></ruby>となります。 시험 중에 부정행위를 한 사람은 불합격이 됩니다.
<ruby>偏向<rt>へんこう</rt></ruby>	名 する 편향	あの<ruby>学校<rt>がっこう</rt></ruby>は<ruby>進学校<rt>しんがっこう</rt></ruby>だが、<ruby>偏向<rt>へんこう</rt></ruby>した<ruby>教育方針<rt>きょういくほうしん</rt></ruby>に<ruby>問題<rt>もんだい</rt></ruby>がある。 그 학교는 진학교이지만 편향된 교육방침에 문제가 있다.
<ruby>急速<rt>きゅうそく</rt></ruby>	ナ 급속	<ruby>工業<rt>こうぎょう</rt></ruby>が<ruby>急速<rt>きゅうそく</rt></ruby>に<ruby>発展<rt>はってん</rt></ruby>したせいで、<ruby>公害問題<rt>こうがいもんだい</rt></ruby>が<ruby>深刻<rt>しんこく</rt></ruby>になった。 공업이 급속하게 발전한 탓으로 공해 문제가 심각해졌다.
<ruby>明確<rt>めいかく</rt></ruby>	名 ナ 명확	これは<ruby>法律<rt>ほうりつ</rt></ruby>で<ruby>明確<rt>めいかく</rt></ruby>に<ruby>決<rt>き</rt></ruby>められていることです。 이것은 법률로 명확하게 정해져 있는 것입니다.
<ruby>与党<rt>よ とう</rt></ruby>	名 여당	<ruby>与党<rt>よ とう</rt></ruby>の<ruby>意見<rt>い けん</rt></ruby>に<ruby>野党<rt>や とう</rt></ruby>は<ruby>激<rt>はげ</rt></ruby>しく<ruby>反対<rt>はんたい</rt></ruby>した。 여당의 의견에 야당이 심하게 반대했다.
<ruby>労働<rt>ろうどう</rt></ruby>	名 する 노동	<ruby>働<rt>はたら</rt></ruby>く<ruby>人<rt>ひと</rt></ruby>のために<ruby>労働環境<rt>ろうどうかんきょう</rt></ruby>を<ruby>整<rt>ととの</rt></ruby>える<ruby>必要<rt>ひつよう</rt></ruby>がある。 일하는 사람을 위해서 노동 환경을 정비할 필요가 있다.

아래의 단어를 보고 읽는 법과 뜻을 적어 본 후 점선대로 접어서 답을 확인해 봅시다.
틀린 단어는 뒷 페이지 □에 V표시를 해 봅시다.

접는 선

단어	읽는 법과 뜻	
改正	かいせい	개정
環境		
規模		
更新		
混乱		
偏る		
揃う		
厳重		
開催		
廃止		
福祉		
世間		
発足		
無駄		
救う		
償う		
意識		
差別		
反映		
許可		
議論		
規範		
阻止		

− 오사카성 −

예처럼 빈칸을 채우면서 다시 한번
체크해 봅시다.

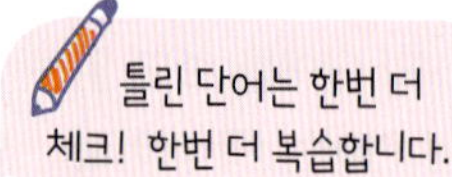

읽는 법과 뜻
□ かいせい 개정
□ かんきょう 환경
□ きぼ 규모
□ こうしん 갱신
□ こんらん 혼란
□ かたよる 기울다, 치우치다
□ そろう 갖추어지다
□ げんじゅう 엄중
□ かいさい 개최
□ はいし 폐지
□ ふくし 복지
□ せけん 세간, 세상
□ ほっそく 발족, 출발
□ むだ 쓸데 없음, 헛됨
□ すくう 구하다, 구조하다
□ つぐなう 배상하다
□ いしき 의식
□ さべつ 차별
□ はんえい 반영
□ きょか 허가
□ ぎろん 논의, 의론
□ きはん 규범
□ そし 저지

한자	읽는 법	의미
예 改正	かいせい	개정
環境		
規模		
更新		
混乱		
偏る		
揃う		
厳重		
開催		
廃止		
福祉		
世間		
発足		
無駄		
救う		
償う		
意識		
差別		
反映		
許可		
議論		
規範		
阻止		

DAY 19

정치·법률·사회문제(2)

☐ 01 育児	☐ 02 援助	☐ 03 演説	☐ 04 該当
☐ 05 拡充	☐ 06 過疎	☐ 07 議案	☐ 08 規準
☐ 09 義務	☐ 10 競技	☐ 11 拒絶	☐ 12 禁止
☐ 13 傾向	☐ 14 見当	☐ 15 抗議	☐ 16 国籍
☐ 17 裁判	☐ 18 支持	☐ 19 主義	☐ 20 主張
☐ 21 政治	☐ 22 政党	☐ 23 組織	☐ 24 対象
☐ 25 妥協	☐ 26 秩序	☐ 27 手続き	☐ 28 投票
☐ 29 取り消し	☐ 30 破産	☐ 31 発行	☐ 32 貧富
☐ 33 福利	☐ 34 便宜	☐ 35 保護	☐ 36 身分
☐ 37 矛盾	☐ 38 誘拐	☐ 39 世の中	☐ 40 割合
☐ 41 行う	☐ 42 押し付ける	☐ 43 限る	☐ 44 狩る
☐ 45 縛る	☐ 46 属する	☐ 47 揃える	☐ 48 担う
☐ 49 ばらばら			

01 ★
いくじ
育児
명 육아

彼女は来月から(育児)休暇を取るつもりだ。
그녀는 다음 달부터 육아휴가를 얻을 생각이다.

02 ★ ⑭
えんじょ
援助
명 する 원조

彼女は、国からの(援助)を受けて学校に通っている。
그녀는 나라에서 원조를 받아 학교에 다니고 있다.

03 ⑱
えんぜつ
演説
명 する 연설

10時から市長の(演説)が行われる。
10시부터 시장님의 연설이 거행되어진다.

04
がいとう
該当
명 する 해당

輸入禁止品目に(該当)するものは国内に持ち込めない。
수입금지 품목에 해당하는 것은 국내로 반입할 수 없다.

05 ★★ ⑬
かくじゅう
拡充
명 する 확충

政府は軍から武器の(拡充)を依頼された。
정부는 군으로부터 무기 확충을 의뢰받았다.

06 ★★
かそ
過疎
명 과소

地方の(過疎)化が進んでいる。
지방의 과소화가 진행되고 있다.

07
ぎあん
議案
명 의안

市議会では(議案)が提出されたが、議決には至らなかった。
시의회에서는 의안이 제출되었지만 의결에는 이르지 못했다.

08

きじゅん
規準

명 규준

評価(規準)に従って学生を厳しく評価した。

평가 규준에 따라서 학생을 엄격하게 평가했다.

---

09 ★★

ぎむ
義務

명 의무

税金を払うことは国民の(義務)だ。

세금을 지불하는 것은 국민의 의무이다.

↔ 権利 권리

---

10 ★

きょうぎ
競技

명 する 경기

オリンピックに向けて新しい(競技)場が建設される
そうだ。

올림픽을 앞두고 새로운 경기장이 건설된다고 한다.

➕ 競争 경쟁

11

きょぜつ
拒絶

명 する 거절

軍は政府からの要求を(拒絶)した。

군은 정부로부터의 요구를 거절했다.

12

きんし
禁止

명 する 금지

飲酒運転は法律で(禁止)されている。

음주 운전은 법률로 금지 되어 있다.

---

13 ★★★

けいこう
傾向

명 경향

最近の若者は言葉を略す(傾向)がある。

요즘 젊은이들은 말을 생략하는 경향이 있다.

---

14 ★★

けんとう
見当

명 어림, 짐작

今後どうなるか全く(見当)がつかない。

앞으로 어떻게 될지 전혀 짐작이 가지 않는다.

---

15 ★★

こうぎ
抗議

名 する 항의

ごみ処理場の建設計画に市民団体が(抗議)を始めた。

쓰레기 처리장 건설계획에 시민단체가 항의를 시작했다.

16

こくせき
国籍

名 국적

(国籍)を変えるのは容易ではない。

국적을 바꾸는 것은 쉬운 일이 아니다.

➕ 在籍 재적 ⑰

17

さいばん
裁判

名 する 재판

この問題は(裁判)によって解決することになった。

이 문제는 재판에 의해서 해결하게 되었다.

---

18 ★　⑭

しじ
支持

名 する 지지

今の大統領を(支持)しています。

현 대통령을 지지하고 있습니다.

19

しゅぎ
主義

名 주의

私の(主義)に反するので、これを認めるわけにはいかない。

나의 뜻에 반하기 때문에 이것을 인정할 수는 없다.

20

しゅちょう
主張

名 する 주장

裁判で彼の(主張)が認められた。

재판에서 그의 주장이 인정되었다.

---

21 ★

せいじ
政治

名 정치

大学での専攻は(政治)学だった。

대학에서의 전공은 정치학이었다.

22 ★
せいとう
政党
명 정당

新しい(政党)は若い人に人気がある。
새로운 정당은 젊은 사람들에게 인기가 있다.

23 ★★★ ⑫
そしき
組織
명 する 조직

この機関は色々な国の人によって(組織)されている。
이 기관은 여러 나라의 사람들로 조직되어 있다.

24 ★★
たいしょう
対象
명 대상

そのおもちゃは2〜3歳の幼児を(対象)にして作られている。
그 장난감은 2〜3세 유아를 대상으로 해서 만들어졌다.

25 ★★
だきょう
妥協
명 する 타협

長い話し合いの末、両者は(妥協)した。
긴 논의 끝에 양자는 타협했다.

26 ★
ちつじょ
秩序
명 질서

国民は社会の(秩序)を守らなければならない。
국민은 사회의 질서를 지켜야 한다.

27
てつづ
手続き
명 절차, 수속

区役所での(手続き)は本人しかできない。
구청에서의 수속은 본인 밖에 할 수 없다.

28
とうひょう
投票
명 する 투표

日本では 18 歳になったら選挙権が与えられ、(投票)することができる。
일본에서는 열여덟 살이 되면 선거권이 주어져 투표를 할 수 있다.

29 ★★
と け
取り消し
명 취소

予約の(取り消し)には、キャンセル料がかかる。
예약 취소에는 해약요금이 든다.

30
は さん
破産
명 する 파산

A社は経営状況が悪く、ついに(破産)してしまった。
A사는 경영상황이 나빠진 나머지 파산해 버렸다.

31
はっこう
発行
명 する 발행

一万円札紙幣は日本銀行で(発行)されている。
만엔 지폐는 일본은행에서 발행되고 있다.

---

32 ★★
ひん ぷ
貧富
명 빈부

この国は(貧富)の差が激しい。
이 나라는 빈부 격차가 심하다.

33
ふく り
福利
명 복리

会社が社員の(福利)のために作った制度や施設を
(福利)厚生という。
회사가 사원의 복리를 위해서 만든 제도나 시설을 복리후생이라고 한다.

---

34 ★
べん ぎ
便宜
명 편의

あの政治家は自分の利益のために一部の会社へ(便宜)
を図った。
그 정치가는 자신의 이익을 위해서 일부 회사에 편의를 도모했다.

35
ほ ご
保護
명 する 보호

年間、多くの動物が保健所に(保護)されている。
연간 많은 동물이 보건소에 보호되고 있다.

36 ★★
みぶん
身分
명 신분

うんてんめんきょしょう み ぶん しょうめいしょ つか
運転免許証を(身分)証明書として使っている。
운전면허증을 신분증으로 사용하고 있다.

37 ★★ ⑫
む じゅん
矛盾
명 する 모순

かれ はなし む じゅん
彼の話は(矛盾)している。
그의 말은 모순되어 있다.

38
ゆうかい
誘拐
명 する 유괴

ち いき かねもくてき ゆうかい ふ
この地域では、お金目的の(誘拐)が増えている。
이 지역에서는 돈이 목적인 유괴가 늘고 있다.

39 ★★ ⑬
よ なか
世の中
명 세상, 세간

いま がくれき しゅうしょく むずか よ なか
今は学歴がなければ就職が難しい(世の中)だ。
지금은 학력이 없으면 취직이 어려운 시대이다.

40 ★
わりあい
割合
명 비율

に ほん そうじんこう し ろうじん わりあい ふ
日本では総人口に占める老人の(割合)が増えている。
일본에서는 총인구에서 노인이 차지하는 비율이 늘고 있다.

41 ★
おこな
行う
동 행하다, 실시하다

よ さんかい ぎ らいしゅう こっかい おこな よ てい
予算会議は来週から国会で(行われる)予定だ。
예산회의는 다음 주부터 국회에서 열릴 예정이다.

42
お つ
押し付ける
동 억누르다, 강요하다

た にん じ ぶん い けん お つ よ
他人に自分の意見を(押し付ける)のは良くない。
타인에게 자신의 의견을 강요하는 것은 좋지 않다.

43

かぎ
限る

동 한정하다, 제한하다

このクラブの会員は女性に(限られて)おり、男性は利用できない。

이 클럽 회원은 여자에 한해서이며, 남자는 이용할 수 없다.

44

か
狩る

동 사냥하다

野生動物を(狩る)ことは禁止されている。

야생동물을 사냥하는 것은 금지되어 있다.

---

45 ★

しば
縛る

동 묶다, 얽메다

色々なルールに(縛られる)と、反発したくなる。

여러 가지 규칙에 얽매이면 반발하고 싶어진다.

---

46 ★ ⑪

ぞく
属する

동 속하다, 포함되다

あの国会議員はどの政党にも(属して)いない。

저 국회의원은 어느 정당에도 속해 있지 않다.

---

47 ★★★ ⑭

そろ
揃える

동 고루 갖추다, 맞추다, 일치시키다

好きな作家の本を全て(揃えた)。

좋아하는 작가의 책을 전부 갖추었다.

紙の大きさを(揃えて)からコピーすると簡単だ。

종이의 크기를 같게 하고 나서 복사하면 간단하다.

---

48 ★

にな
担う

동 짊어지다, 메다

未来を(担う)若者の育成に力を注いでいます。

미래를 짊어질 젊은이 육성에 힘을 쏟고 있습니다.

---

49 ★

ばらばら

부 ナ (따로 따로 흩어지는 모양) 뿔뿔이, 제각각

意見が(ばらばら)でまとまらない。

의견이 제각각이어서 정리되지 않는다.

12회분 추가 실전 모의 테스트는
www.sisabooks.com 에서 다운 가능!!!

1 해당 어휘의 읽는 법을 찾고, 빈칸에 의미를 적으세요.

| 예 | 学生 | ✓ がくせい ② がっせい | 학생 |

1 拡充　　①かくちゅう ②かくじゅう　＿＿＿＿＿＿＿

2 組織　　①そうしき　②そしき　　　＿＿＿＿＿＿＿

3 矛盾　　①むじゅん　②もじゅん　　＿＿＿＿＿＿＿

4 秩序　　①ちつじょ　②ちっじょ　　＿＿＿＿＿＿＿

5 援助　　①えんじょう ②えんじょ　　＿＿＿＿＿＿＿

2 문맥에 맞는 단어를 보기에서 골라 알맞은 형태로 바꾸어 써 넣으세요.

6 今後どうなるか全く(　　　)がつかない。

7 軍は政府からの要求を(　　　)。

8 好きな作家の本を全て(　　　)。

9 あの国会議員はどの政党にも(　　　)いない。

10 他人に自分の意見を(　　　)のは良くない。

| きょぜつ
拒絶 | けんとう
見当 | お　つ
押し付ける | ぞく
属する | そろ
揃える |

정답

1 ② 확충　2 ② 조직　3 ① 모순　4 ① 질서　5 ② 원조
6 見当　7 拒絶した　8 揃えた　9 属して　10 押し付ける

독해 · 청해 어휘

移行 いこう	명 する 이행	来年の4月から新制度へ移行する予定だ。 내년 4월부터 새로운 제도로 이행할 예정이다.
一括 いっかつ	명 する 일괄	申込書は一括して送ってください。 신청서는 한데 묶어서 보내주세요.
回収 かいしゅう	명 する 회수	道に捨てられたごみを全て回収するのは容易なことではない。 길에 버려진 쓰레기를 모두 회수하는 것은 쉬운 일이 아니다.
核家族 かくかぞく	명 핵가족	日本では戦後、核家族化が進んだ。 일본에서는 전후, 핵가족화가 진행되었다.
学歴 がくれき	명 학력	人の能力を学歴だけで判断してはいけない。 사람의 능력을 학력만으로 판단해서는 안 된다.
基盤 きばん	명 기반	大きな地震により多くの人々が生活の基盤を失った。 큰 지진에 의해서 많은 사람들이 생활 기반을 잃었다.
急増 きゅうぞう	명 する 급증	近年、日本からの観光客が急増しているそうだ。 요즘 일본에서 오는 관광객이 급증하고 있다고 한다.
教育 きょういく	명 する 교육	子どもたちには義務教育を受ける権利がある。 아이들에게는 의무교육을 받을 권리가 있다.
行政 ぎょうせい	명 행정	行政と宗教は分けて考えなければならない。 행정과 종교는 나누어서 생각하지 않으면 안 된다.
形態 けいたい	명 형태	政治形態は国家により異なるものだ。 정치 형태는 국가에 따라서 다른 것이다.
現状 げんじょう	명 현상 (현재의 상태)	討論会で日本経済の現状と問題点を話し合った。 토론회에서 일본경제 현상과 문제점을 이야기했다.
権力 けんりょく	명 권력	政治家がスキャンダルにより権力を失った。 정치가가 스캔들에 의해 권력을 잃었다.
公害 こうがい	명 공해	工場から出る有毒ガスなどによる公害が深刻な問題となっている。 공장으로부터 나오는 유독 가스 등으로 인한 공해가 심각한 문제가 되고 있다.
高齢化 こうれいか	명 고령화	日本では近年、高齢化が進んでいる。 일본에서는 최근 고령화가 진행되고 있다.

事柄 ことがら	名 사항, 사정	環境保護に関連する事柄について発表しなければならない。 환경보호에 관련된 사항에 관해서 발표해야 한다.
支援 しえん	名 する 지원	国からの支援があれば、子育てがもっと楽になるだろう。 국가로부터의 지원이 있으면 육아가 좀 더 편해질 것이다.
施設 しせつ	名 시설	A市では新しい公共施設が建設されている。 A시에서는 새로운 공공시설이 건설되고 있다.
自治体 じちたい	名 자치체	各地域の自治体が毎年お祭りを開催している。 각 지역 자치단제가 매년 축제를 개최하고 있다.
実践 じっせん	名 する 실천	議論するよりも実践してみることが重要だ。 논의하는 것보다 실천해 보는 것이 중요하다.
住民 じゅうみん	名 주민	この地域は住民にかかる税金が高い。 이 지역은 주민에게 거두는 세금이 비싸다.
証言 しょうげん	名 する 증언	裁判で事件に関する証言を行った。 재판에서 사건에 관한 증언을 했다.
少子化 しょうしか	名 소자화, 저출산	日本では近年、少子化が進んでいる。 일본에서는 최근 저출산이 진행되고 있다.
情勢 じょうせい	名 정세	新しい大統領になってから、国の情勢が安定した。 새 대통령이 취임하고 나서 국가 정세가 안정되었다.
人権 じんけん	名 する 인권	子どもの人権が守られていない国は意外に多い。 아이들의 인권이 지켜지고 있지 않는 나라는 이외로 많다.
推移 すいい	名 する 추이	ソウル市の人口は毎年1000人単位で推移している。 서울시의 인구는 매년 1000명 단위로 추이하고 있다.
政策 せいさく	名 정책	政府は国の政策を変更した。 정부는 국가의 정책을 변경했다.
成立 せいりつ	名 する 성립	今回の議案は、場内一致の賛成で成立した。 이번 의안은 장내 일치 찬성으로 성립됐다.
先進国 せんしんこく	名 선진국	先進国の技術を取り入れて、自国の条件に合わせて改良する。 선진국의 기술을 도입하여 자국의 조건에 맞게 개량한다.
絶滅 ぜつめつ	名 する 절멸	この動物園では(絶滅)しそうな動物を保護する活動もしている。 이 동물원에는 멸종될 것 같은 동물을 보호하는 활동도 하고 있다.

訴訟 そしょう	名 する 소송	会社の金を私的に使った社員に対し訴訟を起こした。 회사 돈을 사적으로 사용한 사원에 대해 소송을 했다.
対立 たいりつ	名 する 대립	その議論においては意見の対立が避けられないだろう。 그 논의에 있어서는 의견 대립을 피할 수 없을 것이다.
低下 ていか	名 する 저하	最近は雨が降らず、ダムの水位も低下して深刻な水不足だ。 최근에는 비가 내리지 않아 댐 수위도 저하되서 심각한 물부족이다.
内在 ないざい	名 する 내재	国家機関に内在する形式主義について考えた。 국가 기관에 내재하는 형식주의에 관해서 생각했다.
廃棄 はいき	名 する 폐기	産業廃棄物の不法投棄が深刻な問題になっている。 산업폐기물 불법 투기가 심각한 문제가 되고 있다.
反論 はんろん	名 する 반론	相手の意見に反論するために十分な資料を準備した。 상대의 의견에 반론하기 위해서 충분한 자료를 준비했다.
品質 ひんしつ	名 품질	この商品は品質が保証されており安心して買える。 이 상품은 품질이 보증되어 있어서 안심하고 살 수 있다.
腐敗 ふはい	名 する 부패	この国の政治は腐敗している。 이 나라의 정치는 부패해 있다.
無料 むりょう	名 무료	このバスは、65歳以上の高齢者は無料で乗れる。 이 버스는 65세 이상 고령자는 무료로 탈 수 있다.
挙げる あげる	動 들다	何か意見を主張する際には実例を挙げて話した方がいい。 무언가 의견을 주장할 때에는 실제로 예를 들어 말하는 편이 좋다.
食い違う くいちがう	動 어긋나다	裁判ではそれぞれの主張が食い違った。 재판에서는 각각의 주장이 어긋났다.
引き渡す ひきわたす	動 넘겨주다	再開発のため、田舎の土地を建設会社に引き渡した。 재개발 때문에 시골의 토지를 건설회사에 넘겨주었다.
呼びかける よびかける	動 부르다, 호소하다	環境保護を推進するため、関係団体に協力を呼びかけた。 환경보호를 추진하기 위해서 관련 단체에 협력을 호소했다.

아래의 단어를 보고 읽는 법과 뜻을 적어 본 후 점선대로 접어서 답을 확인해 봅시다.
틀린 단어는 뒷 페이지 ☐에 V표시를 해 봅시다.

접는 선

✏️ 접으면 답을
확인할 수 있어요.

단어	읽는 법과 뜻	
改正	かいせい	개정
傾向		
組織		
揃える		
拡充		
過疎		
義務		
見当		
抗議		
対象		
妥協		
取り消し		
貧富		
身分		
矛盾		
世の中		
育児		
援助		
競技		
支持		
政治		
政党		
秩序		

― 유니버셜스튜디오 ―

예처럼 빈칸을 채우면서 다시 한번
체크해 봅시다.

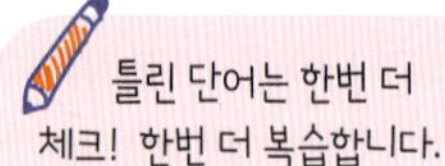

읽는 법과 뜻
かいせい 개정
けいこう 경향
そしき 조직
そろえる 고루 갖추다
かくじゅう 확충
かそ 과소
ぎむ 의무
けんとう 어림, 짐작
こうぎ 항의
たいしょう 대상
だきょう 타협
とりけし 취소
ひんぷ 빈부
みぶん 신분
むじゅん 모순
よのなか 세상, 세간
いくじ 육아
えんじょ 원조
きょうぎ 경기
しじ 지지
せいじ 정치
せいとう 정당
ちつじょ 질서

한자	읽는 법	의미
예　改正	かいせい	개정
傾向		
組織		
揃える		
拡充		
過疎		
義務		
見当		
抗議		
対象		
妥協		
取り消し		
貧富		
身分		
矛盾		
世の中		
育児		
援助		
競技		
支持		
政治		
政党		
秩序		

DAY 20

국제관계와 국제사회

알고 있는 단어를 체크해 봅시다.

01 異文化	02 永久	03 欧米	04 寄付・寄附
05 共存	06 効力	07 国際	08 呼称
09 国境	10 持続	11 支配	12 宗教
13 首相	14 首脳	15 受容	16 進出
17 申請	18 親善	19 途上国	20 武器
21 平和	22 密接	23 友好	24 領土
25 飢える	26 結ぶ	27 著しい	28 珍しい

01 ⑯
いぶんか
異文化
명 이문화

国際化社会の中では(異文化)コミュニケーションが非常に重要だ。

국제화 사회 안에서는 이문화 커뮤니케이션이 매우 중요하다.

02 ★ ⑰
えいきゅう
永久
명 ナ 영구(함)

世界平和が(永久)に続くように祈っている。

세계 평화가 영구히 계속되도록 기원하고 있다.

03 ★
おうべい
欧米
명 구미, 유럽과 미국

戦後、日本人の食生活は急速に(欧米)化した。

전쟁 후 일본인들의 식생활은 급속하게 서구화되었다.

04 ★★ ⑬
き ふ　　き ふ
寄付・寄附
명 する 기부

アフリカの子どもたちのために文房具を(寄付)した。

아프리카 어린이들을 위해 문구를 기부했다.

05
きょうそん　　きょうぞん
共存・共存
명 する 공존

人類が(共存)するためには戦争を起こしてはならない。

인류가 공존하기 위해서는 전쟁을 일으켜서는 안 된다.

06
こうりょく
効力
명 효력

新しく結ばれた条約が(効力)を発揮している。

새롭게 맺어진 조약이 효력을 발휘하고 있다.

07 ★
こくさい
国際
명 국제

成田(国際)空港は、世界中の人々に利用されている。

나리타 국제공항은 전세계의 사람들에게 이용되고 있다.

08

こしょう
呼称
명 호칭

土地や海の(呼称)が国際問題になっている。

땅이나 바다의 호칭이 국제 문제가 되고 있다.

09 ★★

こっきょう
国境
명 국경

パスポートがなくては(国境)は越えられない。

여권 없이는 국경은 넘을 수 없다.

10

じぞく
持続
명 する 지속

両国の友好関係を(持続)、発展させていくことが重要だ。

양국의 우호관계를 지속·발전시켜 가는 것이 중요하다.

11

しはい
支配
명 する 지배

この地域は昔、王国に(支配)されていた。

이 지역은 옛날, 왕국에 지배받았었다.

12

しゅうきょう
宗教
명 종교

世界には様々な(宗教)が存在している。

세계에는 다양한 종교가 존재하고 있다.

13 ★

しゅしょう
首相
명 수상

女性(首相)のファッションに注目が集まっている。

여성 수상의 패션에 주목이 모아지고 있다.

14

しゅのう
首脳
명 수뇌, 정상

各国の(首脳)が集まり、会議をした。

각국의 수뇌가 모여서 회의를 했다.

15
じゅよう
受容
名 する 수용

日本は昔から様々な外国文化を(受容)してきた。

일본은 옛날부터 다양한 외국문화를 수용해 왔다.

16
しんしゅつ
進出
名 する 진출

国内で成功して海外に(進出)した。

국내에서 성공해서 해외에 진출했다.

17 ★
しんせい
申請
名 する 신청

日本へ留学するためにビザを(申請)した。

일본에 유학하기 위해 비자를 신청했다.

18
しんぜん
親善
名 친선

国際交流のために、外国とスポーツの(親善)試合を行っている。

국제교류를 위해서 외국과 스포츠 친선시합을 실시하고 있다.

19
と じょうこく
途上国
名 도상국

先進国から(途上国)への一方的な支援では、貧困問題は解決できない。

선진국으로부터 도상국에게의 일방적인 지원으로는 빈곤문제는 해결되지 않는다.

20
ぶ き
武器
名 무기

平和のためには(武器)を持つのではなく、放棄するべきだ。

평화를 위해서는 무기를 소지하는 것이 아닌 포기해야 한다.

21
へい わ
平和
名 ナ 평화

彼が戦争に反対する理由は、世界の(平和)のためだ。

그가 전쟁에 반대하는 이유는 세계 평화를 위해서다.

22 ★ ⑪
みっせつ
密接
명 する ナ 밀접

げんご と、その国の歴史や文化は(密接)に関係している。

언어와 그 나라의 역사나 문화는 밀접하게 관계되어 있다.

---

23 ★
ゆうこう
友好
명 우호

今度の会議は両国の(友好)関係にとって非常に重要だ。

이번 회의는 양국의 우호 관계에 있어서 매우 중요하다.

24
りょうど
領土
명 영토

(領土)に関する問題は世界中で起きている。

영토에 관한 문제는 전세계에서 일어나고 있다.

➕ 領海 영해

---

25 ★
う
飢える
동 굶주리다

アフリカでは、未だ多くの人が(飢えて)亡くなっている。

아프리카에서는 아직도 많은 사람이 굶어 죽고 있다.

---

26 ★★
むす
結ぶ
동 매다, 묶다, 잇다

大統領は悩んだ末、その国と条約を(結んだ)。

대통령은 고민 끝에, 그 나라와 조약을 맺었다.

➕ 束ねる 묶다, 한 뭉치로 하다 ⑱

---

27 ★★
いちじる
著しい
イ 현저하다, 두드러지다

東南アジアは経済成長が(著しい)。

동남아시아는 경제 성장이 두드러진다.

---

28 ★
めずら
珍しい
イ 드물다, 희귀하다

今や国際結婚は(珍しく)ない。

이제는 국제 결혼은 드문 일이 아니다.

≒ 稀 드묾, 좀처럼 없음 ⑰

12회분 추가 실전 모의 테스트는
www.sisabooks.com 에서 다운 가능!!!

1 해당 어휘의 읽는 법을 찾고, 빈칸에 의미를 적으세요.

예	学生	✓① がくせい	② がっせい	학생

1	国境	① こっこう	② こっきょう	__________
2	領土	① りょうど	② りょうと	__________
3	著しい	① こいしい	② いちじるしい	__________
4	呼称	① こうしょう	② こしょう	__________
5	首相	① しゅしょう	② しゅうしょ	__________

2 문맥에 맞는 단어를 보기에서 골라 알맞은 형태로 바꾸어 써 넣으세요.

6 国際交流のために、外国とスポーツの(　　　)試合を行っている。

7 アフリカの子どもたちのために文房具を(　　　)。

8 今や国際結婚は(　　　)ない。

9 アフリカでは、未だ多くの人が(　　　)亡くなっている。

10 国際化社会の中では(　　　)コミュニケーションが非常に重要だ。

異文化　　寄付　　親善　　飢える　　珍しい

기출어휘 살펴보기 -접두어·접미어-

어휘	의미	어휘	의미
悪~ あく	悪影響 악영향 ⑮ あくえいきょう 悪条件 악조건 ⑪ あくじょうけん	総~ そう	総売上 총매상(매출) ⑪ ／ 総額 총액 ⑱ そううりあげ　　　　　　　　そうがく
薄~ うす	薄暗い 좀 어둡다, 침침하다 ⑬ うすぐら	低~ てい	低価格 저가격 ⑫ ていかかく 低カロリー 저칼로리 ⑰ てい
仮~ かり	仮採用 임시 채용 ⑫ かりさいよう	半~ はん	半透明 반투명 ⑫ はんとうめい
旧~ きゅう	旧制度 구제도 ⑩ きゅうせいど	非~ ひ	非公式 비공식 ⑪ ひこうしき
対~ たい	2対1 2대1 ⑩ たい	不~ ふ	不正確 부정확 ⑰ ふせいかく
現~ げん	現段階 현단계 ⑪ げんだんかい	副~ ふく	副社長 부사장 ⑩ ⑮ ／ 副大臣 부장관 ⑱ ふくしゃちょう　　　　　　　ふくだいじん
高~ こう	高収入 고수입 ⑩ こうしゅうにゅう 高性能 고성능 ⑭ こうせいのう	真~ ま	真新しい 아주 새롭다 ⑮ まあたら 真後ろ 바로 뒤 ⑰ まうし 真夜中 한밤중 ⑫ まよなか
再~ さい	再開発 재개발 ⑯ さいかいはつ 再提出 재제출 ⑬ さいていしゅつ 再放送 재방송 ⑩ さいほうそう	未~ み	未経験 미경험 ⑭ みけいけん 未使用 미사용 ⑯ みしよう
最~ さい	最有力 가장 유력 ⑬ さいゆうりょく	無~ む	無責任 무책임 ⑮ ／ 無計画 무계획 ⑱ むせきにん　　　　　　　むけいかく
主~ しゅ	主成分 주성분 ⑯ しゅせいぶん	来~ らい	来シーズン 다음시즌 ⑪ らい 来学期 다음 학기 ⑱ らいがっき
準~ じゅん	準決勝 준결승 ⑬ じゅんけっしょう 準優勝 준우승 ⑪ じゅんゆうしょう	~明け あ	夏休み明け 여름방학이 끝남 ⑬ なつやす　あ
諸~ しょ	諸外国 여러 외국 ⑫ ⑰ しょがいこく 諸問題 여러 문제 ⑩ ⑭ しょもんだい	~一色 いっしょく	ムード一色 무드일색 ⑭ いっしょく
		~おきに	一日おきに 하루걸러 ⑪ ⑭ いちにち
前~ ぜん	前社長 전 사장 ⑰ ぜんしゃちょう	~下 か	管理下 관리아래 ⑯ かんり　か

어휘	의미	어휘	의미
~界 (かい)	医学界 (いがくかい) 의학계 ⑪	~団 (だん)	応援団 (おうえんだん) 응원단 ⑮
~街 (がい)	商店街 (しょうてんがい) 상점가 ⑩	~賃 (ちん)	電車賃 (でんしゃちん) 전차요금 ⑭
	住宅街 (じゅうたくがい) 주택가 ⑰	~度 (ど)	初年度 (しょねんど) 초년도 ⑰
~気味 (ぎみ)	風邪気味 (かぜぎみ) 감기 기운 ⑬	~漬け (づけ)	勉強漬け (べんきょうづけ) 공부 삼매경(면학) ⑯
~切れ (ぎれ)	期限切れ (きげんぎれ) 기한이 끝남 ⑭	~連れ (づれ)	親子連れ (おやこづれ) 부모자식이 동행함 ⑬
~式 (しき)	日本式 (にほんしき) 일본식 ⑯		家族連れ (かぞくづれ) 가족동반 ⑰
~集 (しゅう)	作品集 (さくひんしゅう) 작품집 ⑭		子供連れ (こどもづれ) 아이동반 ⑮
~順 (じゅん)	年代順 (ねんだいじゅん) 연대순 ⑯	~発 (はつ)	東京駅発 (とうきょうえきはつ) 도쿄역발 ⑬
	アルファベット順 (じゅん) 알파벳순 ⑫	~離れ (ばなれ)	現実離れ (げんじつばなれ) 현실과 동떨어짐 ⑮
~賞 (しょう)	文学賞 (ぶんがくしょう) 문학상 ⑪	~風 (ふう)	和風 (わふう) 일본풍, 일본식 ⑮
~場 (じょう)	スキー場 (じょう) 스키장 ⑪		ビジネスマン風 (ふう) 비즈니스맨 풍(모습) ⑫
~状 (じょう)	クリーム状 (じょう) 크림 상태 ⑪		会社員風 (かいしゃいんふう) 회사원 풍(모습) ⑰
	招待状 (しょうたいじょう) 초대장 ⑮	~率 (りつ)	就職率 (しゅうしょくりつ) 취직율 ⑩ 進学率 (しんがくりつ) 진학율 ⑱
~色 (しょく)	国際色 (こくさいしょく) 국제적 색채 ⑫		成功率 (せいこうりつ) 성공율 ⑮
~制 (せい)	会員制 (かいいんせい) 회원제 ⑰		投票率 (とうひょうりつ) 투표율 ⑫
	予約制 (よやくせい) 예약제 ⑩	~流 (りゅう)	日本流 (にほんりゅう) 일본류(일본식) ⑫
~性 (せい)	危険性 (きけんせい) 위험성 ⑭	~力 (りょく)	集中力 (しゅうちゅうりょく) 집중력 ⑩
~全般 (ぜんぱん)	音楽全般 (おんがくぜんぱん) 음악전반 ⑬	~類 (るい)	食器類 (しょっきるい) 식기류 ⑬
~沿い (ぞい)	線路沿い (せんろぞい) 선로 변 ⑭		

복습해 볼까요?

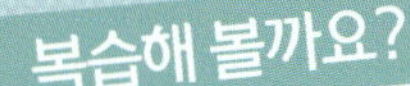

아래의 단어를 보고 읽는 법과 뜻을 적어 본 후 점선대로 접어서 답을 확인해 봅시다.
틀린 단어는 뒷 페이지 □에 V표시를 해 봅시다.

접는 선

단어	읽는 법과 뜻	
改正	かいせい	개정
永久		
欧米		
国際		
首相		
申請		
密接		
友好		
飢える		
珍しい		
寄付・寄附		
国境		
結ぶ		
著しい		
効力		
呼称		
持続		
支配		
宗教		
受容		
進出		
平和		
領土		

접으면 답을 확인할 수 있어요.

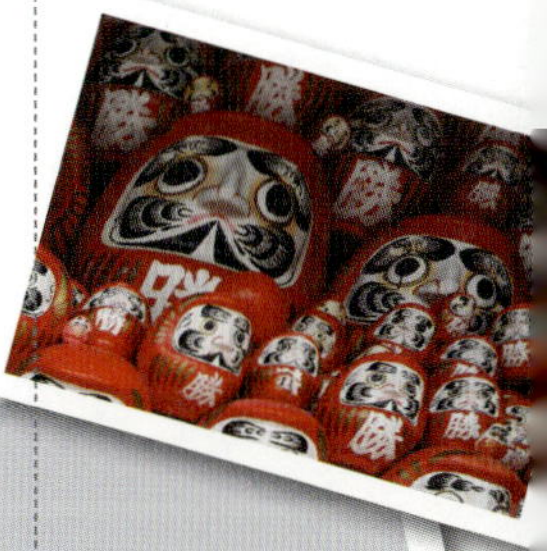

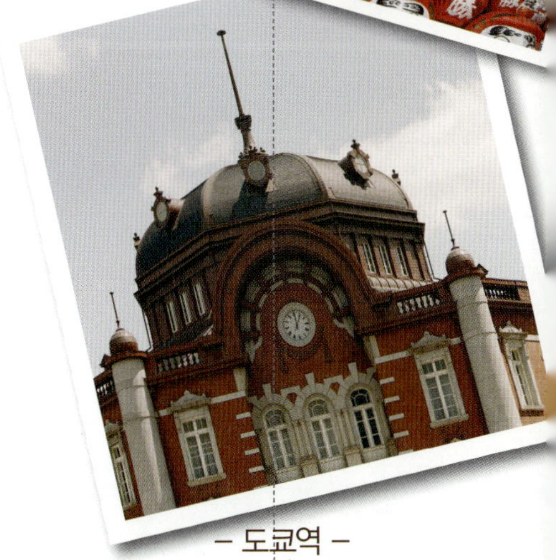

– 도쿄역 –

예처럼 빈칸을 채우면서 다시 한번
체크해 봅시다.

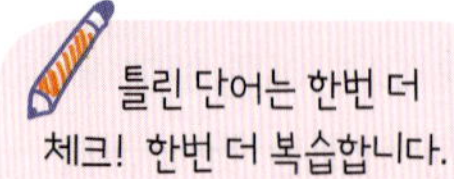

읽는 법과 뜻	한자	읽는 법	의미
かいせい / 개정	(예) 改正	かいせい	개정
えいきゅう / 영구함	永久		
おうべい / 구미, 유럽과 미국	欧米		
こくさい / 국제	国際		
しゅしょう / 수상	首相		
しんせい / 신청	申請		
みっせつ / 밀접	密接		
ゆうこう / 우호	友好		
うえる / 굶주리다	飢える		
めずらしい / 드물다, 희귀하다	珍しい		
きふ / 기부	寄付・寄附		
こっきょう / 국경	国境		
むすぶ / 매다, 묶다, 잇다	結ぶ		
いちじるしい / 현저하다	著しい		
こうりょく / 효력	効力		
こしょう / 호칭	呼称		
じぞく / 지속	持続		
しはい / 지배	支配		
しゅうきょう / 종교	宗教		
じゅよう / 수용	受容		
しんしゅつ / 진출	進出		
へいわ / 평화	平和		
りょうど / 영토	領土		

レンタルの畑

最近、中年男性の趣味の幅が広がっていますが、中でも特に増えているのが農業です。農業を「趣味」と言ったらしかられるかもしれませんが、希望する男たちに会って聞いてみると、本気で農業を仕事にしたい人は少数で、ほとんどは「農業体験」をしてみたい人たちです。

退職して、もう会社に行かなくてもよくなったからといって、家にずっといたのでは、妻に大きなゴミのように思われるし、といって、図書館で時間をつぶすのにも限界がある。家の外でできることで単なる個人的な趣味ではなく、できれば社会問題とつながっている職業となると、農業はぴったりなのです。今農業を始めたいと言えば、環境問題と食糧問題に関心がある人に見えますし、体を動かすので健康にもいいし、取れた野菜は家で食べられるわけですから、ご主人の気持ちはよく分かります。

確かに畑付きの住宅も増えていますが、引っ越しを考える前に、自宅近くでレンタルの畑を探してみたらどうでしょうか。レンタルの畑なら、同じような人もいるでしょうし、情報交換もできます。家の庭で作るのは、花を植えるのと同じようなもので、妻がやることだと思っているでしょうから、やはり、他人から借りた土地で、ご主人以外は作業のじゃまをする人がいない空間が必要なのだと思います。

男は家の中のことはすぐにあきらめますが、社会の中で競争意識が生まれると、がんばるものです。途中でやめることになるかもしれませんが、試してみる価値はじゅうぶんあるでしょう。

최근 중년 남성의 취미의 폭이 넓어지고 있는데, 특히 증가하고 있는 것이 농업(농사)입니다. 농사를 "취미"이라고 하면 질책받을지 모르겠지만 희망하는 남자들을 만나서 물어보자, 진심으로 농업을 직업으로 하고 싶은 사람은 소수이고, 대부분은 "농사 체험"을 원하는 사람들입니다.

퇴직하고 이제 회사에 안 가도 됐다고 해서, 집에 계속 있다가는 아내에게 대형 쓰레기처럼 여겨지고, 그렇다고 도서관에서 시간을 보내는데도 한계가 있다. 집 밖에서 가능한 것으로 단순한 개인적인 취미가 아니라, 가능하면 사회 문제와 연결된 직업이라면 농사은 안성맞춤입니다. 지금 농사를 시작하고싶다고 하면 환경 문제와 식량문제에 관심이 있는 사람에게 보이고 몸을 움직이니까 건강에도 좋고, 딴 야채는 집에서 먹을 수 있으니까 남편의 마음은 충분히 이해합니다.

분명 텃밭을 갖춘 주택도 늘고 있지만, 이사를 생각하기 전에 집 근처에서 임대 텃밭을 찾아보면 어떨까요. 임대 텃밭이라면 흥미가 같은 사람도 있을테고, 정보 교환도 가능합니다. 집 마당에서 만드는 것은 꽃을 심는 것과 마찬가지로 아내가 할 일이라고 생각하기 때문에 역시 타인에게 빌린 땅에서 남편 이외는 작업을 방해하는 사람이 없는 공간이 필요하다고 생각합니다.

남자는 집안 일은 금방 포기하지만 사회에서 경쟁 의식이 생기면 열심히 합니다. 도중에 그만두게 될지는 모르겠지만, 시도해 볼 가치는 충분히 있을 것입니다.

DAY 21

공연·예술과 문화

☐ 01 合図	☐ 02 演技	☐ 03 演劇	☐ 04 演奏
☐ 05 絵画	☐ 06 解散	☐ 07 係り	☐ 08 感覚
☐ 09 観客	☐ 10 感想	☐ 11 芸能	☐ 12 幻想
☐ 13 才能	☐ 14 撮影	☐ 15 作家	☐ 16 指揮
☐ 17 色彩	☐ 18 視線	☐ 19 実際	☐ 20 執筆
☐ 21 芝居	☐ 22 集中	☐ 23 主役	☐ 24 象徴
☐ 25 審査	☐ 26 台詞	☐ 27 忠実	☐ 28 彫刻
☐ 29 伝授	☐ 30 動作	☐ 31 俳優	☐ 32 拍手
☐ 33 爆発	☐ 34 発想	☐ 35 舞台	☐ 36 模倣
☐ 37 扱う	☐ 38 受け取る	☐ 39 触る	☐ 40 供える
☐ 41 触れる	☐ 42 誇る	☐ 43 巻く	☐ 44 恵まれる
☐ 45 求める	☐ 46 儀式的	☐ 47 独自	☐ 48 独創的
☐ 49 見事			

01 ★★ ⑭
あい ず
合図
명 する 신호

指揮者の(合図)で演奏が始まった。
지휘자의 신호로 연주가 시작되었다.

02 ★
えん ぎ
演技
명 する 연기

彼はその舞台で最高の(演技)をした。
그는 그 무대에서 최고의 연기를 했다.
➕ 演じる 연기하다

03
えんげき
演劇
명 연극

週末は友人と(演劇)を見に行くつもりだ。
주말에는 친구와 연극을 보러 갈 생각이다.

04 ★
えんそう
演奏
명 する 연주

有名なピアニストがうちの大学に来て(演奏)した。
유명한 피아니스트가 우리 대학에 와서 연주했다.

05 ★
かい が
絵画
명 회화, 그림

この美術館には有名な(絵画)が集まっている。
이 미술관에는 유명한 그림이 모여 있다.
➕ 画家 화가

06 ★ ⑬
かいさん
解散
명 する 해산

あの有名なロックバンドが方向性の相違により(解散)することになった。
그 유명한 락밴드가 방향성 차이에 의해 해산하게 되었다.

07 ★★
かか
係り
명 계, 담당, 담당자

(係り)の人に案内されて、劇場の中に入った。
담당자의 안내로 극장 안으로 들어갔다.

08 ★★
かんかく
感覚
몡 감각

芸術家は特別な(感覚)を持っている。
예술가는 특별한 감각을 가지고 있다.

09
かんきゃく
観客
몡 관객

舞台が終わると(観客)は立って拍手を贈った。
무대가 끝나자 관객은 서서 박수를 보냈다.

10 ★★★
かんそう
感想
몡 감상

友人と、一緒に見た映画の(感想)を言い合った。
친구와 함께 봤던 영화의 감상을 서로 이야기했다.

11
げいのう
芸能
몡 예능

この学校は、歌やダンスの(芸能)コースがある。
이 학교는 노래나 댄스의 예능 코스가 있다.
➕ 芸術 예술

12 ★★
げんそう
幻想
몡 환상

彼女は好きな俳優に(幻想)を抱いている。
그녀는 좋아하는 배우에게 환상을 품고 있다.

13
さいのう
才能
몡 재능

彼女は人を楽しませる(才能)がある。
그녀는 사람을 즐겁게 하는 재능이 있다.

14 ★★★ ⑫⑩
さつえい
撮影
몡 する 촬영

美術館では写真を(撮影)することは禁止されている。
미술관에서 사진을 촬영하는 것은 금지되어 있다.

15 ★
さっか
作家
명 작가

かのじょ おな さっか さくひん しゅつえん
彼女は同じ(作家)の作品によく出演している。

그녀는 같은 작가의 작품에 자주 출연하고 있다.

16 ★★
し き
指揮
명 する 지휘

こん ど えんそうかい し き たんとう
今度の演奏会で(指揮)を担当することになった。

이번 연주회에서 지휘를 담당하게 되었다.

17
しきさい
色彩
명 색채

が か え しきさい ゆた
この画家の絵は(色彩)豊かだ。

이 화가의 그림은 색채가 풍부하다.

18
し せん
視線
명 시선

はいゆう さいきん で じょせい し せん あつ
あの俳優は最近出ているドラマで女性の(視線)を集めている。

그 배우는 최근 출연하는 드라마로 여성들로부터 시선을 모으고 있다.

19
じっさい
実際
명 실제
부 정말로, 참으로

えい が じっさい お で き ごと つく
あの映画は(実際)に起こった出来事をもとに作られた。

저 영화는 실제로 일어났던 사건을 모티브로 만들어졌다.

20 ★★
しっぴつ
執筆
명 する 집필

さっか しっぴつ こうえんかつどう
作家として(執筆)と公演活動をしている。

작가로서 집필과 공연활동을 하고 있다.

21 ★
しば い
芝居
명 する 연극

しば い つづ なや
(芝居)を続けるかどうか、ずっと悩んでいる。

연극을 계속할지 어떨지 계속 고민하고 있다.

22 集中
しゅうちゅう
[명] [する] 집중

今は小説の執筆に(集中)している。
지금은 소설 집필에 집중하고 있다.

23 主役
しゅやく
[명] 주역

このミュージカルの(主役)は、本当に歌がうまい。
이 뮤지컬의 주역은 정말로 노래를 잘한다.

24 ★★★ ⑪ 象徴
しょうちょう
[명] [する] 상징

富士山は日本の(象徴)である。
후지산은 일본의 상징이다.

25 審査
しんさ
[명] [する] 심사

ピアノのコンクールで後輩の(審査)を担当することになった。
피아노 콩쿨에서 후배의 심사를 담당하게 되었다.

26 台詞
せりふ
[명] 대사, 상투적인 말

あの俳優の(台詞)がとても印象的だった。
그 배우의 대사가 몹시 인상적이었다.

27 忠実
ちゅうじつ
[명] [ナ] 충실

あの映画は原作を(忠実)に再現している。
그 영화는 원작을 충실히 재현하고 있다.

28 彫刻
ちょうこく
[명] [する] 조각

この美術館にはたくさんの(彫刻)が展示されている。
이 미술관에는 많은 조각이 전시되어 있다.

29 ★
でんじゅ
伝授
명 する 전수

はは
母にキムチの作り方を(伝授)してもらった。

엄마에게 김치 만드는 법을 전수받았다.

＋ でんしょう
伝承 전승

---

30 ★★
どう さ
動作
명 동작

き ほん
基本の(動作)を覚えるだけで三日もかかった。

기본 동작을 익히는 것만으로 3일이나 걸렸다.

---

31 ★★
はいゆう
俳優
명 배우

わたし ともだち えい が
私の友達は映画(俳優)を目指している。

내 친구는 영화 배우를 목표로 하고 있다.

---

32 ★
はくしゅ
拍手
명 する 박수

コンサートが終わると、皆が立ち上がって(拍手)をした。

콘서트가 끝나자 모두가 일어나서 박수를 쳤다.

---

33 ★
ばくはつ
爆発
명 する 폭발

えい が
このアクション映画は(爆発)の場面がとても多い。

이 액션 영화는 폭발 장면이 매우 많다.

---

34 ★
はっそう
発想
명 する 발상

かれ
彼はデザイナーとしての(発想)力が素晴らしい。

그는 디자이너로서의 발상력이 훌륭하다.

35
ぶ たい
舞台
명 무대

(舞台)に上がると彼はプロの顔になる。

무대에 오르면 그는 프로의 얼굴이 된다.

36 模倣
명 する 모방

この絵はゴッホの技法を(模倣)したものだと言われている。

이 그림은 고흐의 기법을 모방한 것이라고 한다.

37 ★ ⑫ **扱う**
동 다루다, 취급하다

この作品は、環境問題を(扱って)いる。

이 작품은 환경문제를 다루고 있다.

38 受け取る
동 받다, 수취하다

予約したチケットを受付で(受け取った)。

예약한 티켓을 접수처에서 받았다.

39 ★★ 触る
동 닿다, 대다, 만지다, (마음에) 거슬리다

美術館で絵画に(触って)はいけません。

미술관에서 그림에 손을 대서는 안됩니다.

40 供える
동 바치다, 신불에 올리다

お正月には神様におもちを(供えます)。

정월에는 신에게 떡을 바칩니다.

41 ★★★ ⑩ **触れる**
동 닿다, 접촉하다, 언급하다 (어떤 시기나 사물을) 만나다

美術館では作品に手を(触れない)ようにしてください。

미술관에서 작품에 손을 대지 않도록 해 주세요.

留学中、ヨーロッパの文化に(触れた)。

유학 중 유럽 문화를 접했다.

42 ★ 誇る
동 자랑하다, 뽐내다

彼女は韓国が世界に(誇る)スーパースターだ。

그녀는 한국이 세계에 자랑하는 슈퍼스타이다.

43 ★

巻く

동 말다, 감다

着物を着る時は、お腹に帯を(巻く)。

기모노를 입을 때는 배에 오비를 두른다.

---

44 ★★ ⑮

恵まれる

동 (좋은 환경·기회·재능 등이) 주어지다

彼女はピアノの才能に(恵まれて)いる。

그녀는 피아노 재능을 타고 났다.

---

45 ★

求める

동 구하다, 바라다, 요구하다

窓口の前にはチケットを(求める)列ができた。

창구 앞에는 티켓을 구하려는 줄이 생겼다.

➕ 求人 구인 ⑰

46

儀式的

ナ 의식적

(儀式的)な行事では服装やマナーに注意しなければならない。

의식적인 행사에서는 복장이나 매너에 주의해야 한다.

47

独自

ナ 명 독자적

あの監督の映画は、(独自)の世界観があって人気だ。

저 감독의 영화는 독자적인 세계관이 있어서 인기다.

48

独創的

ナ 독창적

芸術には(独創的)な発想が必要だ。

예술에는 독창적인 발상이 필요하다.

---

49 ★

見事

ナ 훌륭함, 멋짐

初舞台にも関わらず、彼の演技は(見事)だった。

첫 무대임에도 불구하고, 그의 연기는 훌륭했다.

✏️ 12회분 추가 실전 모의 테스트는
www.sisabooks.com 에서 다운 가능!!!

1 해당 어휘의 읽는 법을 찾고, 빈칸에 의미를 적으세요.

예	学生	✔ がくせい	② がっせい	학생

1 執筆 　① しっひつ　② しっぴつ　＿＿＿＿＿＿

2 動作 　① どうさ　② どうさく　＿＿＿＿＿＿

3 撮影 　① さつげい　② さつえい　＿＿＿＿＿＿

4 扱う 　① あつかう　② おぎなう　＿＿＿＿＿＿

5 象徴 　① しょっちょう　②しょうちょう　＿＿＿＿＿＿

2 문맥에 맞는 단어를 보기에서 골라 알맞은 형태로 바꾸어 써 넣으세요.

6 初舞台にも関わらず、彼の演技は(　　　)だった。

7 指揮者の(　　　)で演奏が始まった。

8 あの有名なロックバンドが方向性の相違により(　　　)することになった。

9 あの俳優の(　　　)がとても印象的だった。

10 彼女はピアノの才能に(　　　)いる。

あい ず 合図	かい さん 解散	せり ふ 台詞	めぐ 恵まれる	み ごと 見事

架空 かくう	명 가공	この映画の設定は架空の町だ。 이 영화의 설정은 가공의 마을이다.
起源 きげん	명 기원	人類の起源について多くの謎がある。 인류의 기원에 관해서 많은 수수께기가 있다.
空席 くうせき	명 공석	この演劇は大人気で、空席はほとんどなかった。 이 연극은 엄청난 인기여서 공석은 거의 없었다.
劇場 げきじょう	명 극장	今日は近所の劇場でミュージカルの公演がある。 오늘은 근처 극장에서 뮤지컬 공연이 있다.
功績 こうせき	명 공적	彼は音楽の世界で大きな功績を残した。 그는 음악 세계에서 큰 공적을 남겼다.
しきたり	명 관습, 관례	この土地のしきたりは守っていかなければならない。 이 땅의 관습은 지켜가야만 한다.
神話 しんわ	명 신화	彼の成功は、まるで神話のようだと言われている。 그의 성공은 마치 신화와 같다라고 말해지고 있다.
展覧会 てんらんかい	명 전람회	友人から展覧会のチケットをもらったので、今週末見に行くつもりだ。 친구로부터 전람회 티켓을 받아서 이번 주말에 보러갈 예정이다.
博物館 はくぶつかん	명 박물관	夏休みには博物館で恐竜展が開催される。 여름방학에는 박물관에서 공룡전이 개최된다.
披露 ひろう	명 する 피로, 공개함	今回のファッションショーでは新作のドレスも披露された。 이번 패션쇼에서는 신작의 드레스도 공개되었다.
前売り券 まえうりけん	명 예매	友達と行くために人気の公演の前売り券を買っておいた。 친구와 가기 위해서 인기 공연의 예매권을 사 두었다.
脱する だっ	동 벗어나다, 탈출하다	彼の作品は素晴らしく、素人の域を脱している。 그의 작품은 훌륭해서 아마추어 영역을 벗어나고 있다.
持ち込む もこ	동 반입하다, 갖고 들어오다	この劇場は飲食物を持ち込んではいけない。 이 극장은 음식물을 반입하면 안된다.
多彩⑱ たさい	ナ · 명 다채로움	今日のパーティーの参加者は芸能人や政治家など多彩なメンバーだった。 오늘 파티의 참가자는 연예인이나 정치가 등 다양한 멤버였다.

단어	품사/뜻	예문
あいさつ 挨拶	명 する 인사	元気な挨拶から一日を始めよう。 활기찬 인사로 부터 하루를 시작하자.
あた 辺り	명 근처, 부근, 주위	大きな音がして辺りを見回したが、誰もいなかった。 큰 소리가 나서 주위를 둘어보았지만, 아무도 없었다.
いたずら	명 する ナ 짖궂은 장난	子どもの頃はいたずらばかりして母によくしかられた。 어릴 때는 장난을 많이 쳐서 엄마에게 자주 혼났었다.
おおごえ 大声	명 큰 목소리	野球場では大声で応援するファンの姿が目立つ。 야구장에서는 큰 소리로 응원하는 팬의 모습이 눈에 띈다.
かいぎ 会議	명 회의	会議に参加するために東京へ行った。 회의에 참가하기 위해서 동경으로 갔다.
かくにん 確認	명 する 확인	書類を受け取ってすぐに内容を確認した。 서류를 받고 바로 내용을 확인했다.
がんじつ 元日	명 설, 설날	元日は一年の初めの重要な日だ。 설은 한 해의 시작인 중요한 날이다.
かんぱい 乾杯	명 する 건배	会社の100周年パーティーで、社長の挨拶の後、乾杯した。 회사의 100주년 파티에서 사장님 인사 후 건배 했다.
かんばん 看板	명 간판	古くなったから、そろそろ看板を新しくしましょう。 낡았으니까 슬슬 간판을 새로 합시다.
きょくたん 極端 ⑭	명 ナ 극단	今回の試験では、生徒の成績が極端に悪かった。 이번 시험에서는 학생들의 성적이 극단적으로 나빴다.
ぎりぎり ⑰	명 아슬아슬함, 빠듯함	彼は遅刻はしないが、いつもぎりぎりの時間に来る。 그는 지각은 안 하지만 항상 아슬아슬한 시간에 온다.
けんか 喧嘩	명 する 다툼, 싸움	些細なことが原因で彼と喧嘩をした。 사소한 것이 원인으로 그와 싸움을 했다.
こうはい 後輩	명 후배	会社の後輩に重要な仕事を任せた。 회사 후배에게 중료한 일을 맡겼다.
こんなん 困難	명 ナ 곤란, 어려움을 겪음	今からスケジュールを空けるのは困難です。 지금부터 스케줄을 비우는 것은 어렵습니다.
さいちゅう 最中	명 한창인 때, 한창 진행되는 도중	食事の最中に緊急連絡が入った。 한창 식사중에 긴급연락이 왔다

終了 しゅうりょう	名 する 종료, 끝남, 끝냄	あの店は今日で営業を終了して、明日からは工 事が始まる。 저 가게는 오늘로 영업을 종료하고, 내일부터는 공사가 시작된다.
準備 じゅん び	名 する 준비	昨日は一日中引っ越しの準備に追われた。 어제는 하루 종일 이사 준비에 쫓겼다.
紹介 しょうかい	名 する 소개	両親に彼女を紹介することにした。 부모님께 그녀를 소개하기로 했다.
上達 じょうたつ	名 する 숙달, 향상됨	新しく来たアルバイトは仕事の上達が速い。 새로 온 아르바이트 생은 업무의 숙달이 빠르다.
将来 しょうらい	名 장래	将来の事が不安で、夜も眠れない。 장래의 일이 불안해서 저녁에 질 수 없다.
神経 しんけい	名 신경	職場の人間関係には、誰より神経を使っている。 직장에서 인간관계에 누구보다도 신경을 쓰고 있다.
相当 そうとう ⑫	名 ナ 副 する 상당, 대등함, 꽤, 제법	彼は相当怒っているようだ。 그는 상당히 화나 있는것 같다.
だいたい ⑬	名 副 대체, 대강, 대부분	だいたいのことは予想がつくはずだ。 대강의 내용은 예상이 될 것이다.
たいてい	名 副 대강, 대개, 대부분	たいていの日本人は自己主張が苦手だ。 대부분의 일본인은 자기주장을 잘 못한다.
大半 たいはん ⑪	名 태반, 대부분	この国では大半の人が運転免許を持っている。 이 나라에서는 대부분의 사람이 운전면허를 가지고 있다.
都合 つ ごう	名 형편, 사정	今日は都合が悪いので、明日会いましょう。 오늘은 형편이 좋지 않으니 내일 만납시다.
出来上がり で き あ	名 다 됨, 완성됨, 만듦새	このかばんの出来上がりは3週間後だ。 이 가방은 완성되기까지 3주가 걸립니다.
手前 て まえ	名 자기 앞, 자신의 입장, 체면	郵便局の手前の建物が、うちの事務所です。 우체국 바로 앞의 건물이 저의 회사 사무소입니다.
途中 と ちゅう	名 도중	やると決めたら、途中で諦めるものではない 하겠다고 정했으면 도중에 포기해서는 안된다.
悩み なや	名 고민	君には悩みを相談できる相手が必要だ。 너에게는 고민을 상담할 수 있는 상대가 필요하다.

복습해 볼까요?

아래의 단어를 보고 읽는 법과 뜻을 적어 본 후 점선대로 접어서 답을 확인해 봅시다.
틀린 단어는 뒷 페이지 □에 V표시를 해 봅시다.

접는 선

접으면 답을 확인할 수 있어요.

단어	읽는 법과 뜻	
改正	かいせい	개정
撮影		
象徴		
触れる		
係り		
感覚		
幻想		
指揮		
執筆		
動作		
俳優		
触る		
恵まれる		
合図		
演技		
演奏		
絵画		
解散		
作家		
芝居		
伝授		
拍手		
爆発		

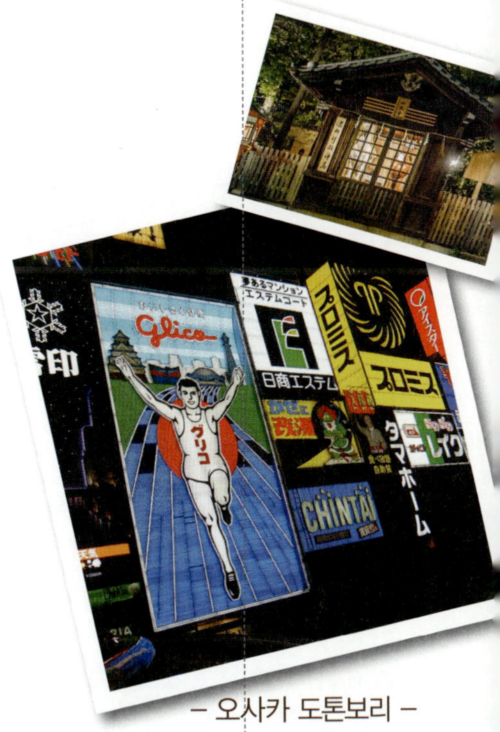

– 오사카 도톤보리 –

예처럼 빈칸을 채우면서 다시 한번
체크해 봅시다.

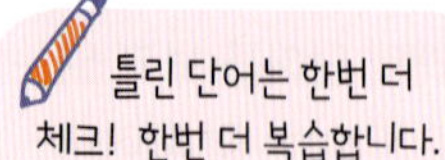

읽는 법과 뜻
かいせい 개정
さつえい 촬영
しょうちょう 상징
ふれる 닿다, 접촉하다
かかり 계, 담당, 담당자
かんかく 감각
げんそう 환상
しき 지휘
しっぴつ 집필
どうさ 동작
はいゆう 배우
さわる 대다, 만지다
めぐまれる좋은 환경이 주어지다
あいず 신호
えんぎ 연기
えんそう 연주
かいが 회화, 그림
かいさん 해산
さっか 작가
しばい 연극
でんじゅ 전수
はくしゅ 박수
ばくはつ 폭발

한자	읽는 법	의미
예　改正	かいせい	개정
撮影		
象徴		
触れる		
係り		
感覚		
幻想		
指揮		
執筆		
動作		
俳優		
触る		
恵まれる		
合図		
演技		
演奏		
絵画		
解散		
作家		
芝居		
伝授		
拍手		
爆発		

DAY 22

스포츠

01 意義	02 一致	03 引退	04 応援
05 改正	06 活躍	07 監督	08 基礎
09 逆転	10 記録	11 競馬	12 貢献
13 克服	14 辞退	15 実力	16 弱点
17 柔道	18 勝利	19 振興	20 垂直
21 成績	22 成果	23 全般	24 対戦
25 体操	26 代表	27 巧み	28 中断
29 注目	30 発揮	31 引き分け	32 放棄
33 優勝	34 優勢	35 挑む	36 打つ
37 収める	38 替える	39 蹴る	40 攻める
41 突く	42 尽くす	43 投げる	44 外す
45 阻む	46 率いる	47 破る	48 明らか
49 確実			

01
いぎ
意義
명 의의

オリンピックは参加することに(意義)がある。
올림픽은 참가하는 것에 의의가 있다.

02
いっち
一致
명 する 일치

全員の意見が(一致)して、鈴木選手がキャプテンに選ばれた。
전원의 의견이 일치해서 스즈키 선수가 캡틴으로 뽑혔다.

03 ★ ⑯
いんたい
引退
명 する 은퇴

彼は試合に負け続けた末、とうとうプロ選手を(引退)した。
그는 시합에 계속 진 끝에 결국 프로 선수를 은퇴했다.
≒ 辞める 그만두다

04 ★
おうえん
応援
명 する 응원

いつも(応援)しているチームが負けてしまってとても悔しい。
항상 응원하고 있는 팀이 져버려서 정말 분하다.

05 ★★ ⑫
かいせい
改正
명 する 개정

ルールが(改正)されて選手たちは戸惑っている。
규칙이 개정되어 선수들은 당황해 하고 있다.

06 ★★
かつやく
活躍
명 する 활약

試合での(活躍)が評価され、彼は代表選手に選ばれた。
시합에서의 활약이 평가되어 그는 대표 선수로 뽑혔다.

07 ★
かんとく
監督
명 する 감독

結果を出せない(監督)は、すぐに解任されてしまう。
결과를 내지 못하는 감독은 바로 해임되어 버린다.

08 基礎 き そ
명 기초

(基礎)をしっかり身につけてから、応用へと発展させよう。

기초를 확실히 몸에 익히고 나서 응용으로 발전 시키자.

---

09 逆転 ぎゃくてん
명 する 역전

9回裏の(逆転)ホームランで試合に勝った。

9회말 역전 홈런으로 시합에 이겼다.

---

10 ★★ 記録 き ろく
명 する 기록

陸上男子200メートルの決勝戦で世界新(記録)が生まれた。

육상 남자 200m 결승전에서 세계신기록이 탄생했다.

---

11 ★★ 競馬 けい ば
명 경마

土曜には(競馬)があるので近所がうるさい。

토요일에는 경마가 있기 때문에 근처가 시끄럽다.

---

12 ★★ 貢献 こうけん
명 する 공헌

チームのために(貢献)できる選手が必要だ。

팀을 위해 공헌할 수 있는 선수가 필요하다.

---

13 ★★ 克服 こくふく
명 する 극복

苦手な水泳を(克服)するために習い始めた。

잘하지 못하는 수영을 극복하기 위해서 배우기 시작했다.

---

14 ★★ 辞退 じ たい
명 する 사퇴

田中選手は今度のオリンピックへの出場を(辞退)した。

다나카 선수는 이번 올림픽 출장을 사퇴했다.

15
じつりょく
実力
명 실력

彼は試合で(実力)を発揮することができた。
그는 시합에서 실력을 발휘할 수 있었다.

16 ★
じゃくてん
弱点
명 약점

試合で勝つために相手チームの(弱点)を研究した。
시합에서 이기기 위해서 상대팀의 약점을 연구했다.

17 ★★
じゅうどう
柔道
명 유도

(柔道)は日本の伝統的なスポーツの一種だ。
유도는 일본의 전통적인 스포츠 중 하나다.

18
しょう り
勝利
명 する 승리

(勝利)をつかむためには、日々の練習が重要だ。
승리를 잡기 위해서는 매일 연습하는 것이 중요하다.
➕ 勝負 승부

19
しんこう
振興
명 する 진흥

スポーツの(振興)を通して子どもたちの健康な体力づくりに尽力したい。
스포츠 진흥을 통해서 아이들의 건강한 체력을 만드는데에 힘쓰고 싶다.

20 ★★
すいちょく
垂直
명 ナ 수직

バスケットボールの選手は(垂直)に高く跳べる。
농구 선수는 수직으로 높게 뛰어 오를 수 있다.

21 ★★
せいせき
成績
명 성적

彼は大会で素晴らしい(成績)を残した。
그는 대회에서 훌륭한 성적을 남겼다.

22 ★
せいか
成果
명 성과

彼女が優勝できたのは今までの努力の(成果)だ。

그녀가 우승할 수 있었던 것은 지금까지의 노력의 성과다.

➕ 成否 성패

23
ぜんぱん
全般
명 전반

運動(全般)が苦手だが、マラソンだけは昔から得意だ。

운동은 전반적으로 서툴지만 마라톤만큼은 옛날부터 잘한다.

24
たいせん
対戦
명 する 대전

県大会の決勝戦ではこの2チームが(対戦)することが多い。

현 대회의 결승전에서는 이 2팀이 대전할 때가 많다.

25
たいそう
体操
명 する 체조

泳ぐ前には必ず(体操)するべきだ。

수영하기 전에는 반드시 체조를 해야 한다.

26
だいひょう
代表
명 する 대표

サッカー日本(代表)の試合を観に行った。

축구 일본 대표의 시합을 보러 갔다.

27
たく
巧み
명 ナ 기교, 착상, 능란함

今大会では、有名選手の(巧み)な技が見られた。

이번 대회에서는 유명한 선수의 솜씨 좋은 기술을 볼 수 있었다.

---

28 ★ ⑮
ちゅうだん
中断
명 する 중단

野球の試合中、突然地震が起きたため、一度試合を(中断)した。

야구 시합 중 갑자기 지진이 일어났기 때문에 한 번 시합을 중단했다.

29 ★★ ⑩
ちゅうもく
注目
명 する 주목

彼女は今回のオリンピックで(注目)されている選手だ。

그녀는 이번 올림픽에서 주목받고 있는 선수이다.

30 ★★ ⑱⑩
はっき
発揮
명 する 발휘

試合で実力を(発揮)できず負けてしまった。

시합에서 실력을 발휘하지 못하고 져 버렸다.

31 ★
ひ　わ
引き分け
명 무승부, 비김

試合に集中して頑張ったが、結果は(引き分け)だった。

시합에 집중하여 열심히 했지만 결과는 무승부였다.

32 ★
ほう　き
放棄
명 する 포기

私たちは試合を(放棄)して、ベンチに戻った。

우리는 시합을 포기하고 벤치로 돌아갔다.

33 ★
ゆうしょう
優勝
명 する 우승

今年の目標は一度も負けないで(優勝)することだ。

올해의 목표는 한 번도 지지 않고 우승하는 것이다.

34
ゆうせい
優勢
명 ナ 우세

前半は(優勢)に試合を運んだが負けてしまった。

전반전은 우세하게 시합을 진행시켰지만 져버렸다.

35 ★
いど
挑む
동 도전하다

彼はチャンピオンに勝負を(挑んだ)。

그는 챔피언과의 승부에 도전했다.

36 ★

打つ
[동] 치다, 때리다

この試合で4人のバッターがホームランを(打った)。
이 시합에서 4명의 타자가 홈런을 쳤다.
≒ 叩く 때리다, 두드리다

37 ★★ ⑯

収める
[동] 넣다, 납부하다, 거두다

韓国チームはオリンピックで勝利を(収めた)。
한국팀은 올림픽에서 승리를 거두었다.
≒ 納める 납부하다, 바치다, 납품하다

38

替える
[동] 바꾸다, 교환하다

試合後半には選手を(替えて)、新しいメンバーを出場させた。
시합 후반에는 선수를 바꿔서 새로운 멤버를 출장시켰다.

39 ★

蹴る
[동] (발로) 차다

ボールを(蹴って)シュートをきめた。
볼을 차서 슛을 넣었다.

40 ★

攻める
[동] 공격하다

試合で相手の選手に一気に(攻められた)。
시합에서 상대 선수에게 단숨에 공격당했다.

41 ★

突く
[동] 찌르다, 내지르다

ビリヤードは棒で玉を(突いて)穴に落とすゲームだ。
당구는 봉으로 공을 쳐서 구멍에 넣는 게임이다.

42 ★★

尽くす
[동] 다하다

選手たちはチームの優勝のために全力を(尽くした)。
선수들은 팀의 우승을 위해서 전력을 다했다.
＋ 尽きる 다하다, 바닥나다

43 ★

な
投げる

동 던지다, 내던지다

その野球選手はとても早いボールを(投げる)。

그 야구 선수는 매우 빠른 공을 던진다.

---

44 ★★　⑩

はず
外す

동 떼다, 끄르다, 제외하다, (자리를) 뜨다, 비우다

古い看板を(外して)、新しい看板をつける。

낡은 간판을 떼고, 새로운 간판을 달다.

＋ **はず** 外れる　빠지다, (규칙) 어긋나다

---

45 ★

はば
阻む

동 막다, 방해하다

ブラジルが、フランスチームの優勝を(阻んだ)。

브라질이 프랑스팀의 우승을 저지했다.

---

46 ★★

ひき
率いる

동 거느리다, 인솔하다

このチームを(率いて)いるのは、イタリア人の監督だ。

이 팀을 이끌고 있는 것은 이탈리아인 감독이다.

---

47 ★★

やぶ
破る

동 찢다, 깨다, 부수다

その選手はオリンピックで自己最高記録を(破った)。

그 선수는 올림픽에서 자기 최고 기록을 깼다.

＋ **やぶ** 破れる　깨지다, 찢어지다

---

48 ★　⑭

あき
明らか

ナ 분명함, 명백함

サッカーで手を使うのは(明らか)な反則です。

축구에서 손을 사용하는 것은 명백한 반칙입니다.

49

かくじつ
確実

ナ 확실

このまま行けば、Aチームの優勝は(確実)だ。

이대로 가면 A팀 우승은 확실하다.

12회분 추가 실전 모의 테스트는
www.sisabooks.com 에서 다운 가능!!!

1 해당 어휘의 읽는 법을 찾고, 빈칸에 의미를 적으세요.

예	学生	✓ がくせい	② がっせい	학생

1 攻める　　① さめる　　② せめる　　＿＿＿＿＿＿

2 注目　　① ちゅうもく　② ちゅもく　＿＿＿＿＿＿

3 率いる　　① ひきいる　　② しいる　　＿＿＿＿＿＿

4 破る　　① やける　　② やぶる　　＿＿＿＿＿＿

5 勝利　　① しょうり　　② しょり　　＿＿＿＿＿＿

2 문맥에 맞는 단어를 보기에서 골라 알맞은 형태로 바꾸어 써 넣으세요.

6　ルールが（　　）されて選手たちは戸惑っている。

7　試合で実力を（　　）できず負けてしまった。

8　試合に集中して頑張ったが、結果は（　　）だった。

9　今大会では、有名選手の（　　）技が見られた。

10　彼は試合に負け続けた末、とうとうプロ選手を（　　）した。

いんたい	かいせい	たく	はっき	ひ　わ
引退	改正	巧み	発揮	引き分け

기출어휘 살펴보기 - 유의어 -

誤り 잘못, 틀림 ⑰	間違っているところ 잘못 된 곳
じかに 직접(적으로) ⑯	直接 직접
愉快な人 유쾌한 사람 ⑯	面白いひと 재미있는 사람
息抜きした 숨을 돌렸다 ⑯	休んだ 쉬었다
ついていた (행운이) 따랐다 ⑯	運がよかった 운이 좋았다
収納する 수납하다 ⑮	仕舞う 정리하다, 치우다
ささやく 속삭이다, 소곤거리다 ⑮	小声で話す 작은 소리로 이야기하다
テンポ 템포, 속도 ⑮	速さ 속도, 빠름
妙な 묘한 ⑮	変な 이상한
買いしめる 매점하다 ⑭	全部買う 전부 사다
間際 직전, 막~하려는 찰나 ⑭	直前 직전
お勘定を済ます 계산을 끝내다 ⑭	お金を払う 돈을 지불하다
用心 조심, 주의 ⑭	注意 주의
済ます 끝내다, 마치다 ⑬	終える 마치다
思いがけない 의외이다, 뜻밖이다 ⑬	意外な 의외의
山のふもと 산기슭 ⑬	山の下の方 산 밑
仕上げる 일을 끝내다 ⑫	完成させる 완성시키다
湿っている 습기차 있다, 젖어있다 ⑫	まだ乾いていない 아직 마르지 않다
ブーム 일시적 대유행 ⑪	流行 유행
わずかに 조금, 약간 ⑪	少し 조금
雑談 잡담 ⑩	おしゃべり 잡담, 수다

はんだん 判断	명	판단	どちらが本物か判断ができない。 어느 쪽이 진자인지 판단할 수 없다.
ふくろ 袋	명	자루, 봉지	コンビニで買い物をした時、袋に商品を入れてもらった。 편의점에서 물건을 샀을 때 봉지에 상품을 넣어 주었다.
へいきん 平均	명	평균	韓国女性の平均身長は161センチだ。 한국 여성의 평균 신장은 161cm다.
へんじ 返事	명	답변, 답장	メールの返事がないので、心配になった。 메일 답장이 없어서 걱정이 되었다.
ほうそく 法則	명	법칙	有名な経営者の生活習慣に共通の法則を見つけた。 유명한 경영자의 생활습관에 공통의 법칙을 찾았다.
まじめ 真面目	명 ナ	진지함, 진심임, 성실함	社長は仕事に関して、誰よりも真面目に考えている。 사장님은 일에 관해서 누구보다도 진지하게 생각하고 있다.
みおくり 見送り	명	전송, 배웅	先輩の海外転勤の見送りに、空港まで来た。 선배의 해외 전근을 배웅하러 공항까지 왔다.
ゆうそう 郵送	명	우송	荷物が多すぎたので、持ち帰らずに郵送にした。 짐이 너무 많았기 때문에 가지러 돌아가지 않고 우송했다.
ようい 用意	명 する	준비, 채비	お客さんのために着替えを用意しておいた。 손님을 위해 갈아입을 옷을 준비해 두었다.
ようじ 用事	명	용무, 볼일	祖母は用事で出かけた。 할머니는 볼일이 있어 외출했다.
りゆう 理由	명	이유	授業に出席できない理由を電話で先生に伝えた。 수업에 출석할 수 없는 이유를 전화로 선생님에게 전했다.
るす 留守	명	부재중	出張のため、長期間家を留守にする。 출장때문에 장기간 집을 비웠다.
きょくたん 極端	ナ 명	극단	今回の試験では、生徒の成績が極端に悪かった。 이번 시험에서는 학생들의 성적이 극단적으로 나빴다.
どうよう 同様	ナ 명	같음, 마찬가지임	このような状況は他の会社でも同様に見られる。 이러한 상황은 다른 회사에서도 마찬가지로 보여진다.
りっぱ 立派	ナ	훌륭함, 아주 뛰어남	立派なお家にお住まいですね。 훌륭한 집에 사시는 군요.

余る あま	동 남다	夕食を作りすぎて、かなり余ってしまった。 저녁을 많이 만들어서 꽤 많이 남아 버렸다.
急ぐ いそ	동 서두르다, 바삐 움직이다	急いで食べると、体に良くないですよ。 급하게 먹으면 몸에 좋지 않아요.
祈る いの	동 기원하다, 기도하다	面接がうまくいくよう祈っています。 면접이 잘 되길 기도하고 있습니다.
移す うつ	동 옮기다	机の上に並べていた本を、本棚に移した。 책상 위에 세웠던던 책을 책장으로 옮겼다.
移る うつ	동 바뀌다, 옮기다, 이동하다, 변하다	事務所が7階から5階に移った。 사무소가 7층에서 5층으로 이동했다.
起こる お	동 (사건, 사고가) 일어나다	この交差点では、よく事故が起こる。 이 교차로에서는 사고가 자주 일어난다.
押す お	동 밀다, 누르다	テーブルの上のボタンを押すと、店員が注文をとりにくる。 테이블 위의 버튼을 누르면 점원이 주문을 받으러 온다.
関わる かか	동 관계되다, 관계하 다, 상관하다	この事件に関わるのは危険だと判断した。 이 사건에 관계되는 것은 위험하다고 판단했다.
困る こま	동 곤란하다, 난처해지다	子どもの頃から親を困らせてばかりいた。 어릴 때부터 부모님을 난처하게만 했다.
咲く さ	동 (꽃이) 피다	ひまわりの花が咲くと、夏だなと思う。 해바라기 꽃이 피면, 여름이구나하고 생각한다.
叱る しか	동 꾸짖다	門限を破ってしまい、父に叱られた。 통금 시간을 어겨서 아버지에게 야단맞았다.
捨てる す	동 버리다	部屋をきれいに整理するためには、物を捨てることが大切だ。 방을 깨끗하게 정리하기 위해서는 물건을 버리는 것이 중요하다.
育てる そだ	동 기르다, 키우다	母はベランダで野菜を育てている。 엄마는 베란다에서 채소를 키우고 있다.
達する⑱ たっ	동 달하다, 도달하다	先日、この遊園地の入園者は100万人に達した。 요전 날 이 유원지의 입장자 수가 100만 명에 달했다.
頼む たの	동 부탁하다, 의뢰하다	高校時代の友人から結婚式の司会を頼まれた。 고교시절 친구로부터 결혼식 사회를 부탁받았다.
続く つづ	동 이어지다, 계속되다	ここは先祖の代から続いている有名なお店だ。 여기는 조상 대대로 계속되고 있는 유명한 가게이다.

아래의 단어를 보고 읽는 법과 뜻을 적어 본 후 점선대로 접어서 답을 확인해 봅시다.
틀린 단어는 뒷 페이지 ☐에 V표시를 해 봅시다.

접는 선

단어	읽는 법과 뜻	
改正	かいせい	개정
活躍		
記録		
競馬		
貢献		
克服		
柔道		
垂直		
成績		
注目		
発揮		
収める		
尽くす		
外す		
率いる		
破る		
引退		
応援		
監督		
辞退		
弱点		
成果		
優勝		

– 삿포로 시계탑 –

예처럼 빈칸을 채우면서 다시 한번
체크해 봅시다.

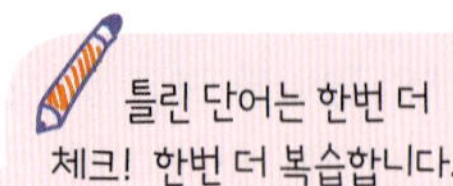

읽는 법과 뜻
☐ かいせい 개정
☐ かつやく 활약
☐ きろく 기록
☐ けいば 경마
☐ こうけん 공헌
☐ こくふく 극복
☐ じゅうどう 유도
☐ すいちょく 수직
☐ せいせき 성적
☐ ちゅうもく 주목
☐ はっき 발휘
☐ おさめる 넣다, 거두다
☐ つくす 다하다
☐ はずす 떼다, 자리를 뜨다
☐ ひきいる 거느리다, 인솔하다
☐ やぶる 찢다, 깨다
☐ いんたい 은퇴
☐ おうえん 응원
☐ かんとく 감독
☐ じたい 사퇴
☐ じゃくてん 약점
☐ せいか 성과
☐ ゆうしょう 우승

	한자	읽는 법	의미
예	改正	かいせい	개정
	活躍		
	記録		
	競馬		
	貢献		
	克服		
	柔道		
	垂直		
	成績		
	注目		
	発揮		
	収める		
	尽くす		
	外す		
	率いる		
	破る		
	引退		
	応援		
	監督		
	辞退		
	弱点		
	成果		
	優勝		

DAY 23

여행과 취미

01 解消	02 楽器	03 観光	04 鑑賞
05 きっかけ	06 転換	07 休暇	08 休憩
09 興味	10 下山	11 合流	12 混雑
13 参加費	14 視野	15 周囲	16 収集
17 趣味	18 滞在	19 釣り	20 登山
21 徒歩	22 日時	23 費用	24 頻繁
25 分野	26 変更	27 冒険	28 保険
29 漫画	30 両替	31 描く	32 兼ねる
33 好む	34 指す	35 騒ぐ	36 占める
37 尋ねる	38 戦う	39 留まる	40 泊まる
41 逃がす	42 弾く	43 膨らむ	44 曲げる
45 見逃す	46 巡る	47 潜る	48 湧く
49 貴重			

01 ★ ⑪
かいしょう
解消
명 する 해소

ストレス(解消)にはカラオケで思い切り歌うのがいい。

스트레스 해소에는 노래방에서 마음껏 노래 부르는 것이 좋다.

02
がっき
楽器
명 악기

子どもの頃習っていた(楽器)も今はできなくなった。

어릴 때 배웠던 악기도 지금은 할 수 없게 되었다.

03
かんこう
観光
명 する 관광

このビザは(観光)が目的の人のためのものだ。

이 비자는 관광이 목적인 사람들을 위한 것이다.
≒ 見物 구경 ＋ 名所 명소 ⑰

04 ★
かんしょう
鑑賞
명 する 감상

趣味は映画を(鑑賞)することです。

취미는 영화를 감상하는 것입니다.

05 ★★★ ⑯ ⑩
きっかけ
명 계기, 실마리

日本語を始めた(きっかけ)は、日本に旅行するためだ。

일본어를 시작한 계기는 일본여행을 하기 위해서다.
≒ 契機 계기

06
てんかん
転換
명 する 기분전환

最近残業が続いていたので、気分(転換)に映画を見に行った。

요즘 야근이 계속되고 있어서 기분전환으로 영화를 보러 갔다.

07
きゅうか
休暇
명 휴가

今年の夏は(休暇)を取って海外旅行をするつもりだ。

올 여름은 휴가를 받아서 해외여행을 할 생각이다.

08 ★★★
きゅうけい
休憩
명 する 휴게, 휴식

この仕事が片付いたら(休憩)しよう。

이 일이 정리되면 좀 쉬자.

≒ 休息 휴식

09 ★★
きょう み
興味
명 흥미

(興味)があることは、昔から一生懸命する方だ。

흥미가 있는 것은 옛날부터 열심히 하는 편이다.

≒ 関心 관심

10
げ ざん　げ さん
下山・下山
명 する 하산

登山部全員が富士山から無事(下山)した。

등산부 전원이 후지산에서 무사히 하산했다.

11 ★
ごうりゅう
合流
명 する 합류

その二つの川は河口の近くで(合流)している。

그 두 개의 강은 강어귀 근처에서 합류하고 있다.

出張先で旅行中の同僚と(合流)して食事をした。

출장지에서 여행 중인 동료와 합류해서 식사했다.

12 ★
こんざつ
混雑
명 する 혼잡

週末は(混雑)が予想されるので、早目に出発しましょう。

주말은 혼잡이 예상되기 때문에 빨리 출발합시다.

13
さん か ひ
参加費
명 참가비

今回のキャンプは(参加費)が3万ウォンだ。

이번 캠프는 참가비가 3만원이다.

14 ★
しゃ
視野
명 시야

(視野)を広げるために外国へ留学する。

시야를 넓히기 위해서 외국에 유학간다.

15 ★
しゅうい
周囲
명 주위

地理が分からないので、ホテルの(周囲)を歩き回った。
지리를 몰라서 호텔 주변을 여기저기 돌아다녔다.

16 ★
しゅうしゅう
収集
명 する 수집

子どもの頃は、世界の切手を(収集)するのが好きだった。
어렸을 때에는 세계의 우표를 수집하는 것을 좋아했었다.

17 ★★
しゅみ
趣味
명 취미

(趣味)を仕事にできるのは、幸せなことだ。
취미를 일로 할 수 있는 것은 행복한 일이다.

18 ★
たいざい
滞在
명 する 체재, 체류

パリには3日間(滞在)して、そのあとロンドンに行きます。
파리에는 3일간 체류하고, 그다음 런던으로 갑니다.

19
つ
釣り
명 낚시

海で(釣り)をするのは好きだが、船には乗りたくない。
바다에서 낚시를 하는 것은 좋아하지만, 배는 타고 싶지 않다.

20 ★
とざん
登山
명 する 등산

この辺りは毎年、秋になると(登山)客でいっぱいになる。
이 주변은 매년 가을이 되면 등산객으로 꽉 찬다.

21
とほ
徒歩
명 도보

事務所から(徒歩)で通勤できる場所に引っ越す。
사무실에서 도보로 통근할 수 있는 장소로 이사한다

22
にち じ
日時
명 일시

結婚式の(日時)について確認するため、友達に連絡した。
결혼식 일시에 대해서 확인하기 위해서 친구에게 연락했다.

23
ひ よう
費用
명 비용

旅行に必要な(費用)は全て会社が負担してくれた。
여행에 필요한 비용은 전부 회사가 부담해 주었다.

24
ひんぱん
頻繁
명 ナ 빈번

彼は仕事で(頻繁)にシカゴを訪れていた。
그는 일로 빈번히 시카고를 방문하고 있었다.

25 ★ ⑬
ぶん や
分野
명 분야

興味がある(分野)の勉強は面白いので、成績もいい。
흥미가 있는 분야의 공부는 재미있기 때문에 성적도 좋다.

26 ★★ ⑪
へんこう
変更
명 する 변경

旅行会社に電話で旅行日程の(変更)を依頼した。
여행 회사에 전화로 여행 일정 변경을 의뢰했다.

27 ★
ぼうけん
冒険
명 する 모험

行ったことがない国を(冒険)したい。
가본 적 없는 나라를 모험하고 싶다.

28
ほ けん
保険
명 보험

旅行する時は、いつも旅行(保険)に入っている。
여행할 때는 항상 여행 보험을 들고 있다.

29 ★
まんが
漫画
명 만화

本を読むのは好きだが、(漫画)は読まない。
책을 읽는 것은 좋아하지만, 만화는 읽지 않는다.

30 ★
りょうがえ
両替
명 する 환전

海外旅行の前に(両替)をしておく。
해외여행 전에 환전을 해 둔다.

31 ★
えが
描く
동 그리다, 표현하다

自然や風景を(描く)のが趣味だ。
자연이랑 풍경을 그리는 것이 취미다.

32
か
兼ねる
동 겸하다

以前、出張を(兼ねて)ヨーロッパに行ったことがある。
이전에 출장을 겸해서 유럽에 간 적이 있다.

33 ★
この
好む
동 좋아하다, 즐기다

彼が(好む)映画のジャンルはわかりやすい。
그가 좋아하는 영화 장르는 알기 쉽다.

34 ★
さ
指す
동 가리키다, 지적하다

ガイドはトイレの方を(指して)案内した。
안내원은 화장실 쪽을 가리키며 안내했다.

35 ★★★
さわ
騒ぐ
동 떠들다

隣の席の若者は、お酒を飲んで(騒いで)いた。
옆 좌석의 젊은이는 술을 마시며 떠들고 있었다.

36 ★★ ⑫
し
占める
동 점유하다, 차지하다

ハワイの観光客の大半は日本人が(占めて)いる。
하와이 관광객의 대부분은 일본인이 차지하고 있다.

37 ★★
たず
尋ねる
동 묻다

歩いていたら外国人に道を(尋ねられた)。
걷고 있었는데 외국인이 길을 물었다.

38 ★★
たたか
戦う
동 싸우다

最近新しく買ったゲームで友人と(戦った)。
최근 새로 산 게임으로 친구와 겨루었다.

39 ★
とど
留まる
동 머무르다, 그치다, 멈추다

帰国を考えたが、もう少しここに(留まる)ことにした。
귀국을 생각했지만, 조금 더 여기에 머물기로 했다.

40
と
泊まる
동 숙박하다, 묵다

一人旅に出たが、(泊まる)ところはまだ決まっていない。
혼자 여행을 나섰지만 묵을 곳은 아직 정하지 않았다.

41 ★
に
逃がす
동 놓아주다, 놓치다

釣った魚をすべて川に(逃がした)。
낚은 물고기를 전부 강에 놓아 주었다.

42
はじ
弾く
동 튀기다

ギターは弦を(弾いて)音を出す。
기타는 현을 튀겨서 소리를 낸다.

43 ★

ふく
膨らむ

동 부풀다, 불룩해지다

りょこう　ちか　　　　　　　　きたい　　ふく
旅行が近づくほど、期待が(膨らんだ)。

여행이 가까워질수록, 기대가 부풀었다.

44

ま
曲げる

동 구부리다

かれ　とくぎ　　　　　　　　　　　　ま
彼の特技はスプーンを(曲げる)ことだ。

그의 특기는 스푼을 구부리는 것이다.

45

み のが
見逃す

동 간과하다, 놓치다

たの　　　　　　　　　　　　　　み のが
楽しみにしていたドラマを(見逃して)しまった。

기대하던 드라마를 못보고 말았다.

---

46 ★

めぐ
巡る

동 돌다, 회전하다,
　차례로 돌아다니다

ゆうめい　かんこうち　　めぐ　　　　　　　さんか
有名な観光地を(巡る)ツアーに参加した。

유명한 관광지를 도는 여행에 참가했다.

---

47 ★

もぐ
潜る

동 잠수하다, 기어들다

わたし　ゆめ　うみ　　もぐ　　　さかな　み
私の夢は海に(潜って)魚を見ることだ。

나의 꿈은 바다에 잠수해서 물고기를 보는 것이다.

---

48 ★

わ
湧く

동 솟다, 솟아나다

ちいき　　おんせん　わ　　　　　ゆうめい
この地域は温泉が(湧く)ことで有名だ。

이 지역은 온천이 솟는 것으로 유명하다.

---

49 ★★★　⑯

き ちょう
貴重

ナ 명 귀중

きょう　　きちょう　　たいけん
今日は(貴重)な体験をさせていただきました。

오늘은 귀중한 체험을 했습니다.

1 해당 어휘의 읽는 법을 찾고, 빈칸에 의미를 적으세요.

예	学生	✔ がくせい	② がっせい	학생

1　冒険　　　① ぼうけん　　② ぼけん　　＿＿＿＿＿＿＿

2　湧く　　　① うく　　　　② わく　　　＿＿＿＿＿＿＿

3　休憩　　　① きゅうけい　② きゅうそく　＿＿＿＿＿＿＿

4　登山　　　① とうさん　　② とざん　　　＿＿＿＿＿＿＿

5　貴重　　　① きちょう　　② きじゅう　　＿＿＿＿＿＿＿

2 문맥에 맞는 단어를 보기에서 골라 알맞은 형태로 바꾸어 써 넣으세요.

6　日本語を始めた(　　　)は、日本に旅行するためだ。

7　釣った魚をすべて川に(　　　)。

8　私の夢は海に(　　　)魚を見ることだ。

9　ギターは弦を(　　　)音を出す。

10　ストレス(　　　)にはカラオケで思い切り歌うのがいい。

解消（かいしょう）　　きっかけ　　逃がす（に）　　弾く（はじ）　　潜る（もぐ）

독해 · 청해 어휘

着替え き が	명 갈아입는 옷	明日は水遊びをしますので、着替えを持たせてください。 내일은 물놀이를 하니까 갈아입을 옷을 가져오게 해 주세요.
休養 きゅうよう	명 する 휴양	しばらく会社を休んで自宅で休養することになった。 잠시 회사를 쉬고서 자택에서 휴양하게 되었다.
鉱山 こうざん	명 광산	ここは以前、金の鉱山として有名だった。 이곳은 이전에 금 광산으로서 유명했었다.
再開 さいかい	명 する 재개	忙しくて休んでいたピアノを今月から再開した。 바빠서 쉬고 있던 피아노를 이번 달부터 다시 시작했다.
最低限 さいていげん	명 최저한	今回の旅行は短いので最低限必要なものだけ持っていく。 이번 여행은 짧기 때문에 최소한 필요한 것만 가지고 간다.
初心者 しょしんしゃ	명 초심자	私は先月ギターを始めたばかりで、まだ初心者だ。 나는 지난 달에 기타를 배우기 시작해서 아직 초심자이다.
石炭 せきたん	명 석탄	この山では昔、石炭がとれたそうだ。 이 산에서는 옛날에 석탄을 캐냈다고 한다.
旅先 たびさき	명 여행지	社交的な友人は、旅先でいつも友達を作って帰ってくる。 사교적인 친구는 여행지에서 언제나 친구를 만들어서 돌아온다.
団体 だんたい	명 단체	20人以上なら、入場料は団体料金になる。 20명 이상이라면 입장료는 단체 요금이 적용된다.
人込み ひと ご	명 혼잡함	遊園地で人込みの中から家族を探すのは大変だった。 유원지에서 사람들 틈에서 가족을 찾는 것은 힘든 일이었다.
便 びん	명 편, 연락·수송의 수단	カナダに行く飛行機の便の時間が変更になった。 캐나다로 가는 비행기 편 시간이 변경되었다.
窓側の席 まどがわ せき	명 창가 자리	行きの新幹線は、富士山が見える窓側の席を指定した。 갈 때 신칸센은, 후지산이 보이는 창가쪽 자리를 지정했다.
免税店 めんぜいてん	명 면세점	海外旅行の楽しみは、観光と免税店での買い物だ。 해외여행의 즐거움은 관광과 면세점에서의 쇼핑이다.

出会^{で あ}う	图 우연히 만나다	彼は、今^{いま}までに出会^{で あ}った誰^{だれ}よりも魅力^{み りょく}的^{てき}な人^{ひと}だった。 그는 지금까지 만났던 누구보다도 매력적인 사람이었다.
撮^とる	图 (영화, 사진) 찍다	長編映画^{ちょうへんえい が}を撮^とるためにシナリオを書^かいている。 장편 영화를 찍기 위해 시나리오를 쓰고 있다.
慣^なれる	图 익숙해지다, 습관이 되다	新^{あたら}しい職場^{しょく ば}にもだんだん慣^なれてきた。 새 직장도 점점 익숙해졌다.
測^{はか}る	图 (길이, 넓이 등) 재다, 어림잡다	ものさしで荷物^{に もつ}の寸法^{すんぽう}を測^{はか}る。 자로 짐의 치수를 재다.
離^{はな}れる ⑱	图 떨어지다, 떠나다	転勤^{てんきん}でソウルを離^{はな}れることになった。 전근으로 서울을 떠나게 되었다.
拾^{ひろ}う	图 줍다, 습득하다	ごみは必^{かなら}ず拾^{ひろ}って帰^{かえ}りましょう。 쓰레기는 꼭 줍고 돌아갑시다.
振^ふる	图 흔들다	父^{ちち}の後^{うし}ろ姿^{すがた}が見^みえなくなるまで、手^てを振^ふった。 아버지의 뒷모습이 보이지 않을 때까지 손을 흔들었다.
呼^よぶ	图 부르다	部長^{ぶ ちょう}に呼^よばれて、会議室^{かい ぎ しつ}に行^いった。 부장님에게 불려, 회의실에 갔다.
割^われる	图 깨지다, 부서지다	強風^{きょうふう}で、家^{いえ}の窓^{まど}が次々^{つぎつぎ}に割^われた。 강풍으로 집 창문이 잇달아 깨졌다.
ありがたい	イ 고맙다, 감사하다	悩^{なや}んでいる時^{とき}に先生^{せんせい}に言^いわれた言葉^{ことば}が、とてもありがたかった。 고민하고 있을 때 선생님에게 들은 말이 정말 감사했다.
嬉^{うれ}しい	イ 기쁘다	病気^{びょう き}が完全^{かんぜん}に治^{なお}って本当^{ほんとう}に嬉^{うれ}しい。 병이 완전히 나아서 정말로 기쁘다.
素早^{す ばや}い	イ 재빠르다, 민첩하다	上司^{じょう し}の素早^{す ばや}い判断^{はんだん}のおかげで大^{おお}きな損害^{そんがい}は避^さけられた。 상사의 재빠른 판단 덕분에 큰 손해는 피할 수 있었다.
狭^{せま}い	イ 좁다	狭^{せま}い道^{みち}なので車^{くるま}は通行^{つうこう}できません。 좁은 길이어서 차는 통행할 수 없습니다.
細^{ほそ}い	イ 가늘다, 좁다	モデルの細^{ほそ}い手足^{て あし}は、健康^{けんこう}的^{てき}とは言^いえない。 모델의 가느다란 팔다리는 건강하다고는 할 수 없다.

うんと	부 매우, 크게, 훨씬	今回のケーキは前回作った時よりもうんと良くできた。 이번 케이크는 지난번 만들었을 때보다도 훨씬 잘 만들어졌다.
およそ ⑩	부 대개, 대강, 대략	駅ではおよそ300人の人が電車を待っていた。 역에는 대략 300명의 사람이 전철을 기다리고 있었다.
ぞっと	부 오싹	旅行の写真に知らない女の人が写っていて、ぞっとした。 여행 사진에 모르는 여자가 찍혀 있어서 오싹했다.
たっぷり ⑮	부 충분히, 듬뿍	発表会に備えて、練習にはたっぷりと時間を費やした。 발표회에 대비해서 연습에는 충분히 시간을 할애했다.
どっと	부 우르르, 왈칵	開店直後のデパートに、客がどっと集まってきた。 개점 직후의 백화점에 손님이 우르르 모여 들었다.
なるべく	부 되도록, 가능한 한	夏休みの宿題はなるべく早く終わらせたい。 여름방학 숙제는 가능한 한 빨리 끝내고 싶다.
まもなく	부 머지않아, 이윽고	まもなく電車が参ります。黄色い線の内側に下がってお待ちください。 곧 전철이 옵니다. 노란선 안쪽으로 물러나서 기다려 주세요.
割に	부 비교적	値段が安い割に、丈夫で使いやすい。 가격이 싼 것치고는 튼튼하고 사용하기 쉽다.
ほんの	연 그저 명색뿐인, 그 정도에 불과한	ほんの小さな失敗で、彼は会社を首になった。 아주 작은 실패로 그는 회사에서 해고되었다.
やむを得ない	연 어쩔 수 없다, 할 수 없다	やむを得ず彼女に全て話した。 어쩔 수 없이 그녀에게 전부 이야기했다.
気の毒	ナ 안됐음, 딱함	あの若さで、両親を亡くすなんて本当にお気の毒に…。 저 나이에 부모를 잃다니 정말 안됐네요.
ただ	명 보통, 예사	彼はスーパーマンではなく、ただの人だ。 그는 슈퍼맨이 아닌 그냥 보통 사람이다.

아래의 단어를 보고 읽는 법과 뜻을 적어 본 후 점선대로 접어서 답을 확인해 봅시다.
틀린 단어는 뒷 페이지 ☐에 V표시를 해 봅시다.

접는 선

단어	읽는 법과 뜻	
改正	かいせい	개정
休憩		
騒ぐ		
貴重		
興味		
趣味		
変更		
占める		
尋ねる		
戦う		
解消		
鑑賞		
合流		
混雑		
視野		
周囲		
収集		
滞在		
登山		
分野		
冒険		
漫画		
湧く		

－ 기후현 시라카와마을 －

접는 선

예처럼 빈칸을 채우면서 다시 한번
체크해 봅시다.

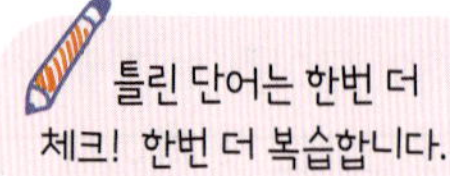

읽는 법과 뜻		한자	읽는 법	의미
☐	かいせい 개정			
☐	きゅうけい 휴게, 휴식			
☐	さわぐ 떠들다			
☐	きちょう 귀중			
☐	きょうみ 흥미			
☐	しゅみ 취미			
☐	へんこう 변경			
☐	しめる 점유, 차지하다			
☐	たずねる 묻다			
☐	たたかう 싸우다			
☐	かいしょう 해소			
☐	かんしょう 감상			
☐	ごうりゅう 합류			
☐	こんざつ 혼잡			
☐	しや 시야			
☐	しゅうい 주위			
☐	しゅうしゅう 수집			
☐	たいざい 체제			
☐	とざん 등산			
☐	ぶんや 분야			
☐	ぼうけん 모험			
☐	まんが 만화			
☐	わく 솟다, 솟아나다			

위 표의 한자 칸 (예시 포함):

	한자	읽는 법	의미
예	改正	かいせい	개정
	休憩		
	騒ぐ		
	貴重		
	興味		
	趣味		
	変更		
	占める		
	尋ねる		
	戦う		
	解消		
	鑑賞		
	合流		
	混雑		
	視野		
	周囲		
	収集		
	滞在		
	登山		
	分野		
	冒険		
	漫画		
	湧く		

DAY 24

교통과 안전

☐ 01 足元	☐ 02 行き先	☐ 03 運賃	☐ 04 横断
☐ 05 大型	☐ 06 加速	☐ 07 片道	☐ 08 帰省
☐ 09 規則	☐ 10 警戒	☐ 11 経由	☐ 12 下車
☐ 13 交差	☐ 14 交番	☐ 15 左右	☐ 16 児童
☐ 17 車輪	☐ 18 渋滞	☐ 19 周辺	☐ 20 乗車
☐ 21 進入	☐ 22 制限	☐ 23 設置	☐ 24 操縦
☐ 25 速度	☐ 26 駐車	☐ 27 突き当たり	☐ 28 停止
☐ 29 凸凹	☐ 30 転換	☐ 31 点検	☐ 32 到着
☐ 33 取り合い	☐ 34 燃料	☐ 35 非常	☐ 36 複雑
☐ 37 船便	☐ 38 保管	☐ 39 舗装	☐ 40 免許
☐ 41 当てる	☐ 42 追い付く	☐ 43 ひく	☐ 44 沿う
☐ 45 つかむ	☐ 46 つまずく	☐ 47 寄せる	☐ 48 渡る
☐ 49 緩い			

01 ★
あしもと
足元
명 발밑, 신변

(足元)が滑りやすいので、注意してください。

발밑이 미끄러지기 쉬우니까 조심하세요.

02
ゆ　さき
行き先
명 행선지, 목적지

本社へ行くため、タクシーに乗って運転手に(行き先)を告げた。

본사에 가려고 택시를 타고 운전수에게 행선지를 알렸다.

03 ★　⑩
うんちん
運賃
명 운임

オイル価格が上昇したので、飛行機の(運賃)も上がった。

오일 가격이 상승했기 때문에 비행기 운임도 올랐다.

04
おうだん
横断
명 する 횡단

交通が激しい道路を(横断)する。

교통이 복잡한 도로를 횡단한다.

05 ★
おおがた
大型
명 대형

トラックは、(大型)車両専用の道路を通れば早く走れる。

트럭은 대형차량 전용 도로를 이용하면 빨리 달릴 수 있다.

06
か　そく
加速
명 する 가속

(加速)して前の車を追い越した。

가속해서 앞 차를 앞질렀다.

07
かたみち
片道
명 편도

(片道)ではなく往復の切符を買った。

편도가 아닌 왕복표를 샀다.

08 ★ 帰省
きせい
帰省
명 する 귀성

夏休みは(帰省)の車で道が混む。
여름휴가는 귀성차량으로 길이 막힌다.

09 ★★★ 規則
きそく
規則
명 규칙

事故を防ぐために交通(規則)がある。
사고를 방지하기 위해 교통규칙이 있다.

10 警戒
けいかい
警戒
명 する 경계

ニュースによると台風による大雨に(警戒)が必要だそうだ。
뉴스에 의하면 태풍에 의한 폭우에 경계가 필요하다고 한다.

11 ★★ 経由
けいゆ
経由
명 する 경유

その飛行機は韓国を(経由)してアメリカへ向かう。
그 비행기는 한국을 경유해서 미국으로 향한다.

12 下車
げしゃ
下車
명 する 하차

これは特急列車なので次の駅では(下車)できない。
이것은 특급열차라서 다음역에서는 하차할 수 없다.
↔ 乗車 じょうしゃ 승차

13 交差
こうさ
交差
명 する 교차

この近くは道路が複雑に(交差)している。
이 근처는 도로가 복잡하게 교차되어 있다.

14 交番
こうばん
交番
명 파출소

日本では町中に(交番)があり、治安が保たれている。
일본에서는 시내에 파출소가 있어서 치안이 유지되고 있다.

15 ★
さゆう
左右
명 좌우

道路は(左右)を確認してから渡るようにしてください。
도로는 좌우를 확인하고 나서 건너도록 하세요.

---

16 ★
じどう
児童
명 아동

(児童)が安全に帰れるように、ボランティアがいる。
아동이 안전하게 돌아갈 수 있도록 자원봉사가 있다.

---

17 ★
しゃりん
車輪
명 차바퀴, 수레바퀴

(車輪)が大きい自転車に乗るのは少し怖かった。
바퀴가 큰 자전거를 타는 것은 조금 무서웠다.

---

18 ★★
じゅうたい
渋滞
명 する 정체

ひどい交通(渋滞)に遭い、到着が一時間も遅れてしまった。
심한 교통정체에 도착이 1시간이나 늦어지고 말았다.

---

19 ★
しゅうへん
周辺
명 주변

目的地の(周辺)で道に迷ってしまった。
목적지 주변에서 길을 잃어 버렸다.

20
じょうしゃ
乗車
명 する 승차

電車への駆け込み(乗車)は危険だ。
전철을 탈때 뛰어드는 승차는 위험하다.
➕ 乗客 승객 (じょうきゃく)

21
しんにゅう
進入
명 する 진입

電車が駅のホームに(進入)する時、いつも同じ放送が流れる。
전철이 역 홈에 진입할 때 항상 같은 방송이 나온다.

22 ★
せいげん
制限
명 する 제한

ゆうえんち では、人が多すぎるので、入場を(制限)していた。
유원지 안에서는 사람이 너무 많기 때문에 입장을 제한하고 있었다.

23
せっち
設置
명 する 설치

学校に防犯カメラが(設置)されることになった。
학교에 방범 카메라를 설치하게 되었다.

24 ★★
そうじゅう
操縦
명 する 조종

飛行機の(操縦)には長い訓練期間が必要だ。
비행기의 조종에는 긴 훈련 기간이 필요하다.

25
そくど
速度
명 속도

道路では決められた(速度)を守って走らなければならない。
도로에서는 정해진 속도를 지켜서 달려야 한다.

26
ちゅうしゃ
駐車
명 する 주차

この道は(駐車)が禁止されている。
이 길은 주차가 금지되어 있다.

27 ★
つ あ
突き当たり
명 막다른 곳, 맞닥뜨림

この道をずっとまっすぐ行くと(突き当たり)に出る。
이 길을 계속 쭉 가면 막다른 곳이 나온다.

28 ★
ていし
停止
명 する 정지

大雪のため電車の運転を(停止)している。
폭설 때문에 전철 운전을 정지하고 있다.
➕ 停車 정차

29
でこぼこ
凸凹
명 する 울퉁불퉁, 들쭉날쭉

田舎の道は(凸凹)していて運転しにくい。
시골 길은 울퉁불퉁해서 운전하기 어렵다.

30 ★
てんかん
転換
명 する 전환

途中で間違えていることに気づき、方向(転換)をした。
도중에 잘못하고 있다는 사실을 알아차리고 방향전환을 했다.

31 ⑱
てんけん
点検
명 する 점검

エレベーターが(点検)中だったので、14階の自宅まで階段で上がった。
엘리베이터가 점검 중이었기 때문에 14층 집까지 계단으로 올라갔다.

32
とうちゃく
到着
명 する 도착

この飛行機はまもなく日本に(到着)する。
이 비행기는 곧 일본에 도착한다.

33
と　　あ
取り合い
명 する 서로 다투어 빼앗음

新幹線の自由席は席の(取り合い)になるので、指定席の切符を買った。
신칸센 자유석은 자리 다툼이 심하기 때문에 지정석 표를 샀다.

34
ねんりょう
燃料
명 연료

とうとう(燃料)が切れて車が動かなくなってしまった。
마침내 연료가 떨어져서 자동차가 움직이지 않게 돼버렸다.

35
ひじょう
非常
명 ナ 비상

駅では(非常)を告げるベルの音が響いていた。
역에서는 비상을 알리는 벨소리가 울리고 있었다.

| 36 복습
ふくざつ
複雑
명 ナ 복잡 | バスでの移動は(複雑)なので、会場へは電車で行くことを勧めた。
버스로 이동하는 것은 복잡하기 때문에 회장에는 전철로 가는 것을 권했다. |

| 37
ふなびん
船便
명 배편 | 海外で暮らす子どもの荷物を(船便)で送る。
해외에서 지내는 아이의 짐을 배편으로 보내다. |

| 38
ほかん
保管
명 する 보관 | 個人情報の管理を徹底するため、(保管)室を作った。
개인정보 관리를 철저히 하기 위해 보관실을 만들었다. |

| 39
ほそう
舗装
명 する 포장 | 年末は、古くなった道路を(舗装)するための工事が多い。
연말은 낡아진 도로를 포장하기 위한 공사가 많다. |

| 40 ★
めんきょ
免許
명 면허 | (免許)の更新は5年に一度だ。
면허 갱신은 5년에 한 번이다. |

| 41 ⑱
あ
当てる
명 부딪다, 대다
맞히다, 명중시키다 | 車を駐車場の壁に(当てて)しまった。
차를 주차장 벽에 부딪히고 말았다.
私は外見から、その人の歳を(当てる)ことができる。
나는 겉모습을 보고 그 사람의 나이를 맞힐 수 있다. |

| 42 ★
お つ
追い付く
동 따라잡다 | 全力で走れば前にいる車に(追い付ける)はずだ。
전력으로 달리면 앞에 있는 자동차를 따라잡을 수 있을 것이다. |

43

ひく

동 (차 등으로) 치다

交差点で人が車に(ひかれる)事故が起きた。

교차로에서 사람이 차에 치이는 사고가 일어났다.

---

44 ★

沿う

동 따르다, 좇다

道に迷ったので、線路に(沿って)歩いた。

이 길을 잃어서 선로를 따라 걸었다.

---

45 ★

つかむ

동 움켜쥐다, 붙잡다

電車の中では危ないので、手すりを(つかんで)いる。

전철 안에서는 위험하니까 손잡이를 잡고 있다.

---

46 ★★ ⑬

つまずく

동 발이 걸려 넘어질 뻔하다

家の前の階段で(つまずいて)、膝を打った。

집 앞의 계단에서 걸려 넘어져 무릎을 부딪혔다.

---

47 ★

寄せる

동 밀려오다, 다가오다, 가까이 대다, (마음을) 기울이다

車を右側に(寄せて)止めた。

차를 우측에 가까이 대서 세웠다.

---

48 ★

渡る

동 건너다, 건너가다(오다)

橋を(渡る)と、右側に大きな教会が見えた。

다리를 건너니, 우측에 큰 교회가 보였다.

＋ 渡す 건네다, 넘기다

---

49 ★

緩い

イ 느슨하다, 헐겁다

この道は(緩い)カーブが続いている。

이 길은 완만한 커브가 계속되고 있다.

1 해당 어휘의 읽는 법을 찾고, 빈칸에 의미를 적으세요.

예	学生	✔ がくせい	② がっせい	학생

1 緩い　　①するどい　②ゆるい　＿＿＿＿＿＿＿

2 帰省　　①きせい　②きしょう　＿＿＿＿＿＿＿

3 設置　　①せっち　②せつび　＿＿＿＿＿＿＿

4 経由　　①けいゆう　②けいゆ　＿＿＿＿＿＿＿

5 左右　　①さゆう　②さいゆ　＿＿＿＿＿＿＿

2 문맥에 맞는 단어를 보기에서 골라 알맞은 형태로 바꾸어 써 넣으세요.

6 電車の中では危ないので、手すりを（　　　　）いる。

7 家の前の階段で（　　　　）、膝を打った。

8 ニュースによると台風による大雨に（　　　　）が必要だそうだ。

9 とうとう（　　　　）が切れて車が動かなくなってしまった。

10 途中で間違えていることに気づき、方向（　　　　）をした。

警戒 けいかい	転換 てんかん	燃料 ねんりょう	つかむ	つまずく

가타가나어 (1)

어휘	의미	어휘	의미
アウトドア	아웃도어, 야외	クライアント	클라이언트, 광고주
アクセント	악센트, 어조	グラウンド	그라운드, 운동장
インストール	인스톨	グラフ	그래프, 도표
インフルエンザ	인플루엔자, 독감	クリーニング	세탁, 드라이클리닝
インフレ	인플레이션의 준말, 통화팽창	クレーム	클레임, 불평, 불만
ウイルス	바이러스	コインロッカー	코인로커
ウール	울, 양모	コーラス	코러스, 합창
ウエートレス	웨이트리스, 여자 종업원	コスト	비용
ウェブサイト	웹사이트	コマーシャル	상업상 선전, 광고
エチケット	에티켓, 예의	コミュニケーション	커뮤니케이션, 통신
エネルギー	에너지, 힘	コレクション	컬렉션, 수집
エプロン	에이프런, 앞치마	コンクール	콩쿠르
エリア	에어리어, 구역	コンクリート	콘크리트
エンジン	엔진, 원동기	コンセント	콘센트
オークション	옥션, 경매	コントロール	컨트롤, 조절
オーダーメイド	오더메이드, 맞춤양복	サポート	지지, 후원
オートメーション	오토메이션, 자동제어장치	サイレン	사이렌, 경적
キャプテン	캡틴, 주장	サプリメント	서플리먼트, 부록
キャンパス	캠퍼스, 구내	シーズン ⑩	시즌, 계절
クーラー	쿨러, 냉방장치	ゼネレーション	제너레이션, 세대

어휘	의미	어휘	의미
ジャーナリスト	저널리스트	デフレ	디플레이션의 준말, 통화수축
シャッター	셔터	テント	텐트, 천막
ジャンル	장르, 종류	テンポ	템포, 박자
ショック ⑯	쇼크, 충격	トラック	트럭, 화물 자동차
スイッチ	스위치, 개폐기	トンネル	터널
スケール	스케일	ナイロン	나일론
スタンド	(경기장 등의) 계단식 관람석	ニーズ	니즈, 필요, 요구
スチュワーデス	스튜어디스	ネットワーク	네트워크
ステージ	스테이지, 무대	ハード	하드, 견고함
スペース ⑱	스페이스, 공간	パイプ	파이프
スマート	스마트, 멋짐	パスポート	여권
スムーズ ⑬	원활함, 순조로움	パターン	패턴
スライド	슬라이드	バランス ⑮ ⑰	밸런스, 균형
ゼミ	세미나	ハンドル	핸들, 손잡이
セメント	시멘트	パンフレット	팸플릿
セリフ	대사, 말	ファミレス	패밀리레스토랑의 준말
ダウンロード	다운로드	フォント	폰트, 글자의 크기와 서체
タレント	탤런트, 재능	プライド	프라이드, 긍지
チャンス	찬스, 기회	プライバシー	프라이버시
テクニック ⑱	테크닉	ブラシ	브러시, 솔
テクノロジー	테크놀로지, 과학기술	プラスチック	플라스틱

어휘	의미	어휘	의미
プラットホーム	플랫폼	ユーモア	유머
プラン ⑬	플랜, 계획	ユニーク	유니크, 독특
フルコース	풀 코스	ラケット	라켓
ブレーキ	브레이크, 제동기	ラッシュアワー	러시아워
フレッシュ	신선함, 참신함	リーダー ⑯	리더
フレンドリー	프렌들리, 우호적인	リスク	리스크, 위험
ヒロイン	헤로인, 여주인공	リズム	리듬
ペース	페이스	リハビリ	재활훈련
ベテラン	베테랑	リットル	리터
ペンキ	페인트	リニューアル	리뉴얼
マイペース ⑩	마이페이스, 자기나름의 방식	リラックス	릴렉스, 긴장을 풀고 쉼
マスコミ	매스컴	ルーズ	헐렁함
マスター	주인, 숙달함	レクリエーション	레크리에이션
マラソン	마라톤	レジャー	레저
ミリ(メートル)	밀리(미터)	レンタル ⑩	렌탈, 임대
メーター	미터, 자동식 계량기	レントゲン	뢴트겐, 엑스선
メリット	메리트, 이점	ローン	론, 대부금
モダン	모던, 현대적	ロマンティック	로맨틱, 낭만적
モノレール	모노레일	ワクチン	백신

복습해 볼까요?

아래의 단어를 보고 읽는 법과 뜻을 적어 본 후 점선대로 접어서 답을 확인해 봅시다.
틀린 단어는 뒷 페이지 □에 V표시를 해 봅시다.

접는 선

접으면 답을 확인할 수 있어요.

단어	읽는 법과 뜻	
改正	かいせい	개정
規則		
経由		
渋滞		
操縦		
躓く		
足元		
運賃		
大型		
帰省		
左右		
児童		
車輪		
周辺		
制限		
突き当たり		
停止		
転換		
免許		
追い付く		
沿う		
渡る		
緩い		

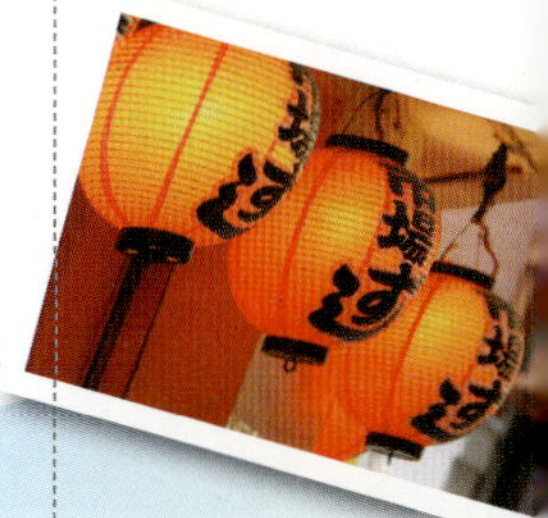

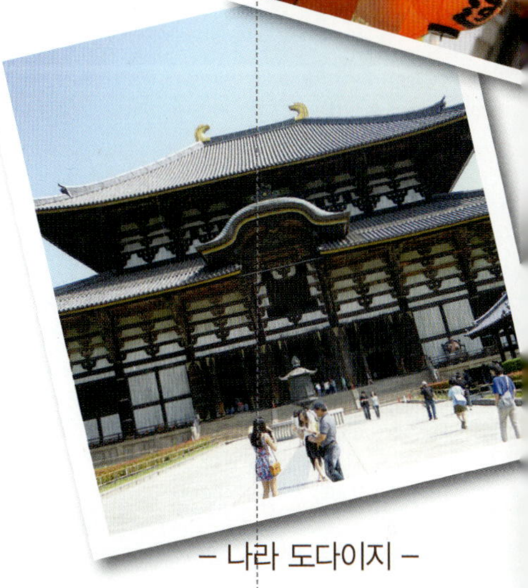

– 나라 도다이지 –

예처럼 빈칸을 채우면서 다시 한번 체크해 봅시다.

읽는 법과 뜻
かいせい 개정
きそく 규칙
けいゆ 경유
じゅうたい 정체
そうじゅう 조종
つまずく 넘어질 뻔하다
あしもと 발밑, 신변
うんちん 운임
おおがた 대형
きせい 귀성
さゆう 좌우
じどう 아동
しゃりん 차바퀴, 수레바퀴
しゅうへん 주변
せいげん 제한
つきあたり 막다른 곳
ていし 정지
てんかん 전환
めんきょ 면허
おいつく 따라잡다
そう 연하다, 따르다
わたる 건너가다(오다)
ゆるい 느슨하다, 헐겁다

한자	읽는 법	의미
改正 (예)	かいせい	개정
規則		
経由		
渋滞		
操縦		
躓く		
足元		
運賃		
大型		
帰省		
左右		
児童		
車輪		
周辺		
制限		
突き当たり		
停止		
転換		
免許		
追い付く		
沿う		
渡る		
緩い		

DAY 25

날씨와 자연 환경

알고 있는 단어를 체크해 봅시다.

☐ 01 勢い	☐ 02 植木	☐ 03 影響	☐ 04 汚染
☐ 05 火山	☐ 06 乾燥	☐ 07 気候	☐ 08 砂漠
☐ 09 仕上げ	☐ 10 湿気	☐ 11 湿度	☐ 12 接近
☐ 13 天候	☐ 14 天災	☐ 15 天然	☐ 16 並木
☐ 17 熱帯	☐ 18 破壊	☐ 19 発達	☐ 20 吹雪
☐ 21 模様	☐ 22 夕立	☐ 23 当たる	☐ 24 浴びる
☐ 25 荒れる	☐ 26 覆う	☐ 27 輝く	☐ 28 枯れる
☐ 29 曇る	☐ 30 越える	☐ 31 凍る	☐ 32 沈む
☐ 33 澄む	☐ 34 散る	☐ 35 照る	☐ 36 眺める
☐ 37 濁る	☐ 38 濡れる	☐ 39 増す	☐ 40 浅い
☐ 41 暖かい	☐ 42 清い	☐ 43 快い	☐ 44 激しい
☐ 45 穏やか	☐ 46 爽やか	☐ 47 なだらか	☐ 48 豊か
☐ 49 にわか			

01 ★★ ⑫
いきお
勢い
명 기세, 힘

きのう　よる　　　かぜ　　いきお　　　　つよ
昨日の夜から風の(勢い)が強くなっている。

어제 저녁부터 바람의 세력이 강해지고 있다.

---

02 ★
うえ　き
植木
명 정원수

わたし　いえ　にわ　　　　　　　　　うえき
私の家の庭にはたくさんの(植木)がある。

우리 집 정원에는 많은 정원수가 심어져 있다.

＋ 植える 심다

---

03 ★★
えいきょう
影響
명 する 영향

ひこうき　うんこう　　　てんこう　おお　　えいきょう
飛行機の運航には天候が大きく(影響)する。

비행기 운항에는 날씨가 크게 영향을 미친다.

---

04 ★★
お　せん
汚染
명 する 오염

こうじょう　で　けむり　　　　　くうき　　お せん
工場から出る煙によって、空気が(汚染)されている。

공장에서 나오는 연기 때문에 공기가 오염되어 있다.

05
か　ざん
火山
명 화산

か ざん　ふん か　　おお　ひと　ひ がい
(火山)の噴火で、多くの人が被害にあった。

화산의 분화로 많은 사람이 피해를 입었다.

---

06 ★★ ⑫
かんそう
乾燥
명 する 건조

くうき　かんそう　　　　　　のど　いた
空気が(乾燥)していて、喉が痛い。

공기가 건조해서 목이 아프다.

---

07 ★
き　こう
気候
명 기후

くに　いちねん　とお　ひ かくてきおんだん　き こう
その国は一年を通して比較的温暖な(気候)である。

그 나라는 1년 내내 비교적 온난한 기후이다.

08 ★
さばく
砂漠
명 사막

おんだん か　　えいきょう　　　　しんりん　へ　　　さ ばく　　ふ
温暖化の影響で、森林が減り、(砂漠)が増えている。

온난화의 영향으로 삼림이 줄고 사막이 늘고 있다.

---

09 ★★★
しあ
仕上げ
명 する 마무리, 완성

げつまえ　　　あ　　　　　　　　　　　　　　　　　　　し あ
3か月前から編んでいるセーターも、とうとう(仕上
だんかい
げ)の段階だ。

3개월 전부터 뜨고 있던 스웨터도 드디어 완성단계.

---

10 ★★
しっけ
湿気
명 습기

つ ゆ　　しっけ　　　せんたくもの　　かわ
梅雨は(湿気)で洗濯物が乾かない。

장마에는 습기로 세탁물이 마르지 않는다.

➕ しめ
湿る 축축해지다, 눅눅해지다 ⑱

---

11 ★★
しっ ど
湿度
명 습도

つ ゆ　　しっ ど　　たか
梅雨は(湿度)が高くてじめじめしている。

장마에는 습기가 많아 눅눅하다.

---

12 ★★
せっきん
接近
명 する 접근

に ほんれっとう　　たいふう　　せっきん
日本列島に台風が(接近)しているようだ。

일본열도에 태풍이 접근하고 있는 것 같다.

---

13 ★
てんこう
天候
명 일기, 날씨

ことし　　なつ　　てんこう　　わる　　　　　や さい　　か かく　　あ
今年の夏は(天候)が悪くて、野菜の価格が上がった。

올해 여름은 날씨가 좋지 않아서 채소 가격이 올랐다.

14
てんさい
天災
명 천재

さくねん　　たいふう　　じ しん　　こうずい　　　　てんさい　　おお　とし
昨年は台風、地震、洪水など(天災)が多い年だった。

작년은 태풍, 지진, 홍수 등 자연재해가 많은 해였다.

15 ★
てんねん
天然
명 천연

てんねん　しげん　ほうふ
ロシアは(天然)資源が豊富だ。

러시아는 천연 자원이 풍부하다.

---

16 ★
なみき
並木
명 가로수

なみき　あき　こうよう　うつく
この(並木)は秋になると紅葉して美しい。

이 가로수는 가을이 되면 단풍이 들어서 아름답다.

---

17 ★
ねったい
熱帯
명 열대

くだもの　ねったい　ちいき　つく
この果物は(熱帯)地域でしか作れない。

이 과일은 열대지역에서 밖에 재배할 수 없다.

---

18 ★★
はかい
破壊
명 する 파괴

そう　はかい
フロンガスによってオゾン層が(破壊)されている。

프레온 가스에 의해서 오존층이 파괴되고 있다.

---

19 ★　⑯
はったつ
発達
명 する 발달

ていきあつ　はったつ　てんき　あ
低気圧が(発達)しており天気が荒れそうだ。

저기압이 발달하여 날씨가 나빠질 것 같다.

20
ふぶき
吹雪
명 눈보라

ふぶき　ひこうき　とうちゃく　じかん　おく
すごい(吹雪)で飛行機の到着が5時間も遅れた。

굉장한 눈보라로 비행기 도착이 5시간이나 늦어졌다.

---

21 ★
もよう
模様
명 모양

ごご　おおあめ　ふ　もよう
午後から大雨が降る(模様)です。

오후부터 많은 비가 내릴 것 같습니다.
≒ がら
柄 모양

22 ★ ゆうだち
夕立
명 소나기

急な(夕立)で、仕方なく傘を買った。

갑작스러운 소나기로 하는 수 없이 우산을 샀다.

23 ★ あ
当たる
동 맞다, 적중하다

旅行中は天気予報が(当たり)、いい天気に恵まれた。

여행중에는 일기 예보가 맞아, 좋은 날씨였다.

＋ 当てる 부딪다, 맞히다

24 ★ あ
浴びる
동 뒤집어 쓰다,
(먼지·햇볕 등) 쐬다, 쬐다

全身に太陽の光を(浴びて)リラックスする。

온몸에 태양을 쬐며 긴장을 푼다.

25 ★ あ
荒れる
동 거칠어지다, 사나워지다

台風の影響で海がひどく(荒れて)いる。

태풍 영향으로 바다가 매우 거칠어져 있다.

26 ★★ ⑰ おお
覆う
동 (표면 등을) 덮다

少し前までいい天気だったが、急に空全体を雲が
(覆った)。

조금 전까지 좋은 날씨였는데, 갑자기 구름이 하늘 전체를 뒤덮었다.

27 ★★ ⑮ かがや
輝く
동 빛나다, 반짝이다

田舎では、星がもっと(輝いて)見える。

시골에서는 별이 더 빛나 보인다.

28 ★ か
枯れる
동 마르다, 시들다

先週もらった花が、もう(枯れて)しまった。

지난 주 받은 꽃이 벌써 시들어 버렸다.

29 ★

くも
曇る

동 흐려지다

今日はこれから(曇って)、明日には雨が降るそうだ。

오늘은 이제부터 흐리고 내일은 비가 온다고 한다.

---

30 ★

こ
越える

동 넘다, 넘어가다

この山を(越える)と海が見える。

이 산을 넘으면 바다가 보인다.

---

31 ★ ⑰

こお
凍る

동 얼다

道が(凍って)いるので、運転には十分お気をつけください。

길이 얼어 있으니까, 운전에 충분히 주의해 주세요.

＋ 凍える (추위등으로) 몸의 감각이 둔해지다

---

32 ★

しず
沈む

동 가라앉다, 지다

きれいな夕日が水平線の向こうに(沈んだ)。

아름다운 석양이 수평선 너머로 가라앉았다.

---

33 ★★

す
澄む

동 맑다, 맑아지다

台風が通り過ぎて空が(澄んで)見える。

태풍이 지나가서 하늘이 맑게 보인다.

---

34 ★

ち
散る

동 (꽃, 잎) 지다, 떨어지다

桜が咲いたが、すぐに(散って)しまった。

벚꽃이 피었지만, 금방 져 버렸다.

＋ 飛び散る 사방에 흩날리다, 튀다 ⑱

---

35 ★

て
照る

동 밝게 빛나다, 비치다

日が(照って)いるうちに洗濯物を干した。

해가 비치는 동안에 빨래를 말렸다.

36 ★
なが
眺める
동 지그시 보다, 응시하다, 조망하다

会社の屋上から夜景を(眺めた)。
회사 옥상에서 야경을 바라봤다.
➕ 眺め 경치, 전망

---

37 ★★ ⑮
にご
濁る
동 흐려지다, 탁해지다

雨の後は川の水が(濁って)いる。
비가 온 뒤는 강물이 탁해져 있다.

---

38 ★
ぬ
濡れる
동 젖다

大雨で、服が(濡れて)しまった。
큰 비로 옷이 젖고 말았다.

---

39 ★★
ま
増す
동 많아지다, 늘다, 불리다, 더하다

台風の影響で川の水が(増した)。
태풍의 영향으로 강물이 불어났다.

---

40 ★
あさ
浅い
イ 얕다, (정도, 양이) 덜하다, 오래지 않다

この分野についてはまだ知識が(浅い)ので、どうぞ色々
教えてください。
이 분야에 대해서는 아직 지식이 적기 때문에 부디 **여러가지로** 알려주세요.

41
あたた
暖かい
イ 따뜻하다, 따스하다

(暖かく)なってきて、桜の花が咲き始めた。
따뜻해져서 벗꽃이 피기 시작했다.

---

42 ★
きよ
清い
イ 깨끗하다, 맑다

この川の水は(清く)、そのまま飲める。
이 강물은 깨끗해서 그대로 마실 수 있다.

43 ★★★ ⑯ ⑬

こころよ
快い

イ 기분이 좋다, 상쾌하다

窓から入ってくる風がとても(快い)。

창문으로 들어오는 바람이 매우 상쾌하다.

---

44 ★★ ⑪

はげ
激しい

イ 심하다, 격심하다

(激しい)雨のため、遠足は中止になった。

세찬 비 때문에 소풍은 중지되었다.

---

45 ★★ ⑰

おだ
穏やか

ナ 평온함, 온후함

今日は天気もよく、波がとても(穏やか)だ。

오늘은 날씨도 좋고 파도가 매우 잔잔하다.

---

46 ★

さわ
爽やか

ナ 기분이 개운함, 산뜻함,
상쾌함

秋は天気がよく、(爽やか)な風が吹く季節だ。

가을은 날씨가 좋고, 상쾌한 바람이 부는 계절이다.

---

47 ★ ⑯

なだらか

ナ 완만함, 가파르지 않음

その丘までは(なだらか)な坂が続いている。

그 언덕까지는 완만한 비탈길이 계속되고 있다.

---

48 ★★★ ⑱

ゆた
豊か

ナ 풍족함, 풍부함

この国は(豊か)な自然と、明るい人々が魅力だ。

이 나라는 풍부한 자연과 밝은 사람들이 매력적이다.

---

49 ★

にわか

ナ 갑작스러운 모양, 별안간,
돌연, 갑자기

天候が(にわか)に変化して風が吹き始めた。

기후가 갑자기 변해서 바람이 불기 시작했다.

---

1 해당 어휘의 읽는 법을 찾고, 빈칸에 의미를 적으세요.

예	学生	☑ がくせい	② がっせい	학생

1 天然　　　① てんれん　　② てんねん　　＿＿＿＿＿＿＿＿

2 乾燥　　　① かんそ　　　② かんそう　　＿＿＿＿＿＿＿＿

3 砂漠　　　① さばく　　　② さまく　　　＿＿＿＿＿＿＿＿

4 穏やか　　① おだやか　　② すこやか　　＿＿＿＿＿＿＿＿

5 湿気　　　① しつげ　　　② しっけ　　　＿＿＿＿＿＿＿＿

2 문맥에 맞는 단어를 보기에서 골라 알맞은 형태로 바꾸어 써 넣으세요.

6 田舎では、星がもっと(　　　)見える。

7 すごい(　　　)で飛行機の到着が5時間も遅れた。

8 雨の後は川の水が(　　　)いる。

9 その丘までは(　　　)坂が続いている。

10 急な(　　　)で、仕方なく傘を買った。

吹雪 （ふぶき）	夕立 （ゆうだち）	輝く （かがや）	濁る （にご）	なだらか

정답

1 ② 천연　**2** ② 건조　**3** ① 사막　**4** ① 평온함, 온후함　**5** ② 습기

6 輝いて　**7** 吹雪　**8** 濁って　**9** なだらかな　**10** 夕立

독해 · 청해 어휘

おんだん か 温暖化	명 온난화	ち きゅうおんだん か　　 えいきょう　 かいすい　 おん ど　 あ 地球温暖化の影響で海水の温度も上がってきている。 지구온난화의 영향으로 해수 온도도 올라가고 있다.
かく ち 各地	명 각지	あした　　 ぜんこくかく ち　　 あめ ふ 明日は全国各地で雨が降るそうだ。 내일은 전국 각지에서 비가 내린다고 한다.
きょくげん 極限	명 극한	さむ　　 きょくげん　　 たっ 寒さは極限にまで達していた。 추위는 극한에까지 이르렀다.
しょ か 初夏	명 초여름	しょ か　 ひる　 よる　 き おん さ　　 かぜ　 ひ　　　 き せつ 初夏は昼と夜の気温差で風邪を引きやすい季節だ。 초여름은 낮과 저녁의 기온차로 감기에 걸리기 쉬운 계절이다.
しんりん 森林	명 삼림	くう き　 よ　　 しんりん　 なか　 す 空気が良い森林の中で過ごしたい。 공기가 좋은 산림 속에서 지내고 싶다.
すいへいせん 水平線	명 수평선	うみ べ　 すわ　　　 すいへいせん　 ひ　 のぼ　　　 なが 海辺に座って水平線に日が昇るのを眺めた。 해변에 앉아서 수평선에 해가 떠오르는 것을 보았다.
せいぶつ 生物	명 생물	こ　　　 とき　　 どうぶつ さかな す　　　 せいぶつ　 べんきょう 子どもの時から動物や魚が好きで、生物の勉強も とくい 得意だった。 어렸을 때부터 동물이나 물고기를 좋아해서 생물에 관한 공부도 자신이 있었다.
せき ゆ 石油	명 석유	せき ゆ　　　　　 たいせつ　 てんねん し げん 石油はとても大切な天然資源だ。 석유는 매우 중요한 천연자원이다.
☆ ちょうじょう 頂上 ⑰	명 정상	ふ じ さん　 ちょうじょう　　 み　 けしき　 すば 富士山の頂上から見る景色は素晴らしい。 후지산 정상에서 보는 경치는 장관이다.
てき ど 適度	명 ナ 적당	みせ なか　 てき ど　 おん ど　　　　 はな そだ 店の中を適度な温度にして、花を育てた。 가게 안을 적당한 온도로 해서 꽃을 키웠다.
とうめい 透明	명 ナ 투명	みずうみ みず そこ み　　　　　 とうめい この湖の水は底が見えるほど透明だ。 이 호수의 물은 바닥이 보일만큼 투명하다.
にっこう 日光	명 일광, 햇볕	にっこう　 あ　　　　　 わたし　　　 からだ　　　 えいきょう 日光を浴びることは、私たちの体にいい影響を あた 与える。 햇볕을 쬐는 것은 우리 몸에 좋은 영향을 준다.
はんしゃ 反射	명 する 반사	たいよう ひかり　　　　　　 はんしゃ　　　　　　 まぶ 太陽の光がビルに反射して、とても眩しかった。 태양 빛이 빌딩에 반사되어서 매우 눈부셨다.

夕焼け ゆうや	명 저녁놀	公園で遊んでいると夕焼けに合わせて音楽が流れた。 こうえん あそ ゆうや あ おんがく なが 공원에서 놀고 있었더니 저녁놀에 맞춰서 음악이 흘렀다.
連鎖 れん さ	명 연쇄	生態系の変化で、食物連鎖が壊れ始めている。 せいたいけい へんか しょくもつれんさ こわ はじ 생태계 변화로 식물 연쇄가 망가지기 시작했다.
青空 あおぞら	명 푸른 하늘	気持ちのいい青空の下で弁当を食べた。 き も あおぞら した べんとう た 기분 좋은 푸른 하늘 아래서 도시락을 먹었다.
エコ	명 친환경	スーパーに行く時、エコを意識して買い物袋を持っていく。 い とき いしき か ものぶくろ も 슈퍼에 갈 때 환경을 의식해서 장바구니를 가지고 간다.
強風 きょうふう	명 강풍	台風が来ているので、今日は強風に注意してください。 たいふう き きょう きょうふう ちゅうい 태풍이 오고 있기 때문에 오늘은 강풍에 주의해 주세요.
日差し ひ ざ	명 햇살, 햇볕	夏の強い日差しから目を守るためにサングラスをかけた。 なつ つよ ひ ざ め まも 여름에 강한 햇볕으로부터 눈을 지키기 위해서 선글라스를 썼다.
折りたたみ傘 お がさ	명 접우산	午後から雨の予報なので、折りたたみ傘を用意した。 ご ご あめ よほう お がさ ようい 오후부터 비가 온다는 예보이기 때문에 접는 우산을 준비했다.
獲物 え もの	명 사냥감	虎が獲物を狙って走り出した。 とら えもの ねら はし だ 호랑이가 사냥감을 노리고 달리기 시작했다.
四季 し き	명 사계절	日本では四季それぞれに魅力がある。 に ほん し き み りょく 일본에는 사계절 각각 매력이 있다.
梅雨 つ ゆ	명 장마	梅雨の時期は湿度が高くてじめじめする。 つゆ じ き しつど たか 장마 때는 습도가 높아서 눅눅하다.
日当たり ひ あ	명 볕이 듦, 양지바른 곳	部屋探しは日当たりが重要だ。 へや さが ひ あ じゅうよう 방을 구할 때는 햇빛이 잘 드는지가 중요하다.
日陰 ひ かげ	명 응달, 그늘	洗濯物を日陰に干したので、まだ乾かない。 せんたくもの ひ かげ ほ かわ 빨래를 그늘에 말렸기 때문에, 아직 마르지 않는다.
紅葉 もみじ	명 단풍	秋には京都の紅葉を見に行こうと思っています。 あき きょうと もみじ み い おも 가을에는 교토의 단풍을 보러 가려고 합니다.
北極 ほっきょく	명 북극	北極の氷が溶けているというニュースを見た。 ほっきょく こおり と み 북극의 얼음이 녹고 있다는 뉴스를 봤다.

真夏 (まなつ)	명 한여름	最高気温が30度を超える日を真夏日という。 최고 기온이 30℃를 넘는 날을 한여름날이라고 한다.
季節 (きせつ)	명 계절	私は、季節の中で秋が一番好きだ。 나는 계절 중에 가을을 가장 좋아한다.
地球 (ちきゅう)	명 지구	海は地球の70%を占める。 바다는 지구의 70%를 차지한다.
快晴 (かいせい)	명 쾌청	運動会は快晴の空の下で行われた。 운동회는 쾌청한 하늘 아래 행해졌다.
仰ぐ (あおぐ)	동 우러러보다, 쳐다보다	空を仰げば雲ひとつない快晴だった。 하늘을 쳐다보니 구름 한점없이 쾌청했다.
明ける (あける)	동 날이밝다, 날이새다, 새해가되다	日の出を見るために海に来た。もうすぐ夜が明ける。 일출을 보기 위해서 바다에 왔다. 곧 날이 밝는다.
浮かぶ (うかぶ)	동 뜨다, (표면에) 나타나다	船が海に浮かんでいる。 배가 바다에 떠 있다.
茂る (しげる)	동 무성지다, 우거지다	森にはたくさんの種類の木が茂っていた。 숲에는 많은 종류의 나무가 우거져 있었다.
次ぐ (つぐ)	동 잇따르다, 뒤따르다	梅に次いで桜が咲き始めた。 매화에 이어 벚꽃이 피기 시작했다.
流れる (ながれる)	동 흐르다, 흘러내리다	川の水がさらさらと流れている。 강물이 졸졸 흐르고 있다.
鳴く (なく)	동 (동물, 벌레, 새등) 울다	小鳥が鳴く声で目を覚ました。 작은 새가 우는 소리에 눈을 떴다.
心地よい (ここちよい)	イ 기분 좋다, 상쾌하다	春の風が心地よいので、外でコーヒーを飲みたくなった。 봄 바람이 기분이 좋아서 밖에서 커피를 마시고 싶어졌다.
涼しい (すずしい)	イ 시원하다, 선선하다	今夜は久しぶりに涼しい夜ですね。 오늘밤은 오랜만에 시원한 밤이네요.
蒸し暑い (むしあつい)	イ 무덥다	東南アジアはいつ行っても蒸し暑い。 동남아시아는 언제 가도 무덥다.

아래의 단어를 보고 읽는 법과 뜻을 적어 본 후 점선대로 접어서 답을 확인해 봅시다.
틀린 단어는 뒷 페이지 ☐에 V표시를 해 봅시다.

접는 선

✏️ 접으면 답을
확인할 수 있어요.

단어	읽는 법과 뜻	
改正	かいせい	개정
仕上げ		
快い		
豊か		
勢い		
影響		
汚染		
乾燥		
湿気		
湿度		
接近		
破壊		
覆う		
輝く		
澄む		
濁る		
増す		
激しい		
穏やか		
植木		
気候		
砂漠		
天然		

– 홋카이도 오타루 –

예처럼 빈칸을 채우면서 다시 한번
체크해 봅시다.

읽는 법과 뜻
☐ かいせい 개정
☐ しあげ 마무리, 완성
☐ こころよい 기분이 좋다
☐ ゆたか 풍족함, 풍부함
☐ いきおい 기세, 힘
☐ えいきょう 영향
☐ おせん 오염
☐ かんそう 건조
☐ しっけ 습기
☐ しつど 습도
☐ せっきん 접근
☐ はかい 파괴
☐ おおう (표면 등을) 덮다
☐ かがやく 빛나다, 반짝이다
☐ すむ 맑다, 맑아지다
☐ にごる 흐려지다
☐ ます 늘다, 늘리다
☐ はげしい 심하다, 격심하다
☐ おだやか 평온함, 온후함
☐ うえき 정원수
☐ きこう 기후
☐ さばく 사막
☐ てんねん 천연

한자	읽는 법	의미
예 改正	かいせい	개정
仕上げ		
快い		
豊か		
勢い		
影響		
汚染		
乾燥		
湿気		
湿度		
接近		
破壊		
覆う		
輝く		
澄む		
濁る		
増す		
激しい		
穏やか		
植木		
気候		
砂漠		
天然		

DAY 26

건강과 의료(1)

☐ 01 あくび	☐ 02 維持	☐ 03 痛み	☐ 04 医療
☐ 05 加減	☐ 06 患者	☐ 07 看病	☐ 08 傷
☐ 09 ～気味	☐ 10 禁煙	☐ 11 筋肉	☐ 12 苦痛
☐ 13 契機	☐ 14 血液	☐ 15 原因	☐ 16 検査
☐ 17 呼吸	☐ 18 心構え	☐ 19 姿勢	☐ 20 循環
☐ 21 症状	☐ 22 心臓	☐ 23 睡眠	☐ 24 蓄積
☐ 25 手当て	☐ 26 調子	☐ 27 寝坊	☐ 28 疲労
☐ 29 負傷	☐ 30 骨	☐ 31 見舞い	☐ 32 薬品
☐ 33 予防	☐ 34 補う	☐ 35 折る	☐ 36 鍛える
☐ 37 しびれる	☐ 38 ためる	☐ 39 縮む	☐ 40 抜ける
☐ 41 腫れる	☐ 42 ひねる	☐ 43 防ぐ	☐ 44 煙い
☐ 45 質素	☐ 46 健やか	☐ 47 的確	☐ 48 適切
☐ 49 思い切り			

01

あくび
명 する 하품

寝不足で、授業中(あくび)ばかりしていた。

수면부족으로, 수업중에 하품만 했다.

---

02 ★★

維持(いじ)
명 する 유지

健康な体を(維持)するために、運動をしている。

건강한 몸을 유지하기 위해 운동을 하고 있다.

03

痛み(いた)
명 아픔, 통증

歯の(痛み)のせいで、試験に集中できなかった。

치아의 통증 때문에 시험에 집중할 수 없었다.

---

04 ★

医療(いりょう)
명 의료

(医療)の発達により、平均寿命が長くなった。

의료 발달에 따라 평균수명이 길어졌다.

➕ 医療費(いりょうひ) 의료비

---

05 ★★

加減(かげん)
명 する 가감, (적절히) 조절함

子どもとゲームをするときは、力の(加減)が必要だ。

아이와 게임을 할 때는 힘의 조절이 필요하다.

06

患者(かんじゃ)
명 환자

医者は担当の(患者)について、看護師と話し合った。

의사는 담당 환자에 대해서 간호사와 상의했다.

07

看病(かんびょう)
명 する 간병

風邪を引いた時、彼女が(看病)してくれた。

감기에 걸렸을 때, 그녀가 간병해 주었다.

≒ 世話(せわ)する 돌보다

➕ 介護(かいご) 간호, 병구완 ⑱

08 傷 (きず)

명 상처

顔の(傷)は子どもの時にできたもので、化粧をすれば目立たない。

얼굴의 상처는 어릴 때 생긴 것이어서 화장을 하면 눈에 띄지 않는다.

09 ★ 〜気味 (ぎみ)

명 느낌, 기미

今日は風邪(気味)で、早く帰って休みたい。

오늘은 감기기운이 있어서 빨리 돌아가 쉬고 싶다.

10 ★ 禁煙 (きんえん)

명 する 금연

都市部では(禁煙)の場所が増えてきている。

도심에서는 금연 장소가 늘고 있다.

11 筋肉 (きんにく)

명 근육

彼は毎日運動をして(筋肉)をつける努力をしている。

그는 매일 운동을 해서 근육을 단련하는 노력을 하고 있다.

12 ★ 苦痛 (くつう)

명 고통

治療の痛みは本当に(苦痛)だ。

치료의 통증은 정말로 고통스럽다.

13 ★★ 契機 (けいき) ⑯

명 계기

入院を(契機)に、人生について深く考えるようになった。

입원을 계기로 인생에 대해서 깊게 생각하게 되었다.

≒ きっかけ 계기

14 血液 (けつえき)

명 혈액

人は(血液)型によって性格が異なるという説がある。

사람은 혈액형에 따라서 성격이 다르다는 설이 있다.

15 ★
げんいん
原因
명 원인

この病気の(原因)については、まだわかっていない。

이 병의 원인에 대해서는 아직 판명되지 않았다.

16 ★
けん さ
検査
명 する 검사

(検査)の結果は二週間後に出るそうだ。

검사 결과는 2주일 후에 나온다고 한다.

17 ★
こ きゅう
呼吸
명 する 호흡

父は一時(呼吸)困難になり、病院に運ばれた。

아버지는 한때 호흡곤란이 되어 병원에 옮겨졌다.

18 ★
こころがま
心構え
명 마음의 준비, 각오

私はどんな結果でも受け入れる(心構え)ができています。

나는 어떤 결과라도 받아들일 마음의 준비가 되어 있습니다.

19 ★★★ ⑬
し せい
姿勢
명 자세

飛行機では楽な(姿勢)で座った方がいい。

비행기에서는 편한 자세로 앉는 편이 좋다.

20 ★
じゅんかん
循環
명 する 순환

血液の(循環)を良くするには、玉ねぎを食べた方がいい。

혈액 순환을 좋게 하기 위해서는 양파를 먹는 편이 좋다.

21 ★★ ⑯
しょうじょう
症状
명 증상

体調が悪いので、病院で(症状)を説明した。

몸 상태가 안 좋기 때문에 병원에서 증상을 설명했다.

22 ★
しんぞう
心臓
명 심장

りんごは(心臓)の病気に効果があるそうだ。

사과는 심장병에 효과가 있다고 한다.

23
すいみん
睡眠
명 する 수면

最近は忙しすぎて、(睡眠)を取る時間もない。

최근엔 너무 바빠서 수면을 취할 시간도 없다.

24
ちくせき
蓄積
명 する 축적

疲労が(蓄積)して、ついに職場で倒れてしまった。

피로가 축적되어서 마침내 직장에서 쓰러져 버렸다.

25 ★
て あ
手当て
명 する (상처, 병의) 처치, 치료, 급여, 수당

子どもが怪我をしたので、簡単な(手当て)をして病院に行った。

아이가 다쳤기 때문에 간단한 치료를 하고 병원에 갔다.

26
ちょう し
調子
명 (신체·기계 등의) 상태, 컨디션

この頃、車の(調子)が悪いので電車で通勤している。

요즘 차 상태가 안 좋기 때문에 전철로 통근하고 있다.

27
ね ぼう
寝坊
명 する 늦잠을 잠, 잠꾸러기

昨日飲みすぎて、今朝は(寝坊)してしまった。

어제 과음해서 오늘 아침은 늦잠 자버렸다.

28
ひ ろう
疲労
명 する 피로

最近は残業続きで、社員の表情からも(疲労)がうかがえる。

요즘은 야근이 계속되어서 사원들의 표정에서도 피로가 엿보인다.

29
ふしょう
負傷
[명] [する] 부상

登山中に足を(負傷)し、一緒に行った友人に迷惑をかけた。

등산 중에 발을 부상당해서 같이간 친구에게 폐를 끼쳤다.

30
ほね
骨
[명] 뼈

スキー場で転んで、(骨)を折る大怪我をした。

스키장에서 넘어져서 뼈가 부러지는 큰 부상을 입었다.

31
みま
見舞い
[명] 문병

入院中の同僚の(お見舞い)に、果物を買って持って行った。

입원 중인 동료의 병문안에 과일을 사 가지고 갔다.

32
やくひん
薬品
[명] 약품

理科の実験に使う(薬品)は危険なので、学生には触らせない。

이과 실험에 사용하는 약품은 위험하기 때문에 학생에게는 만지지 못하게 한다.

---

33 ★
よぼう
予防
[명] [する] 예방

冬にはインフルエンザの(予防)が必須だ。

겨울에는 유행성 감기 예방이 필수이다.

---

34 ★★★ ⑪
おぎな
補う
[동] 보충하다, 메우다

熱中症を予防するため、試合中も水分を(補う)ことが大切だ。

열사병을 예방하기 위해 시합 중에도 수분을 보충하는 것이 중요하다.

---

35 ★
お
折る
[동] 접다, 꺾다, 부러뜨리다, 굽히다

交通事故に遭って、足の骨を(折って)しまった。

교통사고를 당해서 다리뼈가 부러져버렸다.

36 ★

きた
鍛える
동 단련하다

体を(鍛える)ことが精神の安定にもつながる。

몸을 단련하는 것이 정신 안정으로도 이어진다.

37 ★

しびれる
동 마비되다, 저리다

正座して祖父の長話を聞いていたら足が(しびれて)しまった。

정좌하고 할아버지의 긴 이야기를 들었더니 다리가 저렸다.

38 ★★

ためる
동 한 곳에 모아두다, 쌓아두다

彼は仕事のストレスを(ためて)いるようだ。

그는 업무 스트레스를 쌓아 두고 있는 것 같다.

➕ 溜まる 쌓이다, 밀리다

39 ★★★

ちぢ
縮む
동 줄다, 오그라들다, 작아지다

タバコは一本吸うと寿命が12分(縮む)。

담배는 한 대를 피우면 수명이 12분 줄어든다.

セーターをそのまま洗濯したら(縮んで)しまった。

스웨터를 그대로 빨았더니 줄어들고 말았다.

➕ 縮める 줄이다, 작게하다

40 ★

ぬ
抜ける
동 빠지다

シャンプーをしたら、髪の毛がたくさん(抜けた)。

샴푸를 했더니 머리카락이 많이 빠졌다.

➕ 抜く 뽑다, 빼다

41 ★

は
腫れる
동 붓다

昨日泣いたので目が(腫れて)しまった。

어제 울어서 눈이 붓고 말았다.

42 ★

ひねる
동 비틀다, 꼬다

運動の前に、腰を(ひねって)ストレッチをした。

운동 전에 허리를 틀어 스트레칭을 했다.

43 ★★

ふせ
防ぐ

동 막다, 방지하다

いつもうがいをして風邪を(防ぐ)ようにしている。

항상 양치질을 해서 감기를 예방하고 있다.

44 ★

けむ
煙い

イ 냅다 (맵고 싸하다)

喫煙室だけでなく、まわりの部屋まで(煙い)。

흡연실뿐만 아니라 주변의 방까지 냅다.

45 ★★★ ⑪

しっそ
質素

ナ 명 질소, 검소함

健康のためには(質素)な食事がいい。

건강에는 조촐한 식사가 좋다.

46 ★

すこ
健やか

ナ 몸이 튼튼함, 건강함

息子に(健やか)に育ってほしい。

아들이 건강하게 자랐으면 좋겠다.

47

てきかく
的確

ナ 명 적확, 확실함

正確な治療をするためには、(的確)な診断をすることが重要だ。

정확한 치료를 하기 위해서는 확실한 진단을 하는 것이 중요하다.

48 ★

てきせつ
適切

ナ 명 적절함

薬は(適切)な量を守らなければならない。

약은 적절한 양을 지키지 않으면 안 된다.

49 ★ ⑭

おも　き
思い切り

부 마음껏, 실컷

ストレスが溜まったときは、(思い切り)歌うのがいい。

스트레스가 쌓였을 때는 마음껏 노래하는 것이 좋다.

12회분 추가 실전 모의 테스트는
www.sisabooks.com 에서 다운 가능!!!

1 해당 어휘의 읽는 법을 찾고, 빈칸에 의미를 적으세요.

예	学生	☑ がくせい	② がっせい	학생

1	蓄積	① ちっせき	② ちくせき	__________
2	苦痛	① くつう	② くうつう	__________
3	鍛える	① きたえる	② かかえる	__________
4	健やか	① すみやか	② すこやか	__________
5	循環	① しゅんかん	② じゅんかん	__________

2 문맥에 맞는 단어를 보기에서 골라 알맞은 형태로 바꾸어 써 넣으세요.

6 喫煙室だけでなく、まわりの部屋まで(　　　)。

7 健康のためには(　　　)食事がいい。

8 子どもとゲームをするときは、力の(　　　)が必要だ。

9 運動の前に、腰を(　　　)ストレッチをした。

10 子どもが怪我をしたので、簡単な(　　　)をして病院に行った。

加減 （かげん）	手当て （てあ）	ひねる	煙い （けむ）	質素 （しっそ）

정답

1 ② 축적　**2** ① 고통　**3** ① 단련하다　**4** ② 몸이 튼튼함, 건강함　**5** ② 순환
6 煙い　**7** 質素な　**8** 加減　**9** ひねって　**10** 手当て

독해 · 청해 어휘

おうせい 旺盛	명 ナ 왕성	せいちょうき こ しょくよく おうせい 成長期の子どもたちは食欲が旺盛だ。 성장기 아이들은 식욕이 왕성하다.
かぜとお 風通し	명 통풍, 환풍	へや くうき わる まど あ かぜとお 部屋の空気が悪いから、窓を開けて風通しをよく しよう。 방 공기가 안 좋으니까 창문을 열어서 환풍을 잘 하자.
げ り 下痢	명 する 설사	くさ べんとう た げ り 腐った弁当を食べて、下痢してしまった。 상한 도시락을 먹고 설사를 해버렸다.
げんかい 限界	명 한계	かれ たいりょく げんかい かん いんたい き 彼は体力の限界を感じて、引退することに決め た。 그는 체력의 한계를 느끼고 은퇴하기로 정했다.
げんりょう 減量	명 する 감량	げんりょうほうほう はし ボクサーの減量方法は、ひたすら走ることだ。 복서의 감량방법은 꾸준히 뛰는 것이다.
さむ け 寒気	명 한기	かぜ ひ あさ さむ け 風邪を引いたのか、朝から寒気がする。 감기에 걸렸는지 아침부터 한기가 든다.
じ せいしん 自制心	명 자제심	せいこう じ せいしん じゅうよう ダイエットに成功するためには自制心が重要であ る。 다이어트에 성공하기 위해서는 자제심이 중요하다.
じ ぜん 事前	명 사전	しんさつじかん じ ぜん よやく とうじつ ま 診察時間を事前に予約しておけば、当日待たないで いい。 진찰시간을 사전에 예약해 두면 당일 기다리지 않아도 된다.
しゅうしん 就寝	명 する 취침	しゅうしんまえ しょくじ さ ほう 就寝前の食事は避けた方がいいそうだ。 취침 전에 식사는 피하는 편이 좋다고 한다.
じょきょ 除去	명 する 소거	きょねん じょきょ しゅじゅつ う 去年、ほくろを除去する手術を受けた。 작년에 점을 제거하는 수술을 받았다.
しんさつ 診察	명 する 진찰	だいがくびょういん しんさつ じかん ま じかん なが 大学病院では、診察にかかる時間より待ち時間が長 い。 대학병원에서는 진찰에 걸리는 시간보다 기다리는 시간이 길다.
しんだん 診断	명 する 진단	いしゃ びょうき しんだん う 医者からは、たいした病気ではないと診断を受け た。 의사로부터 큰 병은 아니라는 진단을 받았다.
ぜっこうちょう 絶好調	명 몸 상태가 매우 좋음	せんしゅう やす きょう たいちょう ぜっこうちょう 先週ゆっくり休んだので、今日の体調は絶好調 だ。 지난 주 푹 쉬었기 때문에 오늘 몸상태는 매우 좋다.
そくてい 測定	명 する 측정	しょうがっこう まいとし がつ しんたいそくてい おこな この小学校では、毎年4月に身体測定を行ってい る。 이 초등학교에서는 매년 4월에 신체측정을 실시하고 있다.

大至急 だいしきゅう	명 몹시 급함	父が倒れたと聞いて、大至急病院へ向かった。 아버지가 쓰러지셨다고 듣고서 급히 병원으로 향했다.
体調 たいちょう	명 몸상태, 컨디션	最近なんとなく体調が良くないので心配だ。 요즘 왠지 몸 상태가 좋지 않아서 걱정이다.
体内 たいない	명 체내	食べたものが体内で消化吸収されるには3時間ぐらいかかる。 먹은 것이 체내에서 소화 흡수 되는 데에는 3시간 정도 걸린다.
知覚 ちかく	명 する 지각	彼は他の人より知覚が敏感で、特に匂いと音の刺激に弱い。 그는 다른 사람보다 지각이 민감해서 특히 냄새와 소리의 자극에 약하다.
知能 ちのう	명 지능	猿は人間に近い知能を持っていて、感情表現も豊かだ。 원숭이는 인간에 가까운 지능을 지니고 있고 감정 표현도 풍부하다.
注射 ちゅうしゃ	명 する 주사	たいていの幼児は予防注射を受ける。 대부분의 유아들은 예방주사를 맞는다.
通院 つういん	명 する 통원	手術後は月に一度通院して、薬をもらっている。 수술 후에는 한달에 한번 통원하며 약을 받고 있다.
辛さ つらさ	명 고통	私はいつも一人で悩んでいるのに、誰もこの辛さを理解してくれない。 나는 언제나 혼자서 고민하고 있는데 아무도 이 고통을 이해해 주지 않는다.
妊娠 にんしん	명 する 임신	妊娠したことがわかってから、食べるものに気をつけている。 임신한 것을 알고 나서부터 먹는 것에 조심하고 있다.
熱量 ねつりょう	명 열량	カロリーやワットというのは熱量を表す単位だ。 칼로리나 와트라고 하는 것은 열량을 나타내는 단위다.
媒介 ばいかい	명 する 매개	蚊が媒介する感染症が世界中で発生している。 모기가 매개하는 전염병이 전세계에서 발생하고 있다.
万能 ばんのう	명 만능	この薬はどんな症状にもよく効く万能薬だ。 이 약은 어떠한 증상에도 잘 듣는 만능약이다.
汚れ よごれ	명 더러움	床の汚れがなかなか落ちなくて、掃除に時間がかかった。 바닥의 때가 좀처럼 지워지지 않아서 청소에 시간이 걸렸다.

ひまん 肥満	명 비만	_{おとうと}弟 は子どもの頃、_{ひまん}肥満だったのが信じられないぐらい_や痩せた。 남동생은 어렸을 때 비만이었던 것이 믿을 수 없을 정도로 말랐다.
よっきゅう 欲求	명 욕구	_た食べたいという_{よっきゅう}欲求を_{がまん}我慢することができない。 먹고 싶은 욕구를 참을 수가 없다.
ろうか 老化	명 する 노화	_{さいきん}最近は_{ろうか}老化を_{ふせ}防ぐ_{けしょうひん}化粧品が_{にんき}人気を_{あつ}集めている。 요즘은 노화를 방지하는 화장품이 인기를 모으고 있다.
さ 冴える	동 예민해지다, 또렷해지다	コーヒーを飲んだせいか、_め目が_さ冴えて_{ねむ}眠れない。 커피를 마신 탓인지 눈이 초롱초롱해서 잘 수 없다.
はや 流行る	동 유행하다	_{ことし}今年はインフルエンザが_{はや}流行っているので、_{よぼうちゅうしゃ}予防注射を_う打った。올해는 독감이 유행하고 있기 때문에 예방주사를 맞았다.
みま 見舞う	동 문안하다	_{にゅういん}入院した_{こうはい}後輩を_{みま}見舞うため、_{はな}花を_も持って_{びょういん}病院へ_い行った。입원한 후배를 문병하기 위해서 꽃을 가지고 병원에 갔다.
む あ 向き合う	동 마주보다	これからは、_{じぶん}自分の_{びょうき}病気としっかり_{む あ}向き合って_い生きていこう。이제부터는 자신의 병과 확실히 마주보고 살아가자.
めまいがする	동 현기증이 나다	_{ちょうしょく}朝食を_た食べずに_{しゅっきん}出勤したせいで、_{た あ}立ち上がった_{しゅんかん}瞬間めまいがした。 아침을 먹지 않고 출근한 탓에 일어나는 순간 현기증이 났다.
やけど お 火傷を負う	동 화상을 입다	_{せんしゅう}先週の_{かじ}火事で_{やけど お}火傷を負い、_{いま}今もまだ_{にゅういんちゅう}入院中だ。 지난주 화재로 화상을 입어서 지금도 아직 입원중이다.
よ 酔う	동 취하다, 멀미하다	_{きょう}今日は_の飲みすぎて、すっかり_よ酔ってしまった。 오늘은 과음해서 완전히 취해 버렸다.
じんこうてき 人工的	ナ 인공적	_{せいけいしゅじゅつ}整形手術を_{く か}繰り返した_{かのじょ かお}彼女の顔はとても_{じんこうてき}人工的だ。 성형수술을 반복한 그녀의 얼굴은 매우 인공적이다.
にくたいてき 肉体的	ナ 육체적	_{しごと}仕事では、_{にくたいてき}肉体的な_{つか}疲れより_{せいしんてき}精神的な_{ふたん}負担が_{おお}大きい。 일에서는 육체적인 피로보다 정신적인 부담이 크다.
ふ ちょう 不調	ナ 상태가 나쁨	_か買ったばかりのテレビが_{ふちょう}不調なので、_{こうかん}交換できるか_き聞いてみた。산지 얼마 안된 텔레비전이 상태가 좋지 않아서 교환이 가능한지 물어 봤다.
ゆったり	부 (여유가 있는 모양) 넉넉히, (편안히 쉬는 모양) 느긋이	_{いそが}忙しい_{とかい}都会での_{せいかつ}生活を_{はな}離れて、_{おんせん}温泉でゆったりとした_{じかん す}時間を過ごした。바쁜 도시에서의 생활을 떠나서 온천에서 느긋한 시간을 지냈다.

복습해 볼까요?

아래의 단어를 보고 읽는 법과 뜻을 적어 본 후 점선대로 접어서 답을 확인해 봅시다.
틀린 단어는 뒷 페이지 □에 V표시를 해 봅시다.

접는 선

단어	읽는 법과 뜻	
改正	かいせい	개정
姿勢		
補う		
縮める		
質素		
維持		
加減		
契機		
症状		
溜める		
防ぐ		
健やか		
煙い		
禁煙		
苦痛		
原因		
検査		
呼吸		
循環		
心臓		
手当て		
適切		
予防		

접으면 답을 확인할 수 있어요.

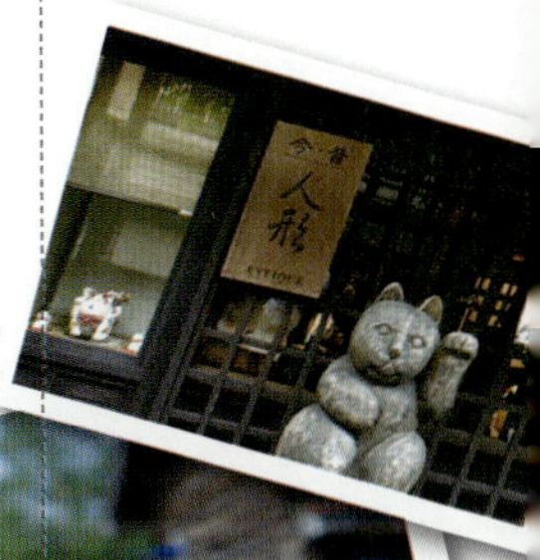

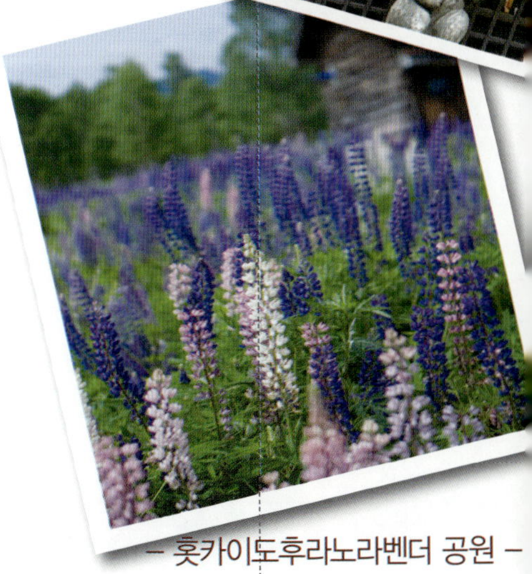

– 홋카이도후라노라벤더 공원 –

예처럼 빈칸을 채우면서 다시 한번 체크해 봅시다.

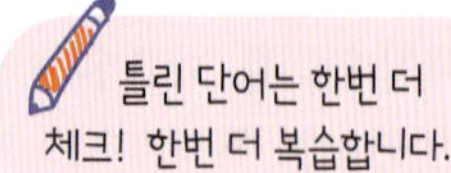

읽는 법과 뜻
かいせい / 개정
しせい / 자세
おぎなう / 보충하다, 메우다
ちぢめる / 줄이다, 작게 하다
しっそ / 검소함
いじ / 유지
かげん / 적절히 조절함
けいき / 계기
しょうじょう / 증상
ためる / 쌓아두다
ふせぐ / 막다, 방지하다
すこやか / 건강함
けむい / 냅다
きんえん / 금연
くつう / 고통
げんいん / 원인
けんさ / 검사
こきゅう / 호흡
じゅんかん / 순환
しんぞう / 심장
てあて / 처치, 수당
てきせつ / 적절함
よぼう / 예방

한자	읽는 법	의미
예 改正	かいせい	개정
姿勢		
補う		
縮める		
質素		
維持		
加減		
契機		
症状		
溜める		
防ぐ		
健やか		
煙い		
禁煙		
苦痛		
原因		
検査		
呼吸		
循環		
心臓		
手当て		
適切		
予防		

DAY 27

건강과 의료(2)

01 焦り	02 異常	03 遺伝	04 回復
05 花粉症	06 感染	07 緩和	08 救急
09 緊急	10 具合	11 訓練	12 血圧
13 血管	14 健康	15 効果	16 心掛け
17 作用	18 脂肪	19 消化	20 状態
21 頭痛	22 治療	23 適宜	24 伝染
25 皮膚	26 標準	27 無事	28 保健
29 虫歯	30 油断	31 衰える	32 効く
33 避ける	34 倒れる	35 保つ	36 取り除く
37 吐く	38 控える	39 冷やす	40 減らす
41 病む	42 かゆい	43 細い	44 疎か
45 顕著	46 げっそり	47 ふらふら	48 一向に

01 　☐☐
あせ
焦り
명 초조, 안달, 조바심

「早く就職しなければ」という(焦り)が、大きなストレスになった。

'빨리 취직하지 않으면 안된다'는 조바심이 큰 스트레스가 되었다.

02 　☐☐
い じょう
異常
명 ナ 이상

検査の結果、(異常)があった。

검사 결과, 이상한 점이 있었다.

---

03 ★　☐☐
い でん
遺伝
명 する 유전

この病気は(遺伝)すると言われている。

이 병은 유전된다고 한다.

---

04 ★★　⑪☐☐
かいふく
回復
명 する 회복

母の健康の(回復)を願って止まない。

엄마의 건강 회복을 바라마지 않다.

05 　☐☐
か ふんしょう
花粉症
명 꽃가루 알레르기

何年も(花粉症)に悩まされている。

몇 년이나 꽃가루 알레르기에 시달리고 있다.

---

06 ★　☐☐
かんせん
感染
명 する 감염

このウイルスは、空気で(感染)する。

이 바이러스는 공기로 감염된다.

---

07 ★　☐☐
かん わ
緩和
명 する 완화

薬を飲めば、頭の痛みが少し(緩和)されるだろう。

약을 먹으면, 두통이 조금 완화될 것이다.

08 ★
きゅうきゅう
救急
명 구급

その事故で何人かの人が(救急)病院に搬送された。

그 사고로 몇 명인가의 사람이 구급병원으로 실려갔다.

09
きんきゅう
緊急
명 ナ 긴급

(緊急)度の高い患者から診察を行った。

긴급도가 높은 환자부터 진찰을 실시했다.

10 ★
ぐ あい
具合
명 형편, 상태, 몸상태

(具合)が悪いので、先に帰ってもよろしいですか。

몸이 안 좋아서, 먼저 돌아가도 되겠습니까?

11
くんれん
訓練
명 する 훈련

手術の後、歩けるように歩行(訓練)を行った。

수술 후, 걸을 수 있도록 보행 훈련을 실시했다.

12
けつあつ
血圧
명 혈압

病院の検査で(血圧)を測った。

병원 검사로 혈압을 쟀다.

13
けっかん
血管
명 혈관

(血管)を詰まらせないためにも、バランスのとれた食生活が重要だ。

혈관을 막히지 않게 하기 위해서도 균형 잡힌 식생활이 중요하다.

14 ★
けんこう
健康
명 ナ 건강

最近、(健康)についての本が人気だそうだ。

요즘에 건강에 대한 책이 인기라고 한다.

15 ★★ □□
こうか
効果
명 효과

ダイエットをしてみたが、何の(効果)も見られなかった。

다이어트를 해 봤지만 아무런 효과도 볼 수 없었다.

---

16 ★ □□
こころ が
心掛け
명 마음가짐, 마음의 준비

ダイエットは、毎日の(心掛け)が大切だ。

다이어트는 매일의 마음가짐이 중요하다.

---

17 ★ □□
さよう
作用
명 する 작용

この薬は眠くなるなど多少の副(作用)がある。

이 약은 졸리는 등 다소 부작용이 있다.

---

18 ★ □□
し ぼう
脂肪
명 지방

(脂肪)を減らすためには運動が必要である。

지방을 줄이기 위해서는 운동이 필요하다.

---

19 ★ □□
しょう か
消化
명 する 소화

体の調子が悪い時は、(消化)に良いものを食べた方が
いい。

몸상태가 안좋을 때는 소화에 좋은 것을 먹는 편이 좋다.

---

20 ★ □□
じょうたい
状態
명 상태

父は適度な運動をして健康(状態)を維持している。

아버지는 적당한 운동을 하면서 건강 상태를 유지하고 있다.

≒ 状況 상황

---

21 ★ □□
ず つう
頭痛
명 두통

(頭痛)がひどくて、出勤前に病院に行った。

두통이 심해서 출근하기 전에 병원에 갔다.

---

22 ★★ ⑯ ⑪
ちりょう
治療
명 する 치료

むし ば　　ち りょう　　　　　　　びょういん　い
虫歯の(治療)をしに病院に行った。

충치를 치료하러 병원에 갔다.

23
てき ぎ
適宜
명 ナ 적의, 적당

たいへん　　さ ぎょう　　　　　　　　　てき ぎ　　やす　　　　　　　　　すす
大変な作業ですので、(適宜)休みをとりながら進めて
ください。

힘든 작업이기 때문에 적당히 쉬면서 진행해 주세요.

---

24 ★
でんせん
伝染
명 する 전염

びょう き　　つぎつぎ　　ひと　　でんせん
病気が次々に人に(伝染)する。

병이 잇달아 사람에게 전염된다.

25
ひ ふ
皮膚
명 피부

　　　　　　　　　　　　　　ひ ふ　　　あ
アレルギーのせいで(皮膚)が荒れてしまった。

알레르기 탓에 피부가 거칠어져 버렸다.

---

26 ★
ひょうじゅん
標準
명 표준

わたし　　しんちょう　　に ほんじん　　ひょうじゅん　しんちょう　　　ひ かくてきたか　　ほう
私の身長は日本人の(標準)身長より比較的高い方
だ。

나의 신장은 일본인 표준 신장보다 비교적 큰 편이다.

---

27 ★
ぶ じ
無事
명 ナ 무사, 아무일 없음

しゅじゅつ　　ぶ じ　　　お
手術は(無事)に終わりました。

수술은 무사히 끝났습니다.

28
ほ けん
保健
명 보건

がっこう　　ぐ あい　　わる　　　　　　とき　　ほ けん　　せんせい　　そうだん
学校で具合が悪くなった時、(保健)の先生に相談し
た。

학교에서 몸이 안 좋아졌을 때, 보건 선생님에게 상담했다.

---

29 ★
むし ば
虫歯
圏 충치

甘いものを食べ過ぎて(虫歯)になった。
あま　　　　　　　た　べ　す　　　　むし ば

단 것을 너무 먹어서 충치가 생겼다.

---

30 ★★★ ⑮
ゆ だん
油断
圏 する 방심, 부주의

ダイエットに(油断)は禁物だ。
　　　　　　　　　ゆ だん　　きんもつ

다이어트에 방심은 금물이다.

≒ うっかりする 깜빡하다

---

31 ★★
あとろ
衰える
圐 쇠약해지다, 쇠퇴하다

若い時に比べると、記憶力が(衰えて)しまった。
わか　とき　くら　　　　き おくりょく　おとろ

젊었을 때에 비교하면 기억력이 쇠퇴해 버렸다.

---

32 ★★
き
効く
圐 효력이 있다, 듣다

この薬は風邪のあらゆる症状に(効く)。
　　くすり　かぜ　　　　　しょうじょう　き

이 약은 감기의 모든 증상에 효력이 있다.

---

33 ★★
さ
避ける
圐 피하다, 삼가다

最近、体重が増えてきたので、カロリーが高いメニュー
さいきん　たいじゅう　ふ　　　　　　　　　　　　　たか
を(避けて)いる。
　　さ

요즘 체중이 늘어서 칼로리가 높은 메뉴를 피하고 있다.

---

34 ★★★
たお
倒れる
圐 쓰러지다, 넘어지다

彼は寝不足で、ついに(倒れて)しまった。
かれ　ね ぶ そく　　　　　　　たお

그는 수면 부족으로, 결국 쓰러져 버렸다.

＋ 倒す 넘어뜨리다
　たお

---

35 ★★ ⑩
たも
保つ
圐 유지하다, 보전하다

祖父は毎日運動をして健康を(保って)いる。
そ ふ　　まいにちうんどう　　　けんこう　たも

할아버지는 매일 운동을 해서 건강을 유지하고 있다.

＋ 保存 보존 ⑱
　ほ ぞん

---

36 ★

取り除く
と　のぞ

동 없애다, 제거하다

膝に溜まった水を(取り除く)手術を受けることになった。
ひざ　た　　　みず　と　のぞ　しゅじゅつ　う

무릎에 고여있던 물을 제거하는 수술을 받게 되었다.

---

37 ★

吐く
は

동 토하다, 뱉다

お酒を飲みすぎて、いつも(吐いて)しまう。
さけ　の　　　　　　　　は

술을 너무 많이 마셔서 늘 토하고 만다.

↔ 吸う 들이마시다
　 す

+ 吐き気がする 구역질이 나다
　 は　け

---

38 ★★★

控える
ひか

동 대기하다, 기다리다,
　 삼가다, 줄이다

この頃、胃の調子が悪いので、お酒を(控えて)いる。
ごろ　い　ちょうし　わる　　　　さけ　ひか

요즘 위 상태가 나빠서 술을 삼가고 있다.

結婚式が始まるまで、隣の部屋で(控えて)いる。
けっこんしき　はじ　　　　　となり　へや　ひか

결혼식이 시작되기까지, 옆 방에서 대기하고 있다.

---

39 ★

冷やす
ひ

동 식히다, 차게하다

足をひねったので、氷で(冷やした)。
あし　　　　　　　こおり　ひ

다리를 삐어서, 얼음으로 차게 했다.

40

減らす
へ

동 줄이다, 덜다, 감하다

健康のため、お酒の量を(減らした)方がいい。
けんこう　　　さけ　りょう　へ　ほう

건강을 위해 술의 양을 줄이는 편이 좋다.

+ 減る 줄다, 적어지다
　 へ

---

41 ★

病む
や

동 앓다, 병들다

彼女は仕事が忙しすぎて、精神的に(病んで)しまった。
かのじょ　しごと　いそが　　　せいしんてき　や

그녀는 일이 너무 바빠서 정신적으로 병들어 버렸다.

42

かゆい

イ 가렵다

蚊に刺されたところがとても(かゆい)。
か　さ

모기에 물린 곳이 매우 가렵다.

43

ほそ
細い

イ 가늘다, 좁다

モデルの(細い)手足は、健康的とは言えない。

모델의 가느다란 팔다리는 건강하다고는 할 수 없다.

---

44 ★★

おろそ
疎か

ナ 소홀함, 등한시 함

忙しい時ほど食事を(疎か)にしてはいけない。

바쁠 때일 수록 식사를 소홀히 해서는 안 된다.

---

45 ★

けんちょ
顕著

ナ 현저

その薬を飲んだら、効果が(顕著)に表れた。

그 약을 먹었더니 효과가 현저히 나타났다.

46

げっそり

부 살이 빠져 여윈 모양

最近、仕事のストレスで(げっそり)してしまった。

요즘 업무 스트레스로 홀쭉해졌다.

---

47 ★

ふらふら

부 する 휘청휘청, 비틀비틀

空腹のため(ふらふら)して、授業に集中できなかった。

공복이라 휘청휘청해서 수업에 집중할 수 없었다.

48

いっこう
一向に

부 조금도, 전혀

薬を飲んだが、症状は(一向に)良くならない。

약을 먹었지만 증상은 조금도 나아지지 않는다.

1️⃣ 해당 어휘의 읽는 법을 찾고, 빈칸에 의미를 적으세요.

> 예　学生　　☑ がくせい　② がっせい　　　　**학생**

1　作用　　① さくよう　② さよう　　　________________

2　感染　　① かんせん　② かせん　　　________________

3　控える　① そなえる　② ひかえる　　________________

4　緩和　　① わんわ　② かんわ　　　________________

5　遺伝　　① いでん　② いてん　　　________________

2️⃣ 문맥에 맞는 단어를 보기에서 골라 알맞은 형태로 바꾸어 써 넣으세요.

6　若い時に比べると、記憶力が（　　　）しまった。

7　忙しい時ほど食事を（　　　）してはいけない。

8　最近、仕事のストレスで（　　　）してしまった。

9　ダイエットは、毎日の（　　　）が大切だ。

10　ダイエットに（　　　）は禁物だ。

心掛け　　油断　　衰える　　疎か　　げっそり

가타가나어 (1)

어휘	의미	어휘	의미
アドバイスする	충고하다	セットする	머리모양을 다듬다, 준비하다
アナウンスする	안내방송하다	チャレンジする	챌린지, 도전하다
アピールする ⑰	어필하다	デザインする ⑮	디자인하다
アプローチする	접근하다	トレーニングする	트레이닝, 훈련하다
アンケートする	앙케이트하다	ハイキングする	하이킹하다
オーバーする	초과하다, 과장하다	パスする	통과하다, 합격하다
オーダーする	주문하다	パンクする ⑭	펑크나다
カーブする	구부러지다	ピクニックする	피크닉, 소풍가다
カバーする	커버하다, 보충하다	プロポーズする	프로포즈하다
キープする	확보하다	プリントアウトする	인쇄하다
キャンセルする	취소하다	マスターする	마스터하다, 터득하다
キャンプする	캠핑하다, 야영하다	マッチする	어울리다
コミュニケーションする	의사소통하다	メールする	메일·문자를 보내다
コメントする	설명하다	ライトアップする	조명을 비추다
ゴールする	골을넣다, 득점하다	ランニングする	달리기하다
サインする	서명하다	リサイクルする	재활용하다
サポートする	지원하다	リストラする	해고하다
ストップする	멈추다, 정지하다	リフレッシュする	기분전환하다
スピーチする	연설하다	リラックスする	릴랙스하다

아래의 단어를 보고 읽는 법과 뜻을 적어 본 후 점선대로 접어서 답을 확인해 봅시다.
틀린 단어는 뒷 페이지 ☐에 V표시를 해 봅시다.

접는 선

단어	읽는 법과 뜻	
改正	かいせい	개정
油断		
倒れる		
控える		
回復		
効果		
治療		
衰える		
効く		
避ける		
保つ		
疎か		
遺伝		
感染		
緩和		
救急		
具合		
健康		
心掛け		
作用		
状態		
頭痛		
伝染		

접으면 답을
확인할 수 있어요.

– 후지산 –

예처럼 빈칸을 채우면서 다시 한번
체크해 봅시다.

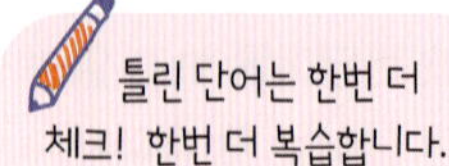

읽는 법과 뜻		한자	읽는 법	의미
	かいせい 개정	예 改正	かいせい	개정
	ゆだん 방심, 부주의	油断		
	たおれる 쓰러지다	倒れる		
	ひかえる 대기하다, 삼가다	控える		
	かいふく 회복	回復		
	こうか 효과	効果		
	ちりょう 치료	治療		
	おとろえる 쇠약해지다	衰える		
	きく 효력이 있다	効く		
	さける 피하다, 삼가다	避ける		
	たもつ 유지하다	保つ		
	おろそか 소홀함, 허술함	疎か		
	いでん 유전	遺伝		
	かんせん 감염	感染		
	かんわ 완화	緩和		
	きゅうきゅう 구급	救急		
	ぐあい 형편, 컨디션	具合		
	けんこう 건강	健康		
	こころがけ 마음가짐	心掛け		
	さよう 작용	作用		
	じょうたい 상태	状態		
	ずつう 두통	頭痛		
	でんせん 전염	伝染		

DAY 28

시간·공간·거리

☐ 01 田舎	☐ 02 延長	☐ 03 往復	☐ 04 海岸
☐ 05 改札	☐ 06 間隔	☐ 07 距離	☐ 08 近郊
☐ 09 先ほど	☐ 10 始終	☐ 11 締め切り	☐ 12 従来
☐ 13 瞬間	☐ 14 上旬	☐ 15 正面	☐ 16 寸法
☐ 17 直線	☐ 18 直前	☐ 19 定期	☐ 20 手間
☐ 21 日中	☐ 22 年中	☐ 23 範囲	☐ 24 日帰り
☐ 25 比率	☐ 26 平日	☐ 27 最寄り	☐ 28 有効
☐ 29 優先	☐ 30 夜明け	☐ 31 夜中	☐ 32 促す
☐ 33 惜しむ	☐ 34 ずらす	☐ 35 迫る	☐ 36 経つ
☐ 37 近寄る	☐ 38 費やす	☐ 39 詰める	☐ 40 延びる
☐ 41 隔てる	☐ 42 経る	☐ 43 久しい	☐ 44 もったいない
☐ 45 迅速	☐ 46 能率的	☐ 47 がらがら	☐ 48 早速
☐ 49 突然			

01 　□□
いなか
田舎
명 시골, 고향

せんせい（いなか）の学校に転勤した。
先生は(田舎)の学校に転勤した。
선생님은 시골 학교로 전근 갔다.

---

02 ★　⑯□□
えんちょう
延長
명 する 연장

カラオケで時間を1時間(延長)した。
노래방에서 시간을 1시간 연장했다.
＋ 延期 연기

03　□□
おうふく
往復
명 する 왕복

家と会社の(往復)に3時間かかる。
집과 회사의 왕복에 3시간 걸린다.

04　□□
かいがん
海岸
명 해안

夏は(海岸)に「海の家」という店ができる。
여름에는 해안에 '바다의 집'이라는 가게가 생긴다.

---

05 ★　□□
かいさつ
改札
명 개찰

待ち合わせ場所は、たいてい駅の(改札)口だ。
약속 장소는 대개 역 개찰구다.

---

06 ★　□□
かんかく
間隔
명 간격

この道には同じ(間隔)で木を植えている。
이 길에는 같은 간격으로 나무를 심고 있다.

---

07 ★★　⑮□□
きょり
距離
명 거리

フルマラソンの(距離)は、42.195キロメートルだ。
마라톤 거리는 42.195km다.
＋ 離れる 떨어지다, 멀어지다 ⑱

08 近郊
きんこう

명 근교

知り合いが都内(近郊)に住んでいる。

아는 사람이 도내 근교에 살고 있다.

09 先ほど
さき

명 아까, 조금 전
(부사적으로도 사용함)

(先ほど)も申し上げましたが、会場内は禁煙です。

조금 전 말씀드렸습니다만, 회장 안은 금연입니다.

↔ のちほど 나중에, 뒤에

10 ★ 始終
しじゅう

명 부 시종(처음과 끝), 항상,
언제나, 늘

彼女は車に乗っている間、(始終)文句を言い続けた。

그녀는 차에 타고 있는 동안 줄곧 불만을 계속 말했다.

11 締め切り
し き

명 마감

レポートの(締め切り)を延ばすことはできない。

레포트 마감을 연장할 수는 없다.

12 従来
じゅうらい

명 종래

新製品と(従来)の製品を比較してみた。

신제품과 종래의 제품을 비교해 보았다.

13 ★ 瞬間
しゅんかん

명 순간

運転には、(瞬間)的な判断力が必要だ。

운전할 때에는 순간적인 판단력이 필요하다.

14 上旬
じょうじゅん

명 상순

今年の桜は4月(上旬)に咲く予定だ。

올해 벚꽃은 4월 상순에 필 예정이다.

＋ 中旬 중순 下旬 하순

15 ★

しょうめん
正面

명 정면

駅を出ると(正面)に大きい郵便局があります。

역을 나오면 정면에 커다란 우체국이 있습니다.

≒ 表 겉, 표면

16

すんぽう
寸法

명 치수, 척도, 길이

家具をオーダーするために、リビングの(寸法)を測った。

가구를 주문하기 위해 거실의 치수를 쟀다.

17

ちょくせん
直線

명 직선

家から最寄駅までは(直線)距離で2キロある。

집에서 제일 가까운 역까지는 직선거리로 2킬로다.

↔ 曲線 곡선

---

18 ★ ⑭

ちょくぜん
直前

명 직전

家を出る(直前)に鍵がないことに気づいた。

집을 나오기 직전에 열쇠가 없는 것을 알았다.

↔ 直後 직후

19

てい き
定期

명 정기

私たちの楽団では、(定期的)に演奏会を開催している。

우리 악단에서는 정기적으로 연주회를 개최하고 있다.

---

20 ★★

て ま
手間

명 (일하는데 드는) 시간, 수고, 노력

妻は毎日私のために(手間)のかかる料理を作ってくれる。

아내는 매일 나를 위해 손이 많이 가는 요리를 만들어 준다.

---

21 ★★ ⑫

にっちゅう
日中

명 대낮, 한낮

秋は(日中)は暖かいが、夜は肌寒い。

가을은 낮은 따뜻하지만, 밤은 쌀쌀하다.

≒ 昼間 낮

22 ★ ねんじゅう
年中
명 연중, 언제나, 일 년 내내

最近は季節を問わず、(年中)いろんな野菜が食べられる。

요즘은 계절을 불문하고, 언제나 다양한 채소를 먹을 수 있다.

---

23 ★★ ⑪ はんい
範囲
명 범위

みつばちの行動(範囲)は半径約4キロだそうだ。

꿀벌의 행동범위는 반경 약 4km라고 한다.

≒ 区域 구역

---

24 ひがえ
日帰り
명 당일치기, 그날로 다녀옴

明日の出張は(日帰り)だ。

내일 출장은 당일치기이다.

---

25 ひりつ
比率
명 비율

長さと幅の(比率)をしっかり描けば、絵は上手に見える。

길이와 폭의 비율을 확실히 그리면 그림을 잘 그린 것처럼 보인다.

---

26 へいじつ
平日
명 평일

(平日)でも、夜遅くまでお酒を飲む人がいる。

평일에도 밤 늦게까지 술을 마시는 사람이 있다.

---

27 ⑱ もより
最寄り
명 가장 가까움, 근처

新しい会社は、(最寄り)の駅から徒歩3分の距離だ。

새 회사는 가장 가까운 역에서 도보 3분 거리이다.

---

28 ★ ⑩ ゆうこう
有効
명 ナ 유효

この試験結果の(有効)期間は3年だ。

이 시험 결과의 유효기간은 3년이다.

29 優先
ゆうせん
명 する 우선

時間がないので、この仕事を(優先)してください。
시간이 없기 때문에 이 일을 우선으로 해 주세요.

30 夜明け
よあけ
명 새벽, 새벽녘

彼は誰にも見つからないように(夜明け)前に家を出た。
그는 누구에게도 발견되지 않도록 동트기 전에 집을 나갔다.

31 夜中
よなか
명 한 밤중

残業で帰りが(夜中)になってしまった。
야근해서 귀가가 한밤중이 되어 버렸다.

32 ★ 促す
うなが
동 재촉하다, 촉구하다

医師は父に生活習慣の改善を(促した)。
의사는 아버지에게 생활습관의 개선을 촉구했다.

33 ★ 惜しむ
お
동 아까워하다, 꺼리다

彼は学生のためなら自分の時間を(惜しまない)。
그는 학생을 위해서라면 자기 시간을 아끼지 않는다.

34 ★ ずらす
동 (겹치지 않게) 조금 옮기다

母が風邪を引いてしまい、家族旅行の予定を(ずらした)。
엄마가 감기에 걸려버려서 가족 여행 예정을 조금 옮겼다.

35 ★★ ⑪ 迫る
せま
동 다가오다, 닥치다

論文の締め切りが来週に(迫って)いる。
논문 마감 날짜가 다음 주로 다가왔다.
≒ 近づく 접근하다 다가오다

36 ★★
経つ（た）
동 경과하다, 지다

約束時間からかなりの時間が経つが彼は現れない。

약속 시간으로부터 상당한 시간이 지났지만 그는 나타나지 않는다.

37 ★
近寄る（ちかよ）
동 접근하다

知らない人が(近寄って)きたと思ったら、小学校の同級生だった。

모르는 사람이 접근해왔다고 생각했더니, 초등학교 동창이었다.

38 ★★★
費やす（つい）
동 쓰다, 소비하다, 낭비하다

打ち合わせには、かなりの時間を(費やした)。

협의에는 상당한 시간을 썼다.

39 ★★★
詰める（つ）
동 채우다, 담다, (사이) 좁히다

その会場は満員だったので席を(詰めて)座らされた。

그 회장은 만원이었기 때문에 자리를 좁혀 앉게 되었다.

➕ 詰まる（つ） 가득차다, 막히다

40 ★
延びる（の）
동 (시간 등이) 연장되다, 미루어지다, 연기되다

今日の会合は予定より1時間も(延びた)。

오늘 회합은 예정보다 1시간이나 연장됐다.

41 ★★ ⑬
隔てる（へだ）
동 사이에 두다, 거리를 두다

父が入院している病院は、川を(隔てた)ところにある。

아버지가 입원하고 있는 병원은 강을 사이에 둔 곳에 있다.

42
経る（へ）
동 지나다, 경과하다

あの歌手は長い下積み時代を(経て)成功した。

저 가수는 긴 연습생 시절을 거쳐서 성공했다.

43

ひさ
久しい

イ 오래다, 오래되다

(久しく)彼を見ていません。

오랫동안 그를 보지 못했습니다.

---

44 ★

もったいない

イ 아깝다

時間を無駄にすることほど(もったいない)ことはない。

시간을 허비하는 것만큼 아까운 것은 없다.

---

45 ★

じんそく
迅速

ナ 신속함, 매우 빠름

クレームには(迅速)に対応することが重要だ。

클레임에는 신속하게 대응하는 것이 중요하다.

46

のうりつてき
能率的

ナ 능률적

夏休みは長いが、(能率的)に勉強しなければ時間を無駄にすることになる。

여름 방학은 길지만 능률적으로 공부하지 않으면 시간을 낭비하게 된다.

---

47 ★

がらがら

부 속이 비어 있는 모양, 텅텅

平日の遊園地は人が来ないので(がらがら)だ。

평일의 유원지는 사람이 오지 않아 텅텅 비어 있다.

≒ からっぽ 속이 빔, 텅 빔

---

48 ★★

さっそく
早速

부 곧, 즉시, 당장

メールをしたら、(早速)返事が返ってきた。

메일을 했더니 즉시 답장이 돌아왔다.

---

49 ★★★ ⑪

とつぜん
突然

부 돌연, 갑자기

(突然)、大きな音が鳴ってびっくりした。

갑자기 큰 소리가 나서 깜짝 놀랐다.

12회분 추가 실전 모의 테스트는 www.sisabooks.com 에서 다운 가능!!!

1 해당 어휘의 음독을 찾고, 빈칸에 의미를 적으세요.

예	学生	✓ がくせい	② がっせい	학생

1 優先　① ゆせん　② ゆうせん　__________

2 海岸　① かいがん　② がいがん　__________

3 費やす　① もやす　② ついやす　__________

4 距離　① きょり　② きょうり　__________

5 久しい　① ひさしい　② とぼしい　__________

2 문맥에 맞는 단어를 보기에서 골라 알맞은 형태로 바꾸어 써 넣으세요.

6 レポートの(　　　)を延ばすことはできない。

7 彼は誰にも見つからないように(　　　)前に家を出た。

8 彼女は車に乗っている間、(　　　)文句を言い続けた。

9 父が入院している病院は、川を(　　　)ところにある。

10 平日の遊園地は人が来ないので(　　　)だ。

始終	締め切り	夜明け	隔てる	がらがら

독해 · 청해 어휘

明け方 あ　がた	명 새벽	皆が眠っている明け方に家に帰った。 모두가 잠들어 있는 새벽에 집에 돌아갔다.
近年 きんねん	명 근래	近年、海外からの移民が増加しているそうだ。 최근 해외로부터의 이민이 증가하고 있다고 한다.
厳守 げんしゅ	명 する 엄수	集合時間は厳守してください。 집합시간은 엄수해 주세요.
広大 こうだい	명 ナ 광대	空港を建設するためには広大な土地が必要だ。 공항을 건설하기 위해서는 광대한 토지가 필요하다.
時点 じ てん	명 시점	その計画は今の時点ではまだ何も決まっていない。 그 계획은 지금 시점에서는 아직 아무 것도 정해져 있지 않다.
随所 ずいしょ	명 도처, 곳곳	彼からの手紙を見ると、随所に彼の性格が表れていた。 그로부터의 편지를 보면 곳곳에 그의 성격이 나타나 있었다.
大地 だい ち	명 대지	北海道のおいしい野菜は、北の大地の恵みだと言われている。 홋카이도의 맛있는 야채는 북쪽 대지의 은혜라고 말해지고 있다.
短縮 たんしゅく	명 する 단축	会議の時間を短縮するために、事前に資料を送っておいた。 회의 시간을 단축하기 위해서 사전에 자료를 보내 두었다.
直結 ちょっけつ	명 する 직결	地下鉄の駅とデパートは地下で直結していて、外に出る必要がない。 지하철 역과 백화점은 지하로 연결되어 있어서 밖으로 나갈 필요가 없다.
直行 ちょっこう	명 する 직행	今日は朝から打ち合わせがあるので、取引先に直行した。 오늘은 아침부터 미팅이 있기 때문에 거래처로 직행했다.
途端 と たん	명 찰나, 막 그 순간	そのマラソン選手は、ゴールした途端、倒れこんだ。 그 마라톤 선수는 골인하자마자 쓰러졌다.
広場 ひろ ば	명 광장	会社の前の広場には花や木があって、いい雰囲気だ。 회사 앞 광장에는 꽃이나 나무가 있어서 분위기가 좋다.
付近 ふ きん	명 부근, 근처	大学の付近には学生向けの物件が集中している。 대학 근처에는 학생들을 대상으로 하는 물건이 집중되어 있다.
終始 しゅう し	명 부 する 시종, 항상, 내내	終始積極的に攻めたが、負けてしまった。 내내 적극적으로 공격했지만 져버렸다.

복습해 볼까요?

아래의 단어를 보고 읽는 법과 뜻을 적어 본 후 점선대로 접어서 답을 확인해 봅시다.
틀린 단어는 뒷 페이지 □에 V표시를 해 봅시다.

접는 선

단어	읽는 법과 뜻	
改正	かいせい	개정
費やす		
詰める		
突然		
距離		
手間		
日中		
範囲		
迫る		
隔てる		
早速		
延長		
改札		
間隔		
始終		
瞬間		
正面		
直前		
年中		
有効		
促す		
惜しむ		
延びる		

접으면 답을 확인할 수 있어요.

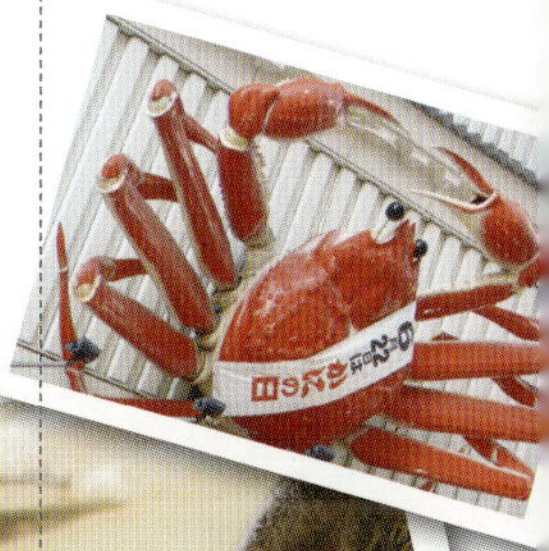

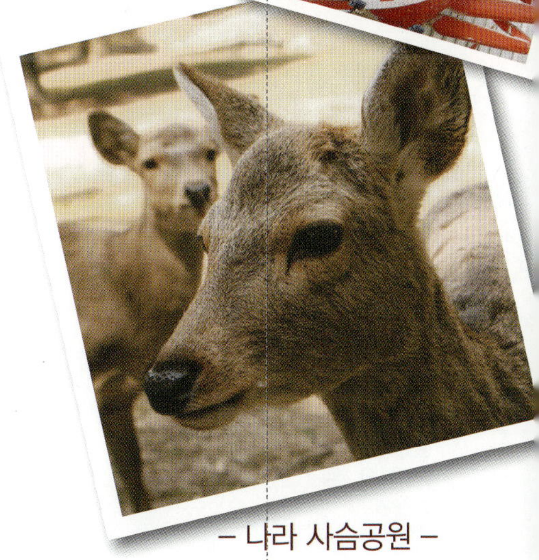

– 나라 사슴공원 –

예처럼 빈칸을 채우면서 다시 한번 체크해 봅시다.

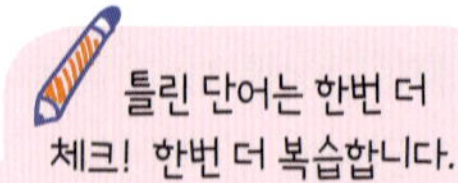

읽는 법과 뜻		한자	읽는 법	의미
☐	かいせい 개정	예 改正	かいせい	개정
☐	ついやす 쓰다, 낭비하다	費やす		
☐	つめる 채우다, 좁히다	詰める		
☐	とつぜん 돌연, 갑자기	突然		
☐	きょり 거리	距離		
☐	てま 시간, 수고, 노력	手間		
☐	にっちゅう 대낮, 한낮	日中		
☐	はんい 범위	範囲		
☐	せまる 다가오다	迫る		
☐	へだてる 거리를 두다	隔てる		
☐	さっそく 곧, 즉시, 당장	早速		
☐	えんちょう 연장	延長		
☐	かいさつ 개찰	改札		
☐	かんかく 간격	間隔		
☐	しじゅう 시종, 언제나	始終		
☐	しゅんかん 순간	瞬間		
☐	しょうめん 정면	正面		
☐	ちょくぜん 직전	直前		
☐	ねんじゅう 언제나, 일년내내	年中		
☐	ゆうこう 유효	有効		
☐	うながす 재촉하다, 촉구하다	促す		
☐	おしむ 아까워하다, 꺼리다	惜しむ		
☐	のびる 연장되다	延びる		

DAY 29

부사(1)

☐ 01 あいにく	☐ 02 あえて	☐ 03 いきなり	☐ 04 いずれ
☐ 05 依然として	☐ 06 一応	☐ 07 一気に	☐ 08 いったん
☐ 09 今に	☐ 10 いらいら	☐ 11 うとうと	☐ 12 おそらく
☐ 13 思い切って	☐ 14 かさかさ	☐ 15 かつて	☐ 16 かなり
☐ 17 極めて	☐ 18 くたくた	☐ 19 こつこつ	☐ 20 ごろごろ
☐ 21 さっさと	☐ 22 さっぱり	☐ 23 直に	☐ 24 しきりに
☐ 25 じっと	☐ 26 徐々に	☐ 27 すっきり	☐ 28 せいぜい
☐ 29 せめて	☐ 30 即座に	☐ 31 大して	☐ 32 直ちに
☐ 33 たちまち	☐ 34 度々	☐ 35 たまたま	☐ 36 常に
☐ 37 どうにか	☐ 38 どうも	☐ 39 とっくに	☐ 40 とりあえず
☐ 41 なにも	☐ 42 果たして	☐ 43 ぴったり	☐ 44 ほぼ
☐ 45 まして	☐ 46 やや	☐ 47 ようやく	☐ 48 わずか
☐ 49 割と			

01 ★★ ⑬

あいにく

부 공교롭게

部長は(あいにく)席を外しております。

부장님은 공교롭게도 자리를 비웠습니다.

---

02 ★

あえて

부 감히, 굳이, 억지로, 무리하게

彼女はいつも(あえて)難しいことに挑戦をする。

그녀는 언제나 무리하게 어려운 일에 도전을 한다.

---

03 ★★★ ⑪

いきなり

부 돌연, 갑자기, 느닷없이

(いきなり)社長から電話がきた。

갑자기 사장님으로부터 전화가 왔다.

---

04 ★★

いずれ

부 결국, 어차피, 머지않아

嘘は(いずれ)ばれると思う。

거짓말은 결국 탄로날거라 생각한다.

---

05 ★★ ⑪

依然として

부 여전히

この事件は(依然として)解決していない。

이 사건은 여전히 해결되지 않았다.

---

06 ★★ ⑩

一応

부 일단, 우선은, 한번

雨は降りそうにないが、(一応)傘を持って行くことにしよう。

비는 오지 않을 것 같지만, 일단 우산을 가지고 가기로 하자.

---

07 ★★ ⑭

一気に

부 단숨에, 단번에

焼酎を(一気に)飲んで酔っ払ってしまった。

소주를 단숨에 마셔 취해 버렸다.

08 ★ ⑮

いったん

부 일단

何か問題が起きたときには、(いったん)冷静になって考える必要がある。

뭔가 문제가 생겼을 때는 일단 냉정하게 생각할 필요가 있다.

---

09 ★

今に

부 이제 곧, 머지 않아, 언젠가
아직도, 지금도(부정수반)

そんなに毎日寝てばかりいると、(今に)後悔しますよ。

그렇게 매일 자기만 하면 언젠가는 후회할 거예요.

---

10 ★ ⑫

いらいら

부 する 안절부절 못하는 모양,
초조해하는 모양

嫌なことがあって、朝からずっと(いらいら)している。

안 좋은 일이 있어서 아침부터 계속 초초해하고 있다.

---

11 ★ ⑭

うとうと

부 する (조는 모양) 꾸벅꾸벅

電車で座って(うとうと)してしまった。

전철에 앉아 꾸벅꾸벅 졸고 말았다.

---

12 ★★ ⑮

おそらく

부 아마, 필시

金曜の夜だから、(おそらく)道が混んでいるだろう。

금요일 저녁이니까 아마 도로는 혼잡할 것이다.

≒ たぶん 아마

---

13 ★

思い切って

부 과감히, 눈 딱감고

イメージを変えるために、(思い切って)長い髪を切ることにした。

이미지를 바꾸기 위해서 과감하게 긴 머리카락을 자르기로 했다.

---

14 ★ ⑫

かさかさ

부 버석버석, 까슬까슬, 까칠까칠

乾燥して肌が(かさかさ)になった。

건조해서 피부가 까칠 까칠해졌다.

15 ★ かつて
부 일찍이

⑮

ここは(かつて)有名な文学者が住んでいた町だ。

이곳은 예전에 유명한 문학자가 살고 있었던 마을이다.

16 ★ かなり
부 꽤, 제법, 상당히

⑫

私の父は(かなり)変わっている人だ。

우리 아버지는 상당히 별난 사람이다.

17 極めて
부 극히, 더없이

個人情報の保護は(極めて)重要な問題だ。

개인정보의 보호는 더없이 중요한 문제다.

18 ★ くたくた
부 지침, 녹초가 됨

⑪

毎日仕事から帰ると、(くたくた)で何もできない。

매일 일에서 돌아오면 녹초가 되어 아무것도 할 수 없다.

19 ★ こつこつ
부 꾸준히, 치밀하게

⑭

1年間(こつこつ)と貯めたお金で海外旅行をすることにした。

1년 동안 꾸준히 모은 돈으로 해외여행을 하기로 했다.

20 ★ ごろごろ
부 する 데굴데굴, 빈둥빈둥

⑫

家で(ごろごろ)するのが大好きです。

집에서 빈둥거리는 것을 매우 좋아합니다.

21 ★ さっさと
부 빨랑빨랑, 후딱후딱

⑫

(さっさと)宿題をして遊びに行こう。

빨랑빨랑 숙제를 하고 놀러 가자.

22 ★★★ ⑪

さっぱり

[부] 산뜻이, 시원히,
전혀, 도무지 (부정수반)

運動の後にシャワーを浴びて(さっぱり)した。
운동 후에 샤워를 해서 상쾌했다.

数学の問題が難しくて(さっぱり)わからない。
수학문제가 어려워서 도무지 모르겠다.

23

直に

[부] 직접(으로), 바로

これは図書館で借りた問題集なので、(直に)記入してはいけません。
이건 도서관에서 빌린 문제집이기 때문에 직접 기입해서는 안됩니다.

---

24 ★★

しきりに

[부] 끊임없이, 계속해서

先ほどから(しきりに)電話のベルが鳴っている。
조금 전부터 끊임없이 전화벨이 울리고 있다.

---

25 ★★ ⑫

じっと

[부] 꼼짝하지 않고, 가만히

猫は(じっと)私たちの顔を見ていた。
고양이는 가만히 우리 얼굴을 보고 있었다.

---

26 ★★ ⑩

徐々に

[부] 서서히, 천천히, 조금 씩

症状は(徐々に)改善していった。
증상은 서서히 개선되어 갔다.

---

27 ★ ⑬

すっきり

[부] [する] 말쑥이, 산뜻이, 상쾌해지다

上司に今まで溜まっていたことを吐き出して(すっきり)した。
상사에게 지금까지 쌓였던 것을 털어내니 개운해졌다.

---

28 ★

せいぜい

[부] 힘껏, 열심히, 기껏해야, 겨우, 고작

ボーナスが出ても、(せいぜい)5万円だ。
보너스가 나와도 기껏해야 5만엔이다.

29 ★★ ⑪

せめて
부 최소한, 하다못해, 적어도

こんなに働いてるのだから(せめて)残業手当だけでもつけてほしい。

이렇게 일하고 있으니 적어도 잔업수당만이라도 받고 싶다.

30 ★★ ⑬

即座に
そくざ
부 즉석, 그 자리, 당장

人気の物件だと聞いて、彼は(即座に)契約した。

인기있는 물건이라는 말을 듣고 그는 그 자리에서 계약했다.

31 ★

大して
たい
부 그다지, 그리 (부정수반)

期待していたが、(大して)面白くない映画だった。

기대하고 있었지만 그다지 재미있지 않은 영화였다.

32 ★★ ⑫

直ちに
ただ
부 곧, 즉시, 당장

準備が出来たら(直ちに)出発しよう。

준비가 되면 즉시 출발하자.

33 ★★ ⑭

たちまち
부 금세, 순식간에

その噂は(たちまち)学校中に広まった。

그 소문은 금세 학교 안에 퍼졌다.

34 ★★ ⑯ ⑩

度々
たびたび
부 번번이, 여러 번

母は子どもの頃から体が弱く、今でも(度々)入院する。

엄마는 어릴 때부터 몸이 약해서, 지금도 자주 입원한다.

35 ★★ ⑭

たまたま
부 가끔, 간혹, 마침, 우연히

妹と(たまたま)同じお土産を買った。

여동생과 우연히 같은 선물을 샀다.

36 ★★ ⑭
常に
つね

^부 항상, 언제나

部長は(常に)冷静な人だ。
부장님은 항상 냉정한 사람이다.

---

37 ★
どうにか

^부 겨우 그런대로, 어떻게든

(どうにか)その場を切り抜けられた。
겨우겨우 그곳을 벗어날 수 있었다.

38
どうも

^부 아무리해도, 어쩐지 (부정수반) 정말, 대단히

最近(どうも)友達から避けられているようだ。
요즘 어쩐지 친구가 피하고 있는 것 같다.

---

39 ★★★ ⑰ ⑪
とっくに

^부 훨씬 전에

宿題なら、もう(とっくに)終わったよ。
숙제라면 이미 훨씬 전에 끝났어.

---

40 ★★ ⑩
とりあえず

^부 우선, 먼저

(とりあえず)資料をまとめて提出してください。
우선 자료를 정리해서 제출해 주세요.

---

41 ★
何も
なに

^부 아무것도, 특별히, 유달리 (부정수반)

彼が失敗したからって、(何も)そこまでいうことはない。
그가 실패했다고 해서 그렇게까지 말할 필요는 없다.

---

42 ★
果たして
は

^부 과연

(果たして)、どの国が優勝するのだろうか。
과연 어느 나라가 우승할 것일까.

43

ぴったり

부 **ナ** **する** (틈없이 잘 맞는모양) 꼭·딱, (잘 어울이는 모양) 꼭맞음· 딱맞음

クラッシックはリラックスしたいときに(ぴったり)だ。

클래식은 긴장을 풀고 쉬고 싶을 때에 딱이다.

---

44 ★★　⑪

ほぼ

부 거의, 대강, 대략

この商品は品質も含め、(ほぼ)完璧な出来ばえだ。

이 상품은 품질도 포함하여, 거의 완벽한 만듦새이다.

---

45 ★

まして

부 하물며, 더구나

貯金もできないのに、(まして)自分の家を持つなど無理な話だ。

저금도 못하는데 하물며 자신의 집을 갖는다는 것은 무리한 이야기다.

---

46 ★★　⑮

やや

부 약간, 조금

今年の試験は、例年より(やや)難しかった。

올해의 시험은 예년보다 약간 어려웠다.

47

ようやく

부 차츰, 점차로, 겨우, 가까스로

(ようやく)夜が明けてきた。

점차 날이 밝아 왔다.

出発から8時間、(ようやく)ハワイに着いた。

출발부터 8시간, 겨우 하와이에 도착했다.

---

48 ★★

わずか

부 **ナ** 근소함, 조금, 약간

(わずか)な差で優勝することができなかった。

근소한 차로 우승하지 못했다.

---

49 ★　⑪

割<ruby>わり</ruby>と

부 비교적, 상당히

週末は渋滞が心配されたが、(割と)早く着くことができた。

주말에는 정체가 걱정됐는데 비교적 빨리 도착할 수 있었다.

---

1 문맥에 맞는 단어를 골라 써 넣으세요.

1   こんなに働いてるのだから（　　　）残業手当だけでもつけてほしい。

2   平日の遊園地は人が来ないので（　　　）だ。

3   イメージを変えるために、（　　　）長い髪を切ることにした。

4   焼酎を（　　　）飲んで酔っ払ってしまった。

5   この事件は（　　　）解決していない。

がらがら　　依然（いぜん）として　　一気（いっき）に　　思（おも）い切（き）って　　せめて

2 문맥에 맞는 단어를 보기에서 써 넣으세요.

6   電車で座って（　　　）してしまった。

7   ボーナスが出ても、（　　　）5万円だ。

8   数学の問題が難しくて（　　　）わからない。

9   宿題なら、もう（　　　）終わったよ。

10 乾燥して肌が（　　　）になった。

うとうと　　かさかさ　　さっぱり　　せいぜい　　とっくに

기타부사 (1)

あっという間	눈 깜짝할 사이에	楽しい時間はあっという間に過ぎてしまう。 즐거운 시간은 눈 깜짝할 사이에 자나가 버린다.
改めて	다시, 다른 기회에	改めてご連絡いたします。 다시 연락 드리겠습니다.
一段と	한층, 더욱	1月になって寒さが一段と増してきた。 1월이 되어 추위가 한층 더 심해졌다.
一斉に ⑰	일제히	最近暖かくなったせいか、桜が一斉に咲き始めた。 요즘 날씨가 따뜻해져서 벚꽃이 일제히 피기 시작했다.
一層	한층 더, 더욱	試験に受かるためには、より一層努力が必要だ。 시험에 합격하기 위해서는 더욱 노력이 필요하다.
いつの間にか	어느샌가, 모르는 사이에, 어느덧	彼はいつの間にか結婚していた。 그는 모르는 사이에 결혼했다.
軽々	가뿐히, 가볍게, 쉽게	重くて誰も持てなかった荷物を彼は軽々と持ち上げた。 무거워서 아무도 들지 못했던 짐을 그는 가뿐히 들어 올렸다.
最も	가장, 제일	世界で最も面積が広い国はロシアだ。 세계에서 가장 면적이 넓은 나라는 러시아다.
今にも	당장에라도, 이내, 곧	外が暗くなって、今にも雨が降りそうだ。 밖이 어두워져서 당장에라도 비가 올 것 같다.
大いに	매우, 크게, 많이	この記者の意見には大いに賛成だ。 이 기자의 의견에는 매우 찬성이다.
主に	주로	夏休みは主に田舎に帰って、両親の手伝いをしている。 여름 휴가는 주로 고향에 돌아가 부모님을 거들고 있다.
思わず	무심코, 그만	合格と聞いて嬉しくて、思わず母に抱きついた。 합격이라고 듣고서 기뻐서 그만 어머니를 껴안았다.
かっと	벌컥, 발끈	かっとなって、子どもを殴ってしまった。 발끈 화가 나서 아이를 때리고 말았다.
逆に	반대로, 거꾸로	おごるつもりが、逆にご馳走になってしまった。 한턱 낼 생각이었는데, 거꾸로 대접을 받고 말았다.

急に きゅう	갑자기	急に友達に会いたくなって電話した。 갑자기 친구가 보고 싶어져서 전화를 했다.
結局 けっきょく	결국	結局、彼がボールを蹴ってシュートをきめた。 결국 그가 볼을 차서 슛을 넣었다.
現に げん	실제로, 현재, 눈앞에	現にこの目で見たので、私は幽霊を信じている。 실제로 이 눈으로 봤기 때문에, 나는 유령을 믿고 있다.
再三 さいさん	재삼, 재차	再三注意したが、彼は聞かなかった。 재차 주의를 주었지만 그는 듣지 않았다.
至急 しきゅう	매우 급함	戻り次第、至急連絡ください。 돌아오는 즉시, 급히 연락주세요.
次第に しだい	서서히, 차츰, 점점	雷の音と共に空が次第に暗くなり、雨が降り始めた。 천둥소리와 함께 하늘이 점차 어두워져서 비가 오기 시작했다.
実に じつ	실로, 정말로	チンパンジーは実に利口な動物だ。 챔팬지는 정말로 영리한 동물이다.
少なくとも すく	적어도, 최소한	海外へ荷物を届けるには少なくとも一週間以上はかかるだろう。 해외에 짐을 보내는 데는 적어도 1주일 이상은 걸릴 것이다.
全て すべ	모두, 전부, 모조리	彼には今まで私の全てを見せてきた。 그에게는 지금까지 나의 전부를 보여 왔다.
続々 ぞくぞく	속속, 잇달아	これから新商品が続々登場する予定です。 이제부터 신상품이 잇따라 등장할 예정입니다.
着々と ちゃくちゃく ⑱	척척, 착착	着々と作業を進めたため、予定通り工事が終了した。 착착 작업을 진행했기 때문에 예정대로 공사가 끝났다.
特に とく	특히, 특별히	この映画は特に長いから、家で見た方がいい。 이 영화는 특히 길어서 집에서 보는 편이 좋다.
非常に ひじょう	대단히, 몹시	あの歌手は若者に非常に人気がある。 그 가수는 젊은이들에게 매우 인기가 있다.
再び ふたた	두번, 다시, 재차	再び公務員試験に挑戦した。 다시 공무원 시험에 도전했다.
万一 まんいち	만에 하나, 만약, 만일	万一地震が起きた時は、すぐに机の下に隠れなさい。 만일 지진이 일어났을 때는, 바로 책상 밑에 숨어라.

割合 わりあい	비교적, 생각보다	この商品は割合に良くできている。 이 상품은 비교적 잘 만들어져 있다.
言わば い	말하자면	父は、言わば我が家の大統領だ。 아버지는 말하자면 우리집의 대통령이다.
絶対 ぜったい	절대	今彼女に告白しなければ、絶対に後悔するだろう。 지금 그녀에게 고백하지 않으면 반드시 후회할 것이다.
たった今 いま	방금, 지금 막	たった今、試合の結果が出た。 지금 막, 시합 결과가 나왔다.
断然 だんぜん	단연	紙の辞書より電子辞書が断然早く調べられる。 종이 사전보다 전자사전이 훨씬 빠르게 조사할 수 있다.
単に たん	단지, 다만	彼は単に彼女と友達になりたかっただけだ。 그는 단지 그녀와 친구가 되고 싶었을 뿐이다.
近々 ちかぢか	머지않아, 일간	近々、新しい本を出版する予定だ。 곧 새로운 책을 출판할 예정이다.
到底 とうてい	도저히, 아무리 하여도	彼女が言っていることは、私には到底理解できない。 그녀가 말하는 것은 나로서는 도저히 이해할 수 없다.
特別 とくべつ	특별	彼は事情があるため特別に入室を許可された。 그는 사정이 있기 때문에 특별히 입실을 허가받았다.
反面 はんめん	반면	彼女は職場では明るい反面、家に帰ると無口になる。 그녀는 직장에서는 밝은 반면 집에 돌아오면 과묵해진다.
誠に まこと	정말로, 대단히	責任者が「誠に申し訳ありませんでした。」と深く頭を下げた。 책임자가 "정말 죄송합니다"라고 깊게 머리를 숙였다.
無理やり むり	억지로, 강제로	嫌がることを無理やりさせても、子どものためにならない。 싫어하는 것을 억지로 시켜도 아이에게 도움이 되지 않는다.
引き続き ひ つづ	계속해서, 잇따라, 곧이어	まだ結果が出ないので、引き続き実験を続けることにした。 아직 결과가 나오지 않았기 때문에 계속 실험을 이어가기로 했다.

아래의 단어를 보고 읽는 법과 뜻을 적어 본 후 점선대로 접어서 답을 확인해 봅시다.
틀린 단어는 뒷 페이지 ☐에 V표시를 해 봅시다.

접는 선

단어	뜻
どうしても	반드시, 꼭, 아무리 해도
せっかく	
そっと	
そのうち	
まさに	
まるで	
あらかじめ	
ぴったり	
つい	
いずれも	
しばらく	
かえって	
かすかに	
きちんと	
ごく	
ざっと	
しいんと	
むしろ	
しょっちゅう	
めったに	
だいぶ	
ちゃんと	
どうせ	

– 레인보우브릿지–

예처럼 빈칸을 채우면서 다시 한번
체크해 봅시다.

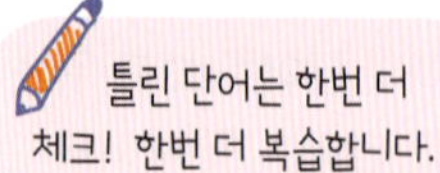

읽는 법과 뜻
☐ 아무쪼록, 부디, 제발
☐ 모처럼, 일부러
☐ 살그머니, 살짝
☐ 일간, 멀지않아
☐ 확실히, 정말로, 바로
☐ 마치, 흡사
☐ 미리
☐ 꼭, 딱, 꼭맞음, 딱맞음
☐ 무심코, 그만
☐ 어느 것이나 다, 모두
☐ 잠깐, 잠시, 얼마동안
☐ 오히려, 도리어
☐ 희미하게, 어렴풋하게
☐ 정확히
☐ 지극히, 극히
☐ 대강, 대충
☐ 잠잠히, 괴괴히
☐ 오히려, 차라리
☐ 항상, 언제나, 노상
☐ 좀처럼, 거의
☐ 상당히, 꽤
☐ 착실하게, 틀림없이, 단정하게
☐ 어차피, 결국

어휘	의미	어휘
예 どうしても	반드시, 꼭, 아무리해도	どうしても

DAY 30

부사(2)

알고 있는 단어를 체크해 봅시다.

01 あらかじめ	02 いかに	03 いかにも	04 いずれ
05 いずれも	06 うっすら	07 かえって	08 かすかに
09 きちんと	10 ごく	11 さっと	12 ざっと
13 さほど	14 しいんと	15 しばらく	16 しょっちゅう
17 ずらりと・ずらっと		18 せっかく	19 せっせと
20 そっと	21 そのうち	22 だいぶ	23 ちっとも
24 ちゃんと	25 ちょうど	26 つい	27 ついに
28 てきぱき	29 どうか	30 どうしても	31 どうせ
32 どうでも	33 とっさに	34 とにかく	35 なお
36 なんとなく	37 なんらか	38 ひたすら	
39 ひょっとすると		40 まさか	41 まさに
42 まっすぐ	43 まるで	44 むしろ	45 めったに
46 やたらに	47 やっと	48 わざと	49 わざわざ

01 ★ ⑯

あらかじめ

부 미리

工場見学には(あらかじめ)予約が必要だ。

공장 견학에는 미리 예약이 필요하다.

02 ★

いかに

부 어떻게, 아무리

自分たちの生活が(いかに)幸せだったか、今になってわかった。

자신들의 생활이 얼마나 행복했는지 이제서야 알았다.

03 ★

いかにも

부 자못, 정말로

このスーツは(いかにも)彼が好きそうなデザインだ。

이 양복은 정말이지 그가 좋아할 듯한 디자인이다.

04

いずれ

부 결국, 어차피, 머지않아, 근간

嘘は(いずれ)ばれると思う。

거짓말은 결국 들킨다고 생각하다.

05 ★

いずれも

부 어느 것이나 다, 모두

この店の商品は(いずれも)店主が手作りしたものだ。

이 가게의 상품은 모두 주인이 직접 만드는 것이다.

06 ★

うっすら

부 아주 적게, 희미하게

この街のことは、記憶に(うっすら)残っている。

이 거리에 대해서는 기억에 희미하게 남아 있다.

07 ★

かえって

부 오히려, 도리어

渋滞のため、高速道路を利用すると(かえって)時間がかかる。

교통정체로 인해서 고속도로를 이용하면 오히려 시간이 걸린다.

08 ★

かすかに
부 희미하게, 어렴풋하게

遠くの方から(かすかに)サイレンの音が聞こえる。

먼 곳에서 희미하게 사이렌 소리가 들린다.

09 ★

きちんと
부 정확히

書類が(きちんと)そろってから連絡してください。

서류를 정확히 갖추고나서 연락해 주세요.

10 ★

ごく
부 지극히, 극히

そんな意見は(ごく)わずかな人が主張しているだけだ。

그런 의견은 극히 얼마 안되는 사람이 주장하고 있을 뿐이다.

11

さっと
부 날렵하게, 휙, 잽싸게

友達が来る前に部屋を(さっと)掃除した。

친구가 오기 전에 방을 잽싸게 청소했다.

12 ★

ざっと
부 대강, 대충

会場に集まった観客は、(ざっと)1000人はいただろう。

회장에 모인 관객은 대강 1000명은 있었을 것이다.

13

さほど
부 그토록, 그렇게까지, 그다지, 별로

誰が作ってもラーメンの味は、(さほど)変わらないと思う。

누가 만들어도 라면의 맛은 그다지 다르지 않을거라 생각한다.

14 ★

しいんと
부 (아주 조용한 모양) 잠잠히

冬の海は人もなく、(しいんと)している。

겨울 바다는 사람도 없고 잠잠하다.

15 ★
しばらく
부 잠깐, 잠시, 얼마동안

すみませんが、こちらで(しばらく)お待ち
いただけますか。
죄송하지만 이쪽에서 잠시 기다려 주시겠습니까?

16 ★
しょっちゅう
부 항상, 언제나, 노상

隣の夫婦は仲が悪く、(しょっちゅう)喧嘩して
いる。
옆집 부부는 사이가 나빠서, 늘 싸움을 하고 있다.

17
ずらりと・ずらっと
부 잇달아 늘어선 모양, 죽

教室には、教授の書いた本が(ずらりと)並んで
いる。
교실에는 교수님이 쓴 책이 죽 늘어져 있다.

18 ★★
せっかく
부 모처럼, 일부러

(せっかく)チャンスを得たのに無駄にして
しまった。
모처럼의 찬스를 얻었는데 헛되게 해버렸다.

19 ★
せっせと
부 부지런히, 열심히

(せっせと)仕事をしても得られるものは何も
ない。
부지런히 일해도 얻을 수 있는 건 아무 것도 없다.

20 ★★
そっと
부 살그머니, 살짝

昼寝している子どもが起きないよう、(そっと)
部屋を出た。
낮잠 자고 있는 아이가 깨지 않도록, 살그머니 방을 나왔다.

21 ★★
そのうち
부 일간, 멀지않아

腰が痛かったが、(そのうち)治ると思い、病院に
行かなかった。
허리가 아팠지만 곧 나을 것이라고 생각해서 병원에 가지 않았다.

22 ★

だいぶ

부 상당히, 꽤

<ruby>新人<rt>しんじん</rt></ruby>の<ruby>頃<rt>ころ</rt></ruby>に<ruby>比<rt>くら</rt></ruby>べると、(だいぶ)<ruby>仕事<rt>しごと</rt></ruby>に<ruby>慣<rt>な</rt></ruby>れてきた。

신참일 때에 비하면 업무에 꽤 익숙해졌다.

23

ちっとも

부 조금도, 전연 (부정수반)

<ruby>今<rt>いま</rt></ruby><ruby>話題<rt>わだい</rt></ruby>の<ruby>映画<rt>えいが</rt></ruby>を<ruby>見<rt>み</rt></ruby>に<ruby>行<rt>い</rt></ruby>ったが、(ちっとも)<ruby>面白<rt>おもしろ</rt></ruby>くなかった。

지금 화제인 영화를 보러 갔는데 전혀 재밌지 않았다.

24 ★

ちゃんと

부 착실하게, 틀림없이, 단정하게

<ruby>面接<rt>めんせつ</rt></ruby>には(ちゃんと)した<ruby>服装<rt>ふくそう</rt></ruby>で<ruby>行<rt>い</rt></ruby>きなさい。

면접에는 단정한 복장으로 가세요.

25 ★

ちょうど

부 꼭, 정확히, 마침, 알맞게

(ちょうど)<ruby>一年前<rt>いちねんまえ</rt></ruby>にこの<ruby>会社<rt>かいしゃ</rt></ruby>に<ruby>入社<rt>にゅうしゃ</rt></ruby>した。

딱 1년 전 이 회사에 들어왔다.

26 ★

つい

부 무심코, 그만

<ruby>昨日<rt>きのう</rt></ruby>までに<ruby>返事<rt>へんじ</rt></ruby>を<ruby>送<rt>おく</rt></ruby>る<ruby>予定<rt>よてい</rt></ruby>だったが、(つい)<ruby>忘<rt>わす</rt></ruby>れてしまった。

어제까지 답장을 보낼 예정이었는데 그만 깜빡했다.

27 ★

ついに

부 마침내, 드디어, 결국

<ruby>学生<rt>がくせい</rt></ruby><ruby>最後<rt>さいご</rt></ruby>の<ruby>全国大会<rt>ぜんこくたいかい</rt></ruby>で(ついに)<ruby>優勝<rt>ゆうしょう</rt></ruby>した。

학생으로 마지막인 전국대회에서 마침내 우승했다.

28

てきぱき

부 척척, 시원시원

<ruby>彼女<rt>かのじょ</rt></ruby>は(てきぱき)<ruby>仕事<rt>しごと</rt></ruby>をするので、<ruby>頼<rt>たよ</rt></ruby>れる<ruby>存在<rt>そんざい</rt></ruby>だ。

그녀는 척척 일을 하기 때문에 믿을 수 있는 존재이다.

29 ★

どうか

부 아무쪼록, 부디, 제발

(どうか)今回だけは見逃していただけませんか。

부디 이번만은 눈 감아 주시지 않겠습니까?

30 ★

どうしても

부 반드시, 꼭
아무리해도(부정수반)

この目標は(どうしても)達成したい。

이 목표는 무슨 일이 있어도 달성하고 싶다.

(どうしても)この商品を値下げすることはできない。 아무리 해도 이 상품의 가격을 낮추는 것은 불가능하다.

31 ★

どうせ

부 어차피, 결국

いくら頑張っても、(どうせ)彼が一番になるのはわかりきっている。

아무리 노력해도 어차피 그가 1등이 될 것이 뻔하다.

32 ★

どうでも

부 아무렇게든, 아무래도, 어떻든

(どうでも)いいことなど、人生には一つもない。

아무래도 상관없는 것 같은 건 인생에는 하나도 없다.

33 ★

とっさに

부 순간적으로, 즉시

(とっさに)避けたボールが彼に当たってしまった。

순간적으로 피한 공이 그에게 맞고 말았다.

34 ★

とにかく

부 여하튼, 아무튼

結果はどうなるかわからないが、(とにかく)挑戦してみよう。

결과는 어떻게 될지 모르지만, 어쨌든 도전해보자.

35

なお

부 접 또한, 한층, 더욱

中学時代の先生と、今も(なお)連絡を取り合っている。

중학교 때의 선생님과 지금도 여전히 서로 연락하고 있다.

---

36 ★

なんとなく

부 어쩐지, 왠지

（なんとなく）、今日はいい事がありそうだ。

어쩐지 오늘은 좋은 일이 있을 것 같다.

37

なんらか

부 무언가, 어떠한

犯人は、（なんらか）の方法で店内に侵入した。

범인은 무언가의 방법으로 점내에 침입했다.

---

38 ★

ひたすら

부 오로지, 한결같이

映画が大好きで、若い頃は（ひたすら）映画を見ていた。

영화를 매우 좋아해서 젊을 때는 한결같이 영화를 봤다.

39

ひょっとすると

부 어쩌면, 혹시

友達によく似た子を見たが、（ひょっとすると）彼女の妹かもしれない。

친구를 매우 닮은 아이를 봤는데 어쩌면 그녀의 여동생일지도 모른다.

---

40 ★

まさか

부 설마

（まさか）彼がそんな罪を犯すなんて信じられない。

설마 그가 그런 범죄를 저지르다니 믿을 수 없다.

---

41 ★★

まさに

부 확실히, 정말로, 바로

（まさに）一生に一度しかないチャンスだ。

틀림없이 일생에 한 번 밖에 없는 찬스이다.

---

42 ★

まっすぐ

부 똑바름, 곧장, 정직함, 올곧음

小学生の時は寄り道をしないで、（まっすぐ）家に帰ったものだ。

초등학교 때는 딴 길로 새지 않고 곧장 집으로 갔었다.

---

43 ★★

まるで

부 마치, 흡사

海外に赴任が決まるなんて(まるで)夢のようだ。

해외로 부임이 정해지다니 마치 꿈만 같다.

44 ★

むしろ

부 오히려, 차라리

彼の行動は(むしろ)評価されるべきだ。

그의 행동은 오히려 좋게 평가되어야 한다.

45 ★

めったに

부 좀처럼, 거의 (부정수반)

温暖な気候の沖縄では、雪は(めったに)見られない。

온난한 기후인 오키나와에서는 눈은 좀처럼 볼 수 없다.

46 ★

やたら

부 ナ 함부로, 무턱대고, 마구

最近(やたら)に声をかけられる。

요즘 마구 다른 사람이 말을 건다.

47 ★

やっと

부 겨우, 가까스로

目指していた頂上に(やっと)着いた。

목표로 하고 있던 정상에 가까스로 도착했다.

48 ★

わざと

부 일부러, 고의로

父は息子との勝負で(わざと)負けた。

아버지는 아들과의 승부에서 일부러 졌다.

49 ★

わざわざ

부 일부러

花束を買うために(わざわざ)遠回りをして帰った。

꽃다발을 사기 위해 일부러 멀리 돌아서 왔다.

1 문맥에 맞는 단어를 보기에서 골라 써 넣으세요.

1 いくら頑張っても、(　　　)彼が一番になるのはわかりきっている。

2 渋滞のため、高速道路を利用すると(　　　)時間がかかる。

3 昨日までに返事を送る予定だったが、(　　　)忘れてしまった。

4 昼寝している子どもが起きないよう、(　　　)部屋を出た。

5 温暖な気候の沖縄では、雪は(　　　)見られない。

> かえって　　そっと　　つい　　どうせ　　めったに

2 문맥에 맞는 단어를 보기에서 골라 써 넣으세요.

6 会場に集まった観客は、(　　　)1000人はいただろう。

7 (　　　)仕事をしても得られるものは何もない。

8 彼女は(　　　)仕事をするので、頼れる存在だ。

9 映画が大好きで、若い頃は(　　　)映画を見ていた。

10 遠くの方から(　　　)サイレンの音が聞こえる。

> かすかに　　ざっと　　せっせと　　てきぱき　　ひたすら

정답

1 どうせ　2 かえって　2 つい　4 そっと　5 めったに
6 ざっと　7 せっせと　8 てきぱき　9 ひたすら　10 かすかに

기타부사 (2)

いちいち	일일이, 빠짐없이	父は私のすることに**いちいち**文句をつけてくる。 아버지는 내가 하는 것에 일일이 잔소리를 한다.
うろうろ	する 어슬렁 어슬렁	さっきから、家の前を**うろうろ**している人がいる。 조금 전부터 집앞을 어슬렁거리는 사람이 있다.
きらきら	반짝반짝	星が**きらきら**輝いている。 별이 반짝반짝 빛나고 있다.
ぐうぐう	코고는 소리, 쿨쿨	父は、**ぐうぐう**といびきをかいて寝ていた。 아버지는 쿨쿨 코를 골며 자고 있었다.
ぐらぐら	몹시 흔들리는 모양, 흔들흔들	虫歯で弱くなった歯が**ぐらぐら**している。 충치로 약해진 이빨이 흔들흔들 거린다.
ぐるぐる	빙글빙글, 둘둘	目が**ぐるぐる**回ってしまった。 눈이 빙글빙글 돌아 버렸다.
くれぐれも	부디, 아무쪼록	お母様に**くれぐれも**よろしくお伝えください。 어머님께 아무쪼록 잘 전해주십시오.
ぐんぐん	부쩍 부쩍, 쭉쭉	日本で生活を始めたら、日本語のレベルが**ぐんぐん**上がった。 일본에서 생활을 시작했더니 일본어 레벨이 쑥쑥 향상되었다.
こそこそ	몰래하는 모양, 살금 살금	**こそこそ**と隠れていないで出てきなさい。 몰래 숨어있지 말고 나오세요.
ごちゃごちゃ	어수선한 모양	机の上が**ごちゃごちゃ**として、どこに何があるかわからない。 책상 위가 어수선해서 어디에 무엇이 있는지 모르겠다.
さんざん	심하게, 몹시, 호되게	先生には**さんざん**お世話になったので、何かお礼をしたい。 선생님께는 정말 신세를 많이져서 뭔가 보답을 하고 싶다.
すいすい	휙휙, 쓱쓱	隣のコースでは選手が**すいすい**泳いでいた。 옆 코스에서는 선수가 쓱쓱 헤엄치고 있었다.
すくすく	쑥쑥, 무럭무럭	赤ちゃんは健康に**すくすく**育った。 아기는 건강하게 무럭무럭 자랐다.
すやすや	새근새근	赤ん坊が**すやすや**と眠っている。 아기가 새근새근 자고 있다.
すらすら	술술, 줄줄	英語の小説を**すらすら**読めるように練習した。 영어 소설을 술술 읽을 수 있도록 연습했다.

そわそわ	**する** 안절부절, 불안해하는 모양	スピーチ大会当日、彼女は緊張してそわそわしていた。 스피치 대회 당일, 그녀는 긴장해서 안절부절 못했다.
だらだら	(액체 등) 줄줄, (지루하게 이어지는 모양) 장황하게	だらだらと汗が流れ落ちた。 줄줄 땀이 흘러내렸다. だらだらと無駄な話をした。 장황하게 쓸데없는 이야기를 했다.
つくづく	곰곰이, 절실히, 정말	会議で言いたいことが言えず、つくづく私は小心者だと感じた。 회의에서 말하고 싶은 것을 말하지 못해서 정말이지 나는 소심한 사람이라고 느꼈다.
とうとう	드디어, 마침내, 끝내, 결국	とうとう冬本番だ。 드디어 본격적인 겨울이다.
どんどん	척척, 착착, 계속해서, 자꾸자꾸	自分のペースで仕事をどんどん進めた。 자기 페이스로 일을 착착 진행했다. 開店と同時に、どんどん人が入ってきた。 개점과 동시에 계속 사람이 들어왔다.
にやにや	**する** 히죽히죽	昨日のデートを思い出して、にやにやしてしまった。 어제 데이트를 생각하며 히죽히죽 거렸다.
のびのび	**する** 무럭무럭	もし子どもができたら、好きなことをさせてのびのび育てたい。 혹시 아이가 생긴다면 좋아하는 것을 시키며 무럭무럭 키우고 싶다.
のろのろ	**する** 느릿느릿, 꾸물꾸물	のろのろ運転も時に事故を引き起こす。 거북이 운전도 때로 사고를 일으킨다.
はらはら	**する** 우수수, 하늘하늘, 조마조마	高い木に登っている子どもたちを見てはらはらした。 높은 나무를 오르고 있는 아이를 보며 조마조마했다.
ぶつぶつ	중얼중얼, 투덜투덜	彼はぶつぶつと独り言を言っていた。 그는 중얼중얼 혼잣말을 하고 있었다.
ふわふわ	둥실둥실, 폭신폭신	白い雲がふわふわと浮かんでいる。 하얀 구름이 둥실둥실 떠 있다.
まごまご	우물쭈물	思いがけない来客にまごまごする。 뜻밖의 방문객에 우물쭈물하다.
わくわく	**する** (기쁨, 기대 등) 두근두근	修学旅行に今からわくわくしている。 수학여행에 벌써부터 두근두근거리고 있다.

うっかり	**する** 깜빡, 무심코	<ruby>電車<rt>でんしゃ</rt></ruby>の<ruby>中<rt>なか</rt></ruby>に、<ruby>傘<rt>かさ</rt></ruby>をうっかり<ruby>忘<rt>わす</rt></ruby>れてしまった。 전철안에 우산을 깜빡 놓고 내리고 말았다.
ぎっしり	가득, 빽빽이	このパンの<ruby>中<rt>なか</rt></ruby>には、クリームがぎっしり<ruby>入<rt>はい</rt></ruby>っている。 이 빵 속에는 크림이 가득 들어있다.
きっぱり ⑱	딱 잘라, 단호하게	<ruby>無理<rt>むり</rt></ruby>だときっぱり<ruby>断<rt>ことわ</rt></ruby>られた。 무리라고 딱 잘라 거절당했다.
くっきり	뚜렷하게, 선명하게	<ruby>手術<rt>しゅじゅつ</rt></ruby>のおかげで、<ruby>目<rt>め</rt></ruby>がくっきり<ruby>大<rt>おお</rt></ruby>きくなった。 수술 덕분에 눈이 뚜렷하게 커졌다.
ぐっすり	푹잠든 모양, 푹	<ruby>今日<rt>きょう</rt></ruby>はぐっすり<ruby>寝<rt>ね</rt></ruby>られそうです。 오늘은 푹 잘 수 있을 것 같습니다.
こっそり	몰래	<ruby>台所<rt>だいどころ</rt></ruby>でこっそりケーキを<ruby>食<rt>た</rt></ruby>べていたら<ruby>妹<rt>いもうと</rt></ruby>に<ruby>見<rt>み</rt></ruby>つかってしまった。 부엌에서 몰래 케이크를 먹고 있는데 여동생에게 들키고 말았다.
じっくり	차분하게, 곰곰이	このカレーはじっくり<ruby>煮<rt>に</rt></ruby>て<ruby>作<rt>つく</rt></ruby>った。 이 카레는 푹 끓여 만들었다.
てっきり	틀림없이, 영락없이	<ruby>彼<rt>かれ</rt></ruby>は<ruby>毎朝<rt>まいあさ</rt></ruby><ruby>早<rt>はや</rt></ruby>く<ruby>出<rt>で</rt></ruby>かけるので、てっきり<ruby>始発列車<rt>しはつれっしゃ</rt></ruby>に<ruby>乗<rt>の</rt></ruby>っていると<ruby>思<rt>おも</rt></ruby>っていた。 그는 매일 아침 일찍 나가기 때문에, 틀림없이 첫차를 탔을 것이라 생각했다.
はっきり	뚜렷이, 분명히, 확실히	<ruby>入社式<rt>にゅうしゃしき</rt></ruby>のことは<ruby>昨日<rt>きのう</rt></ruby>のことのようにはっきりと<ruby>覚<rt>おぼ</rt></ruby>えている。 입사식은 어제의 일처럼 뚜렷하게 기억하고 있다.
ばったり	(뜻밖에 마주치는 모양) 딱, (갑자기 끊기는 모양) 뚝	<ruby>大学時代<rt>だいがくじだい</rt></ruby>の<ruby>友人<rt>ゆうじん</rt></ruby>に<ruby>街<rt>まち</rt></ruby>でばったり<ruby>会<rt>あ</rt></ruby>った。 대학교 때 친구를 거리에서 우연히 딱 만났다.
ばっちり	(완벽한 모양) 확실하게, 충분히	<ruby>今日<rt>きょう</rt></ruby>のピアノの<ruby>発表会<rt>はっぴょうかい</rt></ruby>は、ばっちり<ruby>練習<rt>れんしゅう</rt></ruby>したから<ruby>心配<rt>しんぱい</rt></ruby>ない。 오늘 피아노 발표회는 확실하게 연습했기 때문에 걱정이 없다.
めっきり	현저히 부쩍	この<ruby>辺<rt>あた</rt></ruby>りはめっきり<ruby>人通<rt>ひとどお</rt></ruby>りが<ruby>減<rt>へ</rt></ruby>ってしまった。 이 근처는 부쩍 사람의 왕래가 줄어버렸다.
やはり	역시	<ruby>彼<rt>かれ</rt></ruby>はやはりその<ruby>事実<rt>じじつ</rt></ruby>を<ruby>知<rt>し</rt></ruby>っていた。 그는 역시 그 사실을 알고 있었다.

아래의 단어를 보고 읽는 법과 뜻을 적어 본 후 점선대로 접어서 답을 확인해 봅시다.
틀린 단어는 뒷 페이지 ☐에 V표시를 해 봅시다.

접는 선

단어	뜻
どうしても	반드시, 꼭, 아무리 해도
いきなり	
さっぱり	
とっくに	
あいにく	
いずれ	
依然として	
一応	
おそらく	
しきりに	
じっと	
徐々に	
せめて	
即座に	
直ちに	
たちまち	
度々	
たまたま	
常に	
とりあえず	
ほぼ	
やや	
わずか	

− 교토타워 −

예처럼 빈칸을 채우면서 다시 한번
체크해 봅시다.

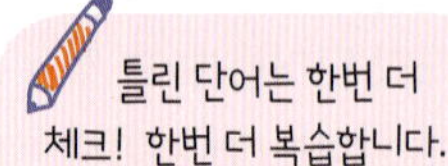

읽는 법과 뜻
☐ 아무쪼록, 부디, 제발
☐ 돌연, 갑자기, 느닷없이
☐ 산뜻이, 시원히, 전혀, 도무지
☐ 훨씬 전에
☐ 공교롭게
☐ 결국, 어차피, 머지않아
☐ 여전히
☐ 일단, 우선은, 한번
☐ 아마, 필시
☐ 끊임없이, 계속해서
☐ 꼼짝하지 않고, 가만히
☐ 서서히, 천천히, 조금 씩
☐ 최소한, 하다못해, 적어도
☐ 즉석, 그 자리, 당장
☐ 곧, 즉시, 당장
☐ 금세, 순식간에
☐ 번번이, 여러 번
☐ 가끔, 마침, 우연히
☐ 항상, 언제나
☐ 우선, 먼저
☐ 거의, 대강, 대략
☐ 약간 , 조금
☐ 근소함, 조금, 약간

어휘	의미	어휘
예 どうしても	반드시, 꼭, 아무리 해도	どうしても

たった一冊の本

「たった一冊の本しか読んだことのない者を警戒せよ。」これはイギリス政治家ベンジャミン・ディズレーリが残した言葉です。この言葉は、本の中にある主張や学説などを信じすぎてしまうのは大変危険なことだということを教えてくれています。もちろん、記録や事実のみを記した本も多くありますが、一般的に本というのは、不変の法則や絶対的な理論だけが書かれているものではありません。多くはあくまでもその筆者の主張に過ぎないという点を忘れずに、一冊でも多くの本に触れ、それを土台にして自分なりの考えを培っていくのがいいでしょう。

품사별로 외우기

| 동사편 |
| 복합동사편 |
| 형용사편 |
| 1자 명사편 |
| 관용어편 |

동사만 따로 모아서 학습할 수 있습니다.
품사별 따로 암기하기 동사편은 유형별 카테고리에서
이미 등장한 반복된 단어 입니다.

어휘	읽는 법	의미
相次ぐ	あいつぐ	잇달다, 연달다
仰ぐ	あおぐ	우러러보다, 쳐다보다
明かす	あかす	밝히다
諦める	あきらめる	단념하다, 포기하다
飽きる	あきる	싫증 나다, 질리다, 물리다
あきれる	あきれる	어이가 없다, 기가 막히다
明ける	あける	(날이) 밝다·새다, (기간이) 끝나다
揚げる	あげる	튀기다
挙げる	あげる	들다
憧れる	あこがれる	동경하다, 그리워하다
味付ける	あじつける	맛을 내다
預かる	あずかる	맡다, 보관하다
預ける	あずける	맡기다, 보관시키다
焦る	あせる	조바심하다, 안달하다, 초조하게 굴다
与える	あたえる	(자기 것을) 주다, 부여하다
当たる	あたる	맞다, 적중하다
扱う	あつかう	다루다, 취급하다
当てる	あてる	맞히다
暴れる	あばれる	날뛰다, 난폭하게 굴다
浴びる	あびる	뒤집어 쓰다, 쬐다

어휘	읽는 법	의미
溢れる	あふれる	흘러 넘치다
甘える	あまえる	어리광 부리다
甘やかす	あまやかす	응석을 받아주다
編む	あむ	짜다, 뜨다
操る	あやつる	다루다, 조종하다
謝る	あやまる	사과하다
争う	あらそう	싸우다
改める	あらためる	고치다
表す	あらわす	나타내다, 보이다
現す	あらわす	드러내다
表れる	あらわれる	나타나다
荒れる	あれる	거칠어지다
慌てる	あわてる	당황하다
生かす	いかす	소생시키다, 살리다
憤る	いきどおる	노하다, 성내다
抱く	いだく	품다
傷む	いたむ	아프다, 괴롭다
至る	いたる	도달하다, 이르다
営む	いとなむ	일하다, 경영하다
挑む	いどむ	도전하다
威張る	いばる	뽐내다, 으스대다

어휘	읽는 법	의미	어휘	읽는 법	의미
要る	いる	필요하다	占う	うらなう	점치다, 예언하다
祝う	いわう	축하하다	恨む	うらむ	원망하다
飢える	うえる	굶주리다	潤う	うるおう	습기를 띠다, 넉넉해지다
植える	うえる	심다	上回る	うわまわる	상회하다, 웃돌다
伺う	うかがう	묻다·듣다·방문하다의 겸양어	描く	えがく	그리다, 표현하다
浮かぶ	うかぶ	뜨다, 나타나다	演じる	えんじる	연기하다
受かる	うかる	(시험에) 합격하다	覆う	おおう	(표면 등을) 덮다
承る	うけたまわる	받다·듣다의 겸양어	犯す	おかす	범하다
薄める	うすめる	묽게 하다, 연하게 하다	拝む	おがむ	(두손 모아) 빌다, 절하다
疑う	うたがう	의심하다	補う	おぎなう	보충하다, 메우다
打つ	うつ	치다, 때리다	贈る	おくる	선사하다, 선물하다
写す	うつす	베끼다, 사진으로 찍다	行う	おこなう	행하다, 실시하다
移す	うつす	옮기다	押さえる	おさえる	누르다, 대다
うつむく	うつむく	고개를 숙이다	治める	おさめる	진정시키다, 다스리다
映る	うつる	비치다	収める	おさめる	납부하다, 거두다
促す	うながす	재촉하다, 촉구하다	押し付ける	おしつける	억누르다, 강요하다
うなずく	うなずく	수긍하다	惜しむ	おしむ	아까워하다, 꺼리다
奪う	うばう	빼앗다	襲う	おそう	습격하다, 덮치다
埋める	うめる	묻다, 매장하다	恐れ入る	おそれいる	황송해하다
敬う	うやまう	존경하다, 공경하다	恐れる	おそれる	무서워하다, 두려워하다, 우려하다
裏切る	うらぎる	배신하다	教わる	おそわる	가르침을 받다, 배우다

어휘	읽는 법	의미	어휘	읽는 법	의미
訪れる	おとずれる	방문하다, 찾아오다	欠ける	かける	빠지다, 흠지다
劣る	おとる	뒤떨어지다, 뒤지다	囲む	かこむ	둘러싸다, 에워싸다
衰える	おとろえる	쇠약해지다, 쇠퇴하다	重ねる	かさねる	겹치다, 포개다
驚く	おどろく	놀라다, 경악하다	飾る	かざる	장식하다, 꾸미다
脅かす	おびやかす	위협하다, 협박하다	稼ぐ	かせぐ	(일해서) 벌다, 따다
及ぶ	およぶ	이르다, 미치다	片付ける	かたづける	정리하다, 정돈하다
及ぼす	およぼす	미치게 하다, 끼치다	傾く	かたむく	기울다
織る	おる	(직물 등을) 짜다	偏る	かたよる	(한쪽으로) 기울다
折る	おる	접다, 꺾다	語る	かたる	말하다, 이야기하다
飼う	かう	기르다, 사육하다	担ぐ	かつぐ	메다, 지다, 짊어지다
顧みる	かえりみる	돌아보다, 회고하다	叶う	かなう	이루어지다, 뜻대로 되다
替える	かえる	바꾸다, 교환하다	兼ねる	かねる	겸하다
抱える	かかえる	안다, 껴안다, 끼다	構う	かまう	상관하다, 관계하다
掲げる	かかげる	(높이) 달다, 내걸다	噛む	かむ	씹다
欠かす	かかす	빠뜨리다, 빼다	絡む	からむ	얽히다
輝く	かがやく	빛나다, 반짝이다	狩る	かる	사냥하다
限る	かぎる	한정하다, 제한하다	枯れる	かれる	마르다, 시들다
掻く	かく	긁다	乾く	かわく	마르다, 건조하다
隠す	かくす	숨기다	渇く	かわく	목이 마르다
隠れる	かくれる	숨다	交わす	かわす	주고받다, 교환하다
掛ける	かける	걸다, 늘어뜨리다	効く	きく	효력이 있다, 듣다

어휘	읽는 법	의미
刻む	きざむ	잘게 썰다, 새기다
築く	きずく	쌓다, 구축하다
傷つく	きずつく	상처 입다, 다치다
鍛える	きたえる	단련하다
気付く	きづく	깨닫다, 눈치채다, 알아차리다
極まる	きわまる	극도에 이르다
食い違う	くいちがう	어긋나다
腐る	くさる	썩다, 상하다, 부패하다
崩す	くずす	무너뜨리다, 허물어뜨리다
崩れる	くずれる	붕괴하다, 무너지다
覆す	くつがえす	뒤엎다
くっつく	くっつく	달라붙다
くっつける	くっつける	달라붙게 하다
配る	くばる	나누어주다, 배부하다
汲む	くむ	(물 등을) 긷다, 퍼서 담다
組む	くむ	끼다, 꼬다
曇る	くもる	흐려지다
悔やむ	くやむ	후회하다
暮らす	くらす	살다
狂う	くるう	미치다, 이상하다
削る	けずる	깎다, 삭감하다, 삭제하다

어휘	읽는 법	의미
蹴る	ける	(발로) 차다
請う	こう	바라다, 원하다, 빌다, 기원하다
超える	こえる	넘다, 넘어서다, 초과하다
越える	こえる	넘다, 넘어가다
凍る	こおる	얼다
焦げる	こげる	눋다, 타다
凍える	こごえる	(추위로) 몸의 감각이 둔해지다
志す	こころざす	뜻을 세우다, 두다
試みる	こころみる	시도해 보다, 시험해 보다
異なる	ことなる	다르다, 상이하다
断る	ことわる	거절하다
好む	このむ	좋아하다, 즐기다
拒む	こばむ	거절하다, 거부하다
こぼれる	こぼれる	넘쳐흐르다, 흘러내리다
込める	こめる	속에 넣다, (마음을) 담다, 기울이다
こらえる	こらえる	참다, 억제하다
壊す	こわす	부수다, 고장 내다
壊れる	こわれる	부서지다, 고장 나다
冴える	さえる	예민해지다, 또렷해지다
栄える	さかえる	번영하다, 번창하다

어휘	읽는 법	의미
逆らう	さからう	역행하다, 거스르다
下がる	さがる	내려가다
裂く	さく	찢다, 떼다
探る	さぐる	더듬다, 찾다, 살피다
叫ぶ	さけぶ	외치다, 소리 지르다
避ける	さける	피하다, 삼가다
ささやく	ささやく	속삭이다, 소곤거리다
指す	さす	가리키다, 지적하다
授かる	さずかる	내려주시다
誘う	さそう	권하다, 권유하다, 자아내다
定める	さだめる	정하다, 결정하다
察する	さっする	헤아리다, 살피다
さびる	さびる	녹슬다
さぼる	さぼる	게으름을 피우다, (수업을) 빼먹다
妨げる	さまたげる	방해하다, 저해하다
冷める	さめる	식다
覚める	さめる	잠이 깨다, 깨닫다
騒ぐ	さわぐ	떠들다
触る	さわる	닿다, 만지다
敷く	しく	깔다, 펴다
茂る	しげる	우거지다

어휘	읽는 법	의미
沈む	しずむ	가라앉다, 지다
従う	したがう	따르다, 뒤따르다
支払う	しはらう	지불하다
縛る	しばる	묶다, 얽매다
痺れる	しびれる	마비되다, 저리다
絞る	しぼる	(쥐어)짜다, 좁히다
占める	しめる	점유하다, 차지하다
湿る	しめる	축축해지다, 눅눅해지다
生じる	しょうじる	생기다, 발생하다
称する	しょうする	칭하다
好かれる	すかれる	사랑받다
救う	すくう	구하다, 구조하다
優れる	すぐれる	뛰어나다, 우수하다
済ます	すます	끝내다, 마치다
済ませる	すませる	끝내다, 마치다
澄む	すむ	맑다, 맑아지다
済む	すむ	완료되다, 해결되다
ずらす	ずらす	(겹치지 않게) 조금 옮기다
刷る	する	인쇄하다, 박다
すれ違う	すれちがう	스치듯 지나가다
ずれる	ずれる	미끄러져 움직이다, 조금 벗어나다

어휘	읽는 법	의미
接する	せっする	접하다
迫る	せまる	다가오다
責める	せめる	꾸짖다, 책망하다
攻める	せめる	공격하다
沿う	そう	따르다
添える	そえる	첨부하다, 곁들이다
即する	そくする	입각하다
属する	ぞくする	속하다, 포함되다
注ぐ	そそぐ	붓다, 따르다
備える	そなえる	갖추다, 구비하다, 대비하다
供える	そなえる	(신불에게) 올리다
染める	そめる	물들이다, 염색하다
逸らす	そらす	(딴 데로) 돌리다, 빗나가게 하다
剃る	そる	(수염, 머리 등을) 깎다, 밀다
逸れる	それる	빗나가다, 벗어나다
揃う	そろう	갖추어지다, 빠짐없이 모이다
揃える	そろえる	고루 갖추다, 일치시키다
絶える	たえる	끊어지다
耐える	たえる	견디다, 참다
倒す	たおす	넘어뜨리다
倒れる	たおれる	쓰러지다, 넘어지다

어휘	읽는 법	의미
耕す	たがやす	갈다, 경작하다, 일구다
炊く	たく	밥을 짓다
抱く	だく	안다
蓄える	たくわえる	모아두다, 비축하다
確かめる	たしかめる	확인하다
足す	たす	더하다, 보태다
携わる	たずさわる	관여하다, 종사하다
訪ねる	たずねる	방문하다, 찾아오다
尋ねる	たずねる	묻다
戦う	たたかう	싸우다
畳む	たたむ	개다, 개키다
漂う	ただよう	떠다니다, 떠돌다
経つ	たつ	경과하다, 지다
脱する	だっする	벗어나다, 탈출하다
溜まる	たまる	괴다, 쌓이다
黙る	だまる	입을 다물다, 침묵하다
試す	ためす	시도하다, 시험하다
ためらう	ためらう	주저하다, 망설이다
溜める	ためる	한곳에 모아두다, 쌓아두다
保つ	たもつ	유지하다, 보전하다
頼る	たよる	의지하다

어휘	읽는 법	의미	어휘	읽는 법	의미
足る	たる	족하다, 만족하다	努める	つとめる	노력하다, 힘쓰다
誓う	ちかう	맹세하다	務める	つとめる	일(소임)을 맡다, 역할을 하다
近寄る	ちかよる	접근하다	繋がる	つながる	이어지다, 연결되다
縮む	ちぢむ	줄다, 작아지다, 줄어들다	つぶす	つぶす	(시간을) 때우다
縮める	ちぢめる	줄이다, 단축시키다, 움츠리다	潰れる	つぶれる	찌부러지다, 파산하다
散らかす	ちらかす	흩뜨리다, 어지르다	躓く	つまずく	발이 걸려 넘어질 뻔하다
散らかる	ちらかる	흩어지다	詰まる	つまる	가득차다, 막히다
散る	ちる	(꽃, 잎이) 지다, 떨어지다	積む	つむ	쌓다, 거듭하다
費やす	ついやす	쓰다, 소비하다, 낭비하다	詰める	つめる	채우다, 좁히다
通じる	つうじる	통하다, 연결되다	連れる	つれる	데리고 가다, 동반하다
つかむ	つかむ	움켜쥐다, 붙잡다	出会う	であう	우연히 만나다
突き詰める	つきつめる	끝까지 파고들다	照る	てる	밝게 빛나다, 비치다
尽きる	つきる	다하다, 바닥나다	解く	とく	풀다, 뜯다
就く	つく	취임하다, 취업하다	研ぐ	とぐ	(칼 등을) 갈다
突く	つく	찌르다, 내지르다	溶ける	とける	녹다
継ぐ	つぐ	잇다, 계승하다	閉じる	とじる	닫히다
次ぐ	つぐ	잇따르다, 뒤따르다	途絶える	とだえる	끊어지다, 두절되다
尽くす	つくす	다하다	届く	とどく	도착하다, 닿다, 미치다
償う	つぐなう	배상하다, 보상하다	届ける	とどける	보내다, 신고하다
告げる	つげる	고하다, 알리다	整う	ととのう	정돈(정비)되다, 갖추어지다
包む	つつむ	싸다, 두르다	整える	ととのえる	가지런하게 하다, 정돈(정비)하다

어휘	읽는 법	의미	어휘	읽는 법	의미
留まる	とどまる	머무르다, 그치다, 멈추다	憎む	にくむ	미워하다, 증오하다
戸惑う	とまどう	망설이다, 당황하다	逃げる	にげる	도망치다, 달아나다
泊まる	とまる	숙박하다, 묵다	濁る	にごる	흐려지다, 탁해지다
伴う	ともなう	동반하다, 수반하다	滲む	にじむ	번지다, 스미다
流す	ながす	흘리다, 흐르게 하다	担う	になう	짊어지다, 메다
眺める	ながめる	지그시 보다, 응시하다	睨む	にらむ	노려보다
流れる	ながれる	흐르다, 흘러내리다	煮る	にる	삶다, 끓이다, 조리다
鳴く	なく	(동물, 벌레, 새 등이) 울다	抜く	ぬく	뽑다, 빼다
慰める	なぐさめる	위로하다, 위안하다	抜ける	ぬける	빠지다
殴る	なぐる	때리다, 치다	盗む	ぬすむ	훔치다
嘆く	なげく	한탄하다, 슬퍼하다, 개탄하다	塗る	ぬる	칠하다, 바르다
投げる	なげる	던지다, 내던지다	濡れる	ぬれる	젖다
馴染む	なじむ	친숙해지다	狙う	ねらう	겨누다, 노리다, 겨냥하다
撫でる	なでる	쓰다듬다, 어루만지다	逃す	のがす	놓아주다, 놓치다
怠ける	なまける	게으름 피우다	逃れる	のがれる	도주하다, 벗어나다
悩む	なやむ	고민하다, 병에 시달리다	残る	のこる	남다
並ぶ	ならぶ	줄을 서다, 늘어서다	載せる	のせる	싣다, 게재하다
成り立つ	なりたつ	성립하다	覗く	のぞく	엿보다
鳴る	なる	소리가 나다, 울리다	除く	のぞく	없애다, 제거하다
逃がす	にがす	놓아주다, 놓치다	伸ばす	のばす	늘이다, 길게 기르다
握る	にぎる	쥐다, 잡다	延ばす	のばす	연장하다

어휘	읽는 법	의미	어휘	읽는 법	의미
延びる	のびる	연장되다, 미루어지다	貼る	はる	바르다, 붙이다
伸びる	のびる	자라다, 늘다, 성장하다	腫れる	はれる	붓다
述べる	のべる	말하다, 진술하다	冷える	ひえる	식다, 차가워지다, 쌀쌀해지다
昇る	のぼる	오르다, 올라가다	控える	ひかえる	대기하다, 삼가다
載る	のる	얹히다, (신문 등에) 실리다	率いる	ひきいる	거느리다, 인솔하다
図る	はかる	꾀하다, 도모하다	ひねる	ひねる	비틀다, 꼬다
計る	はかる	(무게·길이를) 달다, 재다, 예측하다	響く	ひびく	울리다, 울려퍼지다
掃く	はく	쓸다, 비질하다	秘める	ひめる	숨기다, 감추다
履く	はく	신다	冷やす	ひやす	식히다, 차게 하다
吐く	はく	토하다, 뱉다	拭く	ふく	닦다, 훔치다
励ます	はげます	격려하다	含む	ふくむ	포함하다
励む	はげむ	힘쓰다, 노력하다	含める	ふくめる	포함시키다, 포함하다
挟む	はさむ	끼우다	膨らむ	ふくらむ	부풀다, 불룩해지다
弾く	はじく	튀기다	塞ぐ	ふさぐ	막다, 틀어막다, 닫다
外す	はずす	떼다, 끄르다, 제외하다	ふざける	ふざける	희롱거리다, 장난치다
外れる	はずれる	빠지다, 어긋나다	防ぐ	ふせぐ	막다, 방지하다
果たす	はたす	(의무, 역할 등을) 다하다, 완수하다	ぶつける	ぶつける	부딪치다
跳ねる	はねる	뛰다, 뛰어오르다, 튀다	踏む	ふむ	밟다, 디디다
阻む	はばむ	막다, 방해하다	振舞う	ふるまう	행동하다
省く	はぶく	줄이다, 덜다, 생략하다	触れる	ふれる	닿다, 접촉하다
流行る	はやる	유행하다	凹む	へこむ	움푹 들어가다, 꺼지다

어휘	읽는 법	의미	어휘	읽는 법	의미
隔てる	へだてる	사이에 두다, 거리를 두다	招く	まねく	초대하다, 초래하다
減らす	へらす	줄이다, 덜다, 감하다	真似る	まねる	흉내내다, 모방하다
経る	へる	지나다, 경과하다	守る	まもる	지키다, 막다
減る	へる	줄다, 적어지다	磨く	みがく	닦다, 연마하다
報じる	ほうじる	갚다, 알리다	身構える	みがまえる	자세를 취하다, 경계하다
吠える	ほえる	(개, 맹수가) 짖다	満たす	みたす	채우다
誇る	ほこる	자랑하다, 뽐내다	乱す	みだす	흩뜨리다, 어지럽히다
干す	ほす	말리다	見出す	みだす	보기 시작하다
施す	ほどこす	베풀다, 시행하다	乱れる	みだれる	흐트러지다, 어지러지다
褒める	ほめる	칭찬하다	導く	みちびく	안내하다, 이끌다, 유도하다
掘る	ほる	파다, 캐다	満ちる	みちる	차다, 가득하다
参る	まいる	가다 · 오다의 겸양어	認める	みとめる	인정하다
任せる	まかせる	맡기다	実る	みのる	열매 맺다, (노력, 보람이) 나타나다
賄う	まかなう	(한정된 돈, 물자 등을) 대주다, 조달하다	迎える	むかえる	맞다, 맞이하다
紛れる	まぎれる	헷갈리다, 혼동되다	向き合う	むきあう	마주보다
巻く	まく	말다, 감다	蒸す	むす	무덥다, 찌다
曲げる	まげる	구부리다	結ぶ	むすぶ	매다, 묶다, 잇다
増す	ます	많아지다, 불리다	恵まれる	めぐまれる	(좋은 환경·기회·재능이) 주어지다
混ぜる	まぜる	섞다, 혼합하다	巡る	めぐる	돌다, 회전하다, 돌아다니다, 둘러싸다
まとめる	まとめる	한데 모으다, 합치다, 정리하다	設ける	もうける	마련하다, 설치하다
惑わす	まどわす	헷갈리게 하다, 유혹하다, 속이다	燃える	もえる	(불) 타다

어휘	읽는 법	의미
潜る	もぐる	잠수하다
もたらす	もたらす	초래하다
用いる	もちいる	쓰다, 사용하다
戻す	もどす	돌려주다, 되돌리다
基づく	もとづく	의거하다, 근거하다
求める	もとめる	구하다, 바라다, 요구하다
燃やす	もやす	(불) 태우다
漏らす	もらす	누설하다, 표정을 드러내다
盛る	もる	쌓아 올리다, (그릇에) 담다
漏れる	もれる	누설되다, 누락되다
焼く	やく	굽다
負う	おう	짊어지다, 지다, 받다
焼ける	やける	(불에) 타다, (햇볕에) 타다
養う	やしなう	양육하다, 기르다, 부양하다
雇う	やとう	고용하다
破る	やぶる	찢다, 깨다
破れる	やぶれる	찢어지다, 해지다
敗れる	やぶれる	패하다
病む	やむ	앓다, 병들다
辞める	やめる	사직하다, 그만두다

어휘	읽는 법	의미
歪む	ゆがむ	삐뚤어지다, 일그러지다
歪める	ゆがめる	일그러뜨리다
譲る	ゆずる	양보하다, 물려주다
許す	ゆるす	허가하다, 허락하다
揺れる	ゆれる	흔들리다, 요동하다
酔う	よう	취하다
汚す	よごす	더럽히다
汚れる	よごれる	더러워지다
寄せる	よせる	밀려오다, 다가오다
装う	よそおう	치장하다, 차려 입다
寄る	よる	다가서다, 접근하다
喜ぶ	よろこぶ	기뻐하다
略する	りゃくする	생략하다
沸かす	わかす	끓이다
湧く	わく	솟다, 솟아나다
沸く	わく	(물이) 끓다
渡す	わたす	건네다, 넘기다
渡る	わたる	건너다, 건너가다 (오다)
詫びる	わびる	사과하다, 사죄하다
割る	わる	쪼개다, 나누다

어휘	읽는 법	의미
浅い	あさい	얕다, (정도, 양이) 낮다
暖かい	あたたかい	따뜻하다, 따스하다
厚い	あつい	두껍다, 두텁다
厚かましい	あつかましい	뻔뻔하다
甘い	あまい	달다, 엄하지 않다
危うい	あやうい	위태롭다, 아슬아슬하다
怪しい	あやしい	수상하다, 이상하다
荒い	あらい	거칠다, 난폭하다
淡い	あわい	진하지 않다, 옅다, 희미하다
慌ただしい	あわただしい	분주하다, 황망하다
勇ましい	いさましい	용감하다, 용맹스럽다
著しい	いちじるしい	현저하다, 두드러지다
薄い	うすい	얇다, 연하다
薄暗い	うすぐらい	조금 어둡다, 어둑하다
疑わしい	うたがわしい	수상하다, 의심스럽다
うっとうしい	うっとうしい	울적하고 답답하다, 귀찮다
羨ましい	うらやましい	부럽다
偉い	えらい	훌륭하다, 위대하다
幼い	おさない	어리다, 미숙하다
惜しい	おしい	아깝다, 애석하다

어휘	읽는 법	의미
恐ろしい	おそろしい	무섭다, 두렵다
大人しい	おとなしい	얌전하다, 온순하다
思いがけない	おもいがけない	뜻밖이다, 의외다
賢い	かしこい	현명하다, 영리하다
硬い	かたい	단단하다, 견고하다
堅苦しい	かたくるしい	매우 엄격하다, 거북하다
かゆい	かゆい	가렵다
辛い	からい	맵다, 얼얼하다
汚い	きたない	더럽다, 지저분하다
きつい	きつい	기질이 강하다, 고되다
厳しい	きびしい	혹독하다, 엄하다
気まずい	きまずい	서먹서먹하다
清い	きよい	깨끗하다, 맑다
臭い	くさい	역한 냄새가 나다, 구리다
くだらない	くだらない	시시하다, 하찮다
くどい	くどい	장황하다, (맛, 색 등이) 느끼하다
悔しい	くやしい	분하다, 억울하다
詳しい	くわしい	자세하다, 상세하다
煙い	けむい	냅다
険しい	けわしい	가파르다, 험하다

어휘	읽는 법	의미
濃い	こい	진하다
快い	こころよい	기분이 좋다, 상쾌하다
好ましい	このましい	마음에 들다, 호감이 가다
細かい	こまかい	작다, 잘다, 상세하다
騒がしい	さわがしい	시끄럽다, 소란스럽다
塩辛い	しおからい	짜다
仕方がない	しかたがない	하는 수 없다
しつこい	しつこい	칙칙하다, 집요하다
渋い	しぶい	떫다, 수수하면서 깊이가 있다
湿っぽい	しめっぽい	축축하다, 눅눅하다
ずうずうしい	ずうずうしい	뻔뻔하다
清々しい	すがすがしい	상쾌하다, 시원하고 개운하다
涼しい	すずしい	시원하다, 선선하다
酸っぱい	すっぱい	시큼하다, 시다
鋭い	するどい	날카롭다, 예리하다
騒々しい	そうぞうしい	시끄럽다, 떠들석하다, 어수선하다
そそっかしい	そそっかしい	덜렁대다, 조심성이 없다
たくましい	たくましい	씩씩하다
頼もしい	たのもしい	믿음직하다, 기대할 만하다
たまらない	たまらない	견딜 수 없다, 참을 수 없다

어휘	읽는 법	의미
容易い	たやすい	손쉽다, 용이하다
だらしない	だらしない	칠칠하지 못하다, 단정치 못하다
調子が悪い	ちょうしがわるい	상태가 나쁘다
つまらない	つまらない	시시하다, 하찮다
辛い	つらい	괴롭다, 고통스럽다
尊い	とうとい	귀중하다, 존귀하다
乏しい	とぼしい	부족하다, 모자라다
とんでもない	とんでもない	터무니없다, 당치도 않다
情けない	なさけない	한심하다, 몰인정하다
懐かしい	なつかしい	그립다, 정답다
生臭い	なまぐさい	비린내가 나다, 비릿하다
なれなれしい	なれなれしい	매우 친숙하다, 허물없다
苦い	にがい	(맛이) 쓰다, 언짢다
憎い	にくい	밉다, 밉살스럽다
鈍い	にぶい	둔하다, 무디다
粘り強い	ねばりつよい	끈기 있다
望ましい	のぞましい	바람직하다
のろい	のろい	느리다, 더디다
ばかばかしい	ばかばかしい	우습다, 어이없다
ばからしい	ばからしい	터무니없다, 바보스럽다

어휘	읽는 법	의미	어휘	읽는 법	의미
激しい	はげしい	심하다, 격심하다	蒸し暑い	むしあつい	무덥다
はなはだしい	はなはだしい	매우 심하다, 대단하다	珍しい	めずらしい	드물다
幅広い	はばひろい	폭넓다	めでたい	めでたい	경사스럽다
久しい	ひさしい	오래다, 오래되다	面倒くさい	めんどうくさい	몹시 귀찮다, 성가시다
等しい	ひとしい	같다, 동일하다	もったいない	もったいない	아깝다
ふさわしい	ふさわしい	어울리다, 걸맞다	物足りない	ものたりない	뭔가 아쉽다
紛らわしい	まぎらわしい	헷갈리기 쉽다	やかましい	やかましい	시끄럽다, 번거롭다
貧しい	まずしい	가난하다	柔らかい	やわらかい	부드럽다
丸い	まるい	둥글다, 원만하다	緩い	ゆるい	느슨하다, 헐겁다
みすぼらしい	みすぼらしい	초라하다	若々しい	わかわかしい	젊디젊다
みっともない	みっともない	보기 싫다, 꼴사납다	煩わしい	わずらわしい	번거롭다, 귀찮다

MEMO

어휘	읽는 법	의미	어휘	읽는 법	의미
曖昧	あいまい	애매, 분명하지 않음	穏やか	おだやか	평온함, 온후함
明らか	あきらか	분명함, 명백함	疎か	おろそか	소홀함, 등한함
鮮やか	あざやか	선명함, 산뜻함	温厚	おんこう	온후함
安易	あんい	안이, 손쉬움	温和	おんわ	온화
安価	あんか	염가, 값쌈	快適	かいてき	쾌적
案外	あんがい	뜻밖에, 예상외	確実	かくじつ	확실
いいかげん	いいかげん	알맞음, 적당함	革新的	かくしんてき	혁신적
意外	いがい	의외, 뜻밖	過剰	かじょう	과잉
意固地	いこじ	옹고집, 외고집	かすか	かすか	희미함, 어렴풋함
異常	いじょう	이상, 정상이 아님	画期的	かっきてき	획기적
意地悪	いじわる	심술궂음, 짓궂음	勝手	かって	제멋대로 굶
運命的	うんめいてき	운명적	活発	かっぱつ	활발
永久	えいきゅう	영구(함)	過密	かみつ	과밀
円滑	えんかつ	원활, 원만함	からっぽ	からっぽ	속이 빔, 텅 빔
旺盛	おうせい	왕성	簡潔	かんけつ	간결함
大げさ	おおげさ	과장됨	頑固	がんこ	완고함
おおざっぱ	おおざっぱ	대략적임, 조잡함	頑丈	がんじょう	튼튼함
大幅	おおはば	대폭, 큰폭	肝心	かんじん	중요, 소중
大まか	おおまか	대략적임, 대충	寛容	かんよう	관용
臆病	おくびょう	겁이 많음, 또는 그런 사람	儀式的	ぎしきてき	의식적
厳か	おごそか	엄숙함	貴重	きちょう	귀중

어휘	읽는 법	의미	어휘	읽는 법	의미
気の毒	きのどく	가엾음, 딱함	強引	ごういん	억지로 함
奇妙	きみょう	기묘, 이상함	幸福	こうふく	행복
急速	きゅうそく	급속	合法的	ごうほうてき	합법적
強力	きょうりょく	강력	合理的	ごうりてき	합리적
強烈	きょうれつ	강렬	小柄	こがら	몸집이 작음
拒絶	きょぜつ	거절	最適	さいてき	최적
巨大	きょだい	거대	幸い	さいわい	행복, 다행임, 운이 좋음
気楽	きらく	홀가분함, 속 편함	盛ん	さかん	번성함, 빈번함
具体的	ぐたいてき	구체적	些細	ささい	사소함
くたくた	くたくた	지침, 녹초가 됨	様々	さまざま	다양함
けち	けち	인색함, 구두쇠	爽やか	さわやか	산뜻함, 상쾌함
傑作	けっさく	엉뚱하고 별남, 걸작임	質素	しっそ	검소함
下品	げひん	품위가 없음, 천함	自動的	じどうてき	자동적
謙虚	けんきょ	겸허	地味	じみ	수수함, 검소함
健康	けんこう	건강	地道	じみち	견실함, 착실함
けなげ	けなげ	씩씩함	邪魔	じゃま	방해, 장애
厳重	げんじゅう	엄중	重大	じゅうだい	중대함
顕著	けんちょ	현저	柔軟	じゅうなん	유연
賢明	けんめい	현명	重要	じゅうよう	중요(함)
広大	こうだい	광대	主観的	しゅかんてき	주관적
好調	こうちょう	호조, 순조로움	受動的	じゅどうてき	수동적

어휘	읽는 법	의미	어휘	읽는 법	의미
純粋	じゅんすい	순수	切実	せつじつ	절실
順調	じゅんちょう	순조로움	相応	そうおう	상응
消極的	しょうきょくてき	소극적	率直	そっちょく	솔직
詳細	しょうさい	상세함	素朴	そぼく	소박
正直	しょうじき	정직함	粗末	そまつ	변변치 못함, 소홀히 함
上品	じょうひん	품위가 있음	退屈	たいくつ	지루함, 따분함
真剣	しんけん	진지함, 진정임	怠惰	たいだ	나태, 게으름
人工的	じんこうてき	인공적	大胆	だいたん	대담
深刻	しんこく	심각함	対等	たいとう	대등, 대등한
新鮮	しんせん	신선함, 싱싱함	台無し	だいなし	못쓰게 됨, 엉망이 됨
迅速	じんそく	신속함, 매우 빠름	平ら	たいら	평평함, 납작함
慎重	しんちょう	신중(함)	巧み	たくみ	교묘함
垂直	すいちょく	수직	多彩	たさい	다채로움
崇高	すうこう	숭고	妥当	だとう	타당
健やか	すこやか	몸이 튼튼함, 건강함	駄目	だめ	허사임, 소용없음
素敵	すてき	매우 근사함	単純	たんじゅん	단순
素直	すなお	순진함, 솔직함	端的	たんてき	단적
正確	せいかく	정확	忠実	ちゅうじつ	충실
清潔	せいけつ	청결, 깨끗함	抽象的	ちゅうしょうてき	추상적
静的	せいてき	정적	強気	つよき	강경함, 강세
積極的	せっきょくてき	적극적	丁寧	ていねい	정중함, 주의 깊고 세심함

어휘	읽는 법	의미	어휘	읽는 법	의미
手軽	てがる	간편함, 간단함, 손쉬움	肉体的	にくたいてき	육체적
的確	てきかく	적확, 정확함	能率的	のうりつてき	능률적
適宜	てきぎ	적의, 적당	漠然	ばくぜん	막연
適度	てきど	적도, 알맞은 정도	莫大	ばくだい	막대
適当	てきとう	적당	派手	はで	화려함, 화사함
手ごろ	てごろ	(크기가) 알맞음, (조건에) 걸맞음	華やか	はなやか	화려함, 화사함, 눈부심
でたらめ	でたらめ	엉터리, 무책임함	ばらばら	ばらばら	뿔뿔이
透明	とうめい	투명	卑怯	ひきょう	비겁
独自	どくじ	독자	悲惨	ひさん	비참
特殊	とくしゅ	특수	非常	ひじょう	비상
独創的	どくそうてき	독창적	必死	ひっし	필사
独特	どくとく	독특함	ぴったり	ぴったり	꼭 맞음, 딱 맞음
特別	とくべつ	특별	皮肉	ひにく	빈정거림, 얄궂음
内向的	ないこうてき	내향적	微妙	びみょう	미묘
和やか	なごやか	온화함, 부드러움	平等	びょうどう	평등
なだらか	なだらか	완만함, 가파르지 않음	敏感	びんかん	민감
斜め	ななめ	비스듬함, 경사짐	頻繁	ひんぱん	빈번
生意気	なまいき	건방짐, 주제 넘음	不可欠	ふかけつ	불가결
滑らか	なめらか	매끈매끈함, 거침없음	不機嫌	ふきげん	불쾌함, 언짢음
苦手	にがて	서투름, 잘하지 못함	複雑	ふくざつ	복잡
賑やか	にぎやか	번화함, 떠들썩함	不幸	ふこう	불행

어휘	읽는 법	의미	어휘	읽는 법	의미
無事	ぶじ	무사, 아무 일 없음	妙	みょう	묘함, 이상함
不正	ふせい	부정	無口	むくち	말수가 적음, 과묵함
不調	ふちょう	상태가 나쁨	無駄	むだ	쓸데없음, 헛됨
物騒	ぶっそう	위험한 느낌이 드는 모양, 뒤숭숭함	無茶	むちゃ	터무니없음
無難	ぶなん	무난	夢中	むちゅう	열중함, 몰두함
不平	ふへい	불평	明確	めいかく	명확(함)
普遍的	ふへんてき	보편적	明白	めいはく	명백(함)
平静	へいせい	평정	明朗	めいろう	명랑, 공정함
平凡	へいぼん	평범	面倒	めんどう	번거로움, 보살핌
偏狭	へんきょう	편협, 좁음	やたら	やたら	함부로, 무턱대고
膨大	ぼうだい	방대	厄介	やっかい	귀찮음, 번거로움
豊富	ほうふ	풍부(함)	憂鬱	ゆううつ	우울
朗らか	ほがらか	명랑한 모양	優秀	ゆうしゅう	우수
本格的	ほんかくてき	본격적	優勢	ゆうせい	우세
本気	ほんき	본심, 진심	愉快	ゆかい	유쾌
本能的	ほんのうてき	본능적	豊か	ゆたか	풍족함, 풍부함
まあまあ	まあまあ	그런대로, 그럭저럭	容易	ようい	용이, 손쉬움
漫然	まんぜん	만연, 산만함, 멍한 모양	陽気	ようき	명랑함, 밝고 쾌활함
見事	みごと	훌륭함, 멋짐	余計	よけい	쓸데없음, 부질없음
惨め	みじめ	비참함, 참담함	余裕	よゆう	여유
身近	みぢか	신변, 가까움, 친근함	楽天的	らくてんてき	낙천적

어휘	읽는 법	의미	어휘	읽는 법	의미
利口	りこう	영리함, 머리가 좋음	わがまま	わがまま	제멋대로 굶, 버릇없음
冷静	れいせい	냉정	わずか	わずか	근소함, 사소함
冷淡	れいたん	냉담			

MEMO

	어휘와 의미	
当て	当てはまる 들어맞다, 적합하다	当てはめる 맞추다, 적용하다
受け	受け入れる 받아들이다, 들어주다 ⑪	受け取る 받다, 수취하다
	受け持つ 담당하다, 담임하다	
打ち	打ち明ける 털어놓다	打ち合わせる 미리 상의하다, 맞부딪치다
	打ち消す 없애다, 부정하다 ⑰	
売り	売り切れる 다 팔리다, 매진되다	売り出す 팔기 시작하다
追い	追いかける 뒤쫓아가다, 추적하다	追い越す 추월하다, 앞지르다
	追い出す 쫓아내다, 몰아내다	追い込む (곤경에) 빠트리다
	追いつく 따라잡다, 따라붙다	
思い	思い込む 굳게 믿다	思い切る 단념하다, 체념하다
	思いつく (문득) 생각나다 ⑮	思いつめる 깊이 생각하다
書き	書き上げる 다 쓰다, 열거하다	書き込む 써 넣다, 기입하다
	書き取る (말하는 것을) 받아 쓰다	
貸し	貸し出す 대출하다	
考え	考え込む 골똘히 생각하다	考え直す 다시 생각하다, 재고하다
切り	切り上げる 올림하다, 절상하다	切り抜ける 돌파하다, 극복하다
食い	食い止める 막다, 저지하다	
組み	組み合わせる 짜 맞추다, 편성하다	組み立てる 조립하다
繰り	繰り返す 반복하다, 되풀이하다	
差し	差し上げる 높이 올리다, 드리다, 바치다	差し引く 빼다, 공제하다

	어휘와 의미	
仕	仕上がる 완성되다, 다 되다	仕上げる 일을 끝내다, 완성하다
信じ	信じ通す 끝까지 믿다	
立ち/立て	立ち直る 회복되다	立て替える 대금을 대신 치르다
問い	問い合わせる 문의하다 ⑫	問い掛ける 묻다, 질문을 던지다
飛び	飛び込む 뛰어들다	飛び出す 뛰어나오다
	飛び抜ける 뛰어나다	飛び回る 분주하게 돌아다니다
取り	取り上げる 집어들다, 채택하다	取り扱う 다루다, 취급하다
	取り入れる 거두어들이다, 수확하다	取り替える 바꾸다, 교체하다
	取りかかる 시작하다, 착수하다	取り組む 맞붙다
	取り消す 취소하다	取り締まる 단속하다
	取り出す 꺼내다	取り付ける 장치하다, 설치하다
	取り除く 없애다, 제거하다	取り戻す 되찾다, 회복하다
乗り	乗り遅れる 늦어서 못 타다, 놓치다	乗り越える 극복하다
	乗り越す 하차역을 지나치다	乗り過ごす 하차역을 지나치다
払い	払い込む 불입하다, 납입하다	払い戻す 환불하다
張り	張り切る 힘이 넘치다	
振り	振り向く 뒤돌아보다	
引き	引き受ける 책임지고 떠맡다, 담당하다	引き返す 되돌아가다, 돌아오다, 반복하다
	引き出す 꺼내다, 인출하다	引き止める 말리다, 만류하다 ⑯

	어휘와 의미
ひ 引っ	ひ こ 引っ越す 이사하다 ひ こ 引っ込む 틀어박히다
	ひ ぱ 引っ張る 끌어당기다
ま 待ち	ま あ 待ち合わせる (장소, 시간 등을) 정해놓고 기다리다
み 見	み あ 見当たる 발견되다, 눈에 띄다 み あ 見合わせる 마주보다, 보류하다
	み おく 見送る 배웅하다 み 見かける 눈에 띄다, 보다
	み 見つかる 들키다, 발견되다 み 見つける 찾다, 발견하다
	み 見つめる 응시하다, 주시하다 み なお 見直す 다시 보다, 재점검하다
	み なら 見習う 보고 배우다, 본받다 み な 見慣れる 늘 보아오다, 낯익다
	み ぬ 見抜く 꿰뚫어보다, 알아채다 み のが 見逃す 간과하다, 못본 체하다
	み ま 見舞う 문병하다 み わた 見渡す 조망하다
め 目	め ざ 目指す 목표로 하다, 노리다 め だ 目立つ 눈에 띄다
もう 申し	もう あ 申し上げる 말씀드리다 もう こ 申し込む 신청하다
やり	やりつくす 전부 다하다 とお やり通す 끝까지 하다
よ 呼び	よ お 呼び起こす 환기하다, 불러일으키다 よ 呼びかける 호소하다
	よ と 呼び止める 불러 세우다 ⑬ よ だ 呼び出す 불러내다, 꾀어내다
わ 割り	わ こ 割り込む 새치기하다, 끼어들다 ⑯ わ び 割り引く 할인하다, 값을 깎다

어휘	읽는 법	의미
跡	あと	자취, 흔적
穴	あな	구멍
網	あみ	그물, 망
泡	あわ	거품
胃	い	위
息	いき	숨, 호흡
粋	いき	세련됨
板	いた	판자
糸	いと	실
岩	いわ	바위
腕	うで	팔, 솜씨
裏	うら	뒤, 뒷면
噂	うわさ	소문
餌	えさ	모이, 사료
縁	えん	인연
公	おおやけ	조정, 국가, 공공, 공식적
丘	おか	언덕, 구릉
奥	おく	깊숙한 곳, 안
表	おもて	표면, 겉
香	かおり	향기
鍵	かぎ	열쇠

어휘	읽는 법	의미
影	かげ	그림자
崖	がけ	낭떠러지, 절벽
数	かず	수
肩	かた	어깨
角	かど	모퉁이, 모서리
株	かぶ	주식
壁	かべ	벽
髪	かみ	머리카락
雷	かみなり	천둥, 벼락
柄	がら	무늬, 몸집
岸	きし	물가, 벼랑
霧	きり	안개
癖	くせ	버릇, 습관
煙	けむり	연기, 안개
腰	こし	허리
坂	さか	비탈길, 고개
境	さかい	경계
賞	しょう	상
巣	す	보금자리, 둥지
姿	すがた	모습
隙	すき	틈

어휘	읽는 법	의미	어휘	읽는 법	의미
砂	すな	모래	旗	はた	기, 깃발
隅	すみ	귀퉁이, 구석	肌	はだ	피부
炭	すみ	숯	裸	はだか	맨몸, 벌거숭이
咳	せき	기침	罰	ばつ	벌
底	そこ	바닥, 밑	羽	はね	날개
滝	たき	폭포	幅	はば	폭, 너비
棚	たな	선반	針	はり	바늘, 침
谷	たに	골짜기, 골	膝	ひざ	무릎
種	たね	씨	額	ひたい	이마
束	たば	다발, 뭉치	瞳	ひとみ	눈동자
翼	つばさ	날개	笛	ふえ	피리
粒	つぶ	알, 낱알	蓋	ふた	뚜껑, 덮개
罪	つみ	죄	麓	ふもと	산기슭
隣	となり	이웃, 옆	頬	ほお	볼
扉	とびら	문짝	町	まち	동네, 마을
泥	どろ	진흙	湖	みずうみ	호수
波	なみ	파도	港	みなと	항구
涙	なみだ	눈물	峰	みね	봉우리
布	ぬの	직물, 무명천	胸	むね	가슴
墓	はか	묘, 무덤	芽	め	싹
端	はし	끝, 가장자리	綿	めん/わた	면, 면직물 / 목화, 솜

어휘	읽는 법	의미	어휘	읽는 법	의미
床	ゆか	마루	寮	りょう	기숙사
輪	わ	고리, 원형, 바퀴	脇	わき	겨드랑이
枠	わく	테두리, 제약	技	わざ	기술

MEMO

어휘	의미	어휘	의미
足を伸ばす	멀리 발길을 뻗치다	気が重い	마음이 무겁다, 우울하다
足を運ぶ	찾아가보다	気が利く	눈치가 빠르다, 재치 있다, 세련되다
足を引っ張る	(남의 성공을) 방해하다	気が進まない	마음이 내키지 않다
頭が上がらない	고개를 들지 못하다, 대등하게 맞설 수 없다	気が済む	마음이 홀가분해지다
頭が痛い	골치 아프다	気が小さい	소심하다
頭が固い	융통성이 없다, 완고하다	気が散る	산만해지다
頭に来る	화가 나다	気がつく	알아차리다, 깨닫다
頭を下げる	머리를 숙이다, 사과하다	気が強い	성질이 강하다, 기가 세다
息が合う	호흡이 맞다	気が早い	성급하다
息が切れる	숨이 차다, 중도포기하다	気が短い	성질이 급하다
息が長い	숨이 길다, 오래 계속되다	気が向く	마음이 내키다
腕が上がる	솜씨가 늘다	気に入る	마음에 들다
腕がいい	솜씨가 좋다	気にかかる	마음에 걸리다, 걱정되다
腕を上げる	솜씨를 향상시키다	気に食わない	마음에 들지 않다
腕を磨く	솜씨를 연마하다	気にする	걱정하다
顔が広い	교제 범위가 넓다, 잘 알려지다, 발이 넓다	気を落とす	낙심하다
顔を出す	드러내다, 참석하다	気を遣う	신경을 쓰다, 주의하다
肩を落とす	(낙심하여) 어깨를 늘어뜨리다	気を取られる	다른 데에 정신을 뺏기다
肩を貸す	돕다, 원조하다	口がうまい	말솜씨가 좋다
気が合う	마음이 맞다	口が重い	입이 무겁다, 말수가 적다, 과묵하다
気が多い	아무거나에 흥미를 느낀다, 변덕스럽다	口が堅い	입이 무겁다, 해서 안 될 말은 결코 하지 않는 성질이다

어휘	의미	어휘	의미
口が軽い	입이 가볍다, 경솔하다	手を出す	손을 대다, 새로이 일을 시작하다
口が滑る	그만 입을 잘못 놀리다	手をつける	손을 대다, 시작하다, 사용하다
口に合う	입(맛)에 맞다	手を抜く	어물어물 넘기다, 대충하다
口にする	입에 담다, 말하다, 먹다	腹が立つ	화가 나다
口を出す	말참견하다	腹を立てる	노여워하다, 화내다
心が狭い	마음이 좁다	腹を抱える	배꼽이 빠지게 웃다
心が広い	마음이 넓다, 무던하다	身につく	몸에 배다
心を配る	배려하다, 마음을 쓰다	身につける	몸에 걸치다, 습득하다
心を込める	마음을 다하다, 정성들이다	耳が痛い	귀가 따갑다, 듣기에 괴롭다
心を引く	마음을 떠보다, 마음을 끌다	耳が早い	귀가 밝다, 소식을 듣는 것이 빠르다
手が空く	손이 비다, 틈이 나다	耳にする	듣다
手が掛かる	손이 많이 가다, 노력이 많이 들다	耳を疑う	귀를 의심하다
手が足りない	손이 부족하다	耳を貸す	들어주다
手が出ない	어찌할 방도가 없다	耳を傾ける	귀를 기울이다
手が離せない	일손을 놓을 수가 없다	目がない	안목이 없다, 매우 좋아하다
手につかない	(일이) 손에 잡히지 않다	目に浮かぶ	떠오르다
手を貸す	도와주다, 조력하다	目に付く	눈에 띄다, 돋보이다
手を借りる	도움을 받다	目を付ける	주목하다, 눈여겨보다
手を組む	팔짱을 끼다, 협력하다	目を通す	대강 훑어보다

색인

MEMO

MEMO

MEMO

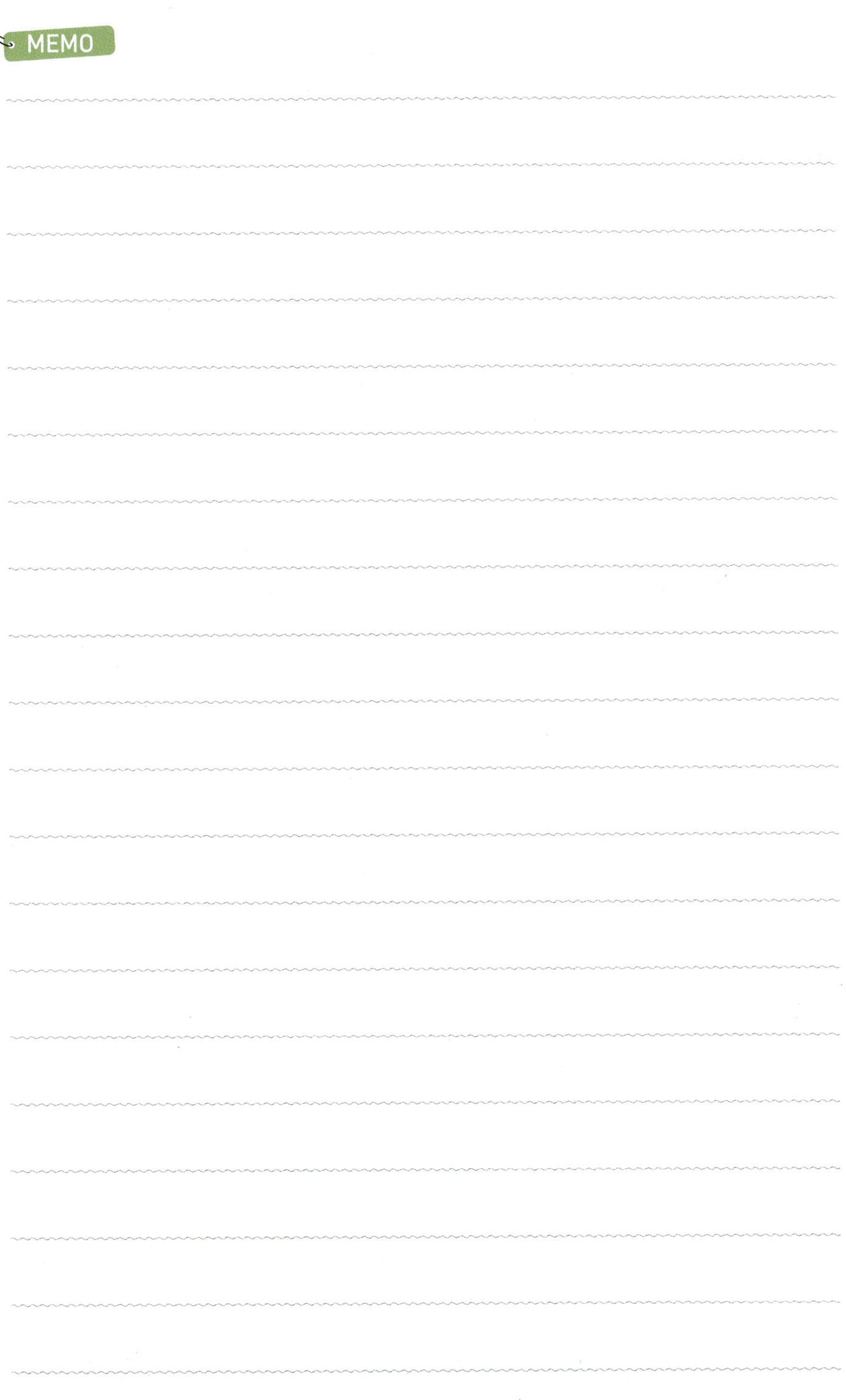
MEMO

MEMO